二战简史

水木森 编著

1939.9.1——1945.9.2

中国华侨出版社
北 京

图书在版编目（CIP）数据

二战简史／水木森编著. —北京：中国华侨出版社，2019.6

ISBN 978-7-5113-7848-4

Ⅰ. ①二… Ⅱ. ①水… Ⅲ. ①第二次世界大战—历史 Ⅳ. ①K152

中国版本图书馆 CIP 数据核字（2019）第 084023 号

二战简史

编　　著／水木森
策　　划／周耿茜
责任编辑／高福庆
责任校对／王京燕
封面设计／一个人・设计
经　　销／新华书店
开　　本／710 毫米 × 1000 毫米　1/16　印张／24　字数／380 千字
印　　刷／天津旭非印刷有限公司
版　　次／2019 年 7 月第 1 版　2021 年 3 月第 3 次印刷
书　　号／ISBN 978-7-5113-7848-4
定　　价／65.00 元

中国华侨出版社　北京市朝阳区西坝河东里 77 号楼底商 5 号　邮编：100028

法律顾问：陈鹰律师事务所

编辑部：（010）64443056　64443979

发行部：（010）64443051　传真：（010）64439708

网　址：www.oveaschin.com

E-mail：oveaschin@sina.com

序　言

第一次世界大战是人类的一大浩劫，这是毫无疑问的。但是，由于少数战胜国过于贪婪，损人利己，最终制造了又一次大浩劫——第二次世界大战。

第二次世界大战是一场瓜分地球势力范围的战争，也是一场民族战争，更是一场超越民族和国家的反法西斯战争。这场战争的残酷性和破坏性前所未有，给人类留下了深刻的反思和惨痛的教训。

第一次世界大战结束，巴黎和会给全世界人们带来了希望，但英、法、美、意、日通过国联操控国际秩序，无视他国利益，尤其是弱小国家和民族的利益，进行赤裸裸的战后利益分赃。美国在巴黎和会上受到抑制，但在华盛顿会议中得到了补偿。日本和意大利因利益未得到满足，极其不满。法国紧逼德国赔款，导致鲁尔危机爆发。英国和美国暗地支持德国，最终掌握了赔款主动权，而法国的国际威信则大跌。

在美国和英国主导下，德国赔款问题找到了皆大欢喜的解决之道：德国借美国的钱，利用美国技术恢复经济，其利润按照一定的比例支付赔款，而法国等国得到赔款后又用来偿还美国的债务。最终结局令人意外，德国经济实力到 1929 年时不仅恢复到了“一战”前的水平，还超越了同时期的英国和法国。

德国还未来得及高兴。1929年世界经济危机爆发，美国债券市场崩溃，欠美国债务的德国一夜回到十年前，不仅无钱支付债务，还陷入混乱之中。在那场世界性经济危机中，美国通过罗斯福新政走出了困境，德国却像意大利一样走向了法西斯专制。德国法西斯在希特勒领导下，打着民族主义和社会主义的旗帜，煽动民众反《凡尔赛和约》，反共反苏，迅速膨胀起来。而日本也因为经济危机加大对外侵略，走向了法西斯专制。

此时，为了自身利益，英国、法国和美国等损人利己，幻想祸水东引，控制国联，一再纵容德国法西斯侵略欧洲其他小国，纵容意大利侵略埃塞俄比亚，纵容日本侵略中国。结果，德、意、日法西斯侵略胃口越来越大，不仅进一步扩大侵略战争，还勾结起来企图吞并全球。

看到法西斯在全球成灾并危及切身利益，英、法、美、苏主动联合起来，并与中国等其他饱受压迫的国家联合起来，一起反对法西斯侵略。于是，全世界人们联合起来反法西斯，在中国战场、太平洋战场、苏联战场、北非地中海战场、大西洋战场，与德、意、日法西斯进行了殊死搏斗，并最终赢得反法西斯战争胜利，并对法西斯主要头目进行了公开审判。

第二次世界大战是复杂的，它涉及列强、半殖民地国家、殖民地国家，战争范围遍及全球；第二次世界大战也是简单的，它是第一次世界大战的延续，是“深感委屈”的列强再次瓜分世界和进一步宰割弱国的军事行动。

本书以简史方式讲述复杂的第二次世界大战，深入浅出，从中总结出历史经验教训，以期让广大读者能够全面了解第二次世界大战并得到启发。

诚然，本书虽是敝人长期研究所著，但仍然属于一家之言，若大家能从中有所启发，乃属敝人之荣幸！

敬请不吝赐教！

目录

第一章
所谓和平会议，其实是列强分赃

巴黎和会召开，国际联盟诞生。战胜国集团对德国、奥地利、保加利亚、匈牙利和土耳其5个战败国分别缔结《凡尔赛和约》《圣日耳曼和约》《纳伊和约》《特里亚农和约》及《色佛尔和约》。加上后来的华盛顿会议签订的一些条约，构成战后国际关系的新体系和新秩序，即凡尔赛—华盛顿体系。它对战败国加以制裁和掠夺，给一些殖民地、半殖民地国家套上了新枷锁，虽然也抑制了少数国家的侵略欲望，但毫无疑问成为再次爆发世界大战的重要诱因。

1. 战后分赃，列强各有各的计划

第一次世界大战是人类的一大浩劫，给人类造成了空前的破坏。战争结束，但更需要反思。遗憾的是，一些战胜国并不屑于反思，而是挖空心思去抢夺胜利果实，致力于构建战后有利于自身的国际秩序，打着和平的幌子践踏正义，损人利己。

1919年1月18日，为建立第一次世界大战后的世界新秩序，协约国集团在巴黎凡尔赛宫召开和平会议。少数列强控制协约国集团，将建立合理新秩序防止新战争爆发的和平会议开成了以实力说话的帝国主义战胜国重新瓜分世界的分赃会议，这是第一次世界大战后国际上最令人遗憾和悲哀的事，也是导致第二次世界大战爆发的重要诱因。

1918 年 11 月 11 日早晨，德国外交大臣 M. 埃尔茨贝格率求和代表团拜见协约国联军总司令福煦。在贡比涅森林雷道车站，福煦在其乘坐的列车上与德国求和代表团签订停战协定，正式宣告历时 4 年零 3 个月的第一次世界大战结束。

谁也没预料到，停战协定一签订，协约国集团中的列强就钩心斗角以谋私利。按照《贡比涅停战协定》，停战 36 天内，协约国集团要与德国签订和平协议。其间，德国 5 次请求缔结和约，都遭到协约国集团拒绝，以致停战协定不得不一再延长期限。

拒绝表面上的原因是协约国要等美国总统威尔逊到来后征询其意见，实际上是协约国集团内部就缔结对德和约的条件不能取得一致意见。最主要原因是美国、英国、法国、意大利、日本等战胜国各怀鬼胎，都想多分些赃物，最大限度地实现掠夺野心，同时最大可能地抑制竞争对手。它们根本不顾及其他盟友的利益，也根本不顾及公平与正义，甚至更想损害盟友的利益。

法国希望尽可能多地获得利益。此时，法国虽然在战争中损失惨重，但已跃居为第一号陆军强国。打击同盟国主要依靠陆军，法国认为自己最有发言权。此外，法国曾在普法战争中遭受德国羞辱，第一次世界大战又成为德国的进攻目标，因而非常害怕德国东山再起，便想方设法削弱和肢解德国，以便确立法国在欧洲大陆的霸权地位。法国要收回普法战争中割让给德国的阿尔萨斯和洛林，把边界推到莱茵河，索取巨额赔款，大量裁减德国军备，夺取德国在非洲的殖民地。此外，法国对土耳其在中、近东的领土甚至小亚细亚也心怀不轨，并力图插足和控制中欧、东南欧。

法国想借助和约控制德国，以及中欧、东南欧，做欧洲无人可以挑战的霸主。因此，法国派具有丰富外交和政治斗争经验、外号“倒阁能手”和“老虎”的总理克里孟梭亲自参与制订分赃计划。

英国是岛国，不愿意欧洲大陆出现过于强大的国家，一直实行大陆均衡战略。在历史上，英国在德国称霸欧洲时反德国，在法国称霸欧洲时反法国，在俄国称霸欧洲时反俄国。企图称霸欧洲的德国投降了，但英国却不愿德国被肢解或过分孱弱，以防止欧洲大陆法国坐大和制约苏俄。当然，英国也要大大削弱德国的实力，剥夺其全部殖民地和绝大部分军舰及商船，以巩固自己的世界霸权地位。

此外，英国还想利用日本与美国抗衡，也支持意大利和巴尔干国家拆法国的台。英国派出“第一流的资产阶级生意人和滑头政客”劳合·乔治出席和会，其就是想借助和会实现继续主宰全球，遏制潜在对手法国、美国和俄国的目的。

美国是第一次世界大战中的最大受益者，在大战中大发战争财，从债务国变为债权国。美国经济实力陡然增长，在资本主义世界中的地位大大提高，认为应该称雄于世界舞台，在国际事务中发挥主导作用。美国想抑制英国和法国，让德国保持拥有一定的实力，使欧洲三强鼎立，然后大力鼓吹并迫使英国和法国承认贸易、航行自由等原则，以便利用自己雄厚的经济实力，打进英国和法国的势力范围，然后逐步排挤它们。

不仅如此，美国还要削弱日本在远东的势力，扩大自身在中国的势力。美国积极推行“门户开放”政策，主张以协约国集体名义接管德国在华的权益，以排除日本独占的企图。此外，美国还主张建立国际联盟，把国际联盟纳入和约内容，以便利用自己支配下的国际联盟来控制世界，并通过国际联盟的名义分得殖民地。

为了实现目的，时任美国总统的威尔逊不惜远涉重洋，亲自率领代表团参加巴黎和会，成为出席巴黎和会的唯一国家元首。

意大利在第一次世界大战中发挥的作用不大，但分赃的野心不小。它想独霸亚得里亚海，把过去属于奥匈帝国的一部分领土和战时英法意俄瓜分土耳其密约中所允诺给意大利的领土并入版图，还妄想占领巴尔干，占有阜姆港。意大利在和会上虽然也跻身强国之列，但毕竟实力有限，力难从心。意大利派总理奥兰多率代表团参加巴黎和会。

日本为了在东亚扩张势力和侵略中国，以 1902 年缔结的“英日同盟”为借口，在 1914 年对德国宣战。日本在第一次世界大战中的作用可以忽略不计，但其胃口却大得惊人。日本参加巴黎和会的主要目的就是使强占中国山东半岛的权益合法化，进一步扩大对中国的侵略；获得德国在太平洋上的殖民地。日本的做法不仅贪得无厌，而且赤裸裸地践踏了同为协约国成员中国的主权利益。日本代表团由西园寺公望、牧野、新田等组成。

协约国集团中几个列强的掠夺野心互相冲突、矛盾重重。经过激烈的讨价还价和紧张的筹备，1919 年 1 月 18 日，巴黎和会在法国凡尔赛宫镜厅正式开幕。参会国家有英国、美国、法国、日本、意大利、比利时、玻利维亚、巴西、古巴、厄瓜多尔、尼加拉瓜、巴拿马、海地、秘鲁、危地马拉、洪都拉斯、乌拉圭、波兰、葡萄牙、罗马尼亚、捷克斯洛伐克、塞尔维亚—克罗地亚—斯洛文尼亚王国、希腊、中国、暹罗（泰国）、汉志（后来并入沙特阿拉伯）、利比里亚，以及英国自治领澳大利亚、新西兰、加拿大、南非和英国殖民地印度。出席代表有 1000 多名，但全权代表只有 70 人。

参加巴黎和会的各国代表的权利根本就不平等。巴黎和会组织者将出席会议的国家分为“享有整体利益”的国家，“享有局部利益”的交战国，与德国、奥匈帝国等同盟国断绝外交关系的国家以及中立国和即将成立的国家。其中，“享有整体利益”的国家，即会议组织者和操纵者美国、英国、法国、日本和意大利，其代表有权利参加一切会议；“享有局部利益”的交战国，包括比利时、中国、巴西、塞尔维亚等国，其代表只能出席与他们有关问题的会议；与德国、奥匈帝国等同盟国断绝外交关系的国家，其代表只能在讨论涉及本国问题时才允许出席；中立国和即将成立的国家，其代表可以在 5 个大国中某一国的邀请下，就直接有关的问题发言。第一次世界大战重要参与者苏维埃俄国的代表被排除在外，德国、奥匈帝国、匈牙利、土耳其等同盟国的代表也不允许出席。

各国代表的名额也不平等。其中，第 1 类国家可以派 5 名代表；比利时、巴西、塞尔维亚可以派 3 名，其余国家只能派 2 名或 1 名。

列强为了便于操纵和会，把会议分为最高会议、专门委员会会议和全体会议。最高会议就是由美国、英国、法国、日本以及意大利首脑和外长组成的“十人会议”，操纵和会进程与重大问题的决定权。全体会议选举克里孟梭为大会主席。兰辛、劳合·乔治、奥兰多和西园寺公望为副主席。

在和会进行过程中，为了便于分赃，大会又成立由美国、英国、法国、意大利首脑组成的“四巨头会议”和 5 国外长组成的“五人会议”。在“四巨头会议”中，奥兰多也是配角，一切大权最终操纵在威尔逊、克里孟梭和劳合·乔治手里。因此，巴黎和会实际就是由他们三人掌控。

专门会议是针对某些细节问题进行的讨论，没有最终决定权。至于全体会议，在长达半年会期里只开过 7 次，而且都不过是走过场。

巴黎和会一开始就操纵在威尔逊、克里孟梭和劳合·乔治三人手中。他们各执己见，互不相让，闹得不可开交，以致一件事他们需要反复讨价还价，相互让利，最终才能达成协议。因而，巴黎和会在某种意义上变成了三巨头的分赃会议。

2. 凡尔赛体系貌似公平地规范了新秩序

经过几个月的激烈争吵，列强在主要问题上达成一致，拟订对德和约草案后，把德国外长召到凡尔赛领取文本，并限其 15 天内进行书面答复，不准进行口头争辩。

由于条款过于苛刻以及下圣旨式的传达方式，德国代表不敢签字。在 5 月 29 日提出的复照中，德国几乎推翻全部条款。协约国在做微小改动后，强迫德国全部接受。德国外长因不敢签字而辞职。协约国以军事行动相威胁，德国被迫全盘接受和约。

1919 年 6 月 28 日，德国新任外长米勒和司法部长贝尔代表德国政府在凡尔赛宫镜厅签署《协约和参战各国对德和约》，即《凡尔赛和约》。

《凡尔赛和约》内容庞杂，共分 15 部分，440 条。

关于战争责任，和约认为战败国应负全部战争责任，协约国和与之联合的各国政府肯定地认为，同时德国也承认：德国及其盟国对由于其侵略行径而强加给协约国和与之联合的各国政府及其人民的战争后果，使后者受到的一切损失和破坏，是负有责任的。

关于德国领土，和约规定德国西部边界恢复到 1870—1871 年时的状况。阿尔萨斯—洛林重归法国；萨尔煤矿区由法国开采，行政由国际联盟代管，15 年后进行公民投票决定其归属。欧本和马尔梅迪地区划归比利时。莱因河东岸 50 千米为非军事区，不得设防；西岸由协约国占领 15 年。在东部，德国承认波兰独立。波兰得到西普鲁士和上西里西亚、波美拉尼亚、东普鲁士部分；狭长的波兰走廊把东普鲁士和德国其他地区完全隔开；重要港口但泽成为国际联盟保护下的自由市，其港口由波兰海关管理，波兰有权处理该市对外关系和保护其侨居公民，并保证波兰人自由出入。它和波兰走廊一起作为波兰的出海口。德国放弃东普鲁士最北部的梅梅尔地区，由协约国暂时占领，1923年合并于立陶宛。在南部，德国承认奥地利独立，德奥永远不得合并。德国承认捷克斯洛伐克在协约国规定的疆界内完全独立，并将西里西亚南部的古尔琴地区划给该国。北部，在德国与丹麦之间的什列斯威格—荷尔斯泰因地区重归丹麦。

关于德国殖民地，和约规定，德国放弃“其对海外领地的一切权利和称号”，由战胜国以“委任统治”的形式加以瓜分。在非洲，多哥和喀麦隆各被分为两部分，由英、法两国所得。英国得到德属东非的统治权，后来把西北的乌干达和布隆迪移交给比利时。德属西南非洲交给英国自治领南非联邦管理。

至于太平洋的岛屿，赤道南部的德属岛屿，除德属萨摩亚和瑙鲁外，都委托给澳大利亚管理，萨摩亚给新西兰，磷矿储量很大的瑙鲁则归英国，实际上由澳大利亚统治。赤道北部的诸岛，包括马里亚纳群岛、加罗林群岛和马绍尔群岛，划归日本。

关于经济和赔偿问题，和约规定，德国关税不得高于别国；战胜国对德国输出输入的货物不受限制；易北河、奥得河、尼门河、维尔塔伐河、多瑙河等重要河流为国际河流；外国军舰和商船可以自由出入基尔运河。此外，还规定德国应交出1600吨级商船的全部、1400吨级商船的1/2以及1/4的渔船和1/5的内河船只；5年内为协约国建造20万吨船舶；10年内分别向法国、比利时、意大利提供大量煤、机器、化工产品等。

关于赔款总额，和约规定由协约国特别委员会加以确定，并在1921年5月1日以前向德国政府提出，偿付的期限和计划也由该委员会确定。德国应赔偿2260亿金马克，后减少为1320亿马克。

关于德国军备问题，和约规定，取消德国普遍义务兵役制和参谋本部以及军事院校，陆军总数不得超过10万人，军官不得多于4000人。德国不准拥有重炮、坦克和空军，只能保存280门野战炮。海军限定为战列舰和轻巡洋舰各6艘，驱逐舰和鱼雷艇各12艘，不得拥有主力舰和潜艇；海军兵员不得超过1.5万人，军官不得超过1500人；在德国港口以外的德国军舰一律交协约国销毁。德国应拆除莱茵河以东50千米内的工事，但东部和南部边界要塞工程应照现状予以保存。德军从所占领的各国撤回。协约国设立专门委员会监督上述军事条款的实行。

从和约的内容中，我们不难看出，英国、法国、日本等国追求的主要目标基本上已达到。和约的签订巩固了英国和法国在欧洲的主导地位，维护了英国在海上，特别是在地中海的强国地位；保证了日本在远东的巨大优势。不过，这不符合想夺取世界霸权的美国的利益。美国参议院拒绝批准《凡尔赛和约》。

战胜国在处理完德国问题之后，又与德国的战时盟国签订了一系列条约。

1919 年 9 月 10 日，协约国与奥地利签订《圣日耳曼和约》。和约规定：奥地利与匈牙利分立为两个独立国家，奥地利的独立地位非经国际联盟行政院同意不准变更，即规定德奥不得合并。奥地利承认捷克斯洛伐克与南斯拉夫独立。将南蒂罗尔、特伦蒂诺、的里雅斯特、伊斯特拉半岛、达尔马提亚海外的若干岛屿等地割让给意大利；将波斯尼亚—黑塞哥维那、达尔马提亚沿岸等地割让给南斯拉夫；将布科维纳割让给罗马尼亚；将波希米亚、摩尔达维亚和西里西亚的一部分割让给捷克斯洛伐克；将加里西亚割让给波兰。阜姆港为自由港。

和约还规定，奥地利废除征兵制，陆军不得超过 3 万人；只准保留 3 艘小艇作为巡查多瑙河使用；其余所有舰只、装备一律交出，由协约国处理；禁止拥有潜水艇及空军，赔款数额延至 1922 年确定，必须在 30 年内付清；由英国、法国、意大利对奥地利实行财政监督。

1919 年 11 月 27 日，协约国同保加利亚在巴黎城郊纳伊签订《纳伊和约》。和约规定，保加利亚承认南斯拉夫独立，并承认第二次巴尔干战争后签订的布加勒斯特条约的内容；将位于保加利亚西面的马其顿和的摩克河流域划给南斯拉夫；将南多布罗加地区划给罗马尼亚；西色雷斯割让给希腊。因此，保加利亚失去亚历山大鲁波利斯港和通往爱琴海的所有出海口。

和约还规定，保加利亚必须废除义务兵役制，陆军只限于 2 万人，不得拥有海军、空军。偿付 22.5 亿金法郎的战争赔款，自 1921 年起，37 年内还清。

1920 年 6 月 4 日，协约国武装干涉匈牙利无产阶级革命之后，在凡尔赛宫特里亚农宫同匈牙利签署《特里亚农和约》。这个和约很像《凡尔赛和约》和《圣日耳曼和约》。除了有关战争罪责的条款外，还规定武装、赔款做边界条约。和约规定，匈牙利可保留3.5万人的陆军和在多瑙河上的巡逻艇3艘，并赔款22亿金法郎。斯洛伐克和外喀尔巴阡乌克兰划归捷克斯洛伐克；将克罗地亚和巴纳特西部划归南斯拉夫；巴纳特东部和特兰西瓦尼亚划归罗马尼亚。

1920年8月10日，在巴黎近郊色佛尔，战胜国与土耳其签订《色佛尔和约》。根据《色佛尔和约》，土耳其承认汉志和亚美尼亚独立。美索不达米亚（*伊拉克*）和巴勒斯坦划为英国委任统治地，叙利亚和黎巴嫩划为法国委任统治地；土耳其在欧洲的领土，除伊斯坦布尔及附近地区外，东色雷斯和伊兹密尔地区割让给希腊；博斯普鲁斯和达达尼尔海峡由国际共管，无论平时还是战时均对一切国家的军舰、商船及军用、民用飞机开放。

土耳其武装力量被限制在5万人以内，只能保留6艘驱逐舰和7艘炮舰，不得拥有空军和炮兵。和约还规定恢复帝国主义列强在土耳其的领事裁判权，战胜国有权监督其财政经费和关税。

《色佛尔和约》是所有和约中条件最苛刻的和约，它使土耳其丧失了独立地位。不过，这个和约从未付诸实施，因为1919年土耳其资产阶级革命爆发后，废除在和约上签字的苏丹政府，不承认条约。

这些和约同《凡尔赛和约》《国际联盟盟约》一起构成互为联系的和约体系，建立了帝国主义在欧洲、西亚和非洲的国际“新秩序”，使这些地区的政治、经济、军事活动又重新纳入它所控制的轨道。这一体系被称为“凡尔赛体系”，但实质上充满不公平和仇恨，不可能带来真正的和平。

3. 国际联盟扯起“和平卫士”的大旗

各国人民在经历世界大战的浩劫后，渴望和平，期望能建立一个保障和平、消除战争的国际机构。在分赃的同时，战胜国中的几个列强也迎合人们的愿望，趁机把自己装扮成和平卫士，从而借机控制其他国家，以谋取更多利益。因此，巴黎和会分赃归分赃，但顺应全世界人们愿望的国际联盟还是成立了。只不过，后来的历史证明，国际联盟因为成立之初各列强的心怀鬼胎，最终不仅对世界和平无益，还在某种程度上纵容了发起侵略战争的国家。

当时，法国、英国以及美国都积极支持成立国际组织，并提出了各自的方案。

法国方案的要点是规定德国不得加入国际组织、设立国际军队和参谋本部，以达到由陆军首强法国来控制这支国际军队，从而控制国际组织的目的。

英国提出的方案，其设计的国际联盟只是几个大国的仲裁机构，目的是要协助英国进行殖民统治。

美国提出的方案准许德国和小国加入国际联盟，规定全体成员国互相保证“领土完整和政治独立”，对殖民地和势力范围，方案提出只要取得国际联盟会员国3/4的同意，便可以修改这些国家的组成及其边界。这显然旨在削弱英国和法国，并通过国际联盟取得殖民地和势力范围。

后来，威尔逊以这个草案为蓝本做了修改，提出新的国际联盟草案，其中很重要的一点，就是规定把德国殖民地和前奥斯曼帝国的领地，交给国际联盟委任统治。

各国在国际联盟问题上展开激烈的争吵。威尔逊主张首先讨论国际联盟问题。他坚持《国际联盟盟约》应与和约共同构成不可分割的整体，对所有国家都具有约束力，但遭到英国和法国坚决反对。“十人会议”经过长达4天争论后才达成妥协：国际联盟问题与其他问题同时平行讨论。

为了起草《国际联盟盟约》，巴黎和会成立了特别委员会——克利容饭店委员会，由威尔逊亲自担任主席。

在关于萨尔的归属和海上自由是否应列入《国际联盟盟约》等问题方面，列强争执激烈，相持不下。法国要求取得德国的萨尔，以补偿战争中的损失。美国担心法国取得煤矿丰富的萨尔后，会在欧洲变得过分强大。英国反对在《国际联盟盟约》中列入海上自由条款，以维护自己的海军优势和贸易地位。美国则力图以海上自由为名，向世界海洋扩张。这些争执牵涉到这几个帝国主义国家的根本利益，因此难以调和。

威尔逊的处境非常艰难，他不仅要与英、法力争，还要对付国内势力强大的反对派。美国国内的反对派攻击威尔逊搞国际联盟，违反华盛顿不要干预欧洲事务的遗训，背弃门罗主义传统。

为了不给国内反对派以口实，威尔逊力图在《国际联盟盟约》中加上关于门罗主义与《国际联盟盟约》不相抵触这一说明。英国和法国看准了威尔逊的弱点，坚决同意，并以此为手段，迫使威尔逊在萨尔及海上自由问题上让步。

1919 年 4 月 14 日，克里孟梭表示：法国可以同意把关于门罗主义的说明列入《国际联盟盟约》，但美国必须同意把萨尔交法国委任统治。威尔逊被迫同意。同时，英美也达成妥协，美国保证放弃海上军备竞争，以换取英国支持在《国际联盟盟约》和萨尔问题上对自己的支持。

英国和法国在自己利益得到充分满足后，才最终接受了《国际联盟盟约》草案。在这场交易中，英国和法国得到的是实惠，而美国得到的只是《国际联盟盟约》一纸空文。劳合·乔治和克里孟梭利用威尔逊贪慕虚名和对国际联盟不顾一切的追求，玩弄手段，充分为自己争取利益。1919 年 4 月 28 日，《国际联盟盟约》在全体会议上一致通过。

《国际联盟盟约》规定：凡参加对德国作战的国家及新成立的国家，都是国际联盟创始国；战时 13 个中立国被接收为会员国，其他国家须大会 2/3 的票数通过，并经行政院一致同意方可加入。国际联盟的权力机构是会员国全体会议及行政院。美国、英国、法国、意大利、日本为常任理事国，还有 4 个可更换的非常任理事国。

《国际联盟盟约》还确定殖民地委任统治制。委任统治分为 3 类：第 1 类是原属于土耳其的阿拉伯地区，因较为发达，可“暂被承认为独立国之程度”，受委任统治国指导；第 2 类是中非和东非地区，在短期内不赋予独立之诺言，委任统治国必须负地方行政之责；第 3 类是西南非洲和南太平洋一些岛屿，委任统治国可视作本国领土的一部分。国际联盟把上述地区交给英国、法国、比利时、日本和英国自治领，但未规定委任统治的期限。这样，美国又没有得到什么实质性好处。

尽管美国为国际联盟的创立煞费苦心，到头来却毫无收获，不仅没有捞到殖民地，连成立后的国际联盟也被英国和法国所控制。根据规定，国际联盟的主要机构是全体代表大会、行政院和秘书处。每个会员国包括自治领都拥有 1 票，仅英国与自治领就拥有 6 票。当时，美国根本不能控制其他国家，只有 1 票。行政院由 9 国代表组成，包括 5 名常任理事国代表和 4 名非常任理事国代表，美国不在常任理事国之列。

1919 年 7 月，威尔逊带着以巨大代价和全力以赴换来的《国际联盟盟约》回到国内时，迎来的却是一片讽刺、谴责和反对之声，“对他不满的人士”形成一个反威尔逊的广泛联盟。1919 年 11 月 19 日，美国参议院多数拒绝批准和约。

国际联盟并没有成为“和平的工具”，它实际是一个强盗的联盟。这个臭名远扬的“国际联盟”，企图瓜分管理各国家的权利，进而分割世界。它只是巩固了英法战后确立的帝国主义体系，成为镇压各国革命运动和奴役弱小民族的工具。当然，它也让部分列强感到被压制，以致后来凭实力重新洗牌后，爆发新矛盾和冲突。

4. 华盛顿会议是直奔太平洋霸权而来的

在巴黎和会上，威尔逊是唯一参会的国家元首，他努力争取美国的利益，但最终还是被劳合·乔治和克里孟梭利给玩弄了，在欧洲利益分配上并没得到什么实质性利益，遏制英国、法国、日本的图谋也没实现。因此，美国对巴黎和会的结果非常不满意。

进入 20 世纪后，各帝国主义列强在远东与太平洋地区的争霸愈演愈烈。第一次世界大战后，德国战败被迫暂时退出了角逐；沙俄政府被十月革命推翻，新生的苏俄摈弃沙俄的帝国主义政策。这导致帝国主义在远东的争霸局面发生巨大变动。巴黎和会调整了帝国主义国家在西方的关系，而对远东和太平洋地区的势力划分，因种种原因，悬而未决。

由于在巴黎和会上的外交失败，在战争中实力大为膨胀的美国，极为不满，故想寻找机会，将在西方失去的在东方弥补回来。

“一战”后，在远东和太平洋地区争霸最激烈的是美国、英国和日本。英国因为第一次世界大战，在远东的势力有所减弱；而美国和日本的势力获得增长。因此，它们不可避免地会为争夺太平洋地区的霸权而展开激烈搏斗。

列强争夺的重点在于中国。在第一次世界大战时，日本利用西方列强忙于欧洲战争而无暇东顾之机，加快对中国的侵略步伐。在政治上，1915 年，日本提出灭亡中国的“二十一条”，企图使中国完全沦为日本殖民地。1917

年，日本又通过兰辛石井协定，使美国承认其在华特殊权益。在经济上，日本与中国段祺瑞政府在1917年—1918年间通过“西原借款”，加强对华经济控制。

《凡尔赛和约》使日本取得了德国在山东的非法权益，其势力不仅扩张到华北，而且逐渐向英国在华势力范围长江流域与华南渗透。1914年后，中国棉纺业里的外商纱厂，几乎尽为日商所有。日本商品开始挤压英国商品的生存空间，英日矛盾日趋加深。

日本在华势力急速膨胀也危及了美国利益。美国不仅对英国在华独占鳌头十分眼红，而且也不能容忍日本势力急剧膨胀。中国是一个潜在的巨大市场。在英国、日本等国已捷足先登的不利形势下，美国只能凭借自己雄厚的经济实力，打进中国，以期分一杯羹。第一次世界大战后，美国对华政策的重心是实行门户开放政策。

为了争夺远东和太平洋地区霸权，帝国主义进行了疯狂的海军军备竞赛。19世纪末，美国军事战略家马汉极力鼓吹争霸海洋的“海上实力论”，即海权论，主张美国大力扩充海军，以海军来争夺远东与太平洋地区的霸权。海权论颇得垄断资产阶级的青睐，成为历来美国政府制定对外政策的战略依据，美国海军也从此不断扩张。到1919年，美国已拥有595艘军舰，总吨位146.8万吨。从1917年起，美国海军军费超过英国。1918年，美国政府又准备拨款6亿美元进行新的5年扩军计划。

美国海军军力增强使各列强惶恐不安。尤其是英国和日本。英国首相劳合·乔治曾说，大不列颠宁愿花尽最后一分钱，也要保持海军对美国或其他任何一个国家的优势。在巴黎和会期间，英美两国发生“巴黎海军战”。英国以支持威尔逊“国际联盟”计划为条件，迫使美国放弃五年扩军计划。虽然美国当时答应了英国的条件，但是数月之后便违背诺言，重新批准扩军计划。英国恼羞成怒，也拼命加紧建造新式军舰，力图保持优势。英国当时虽拥有军舰737艘，总吨位230万吨，居世界第一，但其军舰舰龄老化程度远高于美国。

日本亦雄心勃勃，1917年年底通过“八四舰队”计划，1920年又扩展为“八八舰队”计划。海军预算从1914年的8300万日元上升到1921年的48350万日元，激增5倍。

法国和意大利也积极参加军备竞赛。

列强海军军备竞争愈演愈烈，各国财政负担逐年增加。1920—1921 年间，各国经济都出现不同程度的萧条。日本遭到明治维新以来最严重的经济危机，一些主要产业必须靠政府或银行救助才能生存。美国经济也不景气，人民负担日趋加重，一些劳工、妇女、宗教团体都批评政府的扩军计划。连统治集团内部也有人认为，军备竞赛加重了财政负担，有可能引起社会动荡。

1920 年上台的美国新总统哈定从政党斗争角度出发，打出“恢复正常”的旗号，以安抚国内的不满情绪，笼络民心。他就缩减军备问题主动与各国磋商，企图召开国际会议，通过外交途径来约束对手，取得美国在军备上的优势。

此外，美国还想通过国际会议来解决英日同盟问题。英国和日本曾于 1902 年缔结英日同盟，1911 年续约 10 年。这个同盟先是针对俄国，继而抗衡德国。第一次世界大战后，德、俄均已退出远东争霸，英日同盟的矛头势必针对美国。所以，美国视英日同盟为其在远东和太平洋地区争霸的心腹之患，想尽力拆散英日同盟。

1921 年，续约 10 年的英日同盟业已到期。英国对于是否再续约踌躇未决，在同年召开的帝国会议（英帝国各自治领的总理也参加）上为此发生过激烈争论。

加拿大总理米汉、南非总理史末资等人主张不再与日本续约，他们认为同盟的存在过于束缚自己的手脚，同时又妨碍同美国的关系。考虑到英国对美国欠款达 47 亿美元，得罪债主显然不明智。当然，英国也不能轻易与日本闹翻。帝国会议决定先将同盟延长 1 年，然后准备在有日本、美国参加的国际会议上协商解决。

而对日本来说，英日同盟至关重要。日本希望能继续保持同盟，借以加强自己在远东和太平洋地区争霸的影响力。1921 年，日本派遣皇太子裕仁访英，以示亲善，转达日本继续修盟的意愿。

面对诸国在远东和太平洋地区矛盾冲突加剧的局面，1921 年 2 月 24 日，美国参议员建议召开限制海军军备的美国、英国、日本三方会议。英国表示欢迎，并于当年 7 月 6 日正式向美国提议召开太平洋会议。同年 7 月 8 日，美国向英国、法国、意大利、日本、中国非正式提议召开国际会议。美国意图拉笼法国、意大利、中国牵制英国、日本，以免在三方会议上出现2:1的不利局面。葡萄牙、荷兰、比利时也表示会议议题与己有关，要求参加。于是，会议范围扩大为9国。

对于美国的邀请，各国各有打算，都欣然应邀。唯独日本犹豫不决。它在7月27日给哈定的复照中，建议会议讨论的范围须事先议定，主要目的应限于讨论与限制军备有直接关系的问题，特别是要“加意回避单独关系某几个特定国家”的问题，凡是“可认为既定事实的事务”，都不要列进会议议程。言下之意，日本在中国的特别利益不得随意侵犯。由于担心陷入外交孤立，日本最终还是勉强决定参加会议。

巴黎和会允许日本攫取德国在山东的非法权益，在中国人民爱国运动的压力下，中国出席和会的代表没有在《凡尔赛和约》上签字。山东问题便成为中日之间的悬案。美国提议召开华盛顿会议并邀请中国参加会议，中国北洋政府表示欢迎，“愿与各国一律平等参与”，并在外交部成立“参加华盛顿会议筹备处”，由外交总长颜惠庆任主席。中国国内舆论沸腾，各报章大篇幅刊载有关华盛顿会议的评论与消息。各界人士组成“太平洋会议后援会”，希望中国外交能自强自立，维护中国主权，争回在山东问题上的民族权益。

于是，美国、英国、法国、意大利、日本、中国、葡萄牙、荷兰、比利时9国的代表带着各自的目的会聚到了华盛顿，一起讨论和决定远东和太平洋的问题。

5. 华盛顿体系的本质是列强重新排座次

1921年11月12日，华盛顿会议正式开幕，美国国务卿休斯被选为大会主席。会议主要议题为限制军备问题和处理有关远东和太平洋问题。限制军备问题由美国、英国、日本、法国、意大利5大海军国代表组成的“裁减军备委员会”商讨，处理有关远东和太平洋问题由与会9国代表组成的“远东问题总委员会”合议。

大会虽标榜废除“秘密外交”，实际上所有重大问题都先由英国、美国、日本、法国4国代表团团长会议决定，主要操纵者为美国代表休斯、英国代表贝尔福和日本代表加藤。会议共批准与通过了7项条约与13项决议案，其中直接关系到中国的有10项以上。

在所有条约中，最重要的是1921年12月13日美国、英国、法国、日本签订的《四国条约》，1922年2月6日美国、英国、日本、法国、意大利5国签订的《五国海军协定》，以及美国、英国、日本、法国、意大利、荷兰、比利时、葡萄牙、中国9国订立的《九国公约》。

要达成限制军备的协议并调整列强在远东和太平洋的关系，前提是解决英日同盟问题。在会议之前，美国代表就曾对英国代表打招呼，英日同盟是以抗衡俄国、德国为目标的，既然两国的威胁已不复存在，就没有理由继续保持同盟。20世纪20年代初，英国正遇到爱尔兰民族独立运动兴起的麻烦。美国代表休斯声称，美国对爱尔兰独立是否予以承认，当视英、日关系而定。这实际上就是在逼英国放弃英日同盟。

英国决定用英、美、日3国协定来取代英日同盟。由于这个方案不仅限于太平洋区域，还包括对华问题，并要求缔约国承担一定的军事义务，因而遭到美国反对。最终，美国提议邀请法国参加，缔结4国条约，以避免出现英国和日本联合反对美国的可能。

经过一系列谈判协商，1922年12月13日，美国、英国、日本、法国签订《四国条约》，1922年2月6日又签订补充条约。其主要内容为：缔约各国相互尊重彼此在太平洋区域内岛屿属地和岛屿领地的权利；如发生争端，则召开4国会议解决。一旦受到外部威胁，则4国协商采取行动。经商定，一旦缔约各国批准，英日同盟应予终止。条约有效期为10年。

美国拆散英日同盟的外交目的已达到。英国也把条约的缔结看作是外交上的成功，该条约有利于维护英国在太平洋区域的利益，既不失与日本修好，又改善了同美国的关系。但日本人认为，英日同盟的终结对日本是一大冲击。因而，很多日本人认为这个盟约实际上就是美英为限制日本而签订的。

《四国条约》的签订反映了帝国主义列强之间企图缓和矛盾，巩固现有秩序，以共同对付正在蓬勃兴起的远东与太平洋地区民族解放运动的需要。但是，帝国主义之间的妥协和联合是暂时的，它们之间的矛盾并未彻底解决，而且日本对美国、英国的敌意加深了。

限制海军军备问题始终是列强争论的中心。在1921年11月12日第一次会议上，美国代表休斯提出方案，为限制各国军备竞赛，美国、英国、日本、法国、意大利拥有的主力舰吨位的比例应是英、美各50万吨，日本30万吨，法、意各17.5万吨；同时规定各国最大主力舰吨位不得超过3.5万吨。

美国的目的是借“裁军”旗号，捞取政治资本；先发制人提出有利于确立美国优势地位的方案，迫使英国、日本接受其在军舰吨位比例上的领先地位。英国代表波蒂对此方案非常不满，但现实的经济实力对比，使他意识到英国无力继续与美国进行军备竞赛，只得退而求其次，接受力量对等原则。

为了在欧洲保持优势，英国把眼睛盯在法国陆军与潜艇上，提出对潜艇加以限制与裁减陆军的要求，以削弱法国在潜艇方面与英国相差无几的实力和赖以称霸欧洲大陆的陆军。法国代表白里安强烈反对。双方唇枪舌剑，针锋相对，会议一度陷入僵局。后来，由于意大利和日本也反对，英国未能如愿。

法国最关心的是意大利与它在军舰吨位上的对等，它认为法国与二等强国意大利平起平坐，就意味着法国在地中海优势的削弱，也对休斯方案提出异议，要求法国、意大利之比应该类似于美、日之比。然而，在整个会议期间，法国常遭英国、美国排挤，加上大战创伤未愈，实力不济，最终只好接受休斯的方案。

日本明知经济状况不允许其进行更大规模的军备竞赛，但它仍拼命反对美国方案，坚持提出美、英、日10∶10∶7的比例。英国和美国都不愿让步。美国代表休斯宣称，如果日本一意孤行，美国将以牙还牙，日本造1艘军舰，美国就造4艘。双方争执一段时间后，日本提出以美国和英国在太平洋海域中的某些岛屿不设海军基地与新的要塞为条件，换取对美国5∶5∶3方案的赞同。毋庸置疑，日本同意美国方案带有很大的不情愿，对美国代表那种带有威胁意味的表态心有不满。

经过激烈争吵，1922年2月6日《五国海军协定》签订，规定各国主力舰总吨位限额：英国、美国各为52.5万吨，日本为31.5万吨，法国、意大利各为17.5万吨，即维持5∶5∶3∶1.75∶1.75的比例；同时还规定一个为期10年的停止建造主力舰的“海军休息期”。

此外，还就太平洋地区设防工事问题做出若干规定：除夏威夷和新加坡之外，英国、美国不得在太平洋西部地区建设与加强海军基地，连关岛和菲律宾的防御工事均不得加强。日本亦不得在千岛群岛、小笠原群岛等岛屿加强防御工事，但不包括日本本土。

从总体上看，日本虽在主力舰比例上逊于英国和美国，但会前日本在小笠原群岛的设防工事已经竣工，《五国海军协定》对之并无影响，而对英国和美国的限制却大得多。这也是后来日本突然发起太平洋战争后，能迅速攻占大量领土的重要原因之一。

《五国海军协定》暂时缓和了列强在某些方面的军备竞赛和冲突，但作用极为有限。随着科技的迅速进步，新式军备不断涌现，新的军事竞赛又在其他领域内迅速开展起来，这一和约随之失去了实际意义。

华盛顿会议更加重要的问题是商讨解决远东和太平洋问题。中国问题无疑是这一议题的核心。中国希望能在华盛顿会议上得到英国、美国的支持，从日本手中收回山东主权，并且能解决列强在中国的一系列权益问题。然而，列强却完全漠视中国的愿望，甚至将中国作为共同宰割的对象。

1921 年 11 月 15 日深夜，也就是远东和太平洋问题总委会第一次会议前夜，中国代表团突然接到美国国务院的通知：中国代表团可在次日会议上提交报告。在美国授意下，中国代表匆匆起草了关于解决中国问题的“十大原则”。

中国代表提出的“十大原则”十分空洞，而且并未提出实施的具体要求。美国代表鲁特又把“十大原则”中稍有涉及具体要求的删去，着重保留维护现状与门户开放方面的内容，修正为鲁特四原则：尊重中国的主权与独立以及领土与行政的完整；给中国一个完全无阻碍的机会，使之能发展并维持一个强有力而巩固的政府；运用各国的影响，以求切实建立和维持在全中国领土上的各国工商业机会均等的原则；不得利用中国的现状，以求获得特别权利，而致削弱其他国家的权利，并不得奖助有害他国安全的行动。这实质上是在尊重中国独立与领土完整的幌子下，维护其机会均等和门户开放的主张。

美国代表休斯又向大会提出“关于中国门户开放案”，重申“门户开放，机会均等”的原则。当中国提出归还德国在山东的权利、关税自主、收回治外法权、收回外国租借地、外国驻军撤回等具体要求时，列强或拒绝，或推诿拖延，或仅在十分次要的小问题上做点微不足道的让步。

1922 年 2 月 6 日签订《九国关于中国事件应适用各原则及政策之条约》（以下简称《九国公约》）。鲁特四原则被列为第 1 条，构成这一公约的核心。其他各条的主要内容都要不违背第 1 条原则，并规定为保证“门户开放”“机会均等”之实施，各缔约国不得“在中国任何指定区域，获取有关商务或经济发展之一般优越权利”和“任何专利或优越权”。还就中国铁路运输的运费待遇，尊重中国战时保持中立及条约具体实施的技术性问题，达成协议。

《九国公约》标榜“尊重中国主权、独立和领土完整”，实际上无视中国在会议期间提出的合理要求。其主要点在于确立了美国主张的“门户开放”“利益均等”原则，为美国排挤英国、日本，加强对华扩张提供了有利条件。

中国原先希望大会能解决山东问题，但日本坚决反对。在英、美斡旋下，中、日举行关于山东问题的谈判，英、美并派观察员列席。中、日会谈断断续续地进行了两个月。双方争执最激烈的是胶济铁路问题。日本态度蛮横，坚决霸占一切有关铁路的权益。而中国代表则要求收回胶济铁路，并愿向日本给予补偿。日本代表强横拒绝。

由于中国人民要求归还山东权益的呼声日益高涨，中国代表顾维钧等人据理力争，同时美国也对日本施加压力，最后日本不得不在山东问题上让步。

1922 年 2 月 4 日，中、日双方签订《解决山东悬案条约及其附约》。条约规定：山东归还中国，但中国必须开放若干商埠口岸；胶济铁路路权归中国，但中国要偿还日本 5300 万马克（合 3200 万银圆）的铁路产值；在未偿清之前，车务长与会计长的职务仍由日本人担任。中国收回山东主权与胶济铁路路权是对《凡尔赛和约》关于山东问题规定的修正，也是中国在华盛顿会议期间所取得的一个外交成果，但实际上日本仍对山东保留了重大控制权。

华盛顿会议调整了帝国主义列强在远东和太平洋地区的关系。它所建立的华盛顿体系补充了凡尔赛体系在东方的空缺，凡尔赛—华盛顿体系从而成为第一次世界大战后维系国际关系新格局的基石。美国在华盛顿会议上取得了重要的成就，它既迫使英国承认了两国在海军军备上的平等地位，又迫使日本接受了在中国问题上的“门户开放”“机会均等”原则，从而使自己在华盛顿体系中处于优势地位。此外，华盛顿会议迫使日本独霸中国的狂妄野心受到压制，又使中国回到几个帝国主义国家共同支配的局面。中国的半殖民地地位依然如故。日本侵略中国的野心依旧没改变，这也成为其后来不断扩大对中国侵略的原因之一。

第二章
协约国索赔，德国却因祸得福

除了安排战后秩序、夺取土地和政治权利外，列强最急迫的就是解决经济问题，迫使战败国支付赔偿以及追回战争期间的一些欠款。由于列强之间各怀鬼胎，背负沉重赔款的德国因祸得福，不仅成功赶超英国和法国，还赖掉剩余赔款。这导致德国改变对英、法、美的看法，野心开始膨胀起来。

1. 借“反苏东风”，德国初尝违约甜头

在巴黎和会上，协约国集团提出德国赔偿问题具体再协商，但在协商赔偿款问题过程中，英、法、美出现了严重分歧，导致德国有机可乘。德国试探着做了违背《凡尔赛和约》的事，因为协约国集团内部分歧较大，德国并没有得到实质性惩罚，其初尝违约的甜头，逐步产生了摆脱《凡尔赛和约》的想法。

1922 年 1 月 6 日，英国首相劳合·乔治、法国总理白里安和意大利、比利时、日本的代表在法国海滨游览胜地戛纳举行协约国最高委员会会议。美国派观察员参加，德国复兴部长拉特瑙应邀列席。

在这次会议上，英国首相提到此前国际会议一直排斥的重要国家俄国，

即苏俄。这倒不是他想为曾经是协约国的沙俄（沙俄在1918年被国内起义推翻，其继任者苏俄宣布退出战争）分配什么利益，而是建议召开包括苏俄在内的欧洲各国经济会议，以迫使苏俄"偿付债务，赔偿外国企业主因财产被没收而受到的损失"。一句话，英国倡议欧洲国家联合起来逼迫苏俄偿还沙俄时期欠下的债务。

大家都有好处可捞，劳合·乔治的提议自然没人反对。于是，会议通过决议："与会的协约国一致同意，应当在2月或3月初召开欧洲各国经济会议。欧洲一切国家，包括德国、俄国、奥地利、匈牙利和保加利亚，都应当被邀请派遣代表来参加。"不仅如此，劳合·乔治还要求各国总理尽可能亲自来参加，以便会上通过的一切决议能够尽快贯彻。

英国打算联合一切资本主义国家，结成统一战线，来迫使苏俄做出尽可能多的让步，与其签订奴役性条约，让俄国恢复旧制度。同时，通过这次会议来提高英国在资本主义世界的地位，挑战美国海上霸权；在欧洲大陆拉拢德国，遏制法国欧洲大陆霸权。

为了讨好英、法等国，德国代表拉特瑙积极建议西方列强成立共同的银行团，来对苏俄实行经济奴役。当然，他也没忘记自己的利益，要求在热那亚会议上讨论减少德国赔款问题，以利德国经济复兴。

在戛纳决议通过之前，法国总理白里安要求同苏俄解决债务问题。因为沙俄欠法国110多亿金法郎。苏俄取代沙俄政权，必须承担其债务。然而，法国总统米勒兰和陆军、财政等部的部长们却对戛纳决议表示不满。他们反对邀请苏俄和德国参加会议，尤其反对讨论德国赔款问题。从戛纳回到巴黎后，白里安即因遭到议会大多数议员的猛烈攻击而辞职。

向德国索要赔款是当时法国的核心任务，法国人坚决不答应召开国际会议讨论减少德国赔款问题。继任首相雷蒙德·普恩加莱坚定维护凡尔赛体系的各项条约，在赔款问题上不向德国做任何让步。

1922年2月25日，英国首相劳合·乔治和法国总理雷蒙德·普恩加莱在布伦举行会谈。劳合·乔治以放弃讨论德国赔款与修改和约问题换得雷蒙德·普恩加莱同意召开热那亚会议。双方约定：邀请苏俄参加会议并不意味着承认它。关于承认与否，应视苏俄是否接受协约国提出的各项经济要求而定。

为了开好热那亚会议，3 月 20—28 日，协约国的财政经济专家到伦敦开会。综合协约各国的各种要求，伦敦专家会议形成了一份秘密文件《复兴欧洲和俄国经济备忘录》。其主要内容：要求苏俄政府偿还沙皇政府、临时政府以及地方当局的一切债务；要求发还被收归国有的外国人在俄的财产，或给予一定的赔偿，取消对外贸易垄断制；要求让外国人在苏俄享有类似治外法权的特权，由协约国列强监督苏俄财政。

伦敦专家会议让欧洲经济会议演变为协约国对苏俄的谈判。

在出席热那亚会议的国家中，德国的处境异常特殊。它是战败国，备受战胜国欺凌，丢了全部殖民地和许多国外市场，又被迫交付过重的赔偿。德国经济破产，民生凋敝，急需苏俄的原料和市场来发展经济，摆脱困境。当然，德国还对协约国抱有幻想，希望协约国能做些让步，使它的日子好过些。

由于这种矛盾心理，德国摆出德苏接近的姿态，来吓唬协约国，以增加讨价还价的砝码。因此，当齐切林率领苏俄代表团途经柏林时，德国总理维尔特、外长拉特瑙接见了他们，并商定苏德条约草案，只是迟迟不肯签字。

1922 年 4 月 4 日，因见德国并不想签约，苏俄代表齐切林向莫斯科做了汇报后离开柏林赶赴热那亚。

当时，维尔特政府的实权派、德国财团的核心人物拉特瑙坚决拒绝签约。他不想使协约国面对既成事实，脱离英国单独行动，希望在英国参与下，建立“复兴”俄国的国际银行团。然而，热那亚会议一开始，德国代表团便遭到协约国的冷遇和压制。亚尔培别墅秘密会谈，又把德国撇在一边，使德国代表团惶恐不安。

依照《凡尔赛和约》规定，俄国对德国有索取赔偿的权利。协约国不待见德国，向德国索要赔款已不可避免，如果苏俄也参与到索赔行列，德国要偿付的赔款将会更多。德国决定抢先缓和与苏俄的关系，避免苏俄与英法等国联合起来向德国索赔。

于是，在 4 月 15 日深夜，德国代表主动要求苏俄代表就苏德条约草案的问题再谈判，表示愿意与苏俄签订条约。当时，苏俄遭到所有帝国主义国家制裁，急于摆脱困境，有与德国签约的意愿，因此莫斯科迅速回应愿意谈判。

德国和苏俄都被英、法、美等国家不待见，处境相似，都迫切希望改善彼此的关系。双方代表以惊人的速度完成了谈判，并签订《德国和俄罗斯苏维埃联邦社会主义共和国协定》，即开辟长达10年苏德合作时代的《拉巴洛条约》。

这个条约似乎与后来德国一直高喊反共反苏相差甚远，但它确实存在，而且足以体现德苏关系的亲密。该条约规定，德国和苏俄彼此放弃对军费支出以及在战争期间给其国民造成的一切损失的赔偿，彼此放弃偿还战俘费用的要求；德国放弃它在俄国的公私财产被苏维埃政府收归国有而产生的要求，条件是苏俄不得满足其他国家类似的要求。

德国和苏俄相互不再追究第一次世界大战产生的一切经济纠纷。不仅如此，德国还在事实上承认了苏俄新生的社会经济制度。德苏都做出相应让步后，两国关系也顺理成章地得以恢复。

比恢复外交关系更重要的是，该条约还规定，两国根据最惠国待遇原则，发展彼此的贸易和经济关系；且应以彼此亲善的精神进行合作，以满足两国的经济需要。

《拉巴洛条约》是苏俄外交的重大胜利。对苏俄而言，其突破了帝国主义的反苏统一战线，获得了一个资本主义大国对苏俄的正式承认，打破了帝国主义孤立苏俄的阴谋。而对德国而言，这是走出战胜国制约，摆脱《凡尔赛和约》限制的一种尝试。

1922年4月17日，苏德在热那亚公布《拉巴洛条约》后，协约国集团一片慌乱。英国、法国、意大利、比利时、日本、捷克、罗马尼亚、波兰、南斯拉夫等国代表会集于拉吉热别墅，研究对策。

《拉巴洛条约》破坏了《凡尔赛和约》，不过协约国集团没采取措施强烈要求立即废除它。1922年4月18日，经9国代表签字的协约国致德国总理维尔特的照会，宣布把德国开除出政治委员会。

不过，除了这点报复性小动作外，已别无他法。德国第一次违反《凡尔赛和约》，并从冒险中获得巨大利益，而协约国的妥协让德国人看到了协约国的虚弱本质，也让德国人意识到可以利用苏俄（1922年，苏联成立，后称苏联）制约和敲诈英、法、美等列强。

2. 竭力压榨德国，法国最终声望扫地

法国在第一次世界大战中损失惨重，且企图称霸欧洲，因而坚决主张严惩德国。德国与苏俄签订《拉巴洛条约》，在某种程度上破坏了《凡尔赛和约》，按照常理说，法国应该积极惩罚德国的，但因为此事与法国没太大利益牵扯，法国也就没强硬地要求惩罚德国。不过，一旦牵涉它自身的利益，它就会毫不犹豫地惩罚德国了。

由于战胜国之间争执不休，《凡尔赛和约》未能确定德国赔偿总额及其在各有关国家分配的比例。它只是约定由主要战胜国和比利时组成赔偿委员会确定德国所应赔偿的金额，在 1921 年 5 月前就拟订了一项赔偿偿付计划，并自 5 月 1 日起实行；到 1921 年 5 月 1 日为止，德国以黄金或实物形式缴付 200 亿金马克作为外国占领军费用和部分赔偿。

在和约签署不久，协约国提出，由德国在和约签署后 4 个月内向它们提交赔偿方案，并据此同德国签订一项附录于和约的议定书。1920 年 7 月，协约国最高委员会在斯巴开会。会议根据上述议定书的精神，邀请德国总理康斯坦丁·费伦巴赫和外长瓦尔特·西蒙参加。

在会上，德国外长瓦尔特·西蒙提出一项旨在尽可能减轻德国负担的赔偿建议，并告诫协约国必须考虑德国的经济和财政实际情况，否则将使德国的偿付能力“消失殆尽”。协约国当即拒绝德国的建议，因而斯巴会议未能确定德国的赔偿额。

1921 年 1 月，英国、法国、意大利、日本和比利时的代表在巴黎举行会议，草拟了一份赔偿建议。这项建议提出德国须在 42 年内偿付两种赔偿：第一种是固定赔偿，总共为 2260 亿金马克；第二种是不固定赔偿，即德国每年交付年出口值的 12%。德国断然拒绝这一苛刻建议。

1921 年 3 月 1 日，德国外长瓦尔特·西蒙在被邀参加协约国伦敦会议时提出反建议。他按所谓“目前价值”，将巴黎会议提出的赔偿额打了折扣，再从中减去据称已用实物清偿的 200 亿金马克，使固定赔偿额减至 300 亿金马克。同时，取消不固定赔偿。

协约国对这项反建议十分恼火，于同年 3 月 3 日向德国递交最后通牒，威胁德国如不接受巴黎会议建议，将立即实行军事制裁。经过几天谈判，3

月 8 日，协约国军队占领杜塞尔多夫等鲁尔地区的 3 个门户。不久，他们又在德国被占领区和其余德国领土之间建立关税警戒线，将关税收入充作赔偿。

伦敦会议的破裂和协约国实行的制裁标志着协约国和德国直接谈判解决赔偿问题的尝试最后失败。协约国回到《凡尔赛和约》关于通过赔偿委员会制订赔偿计划的程序。

4 月 27 日，赔偿委员会宣布赔偿计划，规定赔偿总额为 1320 亿金马克，分为固定和不固定两种偿付。固定赔偿为每年 20 亿金马克，不固定赔偿为德国年出口值的 26%，两种偿付均在每年分 4 次缴纳。德国以海关税收、出口品征税的 25% 等税款为担保。德国政府开支由赔偿委员会下属的保证委员会严密监督，以确保优先偿付赔偿。

为迫使德国就范，协约国于 5 月 5 日向德国政府递交最后通牒，勒令其在 6 天内接受赔偿计划，否则将立即"占领鲁尔并采取一切陆海军措施"。德国费伦巴赫政府在内外交困中下台。以约瑟夫·沃斯为首的新政府"履行（赔偿）政策"，于 5 月 11 日接受赔偿计划。

由于战争破坏严重，经济凋敝，德国政府用滥发纸币来应付各种需要，并以此向战胜国显示德国没有赔偿能力。当然，战胜国要求支付赔偿的货币是马克，马克越贬值，德国的实际赔付就越少。德国这种抵抗方式，是战胜国始料不及的。它们不得不做出妥协，寻求解决办法。

经英国首相劳合·乔治努力，协约国在 1922 年 1 月的戛纳会议上决定，允许德国部分赔偿延期。但在会议临近结束时，法国政局突变，狂热的霸权主义分子雷蒙德·普恩加莱出任总理。雷蒙德·普恩加莱主张彻底削弱德国，与英国的对德政策发生严重冲突。

此后，英法德 3 国间围绕德国赔偿问题及采取何种对策问题展开了激烈斗争。德国继续以滥发货币作为应对国内外危机的手段。1922 年 3 月起，马克汇率再次大幅度下降。到 8 月，伦敦金融市场上英镑与马克的比价竟跌至 1921 年 5 月德国接受赔偿计划时的 5%。德国政府把马克急剧贬值归咎于交付赔偿，要求对此后两年半中的所有现金赔偿实行全面延期偿付。

德国与英国、法国之间有关赔偿问题的矛盾更加尖锐。对此，英、法从对立的角度出发采取了不同立场。

英国不仅关心从德国索取赔偿，还希望德国恢复经济，并以此谋求有利于英国垄断资本的欧洲资本主义经济“复兴”。另外，英国还打算在政治上扶持德国，借以制约法国，将德国打造成反苏包围圈的重要环节。正因为有这样的战略目标，所以英国对德国的政策逐渐走上了绥靖主义道路。

劳合·乔治要求法国和英国一起“越出眼前的赔偿问题，努力应付整个欧洲的经济形势”。主张“向德国贸易敞开东欧和中欧”，促进它经济恢复，以加强偿付赔偿的能力。为此，劳合·乔治发起召开有德国和苏联参加的热那亚会议，讨论“欧洲复兴问题”。在热那亚会议上，德国违背英国意愿，同苏俄缔结《拉巴洛条约》。这让英国非常担心严厉的对德政策会促使德国同苏俄进一步接近。

法国与英国不同，它谋求彻底削弱德国，使它不可能东山再起，以维护和加强法国的霸权地位和本国安全，并替法国垄断资本铲除德国这一竞争者。根据协约国斯巴会议协议，法国在赔偿总额所得份额中占一半以上，因而巨额赔偿的最大受益者是法国。

比利时希望从德国得到好处，也由于它已丧失“一战”前不受侵犯的中立地位，不得不依赖法国来保障自身的安全，因而坚定支持法国。

1922 年 8 月 7—14 日，协约国在伦敦开会，讨论赔偿问题。雷蒙德·普恩加莱针对德国要求延期偿付赔款提出反措施：1. 协约国征用鲁尔地区的煤矿和森林；2. 莱茵被占领区内，德国染料工厂 60% 的资本移交给协约国，该地区进出口贸易由协约国控制；3. 协约国在鲁尔地区周围沿莱茵河设立关卡线，将所征关税充作赔偿；4. 德国全部海关收入和出口值的 25% 交予协约国。

毫无疑问，这些措施的目的在于进一步控制德国经济，并夺取鲁尔地区一部分矿业和经济收入，以大大削弱德国。同时，法国还企图在德国和英国拒绝此要求后，以此为口实，由法国单方面占领鲁尔。

英国拒绝雷蒙德·普恩加莱的建议，指出实施这一建议势必导致德国经济崩溃。10 月初，英国代表提议，对德国全部现金赔偿和大部分实物赔偿，实行 2 ~4 年延期偿付，在延期偿付结束前，应当根据把赔偿调整到符合德国赔偿能力的范围内和通过外国贷款帮助德国偿付的原则，重新确定德国的全部赔偿义务。11 月初，德国也向赔偿委员会提出过类似建议。遭到法国拒绝。

1922 年 12 月 26 日，赔偿委员会应法国要求开会，讨论德国未如数履行木材交付的问题。这一问题的起因本是不愿接受贬值纸币的德国木材商拒绝履行先前同德国政府签订的出售木材合同，并非德国政府拒付实物赔偿。但是，任赔偿委员会主席的法国代表借机宣称，德国政府有意不履行赔偿计划，委员会应将此事正式通知各协约国政府，以便采取制裁措施。

英国代表强烈反对，认为和约的制裁规定不适用于目前的情形。他还指出，法国是在为占领鲁尔制造借口。比利时和意大利代表却支持法国。最终，会议以 3:1 的多数宣布德国已构成有意不履行赔偿罪。半个月后，赔偿委员会又以 3:1 的多数宣布德国有意不履行煤炭交付。

法国、比利时两国政府随即通知德国政府：为实行和约规定的制裁，法国和比利时决定向鲁尔地区派出一个“工矿业盟国管制委员会”，由它监督鲁尔煤矿，保证赔偿计划的履行。通知还宣布，法、比两国决定向鲁尔地区派出“保护该委员会并使之能贯彻其指示所必需的军队”，任何德国地方当局或居民的反抗和怠工，都将遭到严厉惩罚。

1923 年 1 月 11 日，法国和比利时以德国不履行条约义务为借口，出兵占领德国的鲁尔地区。

法国和比利时出兵德国鲁尔，使得原本英、法、美、比等国对德矛盾转变成法比与德、英、美的对抗。在法军、比利时军占领鲁尔期间，德国垄断资产阶级在英、美支持下采取消极抵抗政策，使其工业产量迅速下降，经济陷于混乱，并完全停止支付赔款。最终，使本国经济遭受严重损失——法国无法按时获得德国赔款，也无法进行与德国的正常贸易，尤其是煤炭等资源进口。

不仅如此，它还为维持鲁尔占领军的开支付出 10 亿法郎，导致法郎下跌。另外，英国银行趁机向国际金融市场抛出大量法国外汇，迫使法郎继续贬值。法国政府努力维持，但仍无济于事，最终陷入窘境。法国不仅没得到什么好处，还声望扫地，陷入经济危机，而且还不得不交出对德索赔的主导权。

3. 为索要赔款而制订道威斯计划，却意外振兴德国

德国背负沉重的赔款，遭遇法国和比利时武力逼债，本是一件令人沮丧的事，但德国却从英国和美国那里得到了暗中支持，通过消极抵抗政策，最终使法国和比利时得不偿失。这让德国人在绝望中看到了希望。不过，更让德国人看到希望的是美国人推出的德国赔款问题政策。

关于德国赔款问题，因协约国集团内部斗争激烈，一直悬而未决。列强尔虞我诈，都想取得决定和分配赔款的主导权。法国最为激进，但遭到英、美反对，最终在德国赔款问题上“偷鸡不成蚀把米”，丢掉了主导权。在这场争夺中，美国倚仗自己的实力最终成为赔款问题的决策人，从而先后抛出道威斯计划和杨格计划。

正是这两个计划，让英国、法国、比利时等国看到了获得赔款的希望。也正是这两个计划，让德国有机会在战后迅速恢复经济并迅速强大起来。

法国出兵鲁尔失败，英国和美国趁机把解决赔款问题的主导权抓到手里。1923 年 7 月，英国建议召开有美国参加的国际会议解决赔款问题。法国无力拒绝英、美两国对它与德国冲突的干预，被迫接受建议。

1923 年 11 月 30 日，协约国成立两个专家委员会，第一委员会由美国银行家道威斯主持。1924 年 8 月，协约国伦敦会议通过以道威斯为首的专家委员会提出的《关于德国赔款问题报告书》，即道威斯计划。

道威斯计划认为，恢复德国经济是德国支付赔款的先决条件。根据这个计划，德国获得了 8 亿金马克的贷款（主要是英国、美国贷款），以稳定德国币制和平衡预算。它建议在德国设立发行银行，其业务应受战胜国监督。这计划改变了战后德国资金缺乏的问题，为其恢复经济输入了大量资金。

道威斯计划没有改变盟国赔款委员会 1921 年 4 月确定的赔款总额 1320 亿金马克这个数字，只规定计划生效的第一年德国应缴付 10 亿金马克；逐年增加，到第五年，应支付 25 亿金马克。

道威斯计划规定赔款来源为德国工业企业和铁路运输收入的一部分、国家预算中关税的一部分，而国家预算的增加则以通过提高日用品的间接税和铁路运费来实现。这样，支付赔款的重担就落到了德国劳动人民身上。此举缓和了协约国与德国统治阶层之间的矛盾，却加重了德国民众的负担，为后

来希特勒煽动民众反对《凡尔赛和约》提供了口实。

道威斯计划要求法国和比利时联军撤出鲁尔，德国财政经济要接受协约国监督，主要是英国和美国监督。

道威斯计划限制了法国在欧洲大陆和世界政治中的行动自由，削弱了它的影响，标志着法国政策的失败。从此以后，在解决赔款问题上起主要作用的不再是法国，而是美国。

道威斯计划执行以后，外国资本大量涌入德国。在实施计划的 6 年时间内，即从 1924 年到 1929 年，仅美、英两国给德国的贷款就达到 200 亿 ~ 250 亿金马克。其中，美国给德国的贷款占德国所有外国贷款的 70%。1924 年 9 月至 1931 年 7 月，德国支付赔款仅为 110 亿金马克。德国利用英国和美国的贷款，更新本国设备，大大提高了生产力，使经济迅速恢复和发展起来。

借美国和英国的钱，采用先进设备发展生产，然后将产品卖出去，利用税收和利润来支付赔款（主要是对法国赔款），这种操作模式似乎对美国、英国、法国以及德国都有利。但从本质上说，获利最大的是德国。到 1927 年，德国的经济已恢复到“一战”前水平，到 1929 年工业生产又再次超过英国和法国。

道威斯计划表面上调整了协约国同德国的关系，实际上却加剧了这个矛盾。虽然美国伙同英国削弱了法国在欧洲的势力，但它绝不愿意英国取得法国的地位，而是打算自己成为欧洲事务的主宰；英国同样不甘心自己计划落空，这种情况不可避免地要导致英国和美国之间对抗的加剧。

英国、美国等通过道威斯计划对德国的大力扶植，使德国迅速壮大。有实力作为后盾，德国就能用比较强硬的态度与英国、美国、法国等国打交道。德国对道威斯计划的赔款规定非常不满，提出修改赔款规定的要求。为了收回贷款，英国和美国必然会从自身的利益出发，与德国进行一些交易。而法国为了获得赔偿款，遭到英国、美国要挟时，也不得不转变立场，从而走向绥靖主义。

更重要的是，这种操作模式通过欠债的形式将英国和美国与德国绑在一起——它们要尽力避免德国出现大动乱以防收不回贷款。德国一旦采取危险措施时，美国、英国、法国都会因为考虑自身的利益而采取必要的妥协，牺牲小利益保全大利益。这就是后来纳粹德国在欧洲一再冒险，而英法美绥靖政策一步步泛滥的根源所在。

为了研究赔款问题，协约国于1928年年底又成立特别专家委员会。与会各国代表展开激烈争论，德国代表要求大量削减赔款数额，得到了美国的支持，但遭到法国、意大利、比利时等国代表坚决反对。英国提出，德国支付给英国的赔款必须足够它偿还所欠美国的债务。

经过长期争论，美国银行家欧文·杨提出一个新的解决赔款问题计划，即杨格计划。经专家委员会通过，1930年1月在海牙会议上批准。

杨格计划把德国赔款总额减少到1139.5亿金马克，规定在59年内付清。每年支付额比道威斯计划少20%。1929—1930年度支付7.4亿金马克，下一个年度17亿金马克，以后逐渐增加，到1965—1966达到最高点，24.29亿金马克，然后逐年减少，最后一个年度，1987—1988年度为8.98亿金马克。

杨格计划取消了协约国对德国财政经济的监督，赔款方面的一切清算事宜由美国操纵的国际清算银行经手。美国挤掉了英国和法国，最终控制了关于战后德国赔款的问题。

杨格计划进一步放宽了《凡尔赛和约》对德国的限制，为进一步加速德国军事实力的恢复创造了条件。

1931年，德国又以国内经济困难为借口，提出延期支付赔款的要求。美国是德国最大的债主。为了收回本金和利息，美国必须帮助德国渡过危机，使其不至于破产。美国总统胡佛同意德国的要求，并在当年6月发布“延期付款令”，建议一切政府间的债务延缓一年偿付，从而实际上取消了赔款。

1932年6月，德国、法国、比利时、意大利、英国、日本等国代表在洛桑签订了一个协定，终止杨格计划，并把德国的赔款额减为更小数目。最终，德国的赔款问题不了了之。

战后的德国又迅速强大起来，且不断从违反《凡尔赛和约》中得到好处，在英、法、美等列强中周旋得游刃有余并成为其强有力竞争者。这让德国人的信心进一步膨胀起来。

第三章
世界经济危机，法西斯趁势兴起

1929 年世界经济危机爆发，主要资本主义国家都遭受巨大损失。德国虽然也未幸免，但作为战败国，德国却意外获得了世界列强重新洗牌的机会。日本为转嫁危机，趁机发起侵略战争，并将国家政权法西斯化。

1. 1929 年，世界从天堂掉入地狱

第一次世界大战后，在法国、比利时等国逼迫下，德国可谓异常难过，但其却意外利用美国和英国的贷款，短时间内恢复了经济实力，而且还超过同时期的法国和英国。这种巨变对战后国际秩序产生了深远影响，那就是德国与法国、英国、美国等协约国谈判时，底气更足了，当德国要赖不想支付赔偿时，法国、英国、美国等国不得不做出妥协。

德国经济总量赶超法国和英国不久就爆发了世界性经济危机。这种经济危机将此前几年的经济繁荣一下子打回原形，主要资本主义国家无一幸免。

20 世纪 20 年代是资本主义繁荣和稳定时期，也是世界范围内资本主义发展时期。主要资本主义国家都达到战前水平，各国出现不同程度繁荣，这给经历大战劫难的各国人民带来了巨大希望，以为和平与繁荣会持续下去。

不过，这仅仅是一种愿望。因为战后美国和欧洲的繁荣与稳定是建立在美国财政金融制度基础上的，即靠美国资本家提供贷款方才繁荣富强起来的，而美国资本家提供的资金大多是靠发行股票筹集而来的。1929 年 10 月 24 日，美国华尔街股票市场崩溃，世界经济危机就此开始。

1929 年夏，美国股市行情被看好，股价不断飙升。股价飙升如此快，夹杂着泡沫和投机成分。10 月 24 日，美国纽约股票市场出现抛售股票浪潮。往常每天股票交割量约两三百万股，这一天总共抛出 1280 万股。很显然，有投机分子套现离场。随后，被高估的股票一路下跌，一个月内股票价格下跌 40%。更重要的是，接下来 3 年，股票的价格持续下降。大量社会财富在股票暴跌中消失。

大危机影响到国民经济各个部门。在危机期间，仅美国就有 5000 家银行倒闭。1932 年，美国钢铁工业仅以 12% 的生产能力运转；到 1933 年，美国工业生产总值和国民收入暴跌近一半，商品贸易下降 2/3 以上。

现代经济是世界性的。当时，美国已经是世界上最主要的债权国。美国经济危机给主要资本主义国家都带来了巨大影响，从财政到工农业，从美国到全世界，无一不遭到沉重打击。在危机期间，资本主义世界工业生产缩减 36%，世界贸易额缩减近 2/3，失业工人达 3000 多万，几百万小农破产，上万家银行倒闭。

经济危机首先波及的就是严重依赖美国投资的德国和奥地利。由于美国金融公司收回了它们在国外的短期贷款，1931 年 5 月，掌握奥地利 2/3 以上债务和资产的维也纳银行宣布破产。整个欧洲陷入一片恐慌之中。

严重依赖美国贷款恢复经济的德国在经济危机中损失更为惨重。1931 年 7 月 13 日，德国四大银行之一的达姆斯纳特国家银行宣告破产，柏林证券交易所关闭。随后，德国的财政情况迅速恶化。1931 年 5—7 月，德国国家银行的黄金储备减少了 42%。这是德国要求减少赔款，最终对赔款不了了之的最直接原因。

英国严重依赖外贸，自然难免受到冲击，只不过其殖民地多，有转嫁经济危机的对象。而依靠农产品出口与外贸的南美洲和大洋洲国家，则严重陷入农产品卖不出去的危机之中。法国是最晚卷入危机的国家，主要是由德国赔偿款突然中断，其资金流出现紧张而导致。

这是一场遍及资本主义世界的危机，以财政信贷为起点，扩展至工农业；从资本主义经济实力最强的美国开始，波及世界各地，其生产破坏幅度之大，危机波及范围之广，持续时间之长，失业率之高，都是空前的。

另外，与空前严重的金融危机和工业危机相伴随的是深刻的农业危机，农产品大量“过剩”，农产品价格暴跌，大量农产品被销毁。美国成吨的牛奶被倒进密西西比河，大量小麦、玉米代替煤炭做燃料；而广大失业的农民、工人和城市失业者却生活在饥寒交迫之中。

遭受经济危机席卷的国家都发生了深刻的社会危机与动荡。在危机期间，美国失业人数为1400多万，约占全部劳动力的1/4。英国的失业人数近300万，占劳动力的1/5至1/4。德国劳动者约2/5的人完全没有工作，另有1/5的人只有临时性或半日的工作，失业人数达600万，约有半数人口处于绝望和贫匮之中。法国由于是农业国，失业人数为85万，但农村中有许多半就业和隐蔽的失业者。各国遍布排队领取救济面包的人群及大量游荡找工作的人——人们的生活已达到极度贫乏和悲惨的境地。

伴随着如此大规模的失业人口，大规模的社会混乱也不可避免地发生。危机期间，欧美各国到处可见饥民和失业者的示威游行，资产阶级民主制度遭到冲击，各国政府和人民都处于焦虑之中。各国不得不采取措施，大规模地干预经济生活，加强对政治局面的控制。各国国情和传统不同，其政府选择的干预措施不一样，但都无一例外地损人利己，最终导致各国政府走上了不同的道路，这是第二次世界大战爆发的经济根源。

1931年5月，美国国会通过法案对890种商品提高税额，美国首先筑起关税壁垒，立刻引起连锁反应。33个国家很快起来抗议，7个国家采取报复性措施，法国对英国进口小汽车增税60%。那些发生农业危机的国家也高筑关税壁垒，以维持国际贸易收支平衡。到1931年年底，25个国家采取报复性措施，1932年增至76个国家。1932年英国在渥太华举行英联邦会议，决定在大英帝国内部建立关税优惠制。法国则采取限额输入办法，保护本国商品市场，从而形成激烈的关税战、市场战。

除了市场战争，主要资本主义国家之间的货币战争更为激烈。1931年9月英国首先放弃被认为是对国际贸易有利的相对稳定的金本位货币制度，使英镑贬值1/3，随后20多个国家放弃金本位。为了不使英镑的世界金币地位完全丧失，自1931年11月起，英国同英联邦国家联合起来，组成英镑集团。同英国财政经济有密切联系的瑞典、丹麦、葡萄牙、埃及、伊拉克、暹罗（泰国）、阿根廷、巴西也参与其中。英镑集团成员国之间的贸易用英镑结算，固定本国货币与英镑之间的汇率，并把大部分外汇储存在伦敦。

法国、荷兰、意大利、比利时、瑞士、波兰6国组成维持金本位的贸易集团，保持货币不贬值。美国一度和法国达成协议，坚持金本位，但1933年3月后，美国宣布放弃金本位，禁止黄金出口，到1934年美元贬值2/5。美国与其属地、菲律宾、加拿大及大多数拉美国家组成类似英镑集团的美元集团。到1935年，世界大部分地区分裂成5个货币集团，英镑区、美元区、金本位区、日元区及德国统治下的外汇控制区，货币战愈演愈烈。

在资源问题上，经济实力较强的英美等国千方百计控制资源，建立经济区，对重要的原料如橡胶、锡等缔结限额生产的国际协定；而资源相对不足的德国、日本、意大利等则企图用刀与剑来夺取资源，争夺生存空间。这也是德、意、日三个国家比其他强国更迫不及待发动对外侵略战争的重要根源。

世界性经济危机的克服有待于统一世界性市场的恢复和国际货币关系的稳定。在危机期间激烈的市场战、货币战和资源战中，资本主义各国也曾企图通过协商建立稳定的世界经济秩序，以图走出危机。1933年6月12日至7月21日，66个国家在伦敦召开国际经济会议，力图达成关于降低关税、稳定货币的协定。由于每个国家都想牺牲别人，保存自己，彼此矛盾重重。也没有一个大国挺身而出，促使各国通力合作。会议没有达成任何有意义的协议，最终以失败而告终。

列强以邻为壑的做法不仅没有缓解经济危机，还恶化了国际的经济关系及政治关系；不仅延长了经济危机，而且延长了危机后的萧条，危机过后出现了20世纪30年代的“特种萧条”。

面对“特种萧条”，各国都做了些政策调整，利用国家权威，提高关税，增加出口，尽量保证国内经济的平衡；通过贷款或保护性法规等途径，促进主要经济部门增加生产；由政府出面，开发公共工程，尽可能多地提供就业机会，救济失业。这些反危机措施带有很大的应急性，其实施势必导致政府对经济的过度干预，使私人垄断资本主义向国家垄断资本主义发展过渡。

在国家垄断资本主义阶段，国家政权一旦为某些别有用心的阶层控制，那么将变成为一小部分人牟利的工具。这就意味着列强之间将会重新洗牌。对战败国的德国来说，是一个翻身的机会。而事实上，德国法西斯也是利用此机会登上历史舞台的。

2. 意大利法西斯不是经济危机的产物

1933 年，美国新总统罗斯福上台，实行了一系列新政策，史称罗斯福新政。经过几年努力后，美国成功摆脱危机，成为当时世界上最稳定繁荣的、经济实力最强的国家。

无论是从当时的效果看，还是从历史的角度看，罗斯福新政都具有积极意义，是解决经济危机的最好途径。不过，在罗斯福新政以前，欧洲就出现了另外一种解决经济危机的模式，即法西斯模式。法西斯模式虽然能在短暂时间内解决其国内危机，但因为其以侵略他国为核心，最终给人类带来了巨大灾难。

世界经济危机爆发后，法西斯模式开始蔓延开来。法西斯主义起源于意大利，后来在德国和日本发展到极致，给人类带来了空前灾难，最终逼迫全世界不同民族、不同社会制度的国家联合起来反对它。

事实上，法西斯不是经济危机的产物，其早在第一次世界大战期间就存在，只不过利用第一次世界大战后各种社会矛盾得到发展壮大而已。

1914 年第一次世界大战爆发，意大利各派政治势力围绕着参战还是中立问题展开激烈斗争。垄断资产阶级和民族沙文主义者企图利用第一次世界大战这一机会对外进行扩张，建立起梦寐以求的“意大利帝国”，因而极力主张参战，并建立各种组织。1914 年 10 月 5 日，公开鼓吹参战的“国际行动革命法西斯”诞生。不难看出，法西斯的灵魂就是发动侵略战争。

1914 年 9 月，为了摆脱内外困境，意大利从主张中立转为支持参战，参战派声势大增。墨索里尼趁机加入“国际行动革命法西斯”，并将其改名为“革命行动法西斯”。从此，意大利法西斯与墨索里尼紧紧联系在了一起。

“一战”后，意大利虽然以 4 大战胜国之一出席巴黎和会，但囿于实力并未实现其分赃目标。垄断资产阶级和民族主义分子借机发起反对《凡尔赛和约》的政治运动，狂热的民族主义运动风起云涌。

此时，意大利工业生产急剧缩减。许多企业、银行和股份公司纷纷破产，100多万人失业。通货膨胀，粮食和工业品价格昂贵。广大工人十分贫困，阶级矛盾尖锐化。在俄国十月革命影响下，意大利工人运动蓬勃发展。随着工人运动的发展，意大利社会党威望大大提高，党员人数迅速增加，成为左右国内形势的重要力量。

不过，意大利社会党内部分化加剧，不仅未能肩负起领导无产阶级革命的重任，还提出一些错误主张，造成了社会危机，为法西斯势力的膨胀提供了温床。

“一战”后，社会党提出“土地社会化”口号，主张所有土地统归合作社所有，遭到农民坚决反对。墨索里尼针对有地农民害怕失去土地和无地农民渴望得到土地的心理，提出“扩大小农所有制”和“分土地给农民”等口号，深得农民拥护。

当时，意大利有100多万士兵退役，而这些人主要来自农村，多数是无地或少地农民。他们入伍前，国王曾许诺在退伍时分土地给他们。“一战”后，执政的社会党不仅不支持他们的要求，反而对他们采取歧视、虐待态度，不准他们加入社会党，甚至殴打在战争中受伤的致残者和获得勋章者。由此退伍军人对社会党抱有敌视情绪。于是墨索里尼趁机拉拢退伍军人，提出分土地给退伍军人，并支持他们去夺取地主的荒地。退伍军人将墨索里尼看成救星。

在取得农民和退伍军人支持后，墨索里尼于1919年3月23日宣布正式建立法西斯组织，取名为“战斗的意大利法西斯”。

法西斯分子大搞暴力恐怖活动，充当垄断资产阶级镇压工人运动的忠实工具，甚至比警察还积极主动。面对工人运动，法西斯分子一边指责政府无能，一边发动党徒采取大规模暴力行动，袭击和捣毁工会，殴打、杀害工人和革命者。

法西斯分子的反革命行动深得垄断资本家赏识。他们认为，通过法西斯手段稳定社会效果极好，就向法西斯分子提供大量经费，为他们购买武器和制作统一的黑色制服。从此，法西斯党也被称为“黑衫党”。

意大利国王、高级军政官员和教会都把法西斯组织看成是国家秩序的恢复者。官方这种态度促使一些深受沙文主义毒害、梦想当“英雄”和“骑士”的小资产阶级分子和青年学生，纷纷加入法西斯组织。法西斯党徒数量迅速增加。

“战斗的意大利法西斯”于1921年11月7日在罗马举行全国代表大会。会议通过一个声称“国家是至高无上”的纲领。其正式更名为“意大利法西斯党”，选举米凯莱·比昂基为总书记，墨索里尼为“领袖”。

意大利法西斯党建立后，利用垄断资本家的支持和资产阶级政府的软弱，为夺取政权进行全面准备。它整顿、强化法西斯武装，把党的支部和法西斯军事组织行动队合并；要求自1921年12月15日起，所有党员一律参加行动队；把全国划为4大军区，分别由佩罗内、科姆帕尼、甘多尔费和伊里奥利指挥，由巴尔波、德·博诺和德·韦基3人组成最高司令部，对法西斯武装实行全面控制。

为了提高行动队的战斗力，意大利法西斯党在全国建立了一批能容纳千人以上的大型兵营，作为驻扎和训练行动队骨干的基地。它还决定强化法西斯纪律，并明文规定，未经领导批准，任何人不得擅自采取行动。全国法西斯行动队全部纳入统一指挥、统一行动，在受严格纪律约束的有机整体中，为“向罗马进军”提供了有效的武力保证。

墨索里尼于1922年10月16日在米兰召开会议。会议分析国内局势和各项准备工作，决定发动政变，在博迪盖拉建立由巴尔波、比昂基、德·博诺和德·韦基组成的“四人领导小组”，全权负责“向罗马进军”的组织与指挥。

10月24日，罗马师团指挥官普里埃塞得知法西斯开始向罗马进军的消息后，遵照军团司令基拉尔迪的命令，立即采取行动保卫罗马。政局突然恶化使国王埃马努埃莱三世于10月27日晚匆忙返回罗马。他原先支持首相法克塔，但到10月28日却改变了立场。

原来，在法西斯上台前几周里，执政的自由民主党几个主要领导人，如前首相乔里蒂、萨兰德拉、尼蒂等人，都在同墨索里尼搞秘密交易。此外，垄断资本“代言人”民族主义协会（国家主义党）总书记费德尔佐尼也向埃马努埃莱三世施加压力。军队的亲法西斯倾向也起了作用。

法克塔内阁辞职，意大利国王电令墨索里尼前往罗马组建新政府。墨索里尼于当天晚上从米兰乘火车前往罗马，觐见国王，领取组阁委任状。1922

年 10 月 31 日，墨索里尼组成政府。

墨索里尼刚上台时，其他党派势力很大，未能立即实行法西斯独裁统治。这不符合垄断资产阶级的利益，也与法西斯反对民主自由的思想体系不协调。1922 年 11 月 1 日，墨索里尼逼迫内阁会议做出一系列有利于垄断资产阶级和封建势力的决定，以改编武装部队为借口，取缔社会党的“赤卫军”、民族主义协会的“兰衫队”和由 4 万人组成的“皇家卫队”，于 1923 年 1 月 14 日建立法西斯民兵，取名“国家安全志愿民兵”。

为了控制议会多数和削弱国王权力，墨索里尼强迫众、参两院分别于 1923 年 7 月 16 日和 11 月 13 日批准新选举法。该法规定：在大选中获得最多数选票的党，应占有议席总数的 2/3（356 席），剩下的 1/3（179 席）按照比例代表制进行分配。

当时，法西斯还是新事物，人们对它的本质还不了解，多持观望态度。但有相当一部分人认为，法西斯党使国家恢复了秩序，因而对它抱有幻想。1924 年 4 月 6 日，意大利按照新选举法进行大选。法西斯党用武力控制选举机构，最终获得 65% 的选票，在议会中的席位猛增至 375 席。

法西斯党深得各垄断资本集团赏识。4 大财政寡头——本尼、皮雷利、奥利韦蒂和孔蒂组成代表团，于 1924 年 9 月 15 日会见墨索里尼，向他表示支持。1924 年 11 月 11 日，议会通过对法西斯政府的信任案。墨索里尼的反动气焰更加嚣张。1925 年 1 月 3 日，墨索里尼在议会发表标志着法西斯独裁统治确立的演说。他公开宣布，将在讲话后的“48 小时之内，用武力使全国的局势得以澄清”。从此，法西斯分子白色恐怖笼罩整个意大利。

1925 年 1 月 6 日，墨索里尼改组内阁，先是把非法西斯大臣统统逐出政府，继而解散除国家法西斯党之外的所有政党，颁布旨在取消集会和结社的《反秘密团体法》，从国家机关中清洗反对派的《保卫国家措施法》，确认墨索里尼个人独裁的《政府首脑的职责与特权法》和完全摆脱议会监督的《政府颁布法令的权力法》等，确立了法西斯独裁统治。

世界上第一个法西斯政权在意大利发展并巩固下来。它在传播法西斯主义思想和推动世界法西斯势力方面起了始作俑者的作用。

3. 趁经济危机，希特勒领导纳粹党兴起

第一次世界大战后，德国利用美国的资金和技术迅速恢复了经济实力，但旋即陷入经济危机之中。由于与意大利有相似的现实遭遇和历史传统，德国最终选择采用法西斯模式来摆脱危机。

希特勒是德意志工人党第55名成员和主席团的第7名委员。入党后，希特勒扮演着“政治鼓动员”角色，领导纳粹党迅速发展壮大起来。

希特勒大量使用民间语言和士兵们的行话对人们进行宣讲，通俗易懂，具有很大蛊惑性，煽动起了德国人对《凡尔赛和约》、“十一月罪人”以及犹太人的仇恨。

1920年年初，希特勒正式担任德意志工人党“宣传部长”，并于1920年2月24日成功举行一次大型聚会。在聚会上，希特勒具体阐述1919年年底由德莱克斯勒、费德尔和他一起起草的25点纲领，并宣布该纲领为党纲。纲领从民族主义出发，要求德国人在一个“大德意志帝国”内统一起来，废除《凡尔赛和约》和《圣日耳曼和约》；主张只有日耳曼血统的人才能成为本民族的同志，规定犹太人不能担任公职，不能享有公民权利，不能参加新闻工作，那些1914年8月2日以后移居入境的犹太人，应该吊销其户口，离开德国；还做出“取缔不劳而获的收入”“没收一切战争利润”“企业（托拉斯）实行国有化”“废除地租，制止一切土地投机倒把”活动、“建立和维护一个健康的中产阶层”等许诺。

生活于社会底层、处境十分困难的许多群众听到激进的“社会主义”口号，被深深感动，竟信以为真。

20世纪初叶，德国盛行民族主义和社会主义。为达到煽动群众的目的，希特勒将两个主义糅合在一起，杜撰出“民族社会主义”，即纳粹主义。1920年4月1日，德意志工人党改名为民族社会主义德意志工人党，即纳粹党。他突出民族主义和反犹主义，在纳粹运动兴起中起了很大作用。

希特勒为纳粹党精心设计党徽和党旗。1920年12月，在国防军资助下，希特勒买下《慕尼黑观察家报》，改名为《人民观察家报》，宣传纳粹主张。

1921年夏天，纳粹党内一部分人试图趁希特勒到柏林同北德民族主义分子联系的机会推翻他。冷酷无情、独断独行的希特勒发觉后，立即反过来收

拾政敌，并以擅长演讲和为党募集资金为资本，迫使德莱克斯勒修改党章，由自己担任主席，从而独揽纳粹党大权，让德莱克斯勒担任毫无实权的名誉主席。

1921 年 7 月 29 日，纳粹党内确立“领袖原则”，纳粹党各级领袖从此不再由党员选举产生，而由党的领袖希特勒直接任命。

1923 年 11 月 8 日晚，巴伐利亚州长官冯·卡尔要出席在慕尼黑东南郊比格布劳凯勒啤酒店举行的集会。希特勒率领冲锋队员们强行冲进会场，在戈林、赫斯及其警卫乌里希·格拉夫等人簇拥下走向讲台，宣布此地已经被占领，巴伐利亚州政府已被推翻等，此即著名的啤酒馆暴动。

啤酒馆暴动旋即遭到武力镇压，希特勒以突然袭击的方式劫持巴伐利亚领导人搞政变的阴谋以失败告终。希特勒被捕。

1924 年 2 月 26 日开始，一个特别法庭对希特勒—鲁登道夫集团进行审判。这次审判不仅没有断送他们的前程，反而让希特勒和纳粹党捞取了一笔宣传资本。希特勒在法庭上滔滔不绝地辩护，否认犯有罪行。由于巴伐利亚司法部长弗朗兹·古特纳是纳粹党的朋友和保护者，法庭的首席法官与被告在“民族主义”思想上并无原则分歧。希特勒把法庭当作进行煽动宣传的讲坛，任意打断证人的话，不受限制地长篇发言。最终，希特勒被判处最轻的徒刑——监禁五年，如表现好还可减刑。

审判后，希特勒名震巴伐利亚，乃至整个德国，许多外国报纸都登载他的名字及事件。暴动没有成功，希特勒却从此变成著名政治人物，为纳粹党复兴奠定了基础。

在监狱里，希特勒过得非常舒服，独居一室，像是在住旅馆。不仅如此，他还可以接见朋友、喝酒、玩牌，在附近饭馆里订名贵菜肴。他趁机深刻思考，策划纳粹党复兴计划。从 1924 年 7 月开始，希特勒在狱中写《我的奋斗》一书，大部分由他口述，秘书赫斯等人笔录。

1924 年 12 月 20 日，希特勒提前获释出狱。此时，德国形势已发生重大变化。1924 年 8 月，道威斯计划出笼，德国每年向协约国的赔款数额不仅得以削减，还获得了巨额贷款。德国得以用现代化技术更新工业设备，经济渐渐好转，进入相对稳定时期。希特勒认为，要取得政权必须获得军界和执政政治集团支持，争取国会多数选票。

出狱后，希特勒去求见巴伐利亚政府总理赫尔德，保证以后“循规蹈矩”“恪守法律”，并答应在“反对马克思主义”的斗争中提供支援。不久，巴伐利亚政府撤销对纳粹党及其报纸的禁令，从而为希特勒势力的发展提供了条件。

希特勒重建纳粹党，加强其组织工作，确立自己的领袖地位。他网罗党员，在全国各地建立层层控制的纳粹党分支组织，并仿照政府各部设立庞大的政治机构。为吸引广大青年、学生和妇女站到纳粹党一边，希特勒成立“希特勒青年团”“德国大学生联盟”“少年团”“妇女协会”等群众团体，还建立党卫队。

更重要的是，希特勒还加强纳粹党员的思想控制，1926 年 2 月 14 日，希特勒在班贝格召开纳粹党头目会议，要求各地方头目无条件地服从其意志，并把戈培尔拉拢过来，让其担任首都“红色柏林”党区的领袖，牢牢控制那里的纳粹运动。

希特勒此举赢得了王公贵族们的好感。为了报答希特勒，前德国皇帝威廉二世让奥古斯特·威廉皇子参加魏玛纳粹党代表会议，并于 1928 年加入冲锋队。为了进一步讨好王公贵族和容克地主，希特勒特别申明，1928 年年初纳粹党纲领中有关无偿没收土地和消灭土地投机买卖的条文是专门反对“犹太公司”的。

在争取王公贵族的同时，希特勒也重视争取垄断资本家支持。希特勒结识了胡果·斯汀纳斯、弗里茨·蒂森等大资本家。斯汀纳斯是战后初期左右德国政治局势的最大垄断巨头之一，被纳粹报刊称颂为“实业界勇于负责和坚决果断的表率人物”。

从 1926 年年底到 1927 年上半年，希特勒先后到汉堡、埃森等地，对工商界领导人和企业主们解释自己的经济、社会和政治主张，以打消他们对纳粹党的疑虑，让他们深信纳粹党将维护垄断资本家的利益，从而同情和支持纳粹党。此后，希特勒开始接受法本化学公司、汉堡—美洲航运公司、煤炭工业和橡胶工业的老板以及德意志银行、商业私营银行、德累斯顿银行和德意志信贷公司等的资助。凯普勒、迪特里希等人则充当希特勒与德国垄断资本家之间的联系人。

1929 年，德国借口经济困难无法偿付协约国的债务，提出要求修改道威斯计划。为了确保自己在德国的投资收益，美国支持德国的要求。1929 年 6 月，由美国银行家欧文·杨操纵的专家委员会制订了新的德国赔款方案，即“杨格计划”。杨格计划虽然较之于道威斯计划更加有利于德国，但仍然遭到支持纳粹运动的蒂森等垄断巨头和其他民族主义势力的反对，因为他们根本不想支付任何赔款。

为了迎合民众心理，希特勒宣传民族主义，争取垄断资本家资助，也加入反对杨格计划的运动。他和胡根贝格狼狈为奸，结成同盟。通过胡根贝格提供的报纸版面，希特勒广泛地宣传纳粹主张，同时从蒂森领导下的莱茵—威斯特伐利亚重工业集团那里获取资助。蒂森后来坦承，“杨格计划是纳粹主义在德国高涨的主要原因之一”。

希特勒在演讲中经常说，魏玛共和国出卖了德国，是德国的叛徒，是“十一月事件的罪人”，叫嚣要推翻魏玛共和国，扬言“如果不根除现存的制度，我们的民族就会慢慢地消失”。冲锋队更是不断制造事端，威胁甚至杀害革命群众。

到世界经济危机爆发前夕，纳粹党已成为全国性大党派，赢得了一部分城乡小资产阶级的支持，通过同胡根贝格的民族人民党结成联盟，也改变了孤立无援的状况，更重要的是，它将一些垄断资本家或他们的代理人争取到了自己一边。

世界经济危机爆发，德国损失惨重。大批小农破产，佃农人数迅速增加，失业人数大量增加。统治阶级采用削减工资、失业救济金、养老金，以及提高纳税额等办法，企图把经济危机转嫁到普通民众身上。与此同时，德国政府却给垄断资产阶级和容克地主提供巨额贷款和补助金。这无疑加剧了社会矛盾，给纳粹党上台制造了机会。

1930 年 3 月 28 日，以社会民主党人米勒为首的内阁，因无法解决经济危机引起的财政困难问题而辞职。随后上台的布鲁宁内阁依靠总统颁布的具有法律效力的“紧急法令”得以维持统治。

“总统内阁”体制在德国的建立为纳粹党攫取政权扫清了道路。纳粹党抓住机会拉拢那些对现有政权极端不满、强烈要求改变现状的广大中下层人民，攻击魏玛共和国历届政府腐败无能，并许诺自己执政后定能振兴德国，改善人民的生活状况。

纳粹党竭力争取城乡小资产阶级。1930年3月6日，纳粹党颁布《农民纲领》，规定取缔土地投机，禁止地产抵押和拍卖，并许诺给农业人口以经济援助。同年5月10日，纳粹党又提出《迅速提供就业——战胜危机纲领》，许诺“修筑公路，以减少失业”“由国家资助，使中、小企业继续生存”“以大地产为代价，增加中、小农数量”。对失业青年，则引诱他们参加冲锋队，说“这里有你们所需要的一切”。根据不同听众和选民的心理状态，纳粹党进行了有针对性宣传。在争取城乡小资产阶级和青年的工作方面，纳粹党比其他政党都要成功，有相当一部分失业工人也被争取过来。

经过强大的宣传攻势和周密的组织工作，在1930年9月14日大选中，纳粹党获107个议席，从国会中一跃而成为仅次于社会民主党的第二大党。但是，希特勒等纳粹党头子们深知，蛊惑性宣传是为了争取选民，要切实取得政权，若无国防军和大资本家们支持是办不到的。

1930年春，乌尔姆卫戍部队有3名年轻军官因宣传纳粹理论而被捕。1930年9月选举后1星期，最高法院公审这3名年轻军官。审讯时，希特勒亲自出庭做证，趁机解释纳粹党绝对没有取代陆军的意思，不仅如此，纳粹党还表示执政以后，国防军还要大大扩充，强加在德意志民族身上的《凡尔赛和约》必被摆脱。这些话都是军官们所乐闻的，青年军官同情纳粹运动的人开始增多起来。

对于大资本家，纳粹党领导人也竭尽争取。1931年下半年，希特勒走遍全国，同重要的企业界人士私下会谈。1932年1月27日，希特勒应邀出席在杜塞尔多夫秘密举行的有300名垄断资本家参加的会议。在会议上，希特勒发表演说，攻击民主“实际上将摧毁一个民族的真正价值”，既然在经济生活中树立了个人权威，那么在政治领域中同样应树立个人权威。他鼓吹种族优秀论，诬蔑布尔什维主义的世界观如不被阻止，势将把整个世界“化为废墟”。他大声疾呼扩军的必要性，说德国军队由10万人或20万人还是30万人组成并不重要，重要的是德国是否拥有800万后备军。当希特勒结束演讲时，垄断资本家们起立向他狂热欢呼。

德国陷入经济危机后，外国资本开始撤离德国，致使全部德国银行关闭，600万人失业。德国总理布鲁宁没有采取有针对性的强有力的措施来解决失业问题，而是被动等待经济复苏。其随即丧失人心，被讥讽为“饥饿总理”。总统兴登堡对其不信任，要求布鲁宁下台。布鲁宁不得不于 1932 年 5 月 30 日辞职。

随后，巴本组建由贵族组成的“老爷内阁”，因在国会得不到多数支持，只能依靠“紧急法令”来维护统治。巴本和国防部长施莱歇尔企图让纳粹党分享部分权力来限制并讨好他们，便取消布鲁宁执政时期对冲锋队的禁令。

在 1932 年 7 月 31 日举行的新国会选举中，纳粹党共获 230 个议席，成为国会第一大党。兴登堡下令解散国会，于同年 11 月 6 日举行这一年的第五次选举。

此时，德国经济危机困难时期已经过去，人民群众对纳粹党的宣传已感到厌倦。一部分企业界人士转而支持政府，纳粹的竞选经费紧张；加上纳粹党到处制造暴行，引起部分工农群众的强烈反感，最终纳粹党丧失 34 个议席，而德国共产党却得到 100 个议席。

共产党人势力的增长令德国反动势力感到恐慌。他们一改此前的态度，决定扶植希特勒上台。1932 年 11 月 9 日，沙赫特等人上书帝国总统兴登堡，直截了当地要求把内阁的领导权授予“全国最大的民族团体的领袖”希特勒。他们还写了一份《请愿书》，让工业家、银行家和大农业主签名，沙赫特、施罗德、帝国农业同盟主席埃贝哈特·冯·卡尔克罗伊特伯爵、弗里茨、蒂森、私人商业银行经理弗里德里希·来因哈特等人纷纷签名表示支持。

11 月 17 日，巴本既不能平息人民的不满，又不能把希特勒拉入内阁，只好辞职。德国反动势力要求希特勒上台的呼声越来越高。国防军首脑泽克特、前皇太子都劝兴登堡总统授权希特勒组阁。

兴登堡因在 11 月 9 日和 22 日两次同希特勒会谈组阁问题都没有达成协议，便于 12 月 2 日任命国防军将领库特·冯·施莱彻尔组建新政府。施莱彻尔不仅未能得到人民的支持，还招致垄断资本家和容克地主们的一致反对。原本对希特勒上台尚有保留意见的杜伊斯堡、西门子等垄断巨头也决定支持希特勒上台执政，连此前总理巴本也直接开始参与策划希特勒上台的幕后活动。

1933 年 1 月 30 日，在纳粹政府中担任国防部长的瓦尔纳·冯·勃洛姆堡的支持下，兴登堡任命希特勒为德国政府总理。参加希特勒政府的有巴本、威廉·弗利克、戈林、弗莱赫尔·冯·牛赖特、克罗西格伯爵、勃洛姆堡、胡根贝格、戈培尔等。一个以纳粹党头目为主，容纳了反动容克、垄断巨头代表的法西斯独裁政权在德国建立。德国从此进入希特勒时代，法西斯成为德国的主导力量。

4. 希特勒将德国打造成为战争机器

纳粹党首希特勒通过艰苦谈判终于如愿以偿地当上德国总理。但是，他这个内阁总理，头顶上不仅有个权力巨大的兴登堡总统，而且内阁组成人员也来自各党派，根本无法实现其理想。因此，当上德国总理后，希特勒便想方设法让纳粹势力迅速延伸到各领域、各部门去。

1933 年 2 月 27 日晚，德国国会大厦内有人纵火。被抓纵火犯高呼："这是信号！这是革命的烽火！"而从他身上也搜出传单，传单内容是德国共产党号召进行阶级斗争。

此时担任国会议长和控制着警察的普鲁士邦内政部长戈林得知最后离开国会大厦的是共产党议员恩斯特·托格勒和威廉·凯念时，毫不犹豫下令将他们逮捕起来。戈林对周围人说，可能是共产党想通过纵火制造混乱，乘机搞武装暴动。随后，全体警察立即进入戒备状态。

希特勒赶赴现场，听完戈林的报告后，挥动着双手，滔滔不绝地说：非得让他们知道我的厉害不可！谁反对我们，我们就把他们彻底搞掉！德意志国民以前太老实了，共产党的活动家全都要枪毙！今天夜里就要把共产党的国会议员绞死！同情共产党的，要把他们关进监狱里！对社会民主党和国旗团也要如法炮制！

还没经过调查就将其认定为德国共产党所为，纳粹党徒当然明白党首的意图。于是，纳粹党徒案发后不到 5 小时就提出了应予逮捕者名单和一项旨在扩大侦查权的法案。在抓捕过程中，保加利亚共产党人、在柏林工作的共产国际特派员季米特洛夫作为卢贝的同案犯被逮住。把国会纵火案与德国共产党扯上关系，把共产国际也扯进来，对于总是叫嚣要消灭"共产主义九头妖"、打翻"赤色恶魔"的希特勒来说，那真是"天赐良机"。纳粹分子一口咬定季米特洛夫与纵火案有关，共产国际与纵火案脱不了干系。侦查工作不是由刑事警察而是由盖世太保（政治警察）来接手。

希特勒和身为盖世太保总监的戈林为侦查工作定了调。在政府首脑会议上，希特勒从兴奋得有些失常的戈林那里听说案犯身上有共产党的党证，便别有用心地断定纵火案是共产党预谋的犯罪行为，无比愤慨地叫道：这是共产主义者干的勾当，这是天佑。光耀德国历史的伟大转折到来了，诸位，你们马上就会看到的。

当时，德国新闻舆论控制在即将成为国民教育和宣传部长的戈培尔手里。有了攻讦对象，戈培尔这个瘸腿的摇唇鼓舌的“天才”，马上跑到《人民观察家报》编辑部内命令改版，并跟在希特勒身后气势汹汹地说，应该马上在国会大厦前的广场上把逮捕的犯人处死。

纳粹党徒决定趁此机会搞掉反法西斯的共产党和社会民主党。而希特勒也想大权独揽，趁机排挤掉内阁里掣肘他的总统、陆军、保守分子三股力量，实现他“一个民族、一个国家、一个政党、一个领袖”的愿望。希特勒决定从兴登堡总统那里取得宪法第 40 条规定的权利：在紧急状态下，只要总统批准，可以不需议会多数支持而仅凭总统紧急法令来行使职权，总理将取代国会获得立法权。也就是说内阁政府有制定宪法的权力，把国会抛在一边。

于是，国会纵火案发生当天，希特勒在召开内阁会议后，直奔总统官邸，请总统签署内务部制定的《保护人民和国家法》。兴登堡并未阻拦新总理的应急举措，根据宪法相关规定，批准了该法。

1933 年 2 月 28 日，《保护人民和国家法》作为总统紧急法令颁布。《保护人民和国家法》暂时停止执行宪法中保障个人和公民自由的 7 项条款。其主要内容是限制个人自由，限制表达意见的自由，包括出版自由；限制结社和集会自由；对邮件、电报和电话进行检查；对搜查住宅发给许可证件；发出没收以及限制财产的命令。除此之外，它还规定中央政府在必要时可接管德意志各邦的全部权力，以恢复那里的公共秩序。

《保护人民和国家法》废除了《魏玛宪法》中对基本人权的规定，希特勒现在能以合法的理由随意抓人了。不久，4000 多名共产党干部和许多社会民主党及自由主义领袖遭到逮捕，即使一些根据法律享有豁免权的议员也未能幸免。

同年 3 月 21 日，德意志第三帝国第一届国会在波茨坦的忠烈祠举行。3

月 21 日是俾斯麦主持德意志第二帝国第一届国会召开的日子，而此次会议地址又是普鲁士主义的圣地，霍亨佐伦王朝历代君王都来此做过礼拜，腓特烈大帝的遗体在这里，兴登堡也来此朝圣过。

希特勒意图煽起民族主义情绪，尤其是在众人怒斥的《凡尔赛和约》给德国带来巨大民族创伤的背景下，这一点不仅不会遭众人反对，而且还能赢得德国人的好感。

纳粹控制的国会机器迅速转动起来。3 月 23 日，希特勒如愿以偿地看到“授权法”——《消除人民和国家痛苦法》——通过。它规定，把立法权、批准与外国的缔约权、宪法修正权从国会手里移交内阁；甚至还规定，内阁制定的法律由总理起草，并且可以“不同于宪法”。

从此，议会民主制度在德国不复存在。国会尽管与德意志第三帝国相始终，却只是摆设，是元首声音的传声筒。1933 年 8 月，兴登堡死后，希特勒身兼任数职——元首、国家总理、武装总司令。德国从此被希特勒所控制，照着他的意愿，朝着战争轨道快速前进。

在国内实现独裁后，希特勒又想方设法分化国际上坚定维护《凡尔赛和约》的小协约国集团。小协约国成员为罗马尼亚、南斯拉夫、捷克斯洛伐克，背后由法国撑腰。法国支持小协约国，向它们提供贷款和军火。小协约国则在外交上支持法国巩固凡尔赛体系做出的努力。法国同小协约国合作，旨在加强自己在中欧和东南欧的力量，以利于抑制德国，并同英国、意大利较量。小协约国是牵制德国、奥地利以及意大利的一股重要力量。

在当时，小协约国在欧洲的作用不可小觑。匈牙利废王查理四世两次试图复辟，都因小协约国带头坚决反对而失败。1931 年 3 月，德国和奥地利缔结关税协定，也因小协约国带头坚决反对而被迫放弃。1932 年 2 月，德国代表在裁军会议上高举“军事平等”，要求取消《凡尔赛和约》对它的限制。小协约国更是相互奔走，积极在中欧堵塞修约主义道路。

更令希特勒气愤的是，1933 年 3 月 18 日，墨索里尼建议，由意大利、英国、法国、德国缔结为期 10 年的《四强公约》，也因小协约国搅和而失败。《四强公约》主要内容是：4 国就欧洲问题达成协议，必要时可迫使其他国家接受 4 国的决定；认可在国际联盟范围内修改《凡尔赛和约》的原则；如果裁军会议失败，就承认德国和其他被限制武装的国家军备平等的权利；4国就殖民地问题达成协议。如果这个条约能签订，德国就能一举再次获得欧洲强国地位。

希特勒意识到小协约国的存在是其侵略扩张的巨大阻碍，必须将其消灭掉。他采用的手段就是分化离间。

捷克斯洛伐克是发达的工业农业国，罗马尼亚、南斯拉夫是落后的农业矿业国，它们出口农产品和矿产品，主要市场是德国。在世界经济危机时期，罗马尼亚、南斯拉夫出口出现困难，德国却雪中送炭，提高进口限额，实行优惠税率和以货易货等办法，大幅度增加同罗马尼亚、南斯拉夫的贸易。罗马尼亚、南斯拉夫与德国的关系越来越紧密，其国内的民众对德国的好感大大增强。

1933年12月，推行反法西斯政策的罗马尼亚首相杜卡被刺。亲法西斯的民族基督教联盟领导人公然散布“亲德言论”。受德国支持的罗马尼亚法西斯组织“铁卫团”活动日益猖獗。在此期间，法国国内绥靖主义抬头。小协约国对法国也越来越不信任，其合作面临失败。希特勒趁机加大拉拢南斯拉夫和罗马尼亚的力度。

1934年10月，赞成集体安全的南斯拉夫国王亚历山大被刺后，保罗亲王当政。在保罗亲王支持下，首相兼外交大臣斯托雅廷诺维奇标榜推行“独立自主”的对外政策，公开同法国和小协约国疏远，而同德国、意大利、保加利亚和解。

南斯拉夫的政策改向后，法国对德国的扩军备战越来越公开地推行妥协退让方针，使小协约国的亲法势力产生失望情绪，给了亲德势力以可乘之机，从而加速了小协约国解体。1936年3月7日，德国进军莱茵非军事区，未受法国制裁。罗马尼亚的亲德势力则借机大力宣传，法国国际威望日益降低，苏联军事软弱，罗马尼亚与其同法国、苏联站在一起而在国际冲突中沦为战败国，不如同德国、意大利、波兰合作，德国、意大利、波兰、罗马尼亚联合的军事力量将是“不可战胜的”。

德国利用小协约国之间的差别和分歧，纵横捭阖，对之进行分化瓦解。德国一面用提高农产品收购价格、扩大贸易的办法，在经济上吸引罗马尼亚、南斯拉夫；一面在政治上对它们进行安抚和拉拢。

与此同时，保加利亚和意大利也效仿德国积极破坏小协约国的合作。它们相继与南斯拉夫签订友好协议。希特勒对他们表示热烈祝贺，并继续实行拉拢南斯拉夫和罗马尼亚的政策，以致 1938 年 3 月德国并吞奥地利时，南斯拉夫、罗马尼亚都拒绝捷克斯洛伐克召开会议采取措施的建议，直接宣布持中立立场。

匈牙利趁火打劫，在其 1938 年 9 月 22 日向捷克斯洛伐克提出领土要求时，罗马尼亚和南斯拉夫竟然支持匈牙利的要求。小协约国从此不复存在。

小协约国解体后，法国丧失了从东面钳制德国的盟友，制衡德国的力量大为削弱，以致纳粹德国敢于肆无忌惮地对英法挑战。

在扫除国际障碍的同时，希特勒丝毫不放松国内扩军备战。

为了做好发动战争准备，希特勒政府除依靠私人垄断资本外，还充分利用政权的力量。纳粹党是在经济危机已逐渐平息时上台的，这形势对他们十分有利。纳粹党致力于解决失业问题。他们将大量备战所必需公共工程混进去，招募大量失业者去修筑高速公路、兴建飞机场、建造兵营、改良土壤和开垦荒地、整治水道和架设桥梁等。无论是国外防范德国的势力，还是国内的各阶层，都对此持积极态度。毕竟扩大就业，对稳定社会、恢复经济，有着巨大推动作用。因此，纳粹党执政后很快获得一定的称誉。

不过，纳粹党的根本目的是发展军事力量，实现对外侵略扩张。大规模公共工程建设后，他们立即转向了扩军备战工作。到 1936 年后，德国用于大工程的开支大大减少，用于军事订货的开支则大大增加。

由于《凡尔赛和约》的限制，德国加大军事开支是一项危险的举动，不仅可能引起国内某些阶层反对，还可能会引起国际，尤其是法国、比利时等国的反对，从而引发危机。在此前几次冒险行动中，凡是涉及反犹太、反共的，国内小资产阶级以及权贵阶层都是无一例外地支持的，而法国、比利时等国反苏反共情绪也不亚于德国人。因此，在扩充军备前，希特勒大力宣传布尔什维克主义严重威胁着德国，必须扩军，提高防御能力。

1936 年 8 月 26 日，希特勒强调布尔什维克主义如在德国取得胜利，不仅德意志民族将被消灭，而且整个西欧文明也将消亡。有鉴于此，德国经济政策的唯一目的就是维护民族的存在。解决德国经济问题的决定性办法是扩张生存空间，为此德国经济必须立足于战争的基础之上。于是，他打着“反共反苏”的旗号进行扩军备战，公开提出“德国军队四年内必须具有作战能力”“德国经济四年内必须为战争做好准备”。

1936 年 10 月 18 日，希特勒任命戈林为“四年计划总办”。尽管以四年计划为标志，国家对经济的干预日益增长，但是纳粹党统治下的德国经济仍然是私人资本主义性质的，由垄断资本控制。经济集中化趋势进一步加强，资本家利润不断增加。一些大资本家也进入经济领导机构。这些为德国日后转为战时经济体制提供了条件。

当时，德国缺乏战争所必需的原料，石油、橡胶、铁矿石、铝、锰、铬、锑、铜、锡等都需要进口，只有煤炭储量足够。为了避免在战争时遭到封锁，不再能进口所需的战略物资，德国提出“自足自给”政策，采取一系列措施，大力发展军备工业基础的重工业，尤其重视化学工业，同时扩大战略原料代用品生产，以及突击进口战略原料，增加战前储备。当然，这并不是为了自给自足，而是纳粹德国为大战爆发前尽可能做好储备。

纳粹德国高举“反苏反共”旗号，逐年增加军费开支。1933—1938 年间，德国军费开始总计约 500 亿～600 亿帝国马克。1935 年 3 月 16 日，德国公开撕毁《凡尔赛和约》限制德国军备的条款，宣布实行普遍兵役制，建立一支和平时期由 36 个师组成的陆军。

“反苏反共”旗号起了重要作用，这一冒险举动并未招致英法的武装干预。从此，希特勒扩军备战再也无所顾忌。

到 1939 年 9 月，德国陆军已拥有 105 个师，约 270 万人；空军有 4320 架飞机；海军拥有 5 艘战列巡洋舰和袖珍战列舰、57 艘潜水艇、8 艘巡洋舰、22 艘驱逐舰以及其他一些舰只。这是一支远远超出了《凡尔赛和约》对德国军备限制的强大军事力量。

由于德国打着“反苏反共”旗号，面对德国扩军备战，同样反共反苏的英国和法国认识不清楚，反应比较迟缓，以致德国的备战工作远远领先于英国和法国。

尽管如此，并不能说纳粹德国已经为发动一场世界大战做好了充分的准备。战争前夕，德国经济已暴露出许多严重问题。国债高达 600 亿金马克。外汇枯竭，储备几近于零。许多战略原料并未做到自给自足。这就是为什么希特勒喜欢采取闪击战，在最短时间内迫使对手投降以达成战略目的。

不过，如果英法不一味采取绥靖主义政策，那么德国也不会对外侵略屡屡得手，也不敢狂妄地发起世界大战了。但是，被德国“反苏反共”旗号蒙蔽的英、法、美等国，不仅没及时压制德国的侵略野心，还产生了祸水东引的想法，对其一而再、再而三地实现绥靖政策，直至德军将炮火指向它们。

5. 日本法西斯在侵略战争中兴起

法西斯不仅兴起于欧洲，也兴起于日本。不过，与德国法西斯兴起有所不同的是，日本法西斯兴起于军队中，是在对外侵略中逐渐形成并发展起来的。

1929 年世界经济危机，沉重打击了持续萧条的日本经济。日本国内生产萎缩，国外竞争激烈。为了摆脱危机，日本统治者加强推行国民经济军事化，扩大军事支出和军事订货，以保证垄断资产阶级的利润。通货膨胀与军需相结合，形成“军需通货膨胀”，财阀与军阀进一步结合，称作“军财抱合”，亦即军部与资本家的阶级联盟。

与此同时，日本的“协调外交”趋于崩溃。当时，日本虽为“五强”之一，但经济上还很脆弱，摆脱不了对美国、英国的依赖，军事上也还不能与美国、英国较量。但“协调外交”并不是和平外交，一旦日本侵略权益受到威胁，其肯定会为维护自身利益而诉诸武力。

在此种背景下，法西斯思想在日本受到热捧，尤其受到日本军人的热捧。

1919 年 8 月，北一辉（1883—1937 年）写了一本小册子——《日本改造法案大纲》（*初名《国家改造案原理大纲》*），狂热鼓吹日本天皇制，反对一切民主主义，包括资产阶级民主，说德谟克拉西的主张“极其幼稚”，选举制是以“投票神权”来反对“帝王神权”，是适应低能之辈的“低能哲学”。他叫嚣侵略有理，认为中国、印度等均应在日本的“保护”之下。他维护地主资产阶级，要求“根除阶级斗争”，禁止罢工，一切纠纷均由国家裁决，对劳动人民实行军事统治。为了实现这些目标，他要求动用“日本天皇大权”来改造日本，三年间停止实行宪法，解散议院，发布戒严令，建立“国家改造内阁”，由日本天皇依靠军队和退伍军人进行统治。

日本与德国、意大利法西斯的不同之处，仅在于它不是依靠建立法西斯政党，而是依靠日本现有的天皇制和军事实力来进行法西斯化。北一辉的理论非常符合日本右翼军国主义者的想法，获得了日本军部的支持。各种公开的和秘密的法西斯团体相继成立，形成了强大的法西斯势力。在形形色色的法西斯组织中，力量最强、影响最大的是军部法西斯。

在国内外矛盾激化的形势下，日本法西斯分子适应群众心理，针对政党腐化、财阀聚敛、官僚堕落等现象，纠集不满分子和野心家，在军部支持下，阴谋策动政变，制造恐怖暴乱。他们公开反共，并在“防止赤化”口号下摧残一切进步力量。对此，日本政府并未加以遏止，而是利用法西斯分子将其政府改造为法西斯政权。最终，日本军部控制了日本内阁，其政治发言权越来越大。

日本法西斯化泛滥后，对外侵略的狂热思潮迅速蔓延。一些具有狂热法西斯思想的军人，不仅在日本国内频频采取暴力举动，以夺取内阁控制权，还迫不及待地发动了法西斯战争。这些战争虽然是局部的，却是第二次世界大战的开始，标志着第二次世界大战第一个战争策源地的形成。

日本军国主义者的侵略野心很大，它所觊觎的是世界霸权，要发动的是世界大战。夺取世界霸权，日本侵略者自知力量不够，便乞灵于法西斯主义。他们幻想，只要“将政治、经济、文化、国防统一于日本天皇，将全部力量集中于一点来加以发挥”，世界上便没有足以与日本“相比拟的国家”。而日本侵略者又认为建立国内的法西斯统治与对外侵略是相辅相成的。

日本在进行国家政权法西斯化的同时，发起“九一八”侵华战争，侵略中国，通过战争转移其国内矛盾，转移其经济危机，壮大其侵略势力。日本对中国东北各种形式的侵略由来已久。尤其是在日俄战争后，日本在中国东北的势力迅速膨胀。中国东北不仅成为日本的商品市场和原料供给地，而且成为日本的主要投资场所。在经济危机的严重冲击下，日本需要开辟新的销售市场、原料产地和投资场所，而对已经控制了的中国东北则更要据为己有。

日本法西斯认为，中国东北与朝鲜接壤，两国的共产主义者已经联合战斗，“满蒙问题如不解决，则对朝鲜的统治就难以真正实现”，所以占领“满蒙”是“稳定对朝鲜的殖民统治所不可或缺的条件”。

对日本法西斯军人来说，最重要的还是把中国东北看成对抗英、美、苏，进行世界大战的战略基地。石原莞尔就是“站在世界最终战争论的观点上制订满蒙占领计划的主要人物”。他们预言，“日美战争必将到来之命运，是20世纪最大、最重要的事件，将成为世界历史的转折点”，而一旦发生日美战争，只有从“满蒙”和中国本土筹措战争所需物资，才能支持长期战争。“满蒙”与苏联毗连，是对苏作战的主要战场，一旦建成日本强固的军事基地，苏联就只好打消进行日苏战争的念头。占领“满蒙”，不仅在英、美、苏的侵犯中确保国防的安全，而且可以“完成未来争霸世界的战争准备”。中国的东北对日本的国防建设是“绝对必要的战略据点”，是日本的“生命线”，必须据为己有。

1931年9月18日夜，日本关东军炸毁沈阳柳条湖附近的铁路，诬为中国军队所为，以此为借口，炮轰东北军驻地北大营，“九一八事变”爆发。东北军民激于民族义愤，进行了自发的英勇抵抗。但是，东北最高军政首领给军队的命令却是“坚持不抵抗”。东北军没有进行有组织的抗击民族敌人的斗争。东北三省在短暂时间内落入日军之手。

事件爆发后，国民政府误判形势，采取不抵抗政策，将希望寄托在国际联盟“主持正义”上。而事实上，那时英国、法国、美国等醉心于反苏反共，无视远东与世界和平已经遭到严重威胁这一客观事实，对日本的侵华暴行采取绥靖政策。

1931年9月21日，中国政府向国际联盟提出控诉。在英国和法国操纵下，国际联盟经过3个月争论，未采取制止日本侵华的积极措施，只是成立了一个由英国人李顿为首的调查团，调查所谓“中日冲突”。

调查团绕道美国、日本来华，不是首先到中国被侵占的东北调查日本侵略罪行，而是去武汉等地了解中国共产党的情况。时隔好长时间，调查团写出了所谓的《调查报告书》。它虽然承认战争是由日本挑起的，但同时又认为苏联“对于中国恢复主权之奋斗”采取赞助政策，苏联的态度“实予中国民族之热望以有力之兴奋”。“共产主义之滋长于中国”，更增加了“日本之疑惧”。公开敦促中国反动政府加紧剿共。最终的办法是，中国保持对东北地区的主权之虚名，而实行大国保护下的自治，并承认日本在这个地区的特殊利益。换言之，就是要把东北变为国际资本的共同剥削对象与防共基地。这种所谓调查其实就是赤裸裸地牺牲中国领土去讨好日本法西斯。

国际联盟的做法助长了日本法西斯侵略的嚣张气焰。日本人肆无忌惮地侵占东北三省，继而入侵热河，进窥华北。1933 年 3 月 27 日，日本正式宣布退出国际联盟，公开地践踏了第一次世界大战后签订的一系列国际条约——《国际联盟章程》《九国公约》《白里安—凯洛格公约》，明目张胆地进行法西斯侵略。对此，操控国际联盟的英国和法国听之任之。

炮制伪“满洲国”之时，日军又在上海挑起“一·二八”事变，以压迫国民政府并转移国际视线。日军的进攻遭到第十九路军爱国官兵的坚决抵抗，日军至 1932 年 2 月底被迫三易主将，逐次增加兵力，由 6000 人增至 10 万人。日军进退维谷，十分不利。遗憾的是，国民政府在蒋介石独裁之下不愿意将事态扩大，一味妥协，于当年 5 月 5 日与日本签订《淞沪停战协定》。这种软弱妥协的态度更加助长了日本法西斯的气焰。

1931 年“九一八”事变后，日本并没摆脱危机，相反更加严重了，统治集团建立法西斯专政的步伐加快，日本法西斯势力的气焰更加嚣张。为扩大对外侵略，日本国内加紧强化战争体制，宣扬“非常时期”论调，进一步实行高压政策，以便把人民驱赶到战场上去。

1934 年 10 月，日本陆军省发表《国防的根本意义和提倡强化国防》，阐述国防的概念、国防力的构成以及把物质和精神力量集中于国防的必要性。它叫嚣“战争是创造之父、文化之母”，鼓吹法西斯独裁政治，认为日本“必须芟除无视国家的国际主义”，建立国防国家的总体战体制，加强军部法西斯独裁倾向非常明显。

在如何建立军部法西斯独裁问题上，日本法西斯军人内部分成两大派，即皇道派和统制派。双方都要建立军部法西斯独裁统治。皇道派以“新兴财阀”为靠山，强调以日本天皇为中心的绝对精神主义，认为对政党、重臣的势力必须给予坚决打击。他们主张用政变、暴力以至暗杀等恐怖手段来实现这一目标。这一派以荒木贞夫、真崎甚三郎等为中心，在青年军官中颇有影响，其成员主要是少壮军人。与之对立的统制派同旧财阀合作，以树立国家“总体战体制”为其特点。他们主张用合法手段，在陆军中央机关将校统制下，注意策略，实行“断然改革”。他们强调加强现有国家机关，使日本天皇制法西斯化。《国防的根本意义和提倡强化国防》就集中代表了统制派的政治军事观点。这一派以永田铁山和东条英机等人为中心。

与德国法西斯上台前的党派斗争不一样，皇道派和统制派的斗争是内斗。皇道派攻击统制派是财阀的走狗，应打倒；统制派企图镇压皇道派，加强以它为核心的军队统一。两派对立，钩心斗角，后来还走上刺杀和政变的道路。同为法西斯，却以命相搏，可见日本法西斯残忍的程度是远胜于德国法西斯的。

在这种背景下，1936 年 2 月 26 日拂晓，皇道派军官率兵以“昭和维新”为目标，发动武装叛乱，企图建立以真崎甚三郎为首的法西斯独裁政权。随后叛乱被镇压。

随后，日本军部法西斯力量重新进行组合和调整，此前皇道派军官们所要求的由军部掌握国家大权的日本天皇制法西斯专政政权，由统制派法西斯军阀建立起来。广田弘毅被推出组阁。

在广田弘毅组阁时，日本军部强烈要求寺内寿一出任陆相，并要求推行准战时体制。1936 年 3 月 17 日，广田弘毅内阁发表政纲，提出所谓“全面革新政治”任务，其核心是加强国防、明征国体、安定国民生活（农村政策）和刷新外交，其实质是要建立用日本天皇权威来统治一切，以军部为轴心，大力加强军事和国防的准战时体制，为在亚洲的侵略扩张铺平道路。

此外，陆军提出的充实军备、调整税制、加强国防、明征国体、统制经济机构、振兴民间航空事业、加强情报宣传等项“改革”要求，广田弘毅内阁也一一接受。

广田弘毅内阁成立后，对陆军内部，特别是陆军中央层进行了“整肃”。在“整肃”名义下，统制派排斥和打击皇道派，迫使皇道派上层支柱、军事参议官真崎甚三郎和荒木贞夫等 7 人引退。

军队内部清算后，以寺内寿一陆相以及杉山元、梅津美治郎等为首的新统制派掌握了军部的实权。他们趁势要求实现国家全面法西斯化，并且毫不隐讳地要挟政府“政治主导权如不让给军部，就会发生第二、第三个‘二二六’事件”。

通过肃军，军部和广田弘毅内阁完全成为一体，推动日本走向战争和法西斯化道路。为了更便于实行法西斯专制，广田弘毅内阁于 5 月 18 日修改陆、海军两省官制，恢复被一度废除了的军部大臣现役武官制，任命现役大将、中将担任陆海军大臣，中将、少将担任次官，以保障军部特权。从此，法西斯军阀便可以通过陆军大臣、海军大臣左右内阁，从而掌握内阁的存亡。他们有了对政府的控制权，既可以对内放手实行法西斯独裁统治，又可以对外随意扩大战争。

1936 年 8 月 7 日，广田弘毅首相召开有陆相寺内寿一、海相永野修身、外相（广田弘毅兼任）、藏相马场瑛一参加的“五相会议”，以军部提出的《国防国策大纲》为基础，通过了决定日本国策的纲领性文件——《国策基准》。

《国策基准》提出要牢固确立日本帝国主义在东亚的统治地位。其基本国策是“在外交国防密切配合之下，在确保帝国在东亚大陆地位的同时，向南洋发展”。为此，它提出四项原则性纲要，分别规定大陆政策和海洋政策的基本方针。大陆政策的基本方针是：“谋求满洲国的健全发展，巩固日满国防，消除北方苏联的威胁，并防范英美，实现日满华三国的紧密合作。”海洋政策的基本方针是：“向南洋，特别是向外南洋方面，谋求我国民族的经济发展，力图避免刺激其他国家，逐步以和平手段扩张我国势力。”

五相会议所制定的《国策基准》是日本帝国主义总体战的根本国策。它在规定侵略扩张的基本方针的同时，还提出“以上述根本国策为基础”，“统一调整内外各项政策，以期适应现今的形势而全面革新政治”。《国策基准》在扩充陆海军国防军备、外交和“庶政一新”等方面，提出了 8 项具体纲要，规定“陆军军备以对抗苏联在远东所能使用的兵力为目标，尤其要充实驻在满洲（中国东北）的兵力，使其能在战争开始时，立即对苏联远东兵力予以痛击”“海军军备应以对抗美国海军，确保西太平洋的制海权为目标，充实足够兵力”。

五相会议所通过的《国策基准》是法西斯军人依靠和利用日本天皇制，推行国家法西斯化的必然产物，它充分暴露了日本帝国主义称霸远东进而向太平洋扩张的狂妄野心。五相会议标志着日本帝国主义已经走上国家战争总动员的道路。

五相会议所确定的基本国策也使日本军事法西斯主义集团向国际法西斯主义集团靠近了一大步。广田弘毅内阁持续不到一年，1937 年 2 月林铣十郎继起组阁，持续时间 4 个月。不久，近卫文麿内阁上台，侵华战争全面爆发。

第四章
绥靖政策助长法西斯的气焰

法西斯出现是社会动荡的产物，但它突然坐大，与英、法、美推行绥靖政策有莫大关系。意大利和德国法西斯相继掌权后，英国和法国牺牲其他小国利益来讨好它们。美国视而不见，只顾及自己的经济利益，发战争财。意大利法西斯、德国法西斯胆子越来越大，侵略步伐越来越大，势力也越来越强，最终在欧洲发起全面战争。

1. 绥靖政策导致埃塞俄比亚亡国

意大利是法西斯的发源地，但意大利却是战斗力最差的一个国家，虽然它发动侵略战争比较早，也比较积极。在第二次世界大战中，意大利军的战场表现更像是纳粹德国在欧洲发动战争的热场。而在此期间，英国和法国的绥靖主义政策成就了意大利法西斯。

在出兵干预西班牙内战前，意大利就发起了侵略埃塞俄比亚的战争。虽然最终占领了埃塞俄比亚，但意大利法西斯的外强中干已经表露无遗，要不是英国和法国，估计不会那么容易取胜。

埃塞俄比亚（当时叫阿比西尼亚）地处非洲之角，控制着从地中海经红海到印度洋的通道，战略地位十分重要，并拥有丰富的煤、铁、铜、硫黄、黄金等自然资源。20 世纪 30 年代，埃塞俄比亚是落后的封建国家，以农业为主，只有手工业，没有现代化工业。

意大利觊觎埃塞俄比亚已久。1895 年，意大利军入侵埃塞俄比亚，但在 1896 年 3 月阿杜瓦战役中大败，不得不于同年 10 月与其在亚的斯亚贝巴签订和约，承认埃塞俄比亚的独立和主权。

墨索里尼上台后，企图独霸地中海，在东非建立殖民帝国。世界经济危机爆发后，为了夺取原料和销售市场，并转移人民对法西斯政权的不满，墨索里尼企图从战争中寻找出路，准备入侵埃塞俄比亚。

1934 年 12 月 5 日，意大利军向驻扎在奥加登省瓦尔－瓦尔绿洲的埃塞俄比亚军发动袭击。事后，意大利军反诬埃塞俄比亚军挑起争端，提出一些让对方难堪而无法接受的要求。

事件发生后，埃塞俄比亚向国际联盟报告。意大利极力反对国际联盟过问此事，主张由双方自行解决。英国和法国有意袒护意大利。在它们操纵下，国际联盟行政院直到 1935 年 9 月 4 日才召开会议讨论意埃争端问题。在这 9 个月时间里，意大利加紧准备战争。英国、法国不仅坐视不管，而且通过各种方式让意大利知道它的行为不会受到惩罚。

法国企图以满足意大利对埃塞俄比亚的扩张欲望达到争取意大利的目的。墨索里尼向法国外长赖伐尔透露其侵略计划，赖伐尔不仅不表示反对，还出面劝说英国在埃塞俄比亚问题上采取与法国相同的立场。

英国对意大利侵略埃塞俄比亚也持姑息纵容态度，但它担心一旦意大利吞并埃塞俄比亚，将动摇英国在东非，乃至埃及和苏丹的殖民统治。故一开始，英国反对意大利侵略埃塞俄比亚，但后来，英国政府及议会中绥靖主义占了上风。绥靖主义者认为，同意大利打仗风险太大，不如牺牲埃塞俄比亚来牵制墨索里尼，使其不与希特勒结成联盟。英国遂改变态度，宣布英国在埃塞俄比亚除塔纳湖地区外，没有经济利益，暗示它不阻止意大利侵占塔纳湖地区以外的其他地方。

由于操控国际联盟的英国和法国推行绥靖主义政策，意大利发动侵埃战争就更肆无忌惮了。1935 年 10 月 2 日，墨索里尼向全国发表战争演说，公开宣布要以武力吞并埃塞俄比亚。

1935 年 10 月 3 日凌晨 5 点，意大利军未经宣战越过马雷布河，直扑阿杜瓦。按作战计划，意大利军从北、南两个方面向埃塞俄比亚发起进攻。北线厄立特里亚方面由东非意大利军总司令德·博诺指挥，担任主攻，其任务是消灭埃塞俄比亚军。南线意属索马里方面由格拉齐亚尼指挥，任务是牵制埃塞俄比亚南方军，抓住有利战机发动进攻。

意大利军在北线投入 17.5 万人，配备 580 辆坦克和 120 架飞机；在南线投入 5 万人，配备 70 辆坦克和 38 架飞机。埃塞俄比亚军虽然在北、南两线分别集结 25 万和 5 万人，迎击侵略者，但因经济落后，武器装备十分缺乏和陈旧。埃塞俄比亚全国仅有 200 门野战炮、500 挺机枪和不能用于作战的 13 架老式飞机，军队人手一支老式步枪都做不到，许多人手持大刀或长矛参加战斗。

意大利军 10 月 6 日占领阿杜瓦，15 日占领阿克苏姆。不过，当意大利军向提格雷发动进攻时，埃塞俄比亚陆军大臣穆鲁吉埃塔公爵指挥 10 万人奋起抵抗，一举击毙、击伤意大利军数千人，夺回部分失地，给侵略者以沉重打击，直接导致墨索里尼的速战速决计划破产。

提格雷战役后，东非意大利军总司令德·博诺为避免遭到更大失败，决定暂停进攻，采取安抚政策，把自己打扮成埃塞俄比亚的“解放者”。他在占领区宣布废除奴隶制，停止缴纳某些封建捐税，实行“商人有其店，耕者有其田”的政策。然而，埃塞俄比亚人高喊着“至死不屈”的口号，配合军队继续抗击侵略者。群众把粮食、肉类节省下来支援前线，为在沙漠地带作战的部队运水。意大利军所到之处，群众把粮食运走或藏到“地下”，把水井填死。意大利军的战斗力因少粮缺水而大大削弱。

“安民”措施失败后，东非意大利军于 11 月 3 日向马卡累—多洛发起进攻，但遭到埃塞俄比亚军顽强抵抗。经过 5 天激战，意大利军于 11 月 8 日占领马卡累—多洛，但因伤亡惨重，兵员和武器装备得不到补充，失去了继续进攻的能力。

1935 年 11 月 30 日，墨索里尼派遣总参谋长巴多里奥接替德·博诺指挥侵埃战争。直至 1936 年 1 月底，巴多里奥也因兵员及装备不足，部队士气低落，纪律松弛，未敢发动进攻。

不难看出，意大利军征服埃塞俄比亚并不是易事。

战场上失利后，墨索里尼想通过英国和法国出面斡旋议和停战，让埃塞俄比亚把东提格雷以及靠近丹卡利亚—厄立特里亚边界地区和欧加登—意属索马里边界地区的大片土地割让给意大利，把埃塞俄比亚南部作为意大利的经济扩张和移民区；意大利给埃塞俄比亚通往阿萨布的出海权。英国统治集团认为这一计划严重威胁英国在东非的利益，拒绝出面斡旋。

墨索里尼认为，只能继续打下去，别无其他选择。他向埃塞俄比亚加紧增派新的部队，补充意大利军武器装备。

马卡累战役后，埃塞俄比亚政府加紧扩军，全国正规军达到 60 万人。1936 年 1 月 21 日，陆军大臣穆鲁吉埃塔公爵指挥 20 多万人从特姆比恩和恩德尔塔同时向马卡累附近的意大利军发起猛攻。埃塞俄比亚军击毙意大利军 3000 人，击伤 5000 人，击毁 18 辆坦克、30 多门大炮。

与此同时，埃塞俄比亚军又调集一部分兵力从右翼向厄立特里亚挺进。战局对埃塞俄比亚军十分有利，意大利军有可能重蹈 1896 年阿杜瓦惨败的覆辙。不过，在关键时刻，埃塞俄比亚绝望了——埃塞俄比亚请求英国、法国提供武器，遭到拒绝。如果英国和法国出售武器的话，埃塞俄比亚军将很可能再次打败意大利军。

埃塞俄比亚军因粮草不足和武器弹药得不到补充，伤亡达 4 万多人，被迫于 1936 年 1 月 24 日撤退。

埃塞俄比亚军英勇善战，但在战略方面却明显不足，此次仓促进攻，消耗了其原本就不充足的战备，最终导致其弹药和粮草不足，被现代化的意大利军打死 4 万人，这惨痛的现实说明，埃塞俄比亚军不具备与意大利军打阵地战的条件。而英国和法国在关键时刻拒绝提供武器，更说明埃塞俄比亚应该改变其对抗意大利军的策略，发挥地理优势，从长计议。但是，遗憾的是，埃塞俄比亚未及时意识到这一点，也未及时转变战略。

意大利军乘机反扑，逼着埃塞俄比亚军接连打了两次战役，即特姆比埃战役和锡莱战役。当时，在特姆比埃，埃塞俄比亚军仅有卡萨公爵和塞乌姆公爵指挥的 3 万人；在锡莱，仅有伊米鲁公爵指挥的 5 万人。无论是兵力，还是武器装备，埃塞俄比亚军都处于明显劣势。此时，要想取得胜利或者不致惨败，就需要有高超的战略战术，但埃塞俄比亚军民又缺乏这方面的智谋，结果伤亡十分惨重。

而意大利军兵力和武器装备都占有优势，但遇到埃塞俄比亚军悍不畏死的英勇抵抗，也打得非常艰难，最终凭借使用大量毒气，才迫使埃塞俄比亚军不得不撤退到塔卡泽以南地区。

战局逆转后，意大利军一边乘胜追击，一边另派出一个骆驼骑兵纵队从红海沿岸的阿萨布出发，通过广阔的沙漠地带，于3月11日占领萨尔多；再另派一个摩托化纵队向塔纳湖附近的贡德尔方向推进，于4月1日占领贡德尔。

特姆比埃和锡莱战役后，形势对埃塞俄比亚十分不利，但埃塞俄比亚皇帝海尔·塞拉西一世并没冷静下来仔细研究策略，而是把北部的绝大部分军队调集到阿西安季湖地区，准备与意大利军决一死战。

3月31日，海尔·塞拉西一世亲自指挥埃塞俄比亚军，接连向意大利军发动4次猛烈进攻。如果双方在兵力和武器装备方面相当，那么海尔·塞拉西一世此举击败意大利军的可能性极大，但埃塞俄比亚的老式步枪和大刀，远远不是意大利军飞机、大炮、坦克、机枪的对手。

遭到攻击的意大利军出动数百架次飞机轮番轰炸、扫射，新式大炮不间断地轰击。经过4天激战，意大利军虽然遭到沉重打击，但埃塞俄比亚军损失更惨重，战死者达9000多人，且其部队在撤退时被打散。巴多里奥指挥意大利军乘胜向南推进，于4月15日占领埃塞俄比亚军大本营——德赛城。北线埃塞俄比亚军实际上已不复存在。

5月1日，海尔·塞拉西一世离开埃塞俄比亚，流亡到英国。意大利军长驱直入，于5月5日占领埃塞俄比亚首都亚的斯亚贝巴。

在北线意大利军进攻德赛时，南线意大利军于4月14日出动三个纵队，在空军配合下，向季季加和哈拉尔发起进攻，史称欧加登战役。5月5日，意大利军占领季季加，8日占领哈拉尔，9日南北两线意大利军在迪雷达瓦会合。

同一天，墨索里尼在罗马威尼斯宫宣布兼并埃塞俄比亚，建立意属“东非帝国”。意大利国王埃马努埃莱三世加上了“东非帝国皇帝”的称号。

埃塞俄比亚政治制度落后，生产力不发达，国力衰微，同意大利相比，实力相差悬殊。埃塞俄比亚军队所需的武器靠从国外进口，与意大利军打阵地战，拼武器消耗，无疑是自投罗网。而在战争最紧急时，英国、法国、美国等国拒绝向埃塞俄比亚提供必要的防御武器，使埃塞俄比亚军难以持续抵抗几十万用现代化武器武装起来的意大利军，这无疑也是英法美等国在背后捅了埃塞俄比亚一刀。

埃塞俄比亚军败在落后的武器和落后的战略战术上，但从某种意义上讲，埃塞俄比亚也是英国和法国绥靖政策的牺牲品，是英、法、美等大国出卖小国讨好法西斯的结果。而当时势力最强大的英、法、美纵容法西斯，不仅是埃塞俄比亚的悲哀，也是所有受法西斯侵略的人们的悲哀。

2. 西班牙战争，德、意法西斯首次联手

在疯狂扩军过程中，纳粹德国遇到了一个检验成果的好机会，那就是西班牙发生的内战。纳粹德国和意大利法西斯趁机支持西班牙法西斯，不仅检验了法西斯的战斗力，打击了反法西斯力量，还检验了英国、法国、美国等列强对法西斯的态度。在这次法西斯联手剿灭西班牙左翼力量的战争中，英国、法国、美国等列强的绥靖态度让希特勒看得明明白白。

西班牙曾经是强盛的殖民帝国，其殖民地遍布世界各地，占有除巴西外的几乎整个中美洲和南美洲，但后来被英国、美国打败，迅速衰落。1929 年世界经济危机后，西班牙国内各种矛盾迅速激化。1931 年 4 月 14 日，西班牙爆发革命，成立共和国。

西班牙共和国所进行的社会民主改革很不彻底，守旧势力强大，且时时刻刻想复辟，共和派与保皇派之间的斗争日趋尖锐，冲突也不断升级。军队暴动也时有发生。

1933 年，在德国希特勒的纳粹党取得政权的鼓励下，西班牙反动政治力量进行了新的部署。西班牙法西斯党“长枪党”成立。纳粹德国随即对其进行武装。长枪党人数不多，但活动猖獗。而以天下主教的“人民行动党”为中心，联络各右派政党组成“西班牙自治右翼各党联盟”，即“西达党”，集结教权派、保皇派等右翼分子。

1933 年 12 月，以西达党为主体的“右派力量选举联合阵线”在议会选举中获胜——右派通过合法手段掌握政权，各种反共和制度的反动政治力量势力增长，共和派势力遭到压制。

维护共和制度的人民群众愤怒了，抗议活动遍及全国。1934 年 10 月，

在社会党和共产党等左翼政党的领导下，全国百万工人举行总罢工，继而在首都马德里、重要工业城市比斯开和重要工矿城市阿斯图里亚斯等地迅速发展为武装冲突。勒鲁斯政府调动佛朗哥率领的“外籍军团”，以飞机、坦克和大炮进行镇压。起义失败。

1935 年，欧洲政局风云变幻，法西斯势力膨胀，战争威胁逐步逼近。共产国际在同年 7 月提出建立人民阵线的号召，要求无产阶级团结一切民主进步力量，共同抗击法西斯。西班牙共产党、社会党和其他左派政党于 1936 年 1 月签署人民阵线公约。人民阵线把工人、农民、绝大部分城市小资产阶级、知识分子以及所有自由民主力量都联合起来，共同反对法西斯及右翼势力的进攻；拥护共和民主制度，把反法西斯与维护共和国际联盟系起来，受到人民广泛拥护。

1936 年 2 月举行的议会选举中，人民阵线获胜。在人民阵线组成的内阁里，左派虽然占据优势，但中、右派的力量还很大。左派和右翼保守势力的对抗依然很激烈。几乎所有反共和的右翼党派都在秘密策划军事政变。尤其是手中握有军队和武器的反动将军们更是跃跃欲试。他们都积极寻求国外的帮助和支持，和德国法西斯、意大利法西斯内外勾结。

人民阵线政府上台后，西班牙国内局势一直很紧张，右翼分子公开寻衅，制造事端，加重了社会混乱。1936 年 7 月 17 日，西班牙驻摩洛哥梅利里亚的军队首先发动叛乱，并且立即得到“外籍军团”的响应和支援。第二天一早，佛朗哥就从其驻地加那利群岛飞抵摩洛哥的德土安指挥叛乱的军队，迅速攻占梅利里亚、休达、德土安各城市。叛军宣称他们的目的在于阻止西班牙的无产阶级革命，防止“赤化”。反对叛乱的人民纷纷要求武装起来，保卫共和国。内战全面爆发。

7 月 30 日，叛军在布尔戈斯成立“国防执政委员会”。因原定充当叛军领袖的何塞·圣胡尔霍在葡萄牙赶回西班牙途中死于飞机失事，佛朗哥就被推为“西班牙武装部队总司令和国家元首”。

因为叛乱早有预谋，而且有德国、意大利法西斯提供的外援，佛朗哥率领的摩洛哥叛军自南向北，莫拉率领的保皇党和正统派军队由北向南，戈戴德的军队离开巴利阿里群岛进攻加泰罗尼亚，其他各路叛军都朝首都马德里挺进，气焰极其嚣张。然而，他们低估了人民的力量。广大劳动人民痛恨君主制度，反对复辟，纷纷行动起来。

人民群众浴血奋战，很快就止住了叛乱蔓延。叛军速胜无望，陷入困境。

在这关键时刻，德国法西斯、意大利法西斯直接出兵支持西班牙的叛乱者。德国和意大利早已是西班牙内战积极的参与者，内战前夕的西班牙更是德国、意大利谍报机关猖狂活动的天地，从偷运武器到参与制订叛乱计划无不插手。可以说，德国、意大利对叛乱者的支持和援助是西班牙内战爆发的外部因素。

为了帮助佛朗哥手下的外籍军团主力迅速渡过直布罗陀海峡，德国成立“W”特别司令部，意大利也在外交部专设“西班牙司”以领导和协调在西班牙的军事行动。开始，由德国“容克”飞机空运外籍军团渡过直布罗陀海峡，随后，大量外籍军团乘坐船只渡过直布罗陀海峡，德国和意大利派出大量战斗机为之护航。与此同时，德国和意大利将大批飞机、大炮、坦克以及各种轻重武器、弹药源源不断地供应给叛军。

不仅如此，意大利的“萨伏依－18型”轰炸机和德国的“容克－51型”轰炸机入侵西班牙领空，对和平城市与居民进行狂轰滥炸。德国和意大利的正规军也在“志愿兵”名义掩盖下踏上西班牙国土，直接与西班牙的人民阵线作战。

德国和意大利积极主动对西班牙进行武装干涉，其根本目的就是为发动世界大战做准备。

西班牙的战略地位非常重要。对于意大利来说，它争霸的重点地区是地中海和亚得里亚海区域。意大利吞并了埃塞俄比亚，使它在控制苏伊士运河—红海的通道，在控制地中海的东部航运方面占有有利地位，如果进一步控制西班牙南端的直布罗陀海峡，再加上控制靠近西班牙东岸地中海上的巴利阿里群岛，就更能控制地中海的西部入口处，确保在地中海的优势地位。墨索里尼一心想要把地中海变为“意大利湖”，争取和控制西班牙是很重要的战略步骤。而对于德国来说，希特勒早就已经提出有朝一日要和法国“算总账”，法国始终被认为是德国最主要的敌人。控制西班牙这块战略要地对于实现这一战略目标至关重要：在未来对英国、法国作战时，一来可以切断英国、法国和它们在亚洲及非洲殖民地之间的交通要线；二来可使法国处于腹背受敌的不利地位。

西班牙的战略物资丰富。当时，西班牙汞的开采量占世界的45%，黄铁矿占50%以上。此外，西班牙还大量出口铁、铜、锰、钨、铝、银、钾盐等军事工业必需的原料。掠夺这些丰富的资源，也是德国和意大利武装干涉的一个重要因素。事实上，德国和意大利的资本是随着法西斯的刺刀渗透到西班牙各个工矿企业的。

更重要的是，从政治来说，人民阵线在西班牙的胜利，不但将使德国和意大利的上述企图落空，促进欧洲反法西斯力量的发展，而且也将引起西方国家的“恐共病”。希特勒说“德国无论如何不能容忍出现一个共产主义的西班牙”，墨索里尼也把它们的行动，说成是“反对在西班牙或地中海确立布尔什维克主义”，为它们的武装干涉披上“反共”的外衣，借以掩盖其真实意图，争取英国和法国的支持和谅解。因此，德国和意大利料定，即使他们干涉西班牙，英国和法国也会出于“反共”原因而不至于武力干涉。而从这一举动，也可以窥探到一些英国和法国对“反共”和“反法西斯”的态度。

对希特勒来说，他还有一个企图，即以此转移意大利在中欧的视线，使其兵力陷于西班牙战场而无暇再顾及奥地利。这样，奥地利就会失去靠山，有利于德奥合并的实现；另外，保持意大利与英国、法国的不和甚至敌对状况，将使意大利决定性地倒向德国一边，巩固德意之间尚不牢靠的友谊。希特勒在1937年11月5日德国高层秘密军事会议上说：“从德国的立场出发，也并不期望佛朗哥获得百分之百的胜利，我们感兴趣的是，让战争继续打下去，维持地中海的紧张局面。”可谓是一箭双雕。

德国还有意识地把西班牙战场作为它的“演练场”，为未来发动大战做一次“演习”。这是对戈林建议的采纳。据戈林在纽伦堡做证说，他曾力促希特勒“无论如何要提供支持，首先是为了制止共产主义在西班牙的进一步蔓延；其次还可以利用这个机会考验一下我们年轻的空军各方面的技术”。出于不急于结束西班牙战争的想法，德国派往西班牙的“秃鹰军团”，主要是空军、坦克兵和技术兵种，“任何时候都远远没超过6000人……其中大约只有10%是地面部队”，任务是试验各种新武器的性能，而且频繁更换，让更多官兵去接受“实战训练”。

这和意大利不同，意大利派往西班牙的是整师的“黑衫队员”，最多时（1937 年）人数达到约 5 万人。

德国和意大利对西班牙的武装干涉，是西班牙叛军头目佛朗哥得以支持下去、西班牙内战得以延续和扩大的重要因素。从某种意义上说，西班牙内战已经演变成一场反法西斯战争。

西班牙战争的扩大及其性质的变化，立即产生了深刻的国际影响。德国和意大利法西斯对西班牙实行的武装干涉，其公开旗号是“反共”。苏联和共产国际以及全世界的民主力量坚决支持西班牙共和国政府，其公开旗号是“反法西斯”。英国、法国、美国等西方国家当时既“反共”，也对法西斯心存芥蒂，于是干脆标榜“中立”，实行所谓“不干涉政策”。

法国害怕共产主义甚于法西斯。虽然稍微有眼光的人都能看出，德国和意大利出兵西班牙，实际上是“包围法国的战略——战略计划的一个行动”。可是，法国和英国仍然迷惑于德意出兵时所打出的反共旗帜。它们既和法西斯力量有矛盾，怕改变现状，危及它们的利益；又怕西班牙“赤化”，共产主义蔓延欧洲。而害怕后者甚于前者。于是采取了“不干涉”态度，希望西班牙的战火不要扩大。

此外，英国、法国当时正希望和德国搞缓和，和意大利重修旧好，害怕引起与德国和意大利的正面冲突，卷入战争，因此，宁可退让，彼此相安。当然，它们还希望能借德国和意大利之手，去扑灭西班牙土地上的共产主义火苗。

1936 年 7 月 26 日，法国政府在英国支持下宣布在西班牙战争中保持“中立”。经过一番酝酿和活动之后，1936 年 9 月 9 日，由法国总理莱昂·勃鲁姆出面发起在伦敦正式成立“不干涉西班牙委员会”。有 27 个国家签订了“不干涉协定”，协定规定：禁止向西班牙输出武器和军用物资；禁止西班牙所购买的武器过境；由英、法海军和边防警察封锁西班牙的海岸线和法西边境。以后又补充了一个禁止派遣外国志愿人员赴西班牙的决定。

英国、法国为了尽快息事宁人，抚慰侵略者，还阻止西班牙把问题提交到国际联盟去解决。德国和意大利虽然也在“不干涉协定”上签字，但始终公开和半公开地向西班牙派遣军队，运送军火，并且通过葡萄牙作为转运站，一切军火和物资在通过葡萄牙港口时都不受检查。佛朗哥的叛军甚至在葡萄牙首都里斯本设立专门负责转运军火、招募兵员的机构。

苏联民主进步力量对此进行了揭露和斗争，但不干涉委员会根本就不搭理苏联。苏联没办法，决定“恢复西班牙政府从国外购买武器的权利和机会”，并向西班牙派出军事顾问。

由于英国、法国对德国、意大利、葡萄牙等破坏协定的行为视而不见，而对西班牙共和国政府的武器禁运却严格执行。“不干涉”名目下的真正受害者是西班牙共和国政府。

虽然英国、法国等西方大国对德国、意大利公开的武装行动采取姑息纵容态度，但是全世界的进步民主力量坚决起来支持西班牙人民的反法西斯斗争。当时，西班牙反对德、意武装干涉的战争和1937年爆发的中国人民全面抗日战争，在西方和东方形成两道抗击法西斯侵略势力的主要战线。

世界各地纷纷举行集会，谴责德国、意大利的武装侵略，声援西班牙共和国的斗争。共产国际号召各国无产阶级团结一切反法西斯的进步力量，积极行动起来，保卫西班牙。苏联旗帜鲜明地站在西班牙共和国政府一边，在西班牙遭受侵略和封锁的最困难时刻，及时给予其道义上和物质上的巨大支持。除了在“不干涉委员会”为西班牙共和国政府购买武器的权利而斗争之外，苏联人民还捐款、捐物、捐武器弹药支持西班牙人民。

当时正在和日本侵略者作斗争的中国人民也以各种形式表达了对西班牙人民的声援，纷纷集会声讨德国、意大利法西斯及佛朗哥的罪行，谴责“不干涉政策”。

在共产国际的号召和组织下，来自全世界54个国家约3万名优秀的反法西斯民主人士，不顾本国政府的阻挠和迫害，克服难以想象的困难，躲过法国边防警察的搜捕，突破海上封锁线，以不同的途径进入西班牙，组成著名的“国际纵队”，直接参加了反法西斯的战争。不同种族、不同信仰的人们，在反法西斯的共同目标下奔赴西班牙战场。

在西班牙反法西斯战争中，社会党人越来越消极，西班牙共产党始终战斗在最艰苦的岗位上，起了非常突出的作用。共产党领导的“第5团”参加了很多重要战役，立下了赫赫战功。因此，西班牙共产党在人民群众中的威信迅速提高，组织也不断扩大。

西班牙共产党威信和影响地不断增强，以及人民阵线政府所进行的社会改革，使国内外反动势力极为震惊，于是他们扼杀西班牙革命的步伐也加快了。德国、意大利法西斯和梵蒂冈教权主义者全力援助佛朗哥。从 1936 年到 1939 年，向西班牙共和国进攻的外籍军队达到 30 多万人，其中德国 5 万多人、意大利 15 万人、葡萄牙和其他国籍的法西斯分子 2 万人，还有摩洛哥籍士兵约 9 万人。

1937 年夏，在强大外力支援下，叛军在进攻马德里受挫之后，将其主要攻势转向北方，并在德国飞机支援下，攻占巴斯克首府毕尔巴鄂。人民阵线先后在布鲁内特和萨拉戈萨发起攻势，虽然暂时减轻了北方所受的压力，但未能阻住叛军在北方的进攻。8 月 26 日，意大利军占领桑坦德。叛军在飞机、坦克配合下猛攻阿斯图里亚斯，在苦战 1 个多月后将其占领。

随后，战局重心开始向东转移。叛军在德国、意大利侵略军配合下，企图在阿拉贡打通到地中海的出路，切断西班牙共和国的交通线，孤立加泰罗尼亚。1937 年秋，共和国政府只得从巴伦西亚再次迁都到巴塞罗那。

1938 年 4 月，德国、意大利侵略军和叛军又占领重要城市莱里达，打开了通向加泰罗尼亚的门户，然后直插地中海海边，占领维纳罗斯城，将共和国政府控制下的领土分割为两半，切断加泰罗尼亚和西班牙中部以及南部地区的联系，完全包围了加泰罗尼亚。马德里周围的通路被切断了，成为一个“孤岛”。接着，叛军分兵出击，南攻巴伦西亚，北进巴塞罗那，共和国处境危急。

1938 年 7 月 25 日至 11 月 16 日，双方军队在埃布罗河地区进行了一场大规模会战。埃布罗河战役是西班牙内战中规模最大的一次战役。双方都投入了大量兵力：叛军方面，集中了摩洛哥兵团和外籍军团的雇佣兵 10 多万人，还有 5 万多意大利兵和数千名德国兵，动用了几乎所有的摩托化部队、坦克、炮兵和飞机；共和国军方面，投入战斗的是由共产党人莫德斯托、利斯特等率领的第 5 团和国际纵队的大部分人马，也有 10 多万人，但在坦克、大炮以及飞机支援方面处于劣势。

在持续 3 个多月浴血鏖战中，人民阵线军打死打伤叛军和德国、意大利侵略军 8 万多人，击落击毁敌机 200 余架。共和国军伤亡也很大。因人力物力的消耗得不到及时的补充，加上混进共和国军政机关的敌特破坏了原定作战计划，致使埃布罗河畔的战士只能孤军奋战，逐渐支持不住，最后陷入弹尽粮缺的境地，不得不于1938年11月16日撤出战斗。

在共和国处境日益险恶的情况下，战士们昂扬的斗志和英勇的业绩曾经振奋过人心，但是，战役的最后失败不免给士气带来了不良的影响。原先预定要在爱斯特利马都拉和其他一些地区进行阻击战的计划未能有效进行，致使30万叛军和德国、意大利侵略军在飞机、坦克的支援下，以压倒优势长驱直入，进逼加泰罗尼亚。1939年1月26日，加泰罗尼亚首府巴塞罗那沦陷。

2月11日，加泰罗尼亚全境被占领。叛军和法西斯军队进抵法、西边境，数十万共和国军民涌进法国境内。加泰罗尼亚沦陷后，共和国的处境急剧恶化。国际上，“慕尼黑阴谋”之后，英国、法国对德国、意大利的绥靖政策正处于高峰，它们把西班牙的继续抗战视为进一步和德国、意大利搞缓和的障碍，急于要扼杀共和国以结束西班牙战争。

英国和法国公开站出来帮助佛朗哥。1939年2月9日，英国军舰协助叛军占领共和国海军要塞梅诺卡岛。法国政府将逃入法国境内的西班牙军队和难民全部解除武装，关进集中营，然后交给佛朗哥；还将所冻结的西班牙共和国政府储存的黄金如数移交给佛朗哥。2月27日，英国、法国政府相继宣布承认佛朗哥政权，而且断绝和以内格林为首的西班牙合法政府的外交关系。

没多久，在国内外各种反动势力的联合夹攻下，马德里反革命武装政变，由中央战区司令卡萨多、马德里城防司令米亚哈和右翼社会党人贝斯泰罗等组成的“国防委员会”宣布接管政权，然后到处搜捕和屠杀抗战派和共产党员。内格林逃往法国，西班牙共和国灭亡。

西班牙战争结束！反共和反法西斯势力在这里进行了血的较量，但由于英国、法国等国实行绥靖政策、不作为，德国、意大利法西斯支持的佛朗哥法西斯势力最终赢得了战争的胜利。而这些对德国法西斯以及意大利法西斯无不是一个巨大的鼓舞。离希特勒在欧洲发动大规模战争为期不远了。

3. 希特勒为实现其大德意志帝国梦想而吞并奥地利

英国和法国推行绥靖政策，不仅壮大了它们拉拢对象意大利的胆量，也壮大了它们防范对象德国的胆量。希特勒看出了法国和英国的心思，它们只要核心利益不受到侵害，就不惜牺牲其他国家的利益来避免与德国发生战争。为此，希特勒加紧抓住机会吞并奥地利，扩充德国势力，实现了其大德意志帝国梦想。

奥地利与德国同属于日耳曼民族，都是独立国家。依照1919年9月10日所签订的《圣日耳曼和约》，奥地利的独立不可改变。《凡尔赛和约》规定，德国应严格尊重奥地利独立。希特勒认为，这是协约国对德国的限制，大德意志帝国必须包括奥地利。吞并奥地利、占领捷克斯洛伐克是德国向东南欧扩张和征服欧洲计划的第一个重要环节。

第一次世界大战刚结束，奥地利民族主义者就宣扬德奥合并。他们宣称奥地利“缺乏生命力”，只有同德国合并，形成“统一的大德意志”才有出路。但是，遭到协约国坚决反对。1922年10月4日，为了解决国内财政危机，奥地利与英国、法国、意大利、捷克斯洛伐克缔结《日内瓦协定》。在取得6.5亿金克朗贷款的情况下，奥地利再次保证不与德国合并。协定还规定，英、法、意、捷四国保证奥地利独立。

1929年世界经济危机后，奥地利社会混乱，政府更迭频繁。1932年5月，在法西斯组织“祖国保卫团”支持下，恩格尔贝特·陶尔斐斯组阁。受大资产阶级和法西斯意大利支持的“祖国保卫团”公开反对议会制度，主张投靠意大利，实行法西斯专政。此外，依靠天主教教会势力和军官的大地主集团妄图恢复哈布斯堡君主专制，反对德奥合并。以德国法西斯为靠山的奥地利民社党则积极主张与德国订立关税同盟，解决经济危机，然后实现德奥合并。由此可见，奥地利的法西斯势力已经非常强大，只不过最强大的那股法西斯不愿意与德国合并而已。

陶尔斐斯公开依靠“祖国保卫团”，实行反民主政策，其本质就是法西斯专制。1933年3月，他宣布解散国会，取缔共产党和反法西斯组织“保卫同盟”，议会民主制消亡。

1933年1月，希特勒在德国建立起法西斯独裁政权后，就千方百计地破坏国际条约，企图强行吞并奥地利；而奥地利政局混乱恰好为他吞并奥地利提供了良好条件。虽然陶尔斐斯政府也是法西斯，但那是亲意大利的法西斯，反对德国吞并奥地利；因而希特勒加紧扶植奥地利的另一伙法西斯，即民社党，煽动暴乱，酝酿吞并奥地利的阴谋活动。德奥矛盾尖锐起来。

同为法西斯，陶尔斐斯不愿向德国法西斯屈服，企图借助意大利法西斯的支持，排除国内亲德势力，维持奥地利独立。1933 年 6 月 19 日，他下令取缔民社党，公开打击另一伙法西斯。德国法西斯趁机用武器、炸药支持奥地利纳粹党徒，发动反陶尔斐斯政府的暴乱，夺取政权。1934 年 7 月 25 日，一群奥地利纳粹暴徒闯进总理府，杀害陶尔斐斯。

不过，希特勒的合并阴谋未能得逞。维也纳纳粹党徒暴乱很快被镇压下去。新任总理许士尼格很快控制了局势。意大利出动 4 个师，陈兵德意边境的勃伦纳山口，准备武力干涉奥地利。英国、法国驻柏林大使也照会德国政府，提醒它遵守关于对奥地利独立的国际保证。希特勒尚未做好开战准备，不敢贸然出兵奥地利。德国连夜发表声明，宣称维也纳暴动是奥地利内政，对陶尔斐斯被刺表示遗憾。

但希特勒并未就此罢休，采取较隐蔽的手法来破坏奥地利独立，实现吞并奥地利的企图。他派冯·巴本为“执行特殊使命”特使前往维也纳，去和奥地利重修“正常和友好的关系”，推动奥地利并入德国。

1934 年 7 月，希特勒颠覆奥地利阴谋破产使他意识到，德国在军事上还很软弱，外交上还很孤立，吞并奥地利条件还不成熟。他决定用“和平”谎言来掩盖实际上的扩军备战，而在外交方面，则加强与意大利法西斯、日本法西斯集团勾结，以改变德国军事、外交上的软弱状态。在奥地利问题上，希特勒开始唱低调，以“改善德奥关系”的方式诱骗奥地利签订德奥协定。

1935 年，德国重新建立起陆、海、空三军。1936 年 3 月 7 日，德国公然违反《凡尔赛和约》和《罗加诺公约》，出兵占领莱茵非军事区。1936 年 11 月，希特勒政府宣布收回对基尔运河以及交由国际共管的其他德国河流的全部主权。随后，德国着手在莱茵地区重新设防，牵制法国兵力，以便腾出手来向中欧集结军队。

意大利自 1935 年 10 月发动对埃塞俄比亚的侵略战争后，迫切需要德国支持。为了拉拢德国，1936 年年初，墨索里尼向希特勒表示，只要德国保证勃伦纳山口的德意边界，不向亚得里亚海扩张，意大利就不会反对德奥关系改变。

奥地利总理许士尼格是右翼基督教社会党的，保证奥地利独立，反对德奥合并，是其政策核心。他也依靠意大利法西斯，但对德国法西斯采取姑息态度。他想通过跟德国和好关系来消除德国法西斯的吞并野心。巴本根据德国的外交方针和许士尼格的政治态度，在维也纳频繁开展活动，也刻意营造德国政府"亲善和真诚"的假象。许士尼格上当，决心和德国妥协，同德国正式谈判，缓和德奥关系。

1936 年 7 月 11 日，希特勒授命冯·巴本同奥地利政府缔结关于"恢复两国正常友好关系"的协定。协定规定：德国承认奥地利主权完整，并保证互不干涉内政；奥地利则保证其外交政策基础必须按照它承认自己是"一个日耳曼国家"的原则行事，即奥地利外交政策必须始终追随德国。

许士尼格落入了希特勒的圈套。他为了避免德奥合并而签订德奥协定，实际上等于亲手放弃了国家的独立。这个协定为德国法西斯势力渗入奥地利提供了条件，成为德国吞并奥地利的一个新起点。

随后，奥地利亲纳粹分子格拉斯·霍斯特瑙当上内政部长，吉多·施密特担任外交国务秘书，推行亲德政策。希特勒指令德国参谋部着手拟订代号为"奥托"的占领奥地利的军事计划，并派遣大量间谍、特务到奥地利配合民社党恐怖分子进行阴谋活动。

1936 年 7 月 29 日，在德国法西斯煽动下，奥地利纳粹分子在维也纳组织示威游行，狂呼"打倒许士尼格""一个民族、一个国家、一个元首"口号。纳粹分子的示威激起奥地利人民普遍不满。许士尼格认为，奥地利三大敌人是共产主义、国内纳粹运动和失败主义，便下令逮捕肇事的纳粹党徒。希特勒贼喊捉贼，指责许士尼格违反德奥协定。

德国的威胁、警告、攻击接踵而至，强迫奥地利做出新让步。许士尼格去求墨索里尼主持公道，呼吁英国、法国抑制德国，但得到的答复都是顾左右而言他。许士尼格只得周旋于德国和意大利之间，在夹缝中求生存，一面对德国委曲求全、步步退让，一面向意大利曲意逢迎、争取支持。

1937 年 5 月 28 日，醉心于绥靖政策的尼维尔·张伯伦出任英国首相。张伯伦极力避免同德国发生战争，只要希特勒不危及英国及其殖民地利益，就尽量满足希特勒对中欧国家的领土野心，通过战争把祸水引向东方的苏联，来"拯救欧洲的和平"。张伯伦一上台，便讨好希特勒，通过新任驻德大使、亲德分子汉德逊表示"奥地利应并入德国"。

张伯伦还竭力拉拢和劝导法国对德国实行绥靖政策。法国赞同德国和奥地利在经济和文化方面建立更密切的关系，奥地利、捷克斯洛伐克境内的日耳曼人应有更广泛的自治权。

1937 年 11 月 28 30 日，张伯伦和旭丹在伦敦进行秘密会谈，双方达成一项重要协议：英国、法国政府保持对中欧争端的不干涉政策。

英国、法国绥靖主义者的外交政策致使希特勒进一步摸清了它们的心思。希特勒认为奥地利问题实际上已经解决。

自 1937 年夏季起，在德国资助和唆使下，奥地利纳粹党徒大肆进行恐怖活动。取得“合法”地位的民社党头目则力图挤进政府，窃取对奥地利的控制权。维也纳法西斯组织“德国俱乐部”公开叫嚣“德奥合并”，并阴谋策划暗杀许士尼格。奥地利形势岌岌可危。许士尼格决定解散民社党。此举无疑是公开挑衅德国。

1938 年 1 月，奥地利警察搜捕到一个非法的民社党地下组织中央机构——“七人委员会”。据查获文件证实，它企图在德国幕后操纵下，策划一次代号叫“塔弗斯计划”的阴谋，准备在 1938 年春组织公开叛乱，杀害德国使节，以便为德国武装入侵制造借口。许士尼格政府下令逮捕“七人委员会”首领。希特勒大怒，派外长牛赖特去维也纳施加压力。

1938 年 2 月 12 日，迫于无奈，许士尼格到德国访问，同希特勒进行秘密谈判。希特勒指责奥地利政府出卖民族利益，在德奥边境修筑工事，对德国不友好，对许士尼格进行威胁和恐吓。最后，德国外长把一份事先炮制好的“协定草案”塞给许士尼格，逼迫他签字。经过里宾特洛甫和冯·巴本软硬兼施的劝说，许士尼格最终屈服，于 2 月 12 日晚 11 点在“奥地利死亡宣判书”上签了字。

为了迫使奥地利有效地实施所签订的协定，希特勒责令武装部队最高统帅部长官凯特尔在德奥边境采取模拟式军事行动，对奥地利施加军事压力。在武装入侵威胁下，奥地利总统威廉·米克拉斯被迫于 2 月 16 日宣布大赦纳粹罪犯，改组政府，任命赛斯·英夸特为内政部长。

希特勒宣称，在德国之外两个邻近的国家里有 1000 万日耳曼人，德国对他们的命运不能漠不关心，德国有责任保护他们获得政治上和精神上的自由。为了整个日耳曼民族的利益，德国必须和奥地利合并在一起。

此时，奥地利国内一片混乱。奥地利的纳粹党徒不断举行示威，煽动德奥合并；爱国人士发起大规模的签名运动，抗议德国破坏奥地利的独立，反对许士尼格卖国“签约”。在国家生死存亡的关头，许士尼格宣布于3月13日举行公投，以决定国家的前途。

希特勒得知奥地利要举行公投，决定用武力解决奥地利问题。他下令实施武装占领奥地利的“奥托方案”。3月11日，希特勒打电话勒令奥地利取消公投，强迫许士尼格辞职，威胁奥地利总统任命赛斯·英夸特为总理。同时，于凌晨2点，下令20万德军向奥地利边境集结。许士尼格被吓得胆战心惊，下令取消公投，随后辞职。奥地利总统米克拉斯拒绝任命赛斯·英夸特为总理。希特勒一方面下令进军奥地利；一方面命令戈林立即通知赛斯·英夸特，要他按照德国事先拟就的内容急电请求德国尽快发兵奥地利。

此事发生后，英国、法国、意大利等国非常冷漠。张伯伦竟然还电谕驻奥大使劝告奥地利人不要抵抗。法国听从英国的建议，也宣告奥地利事件与法国无关。墨索里尼表示奥地利对他无关紧要，意大利不干涉奥地利内政。捷克斯洛伐克表示不会因德国武装占领奥地利而进行动员。

所有过去保证过奥地利独立和主权的国家，现在都抛弃了它。奥地利总统米克拉斯彻底绝望，于11日深夜11点正式委任赛斯·英夸特组阁。由于他拒绝签署德奥合并草案，被迫于一天后把总统职权移交给新总理。

德军不费一枪一弹，未遇任何抵抗，在一天之内就武装占领了奥地利。3月12日，奥地利新总理赛斯·英夸特拜见希特勒，称他为“我的元首”，并说：“我们奥地利人宣布，我们自由地、公开地、自豪地、独立地永远忠诚于元首的领导。”赛斯·英夸特宣布《圣日耳曼和约》中有关保障奥地利独立的条款无效。3月13日，赛斯·英夸特在德国炮制好的法律草案——《奥地利同德国重新统一法》上签字，正式宣布奥地利和德国合并。在另一项法令中规定，奥地利联邦陆军必须宣誓效忠希特勒，成为德国武装力量的一部分，随后，被分散编到德军各个不同部队中去。奥地利从此丧失了独立和主权。

德国吞并奥地利，无论对奥地利，还是对国际形势都产生了严重恶果。它给奥地利自身带来了无穷的灾难。成千上万的德国纳粹党人蜂拥到奥地利掠夺财富、霸占产业，曾经担任过希特勒经济部长的沙赫特代表德国国家银行接管奥地利国家银行，使德国的经济实力大为增加。纳粹德国不仅因吞并奥地利增加了700多万人口，取得了兵源和大量的战争物资，而且打开了通向东南欧的战略要地，为下一步侵占捷克斯洛伐克和进攻波兰准备了条件，稳固了德国在中欧和东南欧的阵地。

通过吞并奥地利事件，希特勒进一步看清了英国、法国绥靖主义者的妥协本性，他们为了牺牲他人、保全自己，不会用武力来制止德国对弱小国家的吞并。希特勒已完全明白，当他把手伸向下一个猎物时，英国、法国等西方国家的政治家将仍然会袖手旁观，不加阻拦，从而使他有恃无恐，扩张野心日益膨胀。吞并奥地利后11天，希特勒就迫不及待地着手制订武装侵略捷克斯洛伐克的“绿色方案”。

4. 为了“祸水”东引，只好牺牲捷克

吞并奥地利，希特勒并未遭到英法两国的武装干涉，这让他更加肆无忌惮。他立即将侵略的魔手伸向近邻捷克斯洛伐克。因为他断定英法会继续执行绥靖政策。

捷克斯洛伐克位于欧洲中心，西邻德国，东近苏联，北接波兰，南通巴尔干，是德国东侵的严重障碍。另外，捷克斯洛伐克军事工业发达，资源也较丰富，德国垂涎已久。德国侵占捷克斯洛伐克，不仅可以壮大力量，还可以进一步消灭波兰，从而消除将来在对西方作战中来自侧翼的威胁。

英国首相张伯伦醉心于绥靖政策，拼命讨好希特勒。德国吞并奥地利，他不仅不敢说什么，而且唯恐得罪希特勒。更可笑的是，他看到希特勒反共毫不手软，竟然幻想将“祸水”东引，唆使德国进攻苏联。为此，英国和法国不惜下大赌注。希特勒看准了英国和法国的心思，对外侵略步伐越走越急。

为了吞并捷克斯洛伐克，希特勒采取了比吞并奥地利更为狡猾的手段。他出活动经费，让苏台德的日耳曼人组建苏台德日耳曼人党，寻衅滋事，要求“民族自治”，以便把苏台德区从捷克斯洛伐克分裂出去，然后并入到德国。

捷克斯洛伐克力图保持国家独立统一，尽可能地满足苏台德日耳曼人党的要求。但是，英国、法国决定把苏台德地区送给希特勒，作为德国东进反苏的基地。它们分别声明不会援助捷克斯洛伐克，并向捷克斯洛伐克进一步

施加压力，要它尽快地同苏台德日耳曼人党缔结协定。同时，英国和法国还向希特勒表示，在任何情况下，英国和法国都不卷入军事冲突。英国和法国此举相当于在帮着希特勒吞并苏台德！

于是，希特勒变得更加强硬起来，下令德军4个摩托化师到德捷边界集结，做好袭击捷克斯洛伐克的准备。1938年5月20日，捷克斯洛伐克内阁举行紧急会议，宣布实行部分动员，“五月危机”出现。

“五月危机”期间，为了达到同德国全面调整关系的目的，英国和法国决定出卖捷克斯洛伐克，装腔作势地对德国发出警告，声称如果德国入侵捷克斯洛伐克，两国政府不会放手不管，但其内心急切想要捷克斯洛伐克满足德国的一切要求。此时，苏联领导人斯大林也向捷克斯洛伐克表示，如果捷克斯洛伐克政府准备抵抗，并请求援助，即使法国不援助，苏联也将给予军事援助。

面对这种局面，希特勒不得不暂时却步，转而将苏台德日耳曼人党首领汉莱茵推上前台与捷克斯洛伐克政府谈判。同时，希特勒暗地里加紧准备。

5月30日，德国修改侵捷的“绿色方案”，预定9月16日下动员令进军捷克斯洛伐克。此时，捷克斯洛伐克同苏台德日耳曼人党的谈判日益困难，而伦敦和柏林之间往来频繁，紧张密谈，在商量着出卖捷克斯洛伐克的价格。

9月7日，苏台德日耳曼人党故意制造事端，借此中断与捷克斯洛伐克政府的谈判。时值希特勒下动员令的期限将临，形势再度紧张起来。1938年9月10日，纳粹党头子戈林在国社党纽伦堡代表大会上发言，污蔑捷克斯洛伐克迫害日耳曼人，并叫嚣德对此绝不容忍。9月12日，希特勒在大会上发表演说，大叫苏台德日耳曼人苦不堪言，德国已忍无可忍，公开宣布要援助苏台德地区的日耳曼人，并威胁道：“我希望外国政治家相信这绝不是空话。”他狂妄宣布“我将带着德国第七个省份来见你们”。

英国和法国政府闻言慌了手脚，生怕真的打起来，把自己卷进去。因为第一次世界大战以后，法国以自己为核心推动捷克斯洛伐克、南斯拉夫、罗马尼亚三国组成小协约国集团安全体系。法捷之间早就签订同盟约，捷克斯洛伐克一旦受到第三国攻击，法国将全力援助。而英法之间又有军事同盟。德国如果侵略捷克斯洛伐克，很可能引起连锁反应。

无心与德国作战的英法统治者成为“热锅上的蚂蚁”。9 月 13 日，法国总理达拉第紧急约见英国驻法大使菲普斯，要求张伯伦火速同希特勒会谈。这正中张伯伦下怀。当晚深夜 11 点，张伯伦急电希特勒请求会见。希特勒喜出望外，立即回电相邀。

1938 年 9 月 15 日，69 岁高龄的张伯伦亲自跑到德国伯希特斯加登朝见希特勒。希特勒巧妙地安排了大批德国兵在张伯伦经过的路段走过，吓唬本来就不敢惹希特勒的张伯伦。

张伯伦确实被吓坏了。在侮谩和冷遇中，他终于熬到伯希特斯加登，然后又屈尊改乘汽车去德国元首希特勒的别墅——“鹰巢”。

当天深夜，张伯伦和希特勒密谈了几个小时。希特勒根本不顾张伯伦年老体衰熬不住，大放厥词，造谣说苏台德区有几百个日耳曼人被杀，并威胁道，为了解决捷克斯洛伐克问题，他准备迎接任何战争，甚至世界大战。

张伯伦吓得目瞪口呆。希特勒见此，才把核心问题端出来：英国是否同意割让苏台德区。疲惫不堪的张伯伦连忙表示：“这是和平解决的唯一希望。”不过，他要希特勒宽限几天时间，容他将这意见提交英国政府批准，并同法国政府商量。

回到英国后，张伯伦立即召开内阁会议，请达拉第到伦敦协商。结果，英法两国对捷克斯洛伐克政府软硬兼施，硬逼捷同意把苏台德区日耳曼人占多数的地区直接交给德国。在英法压力下，捷克斯洛伐克政府只好选择了这条耻辱的屈服道路。

9 月 22 日，张伯伦飞赴戈德斯堡与希特勒会谈。他大讲英法如何费力气才说服捷克斯洛伐克政府同意德国的全部要求，希望得到德国元首希特勒的感激。岂知希特勒得寸进尺，不仅要吞并捷克斯洛伐克苏台德境内日耳曼人占多数地区，而且要求把日耳曼人占少数地区也统统划归德国。

第二天，希特勒把德国的要求写成一份备忘录，连同一张标明由德军实行军事占领地区的地图交给张伯伦。

为了不打乱“祸水”东引的战略，张伯伦忍气吞声，只求在他调解时，德国不要对苏台德区采取军事行动。希特勒也装模作样地向他保证，这次是德国在欧洲最后一次领土要求，德国要同英国友好，英德之间不会发生战争。

希特勒的保证让张伯伦受宠若惊。回到英国后，张伯伦大造舆论，宣扬战争恐怖。英国政府下令在主要街道、桥梁上驾设高射炮，向居民散发防毒面具，还拟订疏散计划。法国政府宣布巴黎实行灯火管制，巴黎街头出现许多失败主义传单，宣扬除对德国让步外，别无出路。英法政府借此举向德国施加压力，同时让群众相信，和平的出路就是同德国妥协。

这时，美国总统罗斯福建议召开不包括苏联在内的“有关国家”来“和平解决”捷克斯洛伐克问题。9 月 28 日，希特勒表示同意召开国际会议，并向英国、法国、意大利三国首脑发出邀请书。

1938 年 9 月 29 日，英、法、德、意四国政府首脑——张伯伦、达拉第、希特勒、墨索里尼在德国慕尼黑开会，完成了出卖捷克斯洛伐克的手续。9 月 30 日凌晨 1 点，四国代表签署《慕尼黑协定》。

《慕尼黑协定》名曰转让苏台德地区，实为出卖捷克斯洛伐克。协定的基本内容是：捷克斯洛伐克必须在 10 月 1 日开始从苏台德区撤退，10 月 10 日完成，目前存在的任何设备不得破坏，无偿交给德国。协定附件还规定，捷克斯洛伐克境内波兰人和匈牙利人少数民族问题得到“解决后”，四国将保障捷克斯洛伐克的新国界安全。

捷克斯洛伐克政府被拒绝参加会议，虽然它派有两名代表，却始终被安置在会议厅隔壁房间里，像囚徒似的等待判决。会议结束后，他们才被召见，听取协定内容，被迫接受《慕尼黑协定》。

英国和法国把捷克斯洛伐克奉送给法西斯，从而换来了与德国的一纸宣言。张伯伦、达拉第之流自以为“获得了一代人的和平”。岂料，未及半载，慕尼黑承诺的和平就成为泡影，1939 年 3 月，德军占领捷克斯洛伐克全境，将捷克地区改为“波希米亚和摩拉维亚保护区”，划入德意志帝国版图。

与绥靖主义者的愿望相反，《慕尼黑协定》后，德国不但没有东进，与英法争夺欧洲霸权的矛盾反而更加激化，战争的危险不但没有消除，战火反而首先烧到英国和法国头上。

5. 英、法、苏谈欧洲共同安全是痴人说梦

纳粹德国的一系列侵略和战争行动，预示着一场空前严重的战祸已迫在眉睫。这对包括英、法、苏在内的欧洲各国都构成了严重威胁。

从20世纪30年代初起，为了遏阻法西斯侵略，维护欧洲和平与安全，苏联就一直致力于建立欧洲集体安全体系，争取同英、法、美等“非侵略的民主国家”组成联合阵线。不过，由于英、法一再阻挠和破坏，不仅这一目标未能实现，最终还助长了法西斯的嚣张气焰。

张伯伦和达拉第一贯推行“敌视苏联、绥靖德国”的政策。他们千方百计地排斥和孤立苏联，姑息纵容法西斯，不惜以出卖别国领土和主权为代价，换取同法西斯的妥协，并力图把法西斯的侵略矛头引向苏联。

英、法绥靖主义者的目标是维护本国的既得利益，而纳粹德国的目标是要称霸欧洲和全世界。英、法同纳粹德国之间的矛盾是不可调和的。德国吞并捷克斯洛伐克，进逼波兰，充分暴露了它独霸欧洲的野心。德国占领捷克斯洛伐克后，军事、经济实力和战略地位都大大加强，对英、法的霸权地位也造成了沉重打击。

英法统治阶级从维护自身利益出发，不得不正视这个现实。德国吞并捷克斯洛伐克的消息传到英国后，英国议会和社会舆论反应强烈。许多过去支持张伯伦绥靖政策的议员和内阁占半数的阁员都反对进一步纵容希特勒，主张对德国实行强硬政策。但是，张伯伦一意孤行，借口“斯洛伐克议会宣告斯洛伐克独立”狡辩说捷克斯洛伐克“因内部分裂而被消灭”。

1939年3月15日下午，即德军开进布拉格当天，张伯伦还特别强调，尽管最近发生的事态不利于英国，“但不能因此而偏离我们的方针”，决心要把绥靖政策贯彻到底。

反对党议员和一部分保守党议员猛烈抨击张伯伦，呼吁同法国、苏联、美国联合起来，共同遏制和抵抗法西斯侵略。与此同时，法国“必须坚决回击德国侵略”和联苏抗德的呼声也日益高涨。

在希特勒步步紧逼和国内抗德舆论压力下，张伯伦政府和达拉第政府被迫对其外交政策做了某些调整。1939年3月17日，英、法驻德国大使分别就占领捷克斯洛伐克向德国政府提出抗议。

3月21日，法国总统和外长应邀访问伦敦。双方都认为，对德国在欧洲的下一步扩张活动，必须认真加以对待。当天，张伯伦在下院声称：“如果发生任何显然已威胁到波兰独立的行动，而波兰政府也认为必须动员全国力量进行抵抗时，英王陛下、政府将认为自己有责任立即支持波兰。”他还宣布，法国在这个问题上与英国持同样立场。

3 月 23 日，正当德国军舰占领默尔港时，英法互换照会，正式结成军事同盟，宣布愿意对荷兰、比利时等国提供安全保证。

4 月 6 日，波兰外长赴伦敦，缔结英波互助条约。法国重申忠于法波同盟。4 月 13 日，英、法两国对希腊和罗马尼亚做出安全保证。4 月 16 日，英、法两国对荷兰、丹麦、瑞士做出安全保证。5 月 12 日，英国与土耳其签订双边互助协定。5 月 19 日，法、波正式签订军事协定，宣布如果德国进攻波兰，法国将在全国总动员 15 天之后向德国发动进攻。5 月 23 日，法国也与土耳其缔结互助协定。这样，英国和法国从北海到黑海、爱琴海，组成对抗德国联盟。

不过，英、法并不是真心想跟德国对抗，而是做出一种姿态而已，这从他们对苏联的态度中就可以看出，对英、法而言，反共反苏是远远要比对抗法西斯重要的，只要希特勒高喊“反共反苏”口号，英、法是不会与其真正对抗的，是不会放弃其绥靖政策——将法西斯侵略矛头引向苏联的。

在大形势下，英、法也改变了过去那种不与苏联进行任何合作的僵硬态度，主动同苏联接触，做出愿意同苏联改善关系、联苏抗德的姿态。不过，它们对苏联的极端仇视和疑惧并未改变，只是企图把同苏联的谈判当作对德国施加压力，迫使德国让步的筹码。同时，英法与德国的谈判一直在暗中进行着。

鉴于德国吞并捷克斯洛伐克后国际形势急剧恶化，苏联从维护本国和欧洲安全大局出发，决定摈弃前嫌，同意与英、法通过谈判结成抗德联盟。同时，苏联根据英、法的一贯表现，对其保持高度警惕，提防着英、法挑起苏德冲突，从中渔利。因此，作为预备方案，苏联与德国的私下接触也从未停止。

不难看出，英、法、苏三国的接触，都各有私心，既相互接触又相互提防。如果缺乏足够的诚意或者受外部局势的影响，它们就很难结成真正的抗德同盟。

1939 年 3 月 18 日到 4 月 1 日，英、法、苏三国围绕“罗马尼亚问题”进行谈判。苏联表示，如果罗马尼亚遭到进攻，苏联同意给予援助。与此同时，苏联建议立即召开苏联、英国、法国、罗马尼亚、波兰及土耳其六国会议，共同商讨如何制止德国侵略。

3 月 19 日，英国拒绝苏联的建议，同时表示将另行提出代替方案。3 月 21 日，英、法向苏联提议，由苏联同英、法及波兰一起发表一个四国共同宣言。苏联表示愿意签订四国宣言。但是，英国又马上变卦。

4 月 17 日，苏联向英、法提出在平等互惠基础上缔结三国互助条约的八项建议。英法政府迟迟不予答复。直到 5 月 8 日，苏联才收到英国修改过建议的复文，复文中将苏联置于不平等地位。5 月 14 日，苏联答复英国，指出英国的建议“不能作为爱好和平国家组织反对侵略势力在欧洲进一步扩张的抵抗阵线的基础”，因为“英国的建议不包含对苏联的互惠原则，并且置苏联于不平等的地位”。

英法对苏联的建议采取拖延态度，对谈判缺乏诚意，因而遭到国内公众舆论的强烈谴责。艾登在辩论中也力主建立英、法、苏三国同盟，“如果英、法、苏能够达成谅解，就是和平的一大收获，协定越快，越全面，影响越大，就越好”。

国内舆论的压力、德意“钢铁盟约”的签订和“德国在莫斯科伸出触角”的消息，迫使英法做出让步。5 月 27 日，英、法向苏联提交了一份关于缔结三国互助条约的新建议。苏联方面并不满意。

6 月 2 日，苏联又提出一个互助条约草案，作为对英国建议的修正和补充。它明确规定：三国提供安全保障的国家为比利时、希腊、土耳其、罗马尼亚、波兰、拉脱维亚、爱沙尼亚、芬兰 8 国，并且指出，除这些国家外，欧洲任何一国遭受侵略时，都将给予援助，只要这个国家提出要求，三国要尽快就提供援助规模和方式缔结相应的军事协定，与互助条约同时生效；一旦开始反侵略战争，三国必须共同协商后才能停战与媾和。

对于苏联提案，英、法表面上持积极态度，事实上敷衍得很，不仅派出的谈判官员级别低，而且故意对关键字词进行曲解。

鉴于欧洲战争有一触即发之势，为了促使三国谈判取得成果，苏联于 7 月 23 日建议，在政治谈判达成协议之前，同时举行军事谈判，即就三国军事援助的规模和方式进行谈判。英法政府表面上同意，实际上拖延、阻挠。苏联提出具体的军事行动计划，而英、法代表则空谈军事合作的“共同目标”和“一般原则”，闭口不提具体的军事行动计划。

在相互援助方式上，由于苏联和德国没有共同边界，一旦战争发生，苏联要援助英国、法国、波兰、罗马尼亚，则必须通过波兰和罗马尼亚的国土，才能直接参加战斗。苏联要求英、法同波兰、罗马尼亚两国磋商，促使其同意苏军过境。英、法推托此事应由苏联自己向波兰、罗马尼亚两国交涉。波兰和罗马尼亚断然拒绝让苏军过境，而英、法也没有促使它们改变立场。

苏联认为，英法推诿、拖延证明它们没有同苏联进行认真和有效军事合作的愿望。8 月 21 日，苏联代表团团长伏罗希洛夫宣布：由于谈判中的基本问题得不到应有的答复，苏方只好决定无限期地休会，并且声明军事谈判的延宕及其中断，责任全在英国和法国方面。历时 5 个多月的英、法、苏三国谈判最终以完全破裂而告终。

由于英、法、苏相互不信任，在三国谈判期间，它们都与纳粹德国保持了接触。英法在幕后同纳粹德国进行着签订广泛政治和经济协定的秘密谈判。而苏联与德国的秘密谈判也在有条不紊地进行着。1939 年 8 月 20 日，希特勒直接打电报给斯大林，表示愿派德国外长到苏联签订《苏德互不侵犯条约》。得到这样的答复，苏联于 8 月 21 日宣布英、法、苏三国谈判失败。

苏联意识到英法靠不住，还不如与德国暂时签订和约，以争取时间加强国防，便决定答应德国的请求。1939 年 8 月 23 日，苏联与德国签订《苏德互不侵犯条约》。条约规定：缔约双方互不诉诸武力；不参加或援助任何第三国对另一方的武装进攻；不参加旨在反对另一方的国家集团；双方以和平方式解决彼此间的纠纷。

苏联放弃欧洲集体安全的政策，为了自身利益，单独跟德国签订和平条约，虽然无法保持和平，但至少给幻想纳粹德国攻打苏联的人一个响亮的耳光，是对英、法绥靖政策的讽刺。当然，这也对欧洲大战的发生产生了负面影响——希特勒尝到了强势侵略的甜头，对英、法强硬，英、法却争相巴结他，高举反共反苏旗帜，苏联却积极响应，与之签订和平条约。

从另一个角度讲，英、法、苏三国谈判失败给欧洲乃至全世界局势带来了极为严重的恶果。它阻碍了欧洲反法西斯联合战线的建立，造成了欧洲反侵略力量的分裂，使力量对比发生了有利于法西斯侵略者的变化，使希特勒各个击破的策略得逞——反法西斯力量失去了及时制止法西斯国家发动世界大战的机会。纳粹德国的侵略步伐进一步加快。

8月22日，希特勒下令德国的战列舰、驱逐舰、潜艇、扫雷艇相继“应邀”驶进但泽港。8月23日，但泽纳粹头子福尔斯特宣布废除名存实亡已达两年的《但泽宪法》，建立德国式法西斯独裁统治。8月26日，福尔斯特迫不及待地宣布但泽自由市“归并”德国。

到8月31日中午，希特勒下达9月1日凌晨执行进攻波兰的“白色方案”第1号作战指令。欧洲全面战争爆发，法西斯侵略战争进入一个新阶段。

第五章 中国抗战，出乎意料的顽强

无论是从局部战争，还是从全面战争而言，中国都是最先遭受法西斯侵略的国家，也是损失最大的国家之一。当时的中国虽然贫穷落后，但一直坚持抵抗，采用各种适合中国国情的战略战术，将日本法西斯死死拖住，给日本侵略者以沉重打击，为世界反法西斯战争的胜利，做出了巨大贡献。

1. 抗日民族统一战线建立

“九一八”事变日军侵占中国东北后，企图进一步侵占河北、绥远、察哈尔、山西和山东 5 省，以建成“巩固的防共、亲日满地带”，掠取资源，扩大侵略。

为了实现目标，日本政府做了两手准备：一是扶植汉奸、亲日派，推行华北五省“自治”，建立亲日政权，使之脱离中国政府，然后迫使中国政府予以承认和合作；二是准备在“自治”不成时，以军事行动完成占领。日军极其狂妄，认为进攻中国应掌握先机之利，速战速决，甚至疯狂叫嚣“无须准备，3 个月便可灭亡中国”。

“九一八”事变后，日本对中国侵略加剧，迫使中国国内各阶层、各党派、各集团之间改善了关系。民族矛盾已上升为主要矛盾，民族意识空前觉醒。在中华民族生死存亡的危急关头，中国各阶级、各党派应联合起来，共同抗击日本侵略。中国共产党一贯高举民族解放旗帜，在民族危机日益加深之际，摈弃前嫌，多次发表宣言，呼吁团结抗日，建立抗日民族统一战线。

早在 1933 年，中共中央以中国工农红军名义，发表在停止进攻红军、保证人民民主权利和武装民众三项条件下，与全国各军队停战议和、共同抗日的宣言。中国共产党以各种方式支持东北、上海等地的抗日斗争。1935 年 8 月 1 日，中共驻共产国际代表团草拟《中国苏维埃政府、中国共产党中共为抗日救国告全体同胞书》（即“八一宣言”），主张停止内战，组织国防政府和抗日联军，对日作战。1935 年 12 月，中共中央在瓦窑堡会议上通过《中共中央关于目前政治形势与党的任务的决议》，确立建立抗日民族统一战线的战略方针。毛泽东做了《论反对日本帝国主义的策略》的报告，系统地论述建立抗日民族统一战线的理论和策略方针，批评党内存在的“左”倾关门主义。

各族人民、各界爱国人士与海外侨胞热烈拥护中国共产党的号召，以 1935 年“一·二九”运动为起点，掀起抗日救国的新高潮。

国民党统治集团内部，在国际形势和各国间关系变化及中国共产党正确政策影响下，在全国抗日运动推动下，开始发生分化。

1936 年 12 月，张学良和杨虎城下令扣留在西安部署“剿共”的蒋介石，发起“西安事变”。以民族利益为重的中国共产党，正确地分析当时的政治形势，主张在有利于抗日的前提下，采用和平解决方针，并派全权代表周恩来和秦邦宪、叶剑英赴西安调解。由于客观形势的影响和周恩来等人的努力，经过调停与谈判，蒋介石被迫作出“停止剿共，联合抗日”的承诺。“西安事变”的和平解决，对推动国共重新合作、团结抗日起了重大作用，为抗日民族统一战线的建立创造了条件。

在民族矛盾加深、中国共产党、各党派各团体及全国人民要求下，国民党逐渐改变政策，由分裂内战转为团结抗日。

1937 年 7 月 15 日，中共中央向国民党交付《中共中央为公布国共合作宣言》，提出三项主张和四项诺言。

随着中国全面抗日局势的形成，疯狂进攻中国的日军加快了侵略步伐。

同年8月13日，日军进攻上海，国民政府统治中心南京、上海、杭州地区遭到严重威胁。9月22日，中共中央再次郑重向全国宣告，以三民主义为基础与国民党精诚团结、共赴国难。国民党中央通讯社发表《中共中央为公布国共合作宣言》。

9月23日，蒋介石发表庐山谈话，实际上承认共产党的合法地位。国共两党经过十年内战后，在共同抗日基础上又重新实现合作。以国共合作为基础的中国抗日民族统一战线正式建立，全中国形成空前的抗日大团结。

根据国共两党达成的协议，中共中央军委于1937年8月发布命令，将陕甘宁边区的红军主力改编为国民革命军第八路军（9月改称第18集团军），任命朱德为总指挥、彭德怀为副总指挥，全军4.2万余人，编为3个师，即115师、120师和129师。

红军改编以后，日军疯狂进犯，国军在华北战场节节败退，汉奸猖獗，人民深受苦难。在危乱之际，八路军总部率3个主力师陆续东渡黄河，进入山西北部，开赴华北前线，与日军作战。它配合与支援国军进行忻口会战、太原会战后，深入华北敌后，开展抗日游击战争。以第385旅主力为骨干组成的留守兵团担负保卫陕甘宁边区任务。

1937年10月，国民政府颁布命令，改编红军主力长征后留在南方湘、赣、闽、粤、浙、鄂、皖、豫八省的红军游击队为国民革命军陆军新编第四军（广东省琼崖红军游击队除外），任命叶挺为军长、项英为副军长。1938年1月，新四军军部在南昌成立。全军共1.03万人，编为4个支队。1938年5月，新四军一部挺进苏南，在日军占领的大江南北开展抗日游击战。

从此，国民党和共产党并肩抗击日军。虽然它们在各自的战场上、在不同时期，扮演着不同的角色，但都毫不例外地为抗击日本法西斯、赢得民族独立做出了重大贡献。

2. 消耗日军实力就是最好的战略防御

对中国全面抗战，日本法西斯根本不屑一顾，自认凭借强大的军力，可以迅速击败中国，迫使中国投降。在这种狂妄意识支配下，日军侵略中国更加疯狂。但是，中国人在抗战中表现出了令人震惊的顽强。

日军实施战略进攻，中国以救亡图存为总目标，被迫实施战略防御。国共双方实力不同、对日本侵华看法不同，对抗日战争前途看法有分歧，各自制定的战略方针有差异，逐步形成以国民党军队为主的正面战场和以八路军、新四军为主的敌后战场。

1937 年 8 月，国民政府国防会议决定，在战略指导上采取持久战，以空间换取时间，逐渐消耗日军，争取外部援助，争取抗战最后胜利。中国军队主力从平津到华北、从上海到华东与华中等各战场，实施正面防御作战，进行了一系列防御战役。但由于内部没充分动员，片面强调军事抵抗，部分高层将领抗战意志不坚定、准备不足等，中国军队在抗战初期付出了沉重代价。

“七七事变”后，蒋介石电令 29 军军长宋哲元“不屈服、不扩大”，就地抵抗，但把重点放在交涉日军撤兵问题上，丧失最佳反攻机会，日军迅速增兵，形成局部优势。北平和天津几天之内相继失守。

日军得手后，集结兵力，继续大举进攻。1937 年 8 月，中国方面部署 7 个集团军约 70 万人防守，但并未阻止日军进攻。

1937 年 8 月下旬，中国军队主动放弃南口、张家口及平绥全线。第 1 战区第 1 集团军边战边撤，撤的次数比战的多；第 3 集团军竟然不战而逃，放弃济南、青岛等大片土地，导致日军不战而占山东省大部；第 2 集团军竟然只有少数部队与日军展开激战，大部分部队处于观望状态，导致石家庄、邢台、邯郸、安阳等城市相继失守。

第 2 战区司令阎锡山一心想“避战保土”，主动放弃大同，导致日军长驱直入，向平型关、大营、雁门关继续进犯。中国共产党领导的八路军配合友军作战，抓住时机，深入敌后，取得两个较大胜利。

1937 年 9 月 25 日，为配合第二战区的友军作战，八路军第一一五师主力在平型关伏击日军，歼敌 1000 余人，击毁汽车 100 余辆，缴获武器物资甚多，取得平型关大捷，打破“日军不可战胜”的神话，沉重打击日军的嚣张气焰，鼓舞中国的民心士气。

华北日军集结 14 万兵力扑向忻口和太原。第 14 集团军与敌展开激烈争夺战。八路军趁机向灵邱、广灵、代县、崞县等地进军，不断袭击日军交通线与后方目标。10 月 19 日夜，八路军 129 师 769 团夜袭代县城西南的阳明堡机场，击毁了 24 架日本飞机。

第 14 集团军与日军生死搏杀，伤亡大，补充少，战斗力渐渐不支。在日军攻破娘子关、直逼太原情况下，局势急转而下，国军最终不得不退居一隅。华北正面战场大规模战争宣告结束。华北地区由正面战场抗战为主，转入了敌后战场抗战为主。

与华北抗战同时进行的淞沪会战，中日双方都投入大量精锐兵力，战斗空前激烈。日军在火力方面明显占据优势，后续部队源源不断登陆。中国部分军队英勇抵抗，但最终失利。其中，“四行仓库八百壮士”英勇抗战，为淞沪会战留下最为悲壮的一幕。

1937 年 12 月 13 日，日军占领南京，对手无寸铁的南京市民实施惨无人道的大屠杀，被屠杀的人总计 30 万人以上。

3 个月后，日军南北夹击徐州。第 5 战区司令李宗仁倡导“焦土抗战”，指挥国军与日军激战，取得台儿庄大捷的胜利。

庞炳勋率领 40 军在临沂与日军生死搏杀；张自忠率 59 军援助庞炳勋，从外围发起攻击；王铭章率领 124 师在滕县誓死抗击日军。遭到沉重打击的日军调集大部队反扑，向台儿庄发动猛烈进攻。

池峰城率领 31 师到台儿庄构筑工事，进行防守。双方激战 3 昼夜，日军攻入台儿庄城寨东北角。31 师伤亡过半，决心与台儿庄共存亡，仍坚持与日军进行巷战。敌我胶着于城厢，彼此一墙之隔，互相凿洞射击，距离近，死角大，为争夺一间房子，常常要相持几日，为争夺一条小巷，成连成营的人作出牺牲。31 师与日军展开残酷的肉搏战，至死不退。城外孙连仲部两翼出击日军，在城周围与敌人激烈厮杀，以减轻城内守军压力。

到 4 月初，日军坂本支队和濑谷支队虽然在台儿庄紧紧包围着 31 师，但在外线，在西、南、东南、东北的几个方向上受第 20 军团和第 2 集团军反包围。汤恩伯部和关麟征部抓住机会疯狂反攻外围的日军。4 月 7 日，为避免被全歼命运，日军坂本支队和濑谷支队不得不破坏武器，烧毁物资，向枣庄、峄县方向狼狈逃窜。

台儿庄大捷是日军一次战役进攻中的败退，增强了全国军民抗战必胜的信心，鼓舞了抗日军队的士气。

台儿庄大捷后，中国军队局部优势随着日军增兵而消失，最终变成劣势，面临被消灭危险。1938 年 5 月 19 日，李宗仁决定放弃徐州，主力分路突围，保存实力。

几个月后，中国军队与日军在武汉外围展开激战，史称武汉会战。武汉会战由抗战派第5战区司令李宗仁和第9战区司令陈诚相互配合，指挥部队层层抵抗。中国军队表现虽然不完美，但让攻势凶猛的日军每进一步都需要付出重大代价，坚持了3个多月。

3个多月后，中国重要工业和物资绝大多数已经转移到后方，基本实现战略目标转移，加上广州失守，武汉被包围，蒋介石下令放弃武汉，命令第5战区主力撤至湖北、河南两省平汉线以西地区；第9战区主力撤至江西、湖南两省永修、幕阜山、岳阳以南一线，在外围从战略上威胁武汉。10月26日，日军未经战斗侵占武汉。

日军占领武汉后，因占地甚广，战线延长，兵力不足，同时不得不抽调大批兵力巩固后方，停止大规模战略进攻。日军速战速决战略破产，中国军民也为此付出了惨重代价：国军被迫由沿海向内地后退约700公里，由华北到华中后退约1800公里，丧失河北、察哈尔、绥远、山东、山西、江苏、浙江、安徽、河南、湖北、湖南、江西和广东13个省共计100余万平方公里国土，1亿多中国人遭受日军蹂躏，北平、天津、太原、包头、济南、青岛、上海、南京、杭州、徐州、安庆、广州和武汉等340余个城市先后失守。

与国民党军队屡战屡败，不断丢城失地的总体印象相比，中国共产党领导的敌后抗战力量越来越强大，对全面抗战影响越来越大。

1937年8月22—25日，中共中央在陕北洛川城郊召开政治局扩大会议，确立八路军的战略方针是山地游击战争，指出中国抗战是一种艰苦的持久战，争取抗战胜利的关键，在于使已经发动的抗战发展成全面的全民族抗战。会议通过了《中国共产党抗日救国十大纲领》和《为动员一切力量争取抗战胜利而斗争》，讨论并制定了党在抗日战争时期的基本行动路线和工作方针。这次会议标志着党的全面抗战路线的正式形成。

1937年11月13日，毛泽东致电朱德、彭德怀、周恩来、刘少奇等，要求八路军进一步发挥独立自主精神，坚持华北游击战，力争山西多数乡村成为游击根据地，发动群众，扩大自己。八路军在积极配合友军作战时，相机执行自己的战略展开任务。115师依托五台山，建立晋东北战略支点；120

师依托管涔山，建立晋西北战略支点；129 师依托太行山，建立晋东南战略支点。到 1938 年春，115 师另外一部分，依托吕梁山建立晋西南战略支点。

为支持山西抗战，中共中央、北方局和八路军军部十分重视统战工作，并取得了统战工作的丰硕成果。1937 年 9 月 20 日，第 2 战区民族革命战争占地总动会成立，宣传抗日、组织和武装群众、培养干部、开展游击战争、创建根据地、巩固抗日政权。

1937 年 10 月，中央军委命令八路军 115 师政委聂荣臻率该师 2000 余人，留在五台山区创建抗日根据地。11 月，晋察冀军区成立，聂荣臻任司令兼政委。这是第一块敌后抗日根据地，下辖 4 个分军区。

敌后抗日根据地的建立，如同在日军占领区捅入一把尖刀。晋察冀军区刚成立，日军 2 万余人就兵分 8 路实施围攻。晋察冀军民以灵活的战术打击、消耗日军，经过 1 个多月浴血奋战，歼敌 1000 余人，粉碎了日军围攻，巩固了根据地。晋察冀抗日根据地发展到 30 余县。

1938 年 1 月 10 日，晋察冀边区临时行政委员会成立，辖 39 个县政权，1000 多万人口。这是敌后由共产党领导建立的第一个统一战线性质的抗日民主政权，稳定了当地秩序，促使抗日力量迅速发展。

2 月、4 月、7 月，晋察冀军区对平汉、平绥、正太铁路各线展开了 3 次破袭战，攻克城镇据点多处，给予日伪军重大打击，扩大了抗日武装力量。

9 月，日军出动 5 万人，进犯晋察冀五台、涞源、阜平等地，企图分割抗日根据地，打击边区党政军机关，寻求主力决战。军区依靠人民群众，给日军以沉重打击。在 120 师一部配合下，军区在涞源、蔚县间设伏，歼灭日军 400 余人，在广灵南设伏击毙日军旅团长以下 360 余人。近 2 个月战斗，共歼灭日军 5300 余人，粉碎了日军进攻。

建立敌后抗日根据地成为牵制和打击日军的最有效战略，是中国抗日军民扬长避短打击日本法西斯、挽救民族危亡的良方。晋察冀军区成立后，抗击和牵制日军的效果良好，其他各地大大小小敌后抗日根据地都陆续建立起来，形成日战区抗日根据地遍地开花的局面。

太原失守后，八路军 120 师主力进入晋西北开展游击战争，发动群众，建立晋西北抗日根据地；1937 年底，八路军 129 师开创以太行山为依托的晋冀豫抗日根据地，并先后取得长生口伏击战、神头岭伏击战、响堂铺伏击战、长乐村伏击战等战役胜利；1938 年 2 月，八路军 115 师主力进入吕梁山区，开展游击战争，发动群众，创建吕梁抗日根据地；吕正操领导的冀中军民经过 10 个月斗争，至 1938 年 4 月，开辟了 38 个县规模的抗日根据地；1938 年 5 月，李井泉率领 120 师一部，挺进大青山，沿大青山建立游击根据地；1938 年 6 月，李运昌率领八路军一部挺进冀东，策动当地武装起义，开辟冀东抗日根据地；日军占领济南及山东广大地区后，中共山东省党组织领导人民举行一系列武装起义，逐步开辟冀鲁边、胶东、清河、鲁中、泰西、鲁东南、鲁西南、鲁南、湖西、鲁西北等抗日游击根据地；陕北留守兵团打退日军对黄河河防的大小几十次进攻。此外，山西新军——青年抗敌决死纵队积极活动于晋东南、晋西南地区，打击着日军。

新四军由原来红军留在南方的游击队组成。他们建立抗日根据地，离南京、武汉等日军占领的重点城市相对比较近，极大地牵制了日军。

1938 年 4 月，粟裕率新四军先遣支队挺进苏南。随后，陈毅、张鼎丞率部进入苏南，高敬亭率部进入舒城、桐城、庐江和无为地区，发动群众，开展游击战争，建立抗日根据地。1938 年 5 月 4 日，中共中央指示新四军在广德、苏州、镇江、南京、芜湖之间创建抗日根据地，发动群众，组织抗日武装，发展新的游击队。

1938 年 5 月 22 日，中共中央又指示华中，要求华中党组织和新四军坚持独立自主的方针，抓紧有利时机，积极主动深入敌后，在广大农村建立抗日根据地，开展游击战争，要求在陇海路以南、太湖以北、黄梅以西、汉水以东广大敌占区，特别在苏南、皖中、皖东、豫皖边、皖东北及苏北地区，放手发动群众、武装群众，广泛开展游击战争。

陕甘宁边区建设也开展得红红火火。边区政府根据当地情况，大力发展经济、文化教育和卫生事业。边区发展经济的核心是发展生产、开辟财源、保障军队和党政机关供给，改善人民生活，支持长期抗战。另外一大突出贡献，就是为军队和地方培训大量干部，不断充实前方的力量。

敌后抗日根据地的建立是对日本占领军战略性牵制。各敌后根据地深入地发动群众，开展敌后游击战争，扩大和巩固了抗日根据地，更沉重地打击日军，收复失地，解救被日军奴役和蹂躏的中国沦陷区人民。

在前线进行敌后游击战争时，毛泽东等人也不断对全国抗战经验进行总结。在1938年五六月间，毛泽东作了《论持久战》《抗日游击战争的战略问题》等讲演，提出抗日游击战争战略战术的一整套方针、原则，为开辟敌后抗日根据地，开展抗日游击战争，彻底打败日本帝国主义，争取中华民族独立与解放指明胜利的道路。

《论持久战》总结抗战以来10个月经验，全面地分析敌我双方特点，指出中国必胜，日本必败，中国不能速胜，必须进行持久战，批评“速胜论”与“亡国论”，科学地预见抗日战争将经过战略防御、战略相持、战略反攻3个阶段。中国必将由劣势到平衡到优势，而日本必将由优势到平衡到劣势。

毛泽东指出，唯一正确的基本原则是独立自主的山地游击战。敌后要以游击战争为唯一方向。抗日战争的战略方针是在战略防御战之中采取战役和战斗的进攻战，在战略持久战之中采取战役和战斗的速决战，在战略内线作战之中采取战役和战斗的外线作战。

由于中国共产党积极领导抗战，到1938年10月，八路军、新四军与日伪军作战1600多次，毙伤俘获5.4万人，八路军发展到15.6万人，新四军发展到2.5万人，敌后抗日根据地（包括游击区）总人口达5000万以上。这极大地消耗了日军的战力，对挫败日军灭亡中国做出巨大而积极的贡献。

3. 敌后战场使日军深陷人民战争的汪洋大海

抗日战争进入相持阶段，日军战线更长，兵力更加分散，士气更加低落。日本对侵华战略和策略做了一些调整，对国民政府采取分化、诱降政策，以政治诱降为主、军事打击为辅，确保占领区稳固，加紧扶植傀儡政权，建立和发展汉奸组织，集中精力打击八路军、新四军以及其他地方抗日武装。

中国共产党很早就在为抗日做准备。在提出抗战总方针后，中国共产党对抗日形势进一步做了评估，在1938年9月29日到11月6日召开党的扩大的六届六中全会，指出中国抗战将进入新阶段，批评王明“一切经过统一战线”的右倾错误，提倡“在统一战线中独立自主”，提出“巩固华北，发展华中”战略部署，撤销长江局，成立南方局和中原局，改东南分局为东南局，充实华北局领导力量。这次会议为实现党对抗日战争的领导进行了全面战略规划。

面对形势的变化，在抗战进入相持阶段后，国民政府也不得不调整抗战政策。国民党内部投降、分裂、倒退活动日益明显。从抗战一开始，以汪精卫、陈公博、周佛海等人为代表的亲日派就宣传破坏抗战言论，什么“战必败，和未必大乱”等。

在抗战进入相持阶段后，日本加大诱降力度。1938 年 12 月，汪精卫等人公开投日，并于 1940 年在日本军部导演下建立伪国民政府，帮助日军清缴敌后战场的抗日武装。受汪精卫影响，不少不坚定的高官、将领打着“曲线救国”旗号投敌。

以蒋介石为首的亲英美派，虽然拒绝日本诱降，坚持抗战，但“消极抗日，积极反共”非常明显。1939 年 1 月，国民党五届五中全会通过“溶共”“防共”“限共”政策，将政策重点逐渐由对外转向对内。会后，国民党当局秘密制定和颁发《防制异党活动办法》《共党问题处置办法》等一系列反共文件。

受“消极抗日，积极反共”政策暗示，地方顽固反共分子积极制造军事摩擦。第 2 战区司令阎锡山面对日军进攻丢城失地不反攻，却率先于 1939 年冬在山西省发动“十二月事变”，攻打八路军和新四军等抗日队伍；身处第 1 战区的朱怀冰部，不但抗击日军上不积极，反而肆意杀害抗日的八路军干部战士，还于 1940 年 2 月三路围攻太行山区的八路军；国民党顽固派上官云相等人在 1941 年 1 月 6 日发动意在聚歼新四军主力的“皖南事变”等。

根据党的扩大的六届六中全会精神，面对“消极抗战，积极反共”的国民党亲英美派，面对汪精卫为首的亲日派，面对日军集中兵力对敌后根据地扫荡的严峻形势，共产党领导八路军、新四军以及敌后抗战力量，克服重重困难，坚持抗战到底。他们与日伪军展开生死交战，积极进行反扫荡，对国民党亲英美派“坚持团结进步，反对妥协投降”“有礼有节”地进行反顽斗争，争取抗日将领合作，并逐渐成为中国战场最主要最坚决的抗战力量。

中国共产党领导的敌后战场，虽然斗争环境艰难，但在抗战中“积小胜为大胜”，不仅拖住了大量日伪军，还取得了辉煌的战绩，给日伪军以沉重打击。

1939 年 4 月，在冀中抗日根据地河间县齐会村，贺龙、关向应指挥 120 师 7 个团一举歼灭日军 700 余人，使军民坚持平原游击战的信心大增。

在晋察冀抗日根据地，1939年9月，灵寿县城北陈庄之战，晋察冀军民配合路过的120师主力作战，毙伤日军旅团长以下1000余人。10月至12月，日军2万余人分11路对北岳区进行大扫荡。北岳军民经过40多天战斗，歼敌3600余人。其中，黄土岭一战歼灭日军1500余人，击毙日军“名将之花”阿部规秀中将。

在晋冀豫抗日根据地，1939年1月，日军3万多兵力，分兵11路进行大扫荡。仅1月至3月间，晋冀豫军民以灵活的战术，先后进行100余次战斗，粉碎日军控制冀南的企图。7月，日军又出动5万人扫荡。八路军总部指挥各部进行反扫荡。到8月底，八路军进行70余次战斗，歼灭日伪军2000多人。12月，晋冀豫军民发起邯长战役，歼敌700余人，收复黎城、涉县等据点23处，粉碎日军对太行山的分割企图，使太南、太北两区连成一片。

在山东抗日根据地，党中央领导各地抗日武装于1938年下半年统一整编为8个支队，归八路军山东纵队指挥。经1年多时间，他们发动群众，开展游击战争，粉碎日军多次围攻和扫荡，先后创建鲁中、清河、胶东、泰西、鲁西北、滨海、苏皖边等抗日根据地。

在晋西北抗日根据地，120师一部坚持抗日。日军不断进攻，企图压迫八路军退出晋西北。1939年3月，该区军民多次粉碎日军围攻，歼敌数千人。5月，日军5000余人企图合击五台山区八路军主力及龙泉关以西晋察冀军区部队与后方机关，第359旅主力在五台山上下细腰间战斗中歼日军1000余人。6月到7月间，日军2万余人进行大扫荡，企图寻找八路军主力决战。120师先后进行250余次战斗，歼敌4500余人。11月，成立晋西北军区，领导北起大青山、南至汾离公路，东至同蒲线、西至黄河广大地区的抗日游击战争。

1940年，日军为准备太平洋战争，企图迅速结束中日战争，加紧对国民政府诱降，于5月发起枣宜战役，侵占宜昌，加强对重庆等地轰炸，并扬言要进攻西安、重庆、昆明。为粉碎日军企图，打破日军的“囚笼政策”，八路军总部决定大举破击正太铁路。百团大战爆发。

百团大战共进行了1824次大小战斗，歼灭日伪军4.4万余人，攻克据点2900多处，破坏1900多千米铁路、公路，缴获5000多件各种武器，八路军伤亡 2.2 万余人。百团大战对侵华日军是一个重大打击，对中国人的抗战信心是一个巨大鼓舞，彰显了敌后战场对日本侵略者重大的战略牵制作用。

新四军面临的形势也非常残酷。新四军坚持“发展华中、华南抗日根据地”战略，在敌后战场上也取得令人瞩目的成绩——多次粉碎日军的扫荡，坚持反顽斗争，开辟了多块敌后抗日根据地。

日军侵占武汉后，鄂豫皖三省广大国土为日军占领。1938 年 11 月，新四军一部进入皖中，迅速打开皖中抗战局面，扩大抗日武装，相继开辟津浦路西根据地和津浦路东根据地。1939 年，豫南、鄂中等地抗日游击战迅速发展，创建豫鄂边抗日根据地。

1939 年春，彭雪枫率军进入豫皖苏开展游击战争。年底，部队发展到 9 个团，共 4 万多人。1940 年，他粉碎日军多次扫荡，巩固与发展了该地区抗日武装斗争，为八路军南下华中创造有利条件。1939 年，他还开辟皖东北抗日根据地，为新四军东进苏北创造条件。

1939 年春，周恩来代表党中央和毛泽东到达皖南新四军军部，宣布新四军的战略任务：向南巩固，向东作战，向北发展。新四军相继以一部兵力向扬中与长江北岸发展，为东进、北上创造条件，一部兵力越过宁沪铁路，配合江南人民抗日义勇军，开展苏、常、太、锡、澄等地抗日游击战争。

1939 年 11 月，江南指挥部成立，统一指挥进入江南的新四军各部。随后，江南指挥部派挺进纵队在扬州、泰州地区开展抗日游击战争，派苏皖支队开展扬州、天长、六合地区抗日游击战争，并与皖东抗日根据地打通联系。

1940 年 5 月，陈毅根据中央指示，选调兵力，执行发展苏北的既定任务。6 月，黄克诚率八路军 1.3 万余人南下华中，到达皖东北地区，增强华中抗日斗争的力量。在新四军东进北上过程中，受到国民党顽固派军队的限制与刁难。9 月，新四军赢得黄桥决战，开创了苏中、苏北抗日斗争新局面。

八路军继续南下。10 月 10 日，新四军、八路军在东台县白驹镇会师，达成协同发展苏中、苏北的战略任务，沟通了华北与华中的联系。11 月，成立华中总指挥部，叶挺任总指挥、陈毅任副总指挥代总指挥、刘少奇任政委，统一指挥华中的八路军、新四军，按照党中央正确方针开展华中抗日游击战争。

敌后抗日根据地和抗日武装成为侵华日军巩固占领区的“致命之敌”。日军不得不从正面战场抽调大量军队回华北、华中。这是迫使日军停止战略进攻的有力因素，当然也导致日军将进攻的重心转到敌后战场。

1940 年 8 月，日本政府与日军大本营决定发起太平洋战争，想迅速解决中国问题，一面加紧逼使国民政府屈服，一面加紧巩固已占领地区，作为南进作战基地。敌后抗日根据地成为日军亟须拔掉的眼中钉肉中刺，八路军、新四军成为日军主要消灭对象。

按照日军大本营 1940 年 7 月 23 日命令，侵华日军的任务是“确保”蒙疆、山西北部、河北、山东重要地区、南京、上海与杭州间地区、长江下游地区的“安定”，也就是确保占领区的安定，清缴占领区内的抗战分子。侵华日军华北方面军司令多田骏直接提出“治安第一主义”“主要对共产党根据地进行毁灭战”“剿共是肃清的主要目标”。

在华北，日军 5 次推行“治安强化运动”，把华北地区分为“治安区”（日占区）、“准治安区”（游击区）、“非治安区”（抗日根据地）。在“治安区”，日军以清乡为主，强化保甲制度，组织反共“自卫团”，设置特务情报网，加强殖民统治，加紧掠夺资源；在“准治安区”，以蚕食为主，恐怖与怀柔政策兼施，建立伪政权，设置“爱护村”，修公路，挖筑封锁沟（墙），筑据点、岗楼，步步紧逼，阻止八路军活动，使之逐步变为“治安区”；对“非治安区”，则集中兵力，以扫荡为主，反复扫荡、驻剿、清剿、袭击，实行烧光、杀光、抢光的“三光政策”，制造“无人区”，以及派汉奸、特务渗入根据地进行破坏，企图将根据地彻底摧毁。日军将军事进攻、政治欺骗、经济掠夺、文化麻痹结合使用，称为“总力战”，旨在摧毁抗日根据地。

太平洋战争爆发后，日军对抗日根据地的进攻更加疯狂、毒辣和残酷，企图彻底摧毁八路军、新四军建立的抗日根据地。此时期，中国正面战场和敌后战场上部署的日军远超日军在太平洋战场上投入的总和。包括东北关东军在内，到 1941 年 12 月，中国共抗击日军 35 个师团，共 138 万人，占日本陆军总数的 65%。

面对更为严峻的形势，各根据地根据党中央和毛泽东制订的对敌斗争方针，深入发动和依靠群众，发扬光荣传统，广泛开展游击战争，采取灵活机动的作战方法，打击敌人，坚持斗争，渡过难关，粉碎日伪的清乡扫荡。

晋察冀抗日根据地包括北岳、平西、平北、冀中、冀东各根据地，对占领北平、天津、保定、石家庄、张家口、唐山、承德、山海关及其间各交通线的敌人形成重大威胁。1941 年 3 月开始至 1942 年年底，日军对晋察冀根据地实行分区扫荡，采用“铁壁合围”“梳篦式清剿”“分进合击”等战法，疯狂进攻根据地。反扫荡斗争异常艰苦、残酷。根据地军民与日军进行了激烈斗争，粉碎日军一次次扫荡，留下可歌可泣的英勇战斗事迹。狼牙山五壮士的英勇事迹尤其著名。

由于日军频繁扫荡，使用极其残酷手段摧毁抗日根据地，到 1942 年年底，晋察冀各抗日根据地都大为缩小，但并未被消灭，依然坚持着抗战。

晋冀鲁豫抗日根据地位于同蒲铁路以东，汾阳、太原、石家庄、德州以南，津浦铁路以西，徐州至开封间陇海铁路两侧，开封至风陵渡间黄河以北，对日军企图巩固华北占领、威迫中原与进攻西安形成巨大牵制。在这一带，除 1941 年 5 月以前有国军主力一部驻中条山外，其他的都是 129 师等部创建的根据地。八路军总部也在这一带指挥作战。

日军采用“捕捉奇袭、铁环合击、纵横扫荡、辗转清剿、反转电击、夜行晓袭”等战法对冀鲁豫抗日根据地进大扫荡。129 师广泛开展游击战、麻雀战、地雷战，不断打击敌人，抓住一切机会粉碎日军扫荡。根据地军民展开反扫荡作战，坚持内线与外线结合，主力、游击队与武装群众结合，以游击战不断消灭敌人。经过将近两年的艰苦斗争，晋冀鲁豫抗日根据地军民粉碎了日伪军的数百次扫荡。

日军对山东敌后抗日根据地的清缴也丝毫没放松。1941 年，日军集中兵力先后开始对鲁西、湖西、鲁南、冀鲁边、清河、胶东及鲁中根据地展开大扫荡。11 月，日军侵华军总司令指挥 5 万余人，对鲁中根据地进行大扫荡，企图一举消灭鲁中根据地主力及领导机关。5 日，日军分兵 11 路，并以飞机、坦克配合，合击 115 师指挥机关。在罗荣桓指挥下，军民进行反合围、反清剿斗争，经过艰苦斗争，粉碎了敌伪扫荡。日军在山东扫荡手段残酷，导致山东抗日根据地损失巨大。至 1942 年年底，山东根据地大部变为游击区，仅剩鲁南、胶东、滨海被分割的几小块。

晋绥抗日根据地包括晋西北、大青山地区，是陕甘宁边区东北方的重要屏障，对占领太原、大同、集宁、归绥（今呼和浩特）、包头之日军及其间交通线是严重威胁。1942 年春季，日军扫荡晋西北，该区军民实施反扫荡，经过 180 余次战斗，取得反扫荡的胜利。在扫荡同时，日军对根据地不断蚕食。根据地军民展开反蚕食斗争，摧毁伪政权、伪组织，加强锄奸、游击活动，恢复抗日政权，不断打击敌人。大青山根据地虽大部被日军占领，部分成为游击区，但在艰苦条件下坚持抗日游击战争。1942 年 5 月，中央军委决定成立陕甘宁晋绥联防军，统一领导与指挥陕甘宁、晋西北根据地作战与军队建设。1942 年 10 月，晋绥抗日根据地得到恢复与发展。

经过 1941 至 1942 两年艰苦残酷的斗争，华北抗日根据地的人口由 6000 万降至 2500 万，八路军由 40 万降至 34 万，只保留 10 座县城，财政经济极为困难。日军使用最大限度的兵力及一切残暴手段，企图消灭华北八路军，但最终失败。华北军民经过两年锻炼，抗日意志更加坚定，斗争经验更加丰富。到 1942 年下半年，晋冀鲁豫、晋绥、晋察冀的形势相继好转。

1941 至 1943 年，在敌伪顽夹击之下，在敌我友三角斗争复杂形势下，新四军克服艰难困苦，坚持了敌后艰苦斗争，保卫华中抗战阵地。华南人民抗日武装粉碎敌人进攻，坚持了广东、海南岛等地的抗日武装斗争。东北抗日联军在日军疯狂的军事进攻、严密的经济封锁和残酷的殖民压迫与统治下，保存了一部分力量，坚持抗日斗争。

为适应形势，坚持敌后抗日战争，克服严重困难，争取新胜利，各根据地实行一系列新的政策与策略，例如，实行精兵简政，厉行生产节约，实行“三三制”加强抗日根据地民主政权建设，实行减租减息，开展整风运动，大生产运动，加强政治攻势分户瓦解日伪军，进行广泛的群众游击战争以及加强党的一元化领导。

敌后战场实行真正的人民战争，民兵是胜利之本。“一切服从战争”在党领导下，党政军民同甘共苦、同心同德进行战争与建设，靠敌后根据地各级政府和人民的全力支援，依靠八路军、新四军及华南抗日武装全体指战员英勇奋战，不怕流血牺牲，不怕艰难困苦，敌后抗日根据地度过艰难困苦，走上新的胜利发展阶段。

同时，中国共产党还加强在国统区的工作，加强在沦陷区的工作，指示各地，尤其是大中城市尚未暴露的党组织和党员要长期积蓄力量，保存力量，隐蔽力量，准备将来决战，并为此专门成立敌后城市工作委员会。在沦陷区，党组织广泛深入宣传抗日，启发群众的民族意识，激励群众抗日热情，增强群众战胜日本侵略者的信心。

在国际形势方面，中国抗战的伟大价值和意义被广泛认同。伟大的国际主义战士白求恩为中国人民的抗日解放事业流尽鲜血，柯棣华、斯诺等许多国际友人也都为中国人民的抗日解放事业做出了贡献。国内许多著名人士同情、支援敌后抗战，如宋庆龄，她除了介绍一些国际友人来敌后帮助抗战外，还募集敌后军民最缺乏的医疗器械、药品和其他器材等，对敌后抗战的胜利，做出重要贡献。

4. 坚持抗战是赢得最终胜利的根本

进入1943年，苏德战场和太平洋战场的盟军都已转入反攻，国际形势对中国抗战有利。在这一年，华北各根据地军民贯彻党中央“敌进我进”“把敌人挤出去”方针，积极粉碎敌伪蚕食、扫荡，并利用有利时机，积极发动攻势，扩大解放区。

1943年，根据“敌进我进”的斗争方针，晋绥军民针锋相对地“挤敌人”，派出100多支武工队、游击队，深入敌后，开展游击战争，围困据点，打击敌人，同时积极开展反蚕食斗争，先后攻克70多个据点，收复1000多个村镇。1944年，晋绥抗日根据地军民继续展开攻势，收复大批村镇，解放大片领土。1945年2月至4月，晋绥根据地军民发起春季攻势，进行530余次战斗，攻下50余处据点，歼敌2400余人。

在晋察冀抗日根据地，1943年4月，日军集中1.2万余人对北岳区东部进行持续近1个月辗转扫荡。北岳军区军民以灵活战术，展开游击战、地雷战，粉碎敌伪扫荡，歼日伪军2700余人。1944年，晋察冀共4400余次作战，歼敌伪4.5万余人，攻克1600余个据点，扩大了北岳，巩固了平西、平北，坚持了冀东。1945年春季，各根据地发动春季攻势，攻克据点，解放城市，粉碎日伪小规模扫荡，进行650余次战斗，攻克460多处据点，收复7座县城，歼敌9000余人。

在执行“挤敌人”战略中，晋冀鲁豫根据地表现最为突出。1943年，晋冀鲁豫根据地继续贯彻“敌进我进”方针，派出成千支武工队与小部队，深入敌后，开展游击战，发动群众围困敌据点，展开政治攻势，瓦解敌人。

1943 年 5 月，日军集中 1.5 万余人对太行区实施“铁壁合围”“抉剔清剿”相结合的扫荡，企图消灭八路军总部和 129 师师部，摧毁抗日根据地领导机关。基干部队适时跳出合围圈，主力在外线打击敌人，游击部队在内线坚持斗争。经过半个月斗争，他们粉碎日军扫荡。7 月，冀鲁豫军区进行卫南战役，歼敌伪 5600 余人。8 月，太行主力等部歼敌伪军 7000 余人。10 月，太岳军区歼敌 3500 余人。

1944 年，晋冀鲁豫抗日根据地军民对日军驻点展开攻势。从 2 月至 8 月，太行、太岳、冀鲁豫主力分别向榆社、武乡、潘龙间交通线，并向林县、凌川、辽县、邢台、沙河、新乡、辉县、临城、内丘、济源、垣曲、清丰等地展开猛烈进攻，全年共歼敌 7.3 万余人，克县城 11 座，收复国土 6 万余平方公里，人口 500 多万。

1945 年，晋冀鲁豫军民展开攻势。在春季攻势中，实施首清战役、豫北战役、南乐战役，收复据点 120 多个，歼敌伪 1 万余人；在夏季攻势中，实施东平战役、安阳战役、同蒲铁路南段攻势，阳谷战役等，大量歼灭日伪，收复国土。

1943 年，山东军民继续展开反蚕食、反扫荡斗争，粉碎日伪蚕食和扫荡。11 月，日军 6000 多人扫荡鲁中军区、清河军区。鲁中军区第 11 团第 8 连坚守沂蒙山区南北岱崮阵地 18 天，以伤亡 9 人的代价毙伤敌 300 余人。至年底，山东军民共收复村镇 7000 余个。

1944 年，鲁中、鲁南、渤海、滨海、胶东军民发动攻势作战。3 月，山东军民实施讨伪战役，打通沂山、鲁山、泰山、蒙山间的联系。5 月，鲁南、鲁中、渤海等军区发动夏季攻势。8 月，胶东、渤海、鲁南等军区发动秋季攻势。11 月，滨海、鲁中、鲁南等军民发动冬季攻势。在两次攻势中，歼敌伪 2 万余人，攻克 200 多处据点，解放人口 500 余万。

1945 年春，胶东进行讨伪战役，歼敌近万，攻克莱阳城。鲁南军区全歼泗水附近的敌伪军。鲁中军区进行蒙阴战役。4 月，发动夏季攻势，滨海军区军民粉碎日伪对沿海的扫荡，歼敌伪 5000 余人。山东解放区进一步扩大。

华中敌后抗日根据地反攻稍微晚一些。1944 年起，华中军民发动反攻。苏中军区于 3 月实施车桥战役，攻克车桥，歼灭援敌，共歼敌 800 余人。5

月至9月，苏中军区又攻克30余处据点，彻底粉碎日伪对苏中的“清乡”。苏北军民发动攻势，开辟了广大地区，使淮海、盐阜两地连成一片。1944年全年，华中军民共作战6500余次，歼日伪军5万余人，解放人口160余万。

1944年冬与1945年年初，日军为垂死挣扎，在华东沿海，北起连云港，南至温州，实行所谓“决战措施”防御部署，调集重兵，增修工事。为打破敌人企图，新四军展开攻势作战。4月，第3师进行阜宁战役，解放580余个城市村镇，歼伪军2300余人。6月，淮北军民进行睢宁战役，歼伪军2200余人。苏中军区主力一部进行三垛、河口伏击战，歼敌伪1800余人。

同时，各区军民广泛展开政治攻势，瓦解敌人。华中的解放区迅速扩大，新四军越战越强，日伪越战越弱。

1944年4月，日军实施打通大陆交通线作战，驻河南国军不战而逃，日军占领平汉铁路南段及豫西数十个县。为打击日军，开展河南抗战局面，从战略上将陕北、华北、华中联结起来，中共中央决定进军河南，开辟河南抗日根据地，恢复豫皖苏和淮北抗日根据地，填补国军溃败后中原地区牵制日军的空档。

1944年8月至1945年2月，太岳、太行军区主力各一部挺进豫西，开辟洛阳、新安等抗日根据地，建立2个军分区。1945年2月，王树声率主力一部进至豫西，成立河南军区，统一领导豫西抗日斗争。为策应开辟豫西和南援新四军第4师主力西进，冀鲁豫军区主力一部挺进豫西，加强睢杞太地区。新四军第5师一部沿平汉线北上，进入豫南豫中。

1944年8月15日，在第2师、第7师策应下，彭雪枫率领的新四军第4师主力开始西进，越过津浦铁路，进入豫皖苏边区，向日伪展开攻势。

1944年秋，日军打通粤汉、湘桂线后，中共中央决定向华南发展，指示359旅挺进湖南，逐步将鄂豫和广东抗日根据地联系起来。这是敌后抗日军民进行跨地域性的一次战略性进攻，其目的是尾随并牵制南下日军。

1944年11月，359旅第1梯队4000余人（南下支队），在王震、王首道率领下，由延安出发，东渡黄河，越过同蒲铁路，再南渡黄河，越过陇海铁路，于1945年1月，进入鄂豫抗日根据地，与新四军第5师会合。2月，南下支队由鄂东渡过长江南下，由于国军的进攻和围堵，转战江西崇义、广东南雄、始兴各地，处境日益困难，毅然挥师北返，加入新四军第5师序列。

中共中央在确定发展华南同时，重申发展东南的方针，指示新四军主力一部南下，首先发展苏浙皖及浙江沿海，继而争取控制苏、浙、皖、闽、赣五省。

到 1945 年 4 月中国共产党七大召开时，华北、华中、华南 16 个省的敌后抗日根据地已建立 678 个县政权，人口 9500 万。八路军由抗战初期 3 个师 4.2 万人发展到主力 65 万人，新四军由 1.03 万人发展到 26 万人，华南抗日武装由几乎白手起家，发展到主力 2 万余人。共产党领导的主力军达 93 万人，民兵达 220 万人，抗击侵华日军 5/6 的兵力和几乎全部伪军。据统计，在整个抗战过程中，中国共产党领导的队伍毙伤日军 520463 人，俘虏 6213 人，投降反正 746 人，共计 527422 人。

中国共产党领导下的抗日武装在同日伪作战中成长壮大；侵华日军所占领的大城市及其间的交通线，大部处于八路军、新四军和华南抗日武装的战略包围之中，对日进行战略总反攻的形势正在形成。

1945 年上半年，世界反法西斯战争进入最后胜利阶段。4 月，联合国制宪会议在美国旧金山举行，包括中共代表董必武在内的中国代表团出席会议。中国成为联合国创始国和五大常任理事国之一。5 月 2 日，苏军攻克柏林。5 月 8 日，德国法西斯投降。世界反法西斯力量逐渐向亚洲倾斜，日本战败指日可待了。

第六章
德军席卷欧洲，绥靖主义者自食其果

希特勒成功分化英、法、苏三国后，与苏联签订互不侵犯条约，就毫无顾忌地吞并但泽了。希特勒一鼓作气，指挥德军吞并波兰，抢占北欧，击败法国，轰炸英国，并迅速将东南欧、地中海以及巴尔干半岛占领，让此前推行绥靖政策的英、法等国自食其果。

1. 闪击战，德国一举吞并波兰

吞并但泽是水到渠成的事。但希特勒的目标并不仅限于此。他与苏联签订互不侵犯条约，其更大目标是兼并波兰，同时让苏联消除对己的敌意，一起出兵波兰。兼并但泽后，希特勒随后又派兵以迅雷不及掩耳之势进攻波兰，令波兰措手不及，让醉心于祸水东引的英国和法国根本来不及军事干预。

1939 年 9 月 1 日清晨，在 1939 架飞机和 2800 辆坦克掩护下，54 个德国精锐师团越过波德边境，同时从西南和西北两个方向进攻波兰。一场大规模的闪电战就此爆发！

波兰仓促应战，但仅能动员 39 个师和 870 辆轻型坦克。这点兵力在德军强大的“铁流”面前，根本不值一提。在德军锐利攻势下，波兰军节节败退。

英、法的盟国波兰遭到德国侵略，按照常理，它们应该立即援助或者对德国采取军事行动。因为，英、法曾作过多次慷慨允诺保护波兰：4 月 1 日，英、波签订互助协定；5 月，法、波军方达成协议，规定一旦德国进攻波兰，法国空军应立即出动支援，至迟在开战后第 15 天，法国陆军也应转入进攻；8 月 25 日，英、波签订同盟条约，答应给波兰“一切可能的援助和支持”。

但是，任何协议从来都不保护弱者，何况英国和法国此时依然是奉行绥靖主义政策的人当权。他们仍然抱着祸水东引的想法——纳粹德国吞并波兰，与苏联接壤，势必会发生军事冲突，如果德国能跟苏联打起来，英国和法国都是受益者，这样算起来，牺牲一个波兰又算什么呢！

在整个波兰战争期间，英、法的所谓“援助”始终停留在口头和协议上。英国外交大臣哈利法克斯对波兰大使拉钦斯基表示，英国政府“不能分散为采取决定性行动所需的兵力”。法军总司令甘末林于 9 月 3 日致电波兰政府，声称将于次日在陆上发动攻势，但 9 月 4 日依然是“西线无战事”。而事实上，如果德国在进攻波兰时，英、法军趁机在西线向德国本土进攻，德国吞并波兰的计划是根本实现不了的。

在波兰政府一再催促下，英国政府竟然回答说，只有到 1940 年春天，英国和法国才能提供有效的援助。在德军闪电战猛烈打击下，原本势力就不强的波兰军迅速败亡。

有足够的史料说明，就在德国进攻波兰后，英国和法国仍然希望再一次用牺牲小国的办法去制造新的“慕尼黑阴谋”。它们通过意大利外交大臣齐亚诺和瑞典资本家达列鲁斯祈求德国停止在波兰的军事行动。为顾全面子，英国要求德军全部撤出波兰，然后再开始和平谈判。这无疑是痴人说梦。而法国连这一点最起码的条件也放弃了。希特勒早在签署《慕尼黑协定》时，就曾恶意讥笑张伯伦和达拉第，如今更傲慢地声称，假如他们胆敢到贝希特斯加登来，就毫不客气地将他们赶走，还要让尽可能多的记者来看热闹。

在和谈无望后，英国和法国才不得不硬着头皮于 1939 年 9 月 3 日向德国宣战。不过，由绥靖主义者掌权的英国、法国即使向德国宣战，也仅仅只能停留在口头上，而不可能付诸到行动之中去。果然，在德军主力投向东线的情况下，英、法在西线具有轻易击败德国的机会，但它们选择了无视。9月1日，驻守在所谓齐格菲防线内的德军一共只有31个师，9月10日才增至43个师，且一辆坦克都没有。配备有近2000辆坦克的法军90个师竟然按兵不动，跟没宣战前毫无二致。

1939年9月1日后，东欧战场上，波兰正遭受着灭国之灾。而在西线，波兰的盟友有成百万配备精良的盟军稳坐在工事里，面对着近在咫尺的敌人，它们不仅坐视波兰覆灭不管，而且在此以后也毫无作为。

9月9日，甘末林为欺骗舆论，下令法国在萨尔地区的10个师向前推进了3千米~8千米。尽管没有遇到任何抵抗，但9月12日的英法最高军事会议还是决定把这次象征性的攻势终止。直到12月9日，一支英国巡逻队遭到流弹袭击，才有了联军在西线伤亡的记录。

波兰遇到如此的盟友，也就只有自认倒霉。不过，给波兰响亮耳光的不仅有英法，还有波兰此前一直仇视的邻居苏联。在德国大举进攻波兰后，苏联不仅没出兵帮助，连中立都没有做到，而是趁机从东方出兵波兰，趁着波兰被德国打败的机会占领地盘，以建立防御德国的阵线。

原来，德国与苏联签订《苏德互不侵犯条约》时，双方还签订一个密约——《里宾特洛甫—莫洛托夫秘密议定书》。《里宾特洛甫—莫洛托夫秘密议定书》的主要内容是：波罗的海地区如发生领土或政治变动时，立陶宛北部疆界将成为德苏权利界限，在这方面，双方将承认立陶宛在维尔诺地区的利益。如波兰发生领土和政治变动，德苏将大致以纳雷夫河、维斯拉杜河和桑河为势力分界。维持波兰独立是否符合双方利益，以及如何划界，只能在进一步的政治发展过程中才能确定。在东南欧方面，苏联关心它在比萨拉比亚的利益，德国宣布它在该地区完全没有利害关系。

双方视本协议书为绝密文件。苏联方面一直不承认这个秘密议定书，直到苏联解体前夕，莫斯科才证实这个文件的存在。事实上，从当时形势看，波兰一直反苏，波兰灭亡虽然也导致苏联面临纳粹德国的威胁，但苏联确实没埋由也不愿意军事援助波兰，而参与瓜分波兰，让纳粹德国承认其在波罗的海地区的主导地位，不仅能缓和与纳粹德国的关系，还能最大限度地实现苏联的国家利益。

对于德国来说，让苏联参与瓜分波兰，虽然损害了其利益，但这却是迷惑英、法绥靖主义者的最佳方式。因为英、法会误认为，波兰虽然被德国灭掉了，但苏联趁机攻入波兰，势必导致双方打起来，而那是英法绥靖主义者一直追求的梦想。既然眼看“梦想就要实现了”，那么英法即使向德国宣战，也不会在西线真正发起攻击。

事实上，德国和苏联此时都没有相互开战的意思，并没有像英法所迫切希望的那样打起来，而英、法也如同希特勒预料的那样，没有在西线发起真正的进攻。1939 年 9 月 17 日，在强大的纳粹德国打击下，在英法盟友关键时刻的背叛下，在仇视的邻居苏联趁火打劫之下，波兰政府流亡到罗马尼亚。而同一天，共同出兵打击波兰地主阶级政府的德军和苏军在波兰的布列斯特胜利会师。

此时德国和苏联表现得还非常友好。9 月 25 日，占领波兰的德军与苏军在布列斯特举行联合阅兵式，然后各自回到其占领地防守。希特勒一直高举反苏旗帜，没想到此刻与苏联关系如此亲密，对一直醉心于引导法西斯反苏的英法来说，莫不是一个天大的讽刺。

苏联和德国成为新邻居，虽然彼此并不真正友好，但由于它们此前签订了友好条约，共同分享了一场瓜分盛宴，同时由于它们还有各自尚未完成的使命，暂时不愿意撕破脸面，因而一时间彼此表现得尚且算友好。

2. 威塞演习，德国一口气抢占北欧

由于英法推行绥靖政策，纳粹德国迅速灭掉波兰。希特勒对英、法的表现很满意，对苏联的“如约举动”也非常满意。在波兰败亡后，他立即将贪婪的眼光转向了北欧——此时，他既不怕英、法武力干预，也不担心苏联趁机发起攻击。

在希特勒眼里，控制住斯堪的纳维亚半岛，就能封锁波罗的海，既能为侵苏做准备，也可从东北方向威胁英国，从而切断英国和苏联有可能产生的海路联系。当时，纳粹德国在秘密准备西线战争，军界不少人反对分兵进击北欧，主张集中兵力进攻西欧，但希特勒仍固执己见，认为此时是夺取北欧的绝佳机会。

丹麦国土狭小，无险可守。挪威土地辽阔，东邻瑞典，东北与芬兰和苏联接壤，西濒挪威海，海岸线长，天然良港多，战略地位十分重要，且易守

难攻。德国没有直接进入大西洋的出口，只有经北海绕过英国本土才能进入大西洋。强大的英国海军一直是德国的一块心病。第一次世界大战时，英国曾利用海军优势，从设得兰群岛到挪威海岸，横跨狭窄的北海，布置了一道严密的封锁网，使德国舰队困在本土港内无所作为。德国海军鉴于历史经验和地理事实，认为要对付占优势的英国海军，必须设法在挪威获得基地，才能突破英国在北海的封锁线，畅通无阻地进入大西洋。而夺取挪威，利用挪威军港，是最大限度地发挥德国海军战斗力的捷径。

1939 年 10 月 10 日，德国海军总司令雷德尔晋见希特勒，表示担心挪威可能向英国开放港口，给德国带来战略上的不利后果。他力劝希特勒抢先占领挪威，以此作为对英国作战的海军基地，确保瑞典铁矿砂来源。但在希特勒的战略中，首要目标是征服西欧，所以他宁愿让挪威中立。

1939 年 12 月 16 日，挪威纳粹党党魁、国防部长吉斯林访问柏林，向希特勒报告说英国即将在挪威政府的配合下占领挪威，请求希特勒提供经济和军事援助，以支持其发动一场政变，推翻挪威政府，事成之后便邀请德国保护挪威，从而阻止英国入侵。希特勒还表示宁愿看到挪威完全保持中立，如果敌人准备扩大战争，他就要采取自卫行动，以对付这一威胁。不过，希特勒答应给吉斯林一笔资金，并保证给予军事援助的问题。

挪威与英、法并没有什么军事协定或者保护约定。在希特勒愿意保留挪威中立时，英、法却不断威胁挪威中立地位。早在 1939 年 9 月 19 日，英国内阁就通过了海军大臣丘吉尔提出的方案：在挪威领海内布雷，从而切断德国进口瑞典铁矿砂的海上运输线。1940 年 1 月 6 日，英国照会挪威政府，宣称英国舰队将不允许德国商船利用挪威水域。这增加了希特勒对其北翼安全和战略资源的担心，也促使他下定决心抢占挪威。

1940 年 1 月 27 日，希特勒指示德军统帅部，必要时为占领挪威拟订一份全面的作战计划。为此，德军最高统帅部拟订了代号为“威塞演习”的挪威战役计划。

1940 年 2 月 5 日，英法在巴黎举行最高军事会议，决定以 2 个英国师和 1 个法国分遣队组成一支远征军，在挪威纳尔维克港登陆，进而占领瑞典北部的耶利瓦勒铁矿。

1940 年 2 月 16 日，1 艘载有英国战俘的德国军舰“阿尔特马克”号遭到英国军舰追逐后，逃到挪威水域避难。丘吉尔命令英国军舰闯入挪威水域，登上“阿尔特马克”号，救出了战俘。当时有2艘挪威炮艇在场，没有对英国军舰的入侵行为做出任何反应，挪威政府只是事后向英国提出了抗议。希特勒认为，挪威已甘当英国帮凶了，这个抗议无非是为了欺骗他而故作姿态，因而坚定了占领挪威的决心。

希特勒决心先下手为强，决定用空降和登陆战双管齐下的办法迅速占领挪威。1940年3月1日，希特勒发出实施“威塞演习”的绝密指令，要求德军做好占领挪威的全面准备，同时要求占领丹麦，作为必要的跳板和运输线的保障，并在指令中强调“和平占领”，任何反抗保护的行为，要用一切军事手段加以击溃。

“威塞演习”计划是海、陆、空三军联合作战的立体战术，实施突然袭击，从南到北在挪威的奥斯陆、克里斯丁、斯塔万格、卑尔根、特隆赫姆、纳尔维克6个主要港口登陆，夺取港口和机场，向内陆进攻，占领挪威全境，并准备对可能登陆的英法联军进行抗登陆和反击作战。

为迅速实现战役目的，德军统帅部调集海军全部力量、空军6个航空兵师和2个空降兵师、陆军第21集团军5个步兵师，由曾在北欧作过战的第21集团军司令福肯霍斯特任战役总指挥。

鉴于英法海军力量几乎是德国海军的9倍，德军统帅部特别强调战役发起的突然性，指出：“尽管敌人握有制海权，但如能充分发挥突然性，我军是可以进入挪威的，认清这次战役的重要性，将来水面兵力虽损失大半亦不应吝惜。”

为了做到突然袭击，德军统帅部要求：隐蔽展开兵力，采取伪装措施，散布假情报造成准备在英国登陆的假象。除战役总指挥福肯霍斯特外，各级指挥员尽可能晚一些知道自己的任务，以防泄密。

英法仍在从容不迫地谈论他们的计划，就好像德国根本不会相信他们的威胁和暗示，或者德国还蒙在鼓里根本不知道他们的意图。1940年3月28日，英法在伦敦召开最高军事会议，决定于4月5日在挪威海域实施布雷行动，并派军从纳尔维克、特隆赫姆、卑尔根、斯塔万格登陆，同时在莱茵河空投水雷，以阻止德军向西推进。但是，由于法国担心德国报复，反对在莱茵河布雷。在一番争议后，它们将计划推迟了3天，定在4月8日实施。

挪威是中立国，无论是德国企图占领挪威，还是英法企图在占领挪威北部，都是侵略战争。因此，德国侵占挪威更像是在与英法进行一场比赛——两只食肉动物在抢夺眼前的猎物。

4 月初，德军准备工作基本就绪。登陆部队和各种舰只集结在威塞河口，空军也开始向德国北部各机场集中，并向英国斯帕卡湾基地派出潜艇，派 1 艘袖珍战列舰率领一支小型舰队前出到大西洋，摆出一副要进攻英国的架势。

4 月 2 日下午，希特勒在同空军司令戈林、海军司令雷德尔和登陆作战总指挥福肯霍斯特举行长时间会议后，命令“威塞演习”计划于 4 月 9 日晨 5 点 15 分开始。

4 月 6 日夜，由 1 艘袖珍战列舰、2 艘重巡洋舰、7 艘轻巡洋舰、14 艘驱逐舰、28 艘潜艇和若干辅助舰艇组成的德国登陆舰队，搭载着首波登陆的 1 万余名士兵，在夜幕掩护下悄悄起航，驶进波罗的海。

4 月 7 日 13 点 25 分，英国海军部接到侦察机发来的报告：“发现强大的德国舰队正向北移动，穿越斯卡格拉克海峡，向挪威海岸进发。”然而，英国海军部却不相信这支德国舰队是去挪威登陆的，怀疑其目标可能是英国。英国主力舰队于当日 19 点 30 分从斯帕卡湾基地起航，北上去拦截德国舰队，在北海海面展开战斗队形，搜索德国舰队，以求一战而全歼德国舰队。结果，庞大的英国舰队一无所获，未能在最有利的时机将警戒十分薄弱的德国登陆舰队消灭在航渡中。

德军毫发未损地完成了风险最大的航渡，但在登陆过程中却并未实现和平占领。4 月 9 日凌晨 4 点 20 分，德国驻哥本哈根使节向丹麦政府递交最后通牒，要求丹麦立即接受“德国的保护”，限定 1 小时内答复。5 点 20 分，德国驻奥斯陆使节又向挪威政府递交内容相同的最后通牒。丹麦人最终接受德国的最后通牒。然而，挪威人却不屈服。

5 点 50 分，德军在挪威沿岸各主要港口实施登陆，同时出动 800 架作战飞机和 250 架运输机，从空中压向挪威。挪威军还未充分动员，仓促间进行了自发抵抗。

在纳尔维克，10 艘德国驱逐舰迫近港湾，占领纳尔维克港；在特隆赫姆，守卫该港的挪威第 5 师师长遵从吉斯林的号令未做任何抵抗便交出港口；在挪威第二大港口卑尔根，挪威海岸炮重创德军“葛尼斯堡”号轻巡洋舰和 1 艘辅助舰，但其他德国军舰上的士兵却趁机登陆占领该港；西南海岸的斯塔万格和附近的苏拉机场也落入德军之手，德军由此获得了前线空军基地，掌握了挪威南部和中部的制空权；南部海岸的克里斯丁海岸炮台两次击退以德国“卡尔斯卢合”号轻巡洋舰为首的德国舰队，但炮台被德国空军炸毁，港口跟着陷落。

进攻挪威首都奥斯陆的德军遇到一些意外困难。挪威“奥拉夫・特里格佛逊”号布雷舰伏击德国舰队，1 艘德国鱼雷艇被击沉，“埃姆登”号轻巡洋舰被击伤。离此地 25 千米处，德国舰队旗舰“布吕歇尔”号重巡洋舰被挪威岸炮轰沉。蒙羞的德国出动 5 个连空降兵，在吉斯林“第五纵队”配合下，才一举占领奥斯陆。挪威王室、政府和议会议员被迫撤到奥斯陆以北的哈马尔。

4 月 9 日午后，英国主力舰队出现在卑尔根附近。德军慌忙出动大批轰炸机迎战，炸沉英军 1 艘驱逐舰，炸伤英军 1 艘战列舰和 2 艘重巡洋舰。英国舰队初战受挫，撤到设得兰群岛。由于德军掌握挪威南部和中部的制空权，英军统帅部决定在挪威海南部水域只使用潜艇和飞机。

在挪威北部纳尔维克，受飞机作战半径限制，德国舰队和登陆部队得不到空中支援，遭到英国飞机严重打击。4 月 10 日和 13 日，英国出动大批轰炸机袭击纳尔维克，炸沉 10 艘德国驱逐舰。4 月 14 日和 16 日，英法联军在挪威北部纳尔维克和中部特隆赫姆附近登陆。中部登陆的英法联军于 4 月 19 日向特隆赫姆发起进攻，但因得不到空中支援，在德国飞机狂轰滥炸下损失惨重，到 5 月 2 日即退出挪威。

在纳尔维克争夺战中，英法联军得到舰队和空军支援，占有巨大优势。然而，德国登陆部队相当顽强地阻击英法联军，多次击退英法联军。战斗持续到 5 月 28 日，德军放弃纳尔维克，沿铁路向瑞典边界撤退。

5 月 10 日，德军在西线发起大规模攻势，6 月初法国已危在旦夕，英、法自顾不暇，于 6 月 7 日前从挪威撤退。挪威国王和政府流亡伦敦。德军于 6 月 10 日占领挪威全境。在德军保护下，吉斯林组成傀儡政府。

通过冒险，希特勒侥幸占领挪威，控制了北欧，获得了大量良港，不仅切断了英国与苏联的海上联系，还为发挥德国海军和岸基航空兵的战斗力提供了条件。

3. 雄伟的马其诺防线带来了耻辱

正当英、法陶醉在西线的和平氛围中时，德国参谋部在忙于制订西进计划。波兰战役刚结束，希特勒就力主乘胜挥师西进，达到他独霸西欧的目的。

1939 年 10 月 19 日，德国制订“黄色计划”方案，计划集中 43 个师的兵力突破比利时境内的防线，直抵索姆河。“黄色计划”是第一次世界大战时“施里芬计划”的翻版。

在德军进攻计划落入英、法手中以及德方不在阿登地区设置重兵后，根据德军 A 集团军群参谋长曼施泰因的建议，希特勒果断地改阿登山区为主攻方向。

1940 年 2 月 24 日，经过修订的“黄色计划”规定，由龙德施泰特率领的 A 集团军 45 个师（包括 7 个坦克师、3 个摩托化师）担任主攻，其任务是越过阿登山区，进抵马斯河，在迪南和色当间强渡，进而突破法军防线。阿登山区及马斯河虽为天险，但法军在那里的防务特别薄弱，一旦奇袭得手，就实行将分割开来的敌军驱向海边的计划，以便歼灭英法联军的主力。由鲍克率领的 B 集团军群共 29 个师，其任务是占领荷兰，将联军逐过安特卫普及那慕尔一线。而李勃统率的 C 集团军群仅有 19 个师，其任务为牵制坐守在马其诺防线内的英法联军。

英法联军的迎战计划纯从防御角度出发。按联军总司令甘末林主持制订的“D”作战计划，英法联军共 103 个师，分三面迎敌：第 1 集团军群辖法军第 7 集团军、第 1 集团军、第 9 集团军、第 2 集团军和英国远征军，共 51 个师，配置于法比边境，由布朗夏尔指挥；第 2 集团军群辖法军第 3 集团军、第 4 集团军、第 5 集团军，共 25 个师，配置在从瑞士到卢森堡的马其诺防线之后，由普雷塔指挥；第 3 集团军群辖法军第 6 集团军、第 8 集团军，共 18 个师，配置在瑞士边界，由贝森指挥。另外，英法联军还留有 9 个师的预备队。

1940 年 5 月 10 日清晨，德军在西线发动大规模进攻。数以千计的轰炸机掠过天空，把成吨成吨的炸弹倾泻在英法联军阵地上；成百万装备精良、训练有素的德国士兵在数千辆坦克掩护下，践踏着荷兰、比利时、卢森堡等国的领土。

当时，进攻方和防守方的势力大体上旗鼓相当，甚至联军在人数和准备方面还略胜一筹。不过，德军在主攻方向上占有压倒优势，而在其他方向上也做到了“以少胜多”。德军仅 19 个师就牵制了英法联军所依赖的马其诺防线内的 50 个师，而在其他方向所形成的局部优势势不可当。

德军在西线势如破竹，英法政府才从迷梦中清醒过来，发现祸水东引未成，反而流到了自己的家门口。长期推行绥靖政策的张伯伦下台，主战派丘吉尔组阁后立即向英国人民宣称：“我能奉献给你们的只有热血、汗水和眼泪。”

开战后，法军总司令甘末林还蒙在鼓里，依然不慌不忙地摆开阵势，命令第 1 集团军按原计划进入比利时去迎击来犯之敌。然而，荷兰和比利时很快就传来了令人不安的消息。

德军进攻第一天就摧毁荷兰防务，第四天就让荷兰女王仓皇避难伦敦，残余荷军投降。

比利时动员了 60 多万军队，抵抗决心比荷兰大。由于英法联军未能及时驰援，它一开始就陷于被动地位。10 日凌晨，85 名德国伞兵乘坐滑翔机出其不意地在埃本—埃迈尔炮台要塞区降落，并于次日中午将其全部占领。比利时军被迫全线撤退。

5 月 13 日，德、法两军坦克部队首次遭遇。法军损失 105 辆，德军有 164 辆被击毁。法军赢得坦克战，但局部的小胜利挽救不了战略上的失败。这时，整个战线中部出现了更紧急的形势，战局发生重大转折。德军 A 集团军群挟其强大的装甲部队克服重重障碍，迅速穿越阿登山区，于两天后几乎未遭遇任何抵抗就抵达马斯河。13 日深夜，德国将领霍特和克莱斯特指挥的坦克军便分批在迪南和色当地区渡河成功。14 日，德军以迅雷不及掩耳之势向西挺进。

此时，甘末林才意识到德军主攻方向在战线中部，慌忙下令进入比境的英法联军向后撤退。遭到突然打击的法军纷纷溃散，同大批被迫离开家园的难民混杂在一起，涌向法国内地。

面对这种局势，法军指挥部顿时惊慌失措。甘末林报告本国政府说防线已被突破，无法对巴黎的安全负责。雷诺急电丘吉尔：“……通向巴黎的路已打开。请你们把可以调动的全部飞机和军队都派来。”但是，丘吉尔想到的不是派援军来法国，而是在德军迅猛攻势面前，怎样将在法国的英军撤走，他不想英军在德军强大攻势面前做无谓的牺牲。

5 月 16 日，雷诺把年逾 83 岁的驻西班牙大使贝当和 73 岁高龄的驻中近东法军司令魏刚紧急召回。这两个投降派想着的不是如何抵抗德军，挽救危难，而是如何向德国人投降。

同一天，丘吉尔带着幕僚匆匆赶到巴黎。他一方面对法军迅速溃败和甘末林手中竟然没有预备队深表惊讶，另一方面强调英国为了自身的安全已无兵可派。英法两国本是仓促结盟，除最高军事会议外，连一个统一的指挥部都没有，在法国境内作战的英国远征军事实上只听本国政府的调遣。一旦战局恶化，英法同盟随即出现裂痕，丘吉尔首先考虑到的自然是英国的利益。英国当初劝导法国跟它一起对德国采取绥靖政策，导致德国坐大，如今德军攻打过来了，英国人却想着自己怎么少受损，对法国的危机坐视不管，着实让法国人愤怒。

面对危难，法国政府做了一件加速其败亡的事。5 月 18 日，法国政府进行改组。雷诺除总理一职外还兼任国防部长，表示要继续抗战，但同时任命投降派的核心人物贝当出任副总理。5 月 19 日，投降派魏刚奉命取代甘末林，出任法军总司令。魏刚立即飞往前线，匆匆制订反击计划，扬言“德军坦克师已坠入陷阱，只要盖子一关上，它们必将就歼”。然而，不到两天，这个反击计划就告吹，大批联军纷纷向北溃退——被逐向海边的英法联军面临着覆灭命运。

丘吉尔亲自飞抵巴黎和雷诺等人会谈，但英国、法国各有打算，双方互不信任：丘吉尔猜疑法国制造走投无路的假象是想放弃比利时和沿海地区，以便撤走部队保卫巴黎，把德国进攻的矛头引向英国，而自己则从战争中抽身；法国人怀疑英国一心只想保存实力，正准备将法国出卖给希特勒。法国人认为，英国不想援助法国；英国人认为，应赶快从欧洲大陆撤军。

英法两国矛盾愈演愈烈时，德军前锋已逼近海岸，在索姆河以北截断南北交通线，英军进退维谷处境危险。5 月 18 日，英军向伦敦紧急呼救。英国马上命令海军部拟订紧急撤退大量部队的“发电机”计划。

正当英法都为自保性命而争得不可开交时，德军已经迫不及待，恨不得一下把盟军生吞下去。5 月 19 日，7 个坦克师组成的强大的楔形队伍以轰炸机为先锋，伴随着大炮的轰鸣声冲向海岸，将英法联军分割为南北两段。陷入三面包围的北方联军，唯一的希望是转向西南，突破海峡沿岸的德军战线与索姆河北面的法军会合，但由于指挥人员无能，错过良机，铸成大错。

德军的胜利使希特勒大喜过望。他调集重兵投入战斗，巩固和扩大战果。德军如入无人之境，经过法国的市镇村庄。大量法军成为战俘，乖乖地把武器交给德国人，眼睁睁地看着成批的枪支被放在坦克下面压得粉碎。

5 月 22 日，德军向海峡挺进，彻底切断英国远征军与法军之间的防线，盟军处境更加险恶。

5 月 24 日，沿英吉利海峡向北多佛尔海峡一岸方向推进的一支德军攻占布伦，包围加莱，兵临距敦刻尔克仅 30 多千米的格拉夫林。被逼到敦刻尔克周围的几十万盟军挤在一块很小的三角形地带。这个三角形底部是沿多佛尔海峡从格拉夫林到敦刻尔克以北的尼乌波特，顶端在发隆西纳，距离海岸 110 多千米。英法联军前临强敌，背靠大海；欲战不敢，欲逃无路，面临绝境，眼看成为“瓮中之鳖”。他们唯一的生路就是经敦刻尔克港横渡多佛尔海峡撤退到对面的英伦三岛上去。

敦刻尔克距英国最近处为 100 千米。被围困的英军有 22 万人，法军 20 万人。在短时间内要把这样多的部队运过海峡并非易事，英国政府为此伤透了脑筋。最初拼凑起来的可以用于运载部队的船只仅有 36 艘，难解燃眉之急。丘吉尔只好让海运官员将英国各港口凡是可以使用的船只都登记下来，以备“特殊的需要”。

德军的坦克已经望见敦刻尔克，并在盟军前沿阵地摆开架式，准备实施最后打击。英国远征军和法国第 1 集团军被围在一个袋形阵地上。如果德军实行左右夹攻，就可一举歼灭盟军。战局的发展使英法联军的命运危在旦夕，在这紧要关头，希特勒突然命令坦克部队停止追击。盟军得到一个喘息之机，从而加强了敦刻尔克外围的防线。

两天后，希特勒发现海岸附近运输舰只活动频繁，暗叹失策，急忙下令部队从西面和南面恢复进攻，但为时已晚，德军受阻于加来港，盟军利用洪水泛滥暂时挡住德军的坦克。

就在德军恢复进攻这天，敦刻尔克也忙成一团。26 日 18 点 57 分，英国海军部下令开始执行“发电机”撤退计划。850 多艘船只组成的船队陆续涌到敦刻尔克，从巡洋舰、驱逐舰到内河用的拖船、渔船、驳船和客轮，甚至伦敦码头上的救生艇、汽艇和各种各样的游艇都被搜罗在一起。

为了撤退，英国政府也顾不得什么脸面，海军部通过广播呼吁周末业余水手和游艇主人驾船，加入他们“撤退的舰队”行列。在德国飞机和大炮轰炸下，运载部队的船只艰难地渡过波涛汹涌、水面宽阔的多佛尔海峡。5 月 27 日，撤走了非战斗人员和后勤人员 7669 人。

5 月 28 日，全部英军和大部分法军乘夜色逃出德军合围，大批运输车辆和部队涌进滩头阵地。他们正庆幸自己虎口脱险时，一支比利时军队投降了。英法联军骤然失去后卫掩护部队，德军可直抵敦刻尔克。

在这关键时刻，刚撤下来的英军重新填补空隙，组成一条所谓“逃避走廊”，与德军展开激战，迫使敌人暂时退却。德国空军的飞机整天在敦刻尔克上空俯冲轰炸，严重地威胁着撤退的安全。于是，英国皇家空军把凡是可以动用的战斗机都投入到敦刻尔克上空进行战斗，最终控制了制空权，使德国飞机不敢毫无顾忌地轰炸渡海的船只。

到 5 月 30 日，英法联军只撤退了约 12.6 万人，尚有一多半士兵等待撤退。当天，德军把敦刻尔克围得水泄不通，英军被迫紧缩防线，拼命阻止德军突破。直到这时，德军统帅部才明白事情真相。希特勒气急败坏地命令继续加强攻势。

6 月 1 日，德国空军全面出动狂轰滥炸，海面上到处漂浮着沉船的油污。风浪中运兵船颠颠簸簸地航行，士兵被面前的景象吓得惊恐不已。

6 月 2 日拂晓，最后 4000 名英军由 10 万名法军掩护准备撤离。盟军防线越来越小，德军大炮已能打到敦刻尔克，白天的撤退工作被迫停止，全部改在夜间进行。德军的轰炸造成大量重伤员滞留，撤走重伤员的活动陷于停顿。此时，英军指挥部发出命令，规定每 100 名伤员留 1 名医官和 10 名医务人员，其余的全部撤走。

到 6 月 3 日晚，剩下的英军和 6 万名法军仓皇撤出阵地逃离欧洲大陆。6 月 4 日，最后一批法军撤离海岸，后卫部队眼巴巴地看着再也不会回来的船只起航伤心不已。

经过8天8夜苦斗，总共有33.8226万名英法士兵撤退到英伦三岛，包括英国远征军22.4万人、一部分法军和少量波兰军队。在敦刻尔克，被英国抛弃的4万名法军全部被俘；700辆坦克、2400门大炮、7000吨军火弹药和全部军械装备都成为纳粹德国的战利品。

敦刻尔克撤退是英法长期推行绥靖政策所造成的必然结果。在撤退中，为了保全自己，英国不惜抛弃昔日的盟友。

敦刻尔克撤退后，法国被迫以残存的71个师来迎击德国的140个精锐师。战局急转直下，所谓的“魏刚防线”很快被突破。法国统治集团内弥漫着失败主义情绪，高级将领内投降派比比皆是。

第1集团军司令布朗夏尔还在1940年5月26日公开谈论向德国投降。贝当就任副总理后，露骨地鼓吹必须保留一支军队来“维持内部秩序”，否则“就不可能有真正的和平”。

6月10日，法国政府仓皇逃离巴黎，先后迁都图尔和波尔多。同一天，意大利宣布对法国作战，但遭到了法军顽抗，在10多天时间内，毫无士气的意大利军队不能往前进一步。

处于南北夹击中的法国连连向英国告急。丘吉尔宣称即使在敦刻尔克后也愿与法国共存亡。不过，他并不增派一兵一卒。从6月15日起，丘吉尔又陆续将所有英国士兵全部调遣回国。6月16日，正值法国崩溃前夕，丘吉尔却建议英法合并，成立所谓“两元帝国”。法国认为此举是趁火打劫，断然拒绝。

雷诺也曾向美国求援。美国政府除空头的同情和安慰外，就是再三告诫法国在任何情况下都不得将它的舰队和殖民地交给德国。事实上，这也正是英国政府唯一真正关心的事。

法国绝望了，投降派越来越占上风。新上任的总理贝当于6月16日通过西班牙大使向德国试探停战条件。17日，他在电台发表讲话，命令法军放下武器，同时正式向德国求和。6月22日，在贡比涅森林的雷通车站，也就是22年前德国向协约国投降的地方，在当年福煦所乘坐的同一辆车厢内（由德军特地从历史博物馆内拖出），法国代表亨茨格和德国代表凯特尔签订了停战协定。同一地点，同一车厢，只是战胜国和战败国互换了位置。

停战协定将法国的东部、北部、中部划为占领区；西南部则为非占领区，亦即此后贝当傀儡政府偏安之处。德军控制整个占领区，强迫法国人民支付沉重的占领费用。除一支“维持社会秩序”所必需的军队外，法国应全面解除武装。即使在非占领区，所有的武器和弹药也均交由德国管理。法国政府投降后，7 月 1 日迁都维希，即所谓的维希政府，它实际上是德国的附庸。

希特勒没有一口把整个法国都吞下去，那是由于他认为通过贝当还可以控制住法国舰队，不占领全部法国对德国有利。那时，希特勒确实想使贝当发挥作用，在“欧洲新秩序”中占一席位。而事实上，希特勒此举挑拨了英法之间的关系，并对与后来盟军合作产生了一些负面影响。

4. 鹰击不列颠，一场注定失败的战争

法国的败降使希特勒的冒险生涯达到了顶峰。希特勒已经为德国征服了欧洲大部分地区，能阻挠他在欧洲建立霸权的只剩英国和苏联。苏联是肯定要被消灭的，但在对苏联动手之前必须结束西线的战争，避免两线作战。

他采用的办法是利用英国目前的孤立无援处境与英国媾和，要求英国归还德国的原海外殖民地并让德国在欧洲大陆自由行动。希特勒认为，法国败亡了，英国当然也会承认“一败涂地，绝无希望”而考虑谈判。希特勒从 1940 年 6 月中旬到 7 月中旬频频向英国伸出“橄榄枝”，还通过瑞典、美国和梵蒂冈教廷向伦敦做出和平试探。但是，此时英国由抗战派当权，他能得到的答案只有不。

关键时刻，英国抛弃法国自保。但是，法国沦陷后，英国的处境也很不妙。英伦诸岛，孤悬海上，岌岌可危。它的各自治领、殖民地都不能给它有力的支援和及时的供应；得胜的德军装备完善，后方还有缴获的大量武器和兵工厂，又在集结大批军队准备给英国最后一击；意大利也已向英国宣战；西班牙随时可能与英国为敌；法国时时会被迫对英国作战；远东的日本居心叵测，趁火打劫，直截了当地要求英国关闭滇缅公路，断绝对中国的物资供应。英国遭到有史以来最强大军事力量的围攻，而自身差不多是在赤手空拳地在欧洲孤军作战。

不过，英国人明白自己是在为民族生存而斗争，豁出性命也要与纳粹德国决一死战。6 月 18 日，丘吉尔在下院讲演中就直截了当说出来：“……

‘法兰西之战’现在已宣告结束。我预计‘不列颠之战’就要开始了……我们英国人自身的生存以及我们的制度和我们的帝国是否能维系久远，也取决于这场战争……因此让我们勇敢地承担我们的责任，我们要这样勇敢地承担，以便在英帝国和它的联邦存在一千年之后，人们也可以说：‘这是他们最光辉的时刻。’”

丘吉尔断然拒绝妥协，希特勒有点进退两难。希特勒要趁着兵峰正旺、苏联尚未准备好时进攻苏联，对英国既不想打又不能不打。面对决不妥协的丘吉尔，希特勒想来想去，决定要先打一下英国，让其见识一下德军的厉害，然后逼它讲和，再转身大举进攻苏联。

7 月 16 日，希特勒下令准备实施对英国登陆作战的“海狮作战计划”，确定 8 月中旬完成准备工作。该指令称：“由于英国不顾自己军事上的绝望处境，仍然毫无愿意妥协的表示，我已决定准备在英国登陆作战，如果必要，即付诸实施。”

但在英国登陆作战，说起来容易，做起来难。希特勒和最高统帅部以及陆海空三军参谋总部从未认真考虑过同英国的仗怎么打和怎么取得胜利的问题，他们不知道如何进攻英国。当然，靠德国现在的陆军力量，他们能在一周之内击溃英国陆军，但他们必须渡过由英国占优势的海军日夜守卫的多佛尔海峡，尽管它的最狭处只有 30 千米。德国不仅海军处于劣势，而且陆、海军在水陆两栖作战方面既无经验也没受过训练，看来只有先掌握海峡地区的制空权才谈得上登陆作战。

想来想去，希特勒命令空军元帅戈林以猛烈轰炸削弱英国的防务。戈林则夸下海口：只用空袭便可征服英国。于是，“登陆作战”实际降到次要地位，空战变成这一战役的主要特点和唯一特点。

相比英国空军，德国空军在数量上占有优势。当时，戈林集结约 2660 架战斗机和轰炸机，而当时英国只有不到 700 架战斗机以及 500 架左右轰炸机。不过，英国空军的飞机性能更为先进，并拥有约 1800 门高射炮和沿东海岸线设立的一系列雷达站、观察哨等防空措施，加上全国军民同仇敌忾、斗志昂扬地进行战斗，使德军空军的优势大打折扣。更重要的是，英国破译德国的通信密码，致使德国的“空中闪击战”一开始就被发现，无法达到突袭效果。

8 月 10 日，德国空军开始大规模连续不断地空袭英国本土，进攻目标从海峡舰队、港口到机场和重要军事设施，从而拉开不列颠之战的战幕。8 月 15 日，第一次大规模空战，戈林派出大约 1500 架德军飞机实施为消灭英国空军而策划的“飞鹰行动”计划，但英国空军沉着应战，在雷达配合下猛烈反击，在长达 926 千米的战线上进行了 5 次大战。这一天，德军共有 75 架飞机被击落，英国损失飞机 34 架。这一次空战德国吃了点亏。

德国难以忍受这次失败，从 8 月 24 日又开始发动大规模进攻。德军平均每天出动 1000 多架飞机，集中破坏英国南部的机场和雷达站。结果，德军几乎摧毁了英国南方的整个通信系统。英国的损失激增，2 周之内损失近 300 架飞机，100 多名飞行员被打死。但是，英国军民靠着非凡的忠勇顽强地度过了这个最艰险的时刻。

德军意识到要在短期内获得全面制空权实属不易，便于 9 月上旬开始转而对伦敦等城市不分昼夜地狂轰滥炸，企图瓦解英国人的斗志，逼其就范。

德国攻击目标的改变，使英国空军得到喘息之机，而伦敦人则经历了血与火的考验。9 月 7 日，德空军出动 1000 多架飞机对伦敦进行首次大规模空袭，使不少街区化为灰烬，主要商业区损失惨重。但是，伦敦人坚韧不拔，妇孺老人撤退秩序井然，国民军警戒救援，对空监视哨坚守岗位……

更为重要的是，英国空军也从溃败边缘恢复过来。9 月 9 日，德国空军第二次大规模空袭伦敦时，便只有不到一半的飞机冲过英军防线，而且慌忙投弹后就无功而返。15 日，德国空军大举出动，对已炸得残破不堪的伦敦实行最后也是最大的大轰炸。经过激烈的战斗，英国空军取得重大胜利，共击落 60 架德国飞机，而自己仅损失 26 架。

几千名英勇无畏的英国飞行员用他们的汗水和鲜血挽救了祖国。对这天的战斗，丘吉尔赞叹说：“在人类战争的领域里，从来没有过这么少的人对这么多的人做过这么大的贡献。”这次空战证明了德国无法仅仅通过空战就战胜英国。

9 月 17 日，希特勒无可奈何地下令无限期推迟实施“海狮作战计划”。10 月 12 日，他又正式下令把入侵推迟到来年春天。1941 年 7 月，希特勒再次把它推迟到 1942 年春，以为“到那时对俄国的战争就将结束”——这不过是一个美妙的幻想。1942 年 2 月，整个计划被完全搁置起来。

“海狮作战计划”就这样不了了之，而9月15日正是它的真正断命之日。英国则把这一天定为“不列颠战役日”，每年都举行庆祝活动。1940年9月15日后，德军仍对英国的一些工业城市实行空袭，并曾把考文垂夷为平地，但这都不过是“海狮作战计划”的回光返照而已。

德国已经没有精力和能力进攻英国了。因为英国海军占据优势，德国无法阻止英军横渡英吉利海峡，就无法通过战争打败英国。而这也注定了纳粹德国最终必将战败。

5. 夺取地中海，德国不只为援助意大利

在法国败亡前，地中海由英国和法国共同控制。意大利对法国宣战后，墨索里尼便算计着如何把地中海控制权拿到手里，以圆其地中海作为意大利内湖的梦。为此，意大利必须从英国人手中夺取马耳他岛——这不仅可以切断英国直布罗陀分舰队和亚历山大分舰队的联络，还能排除意大利到北非的障碍。

意大利海军开始进行潜艇战，在西西里海峡布雷，还用几个夜晚切断马耳他岛上英国人对外联络的海底电缆。英国人不能容忍，立即加强了在地中海和马耳他的防御。法国败降后，盟国在地中海的力量遭到削弱，英国决定先发制人，主动出击，打击意大利舰队。

1940年6月28日，英国空军发现从意大利向北非运送军火的3艘驱逐舰，立即联络引导英国海军前去实施打击，结果击沉1艘。1940年7月9日，英意海军在卡拉布里亚发生遭遇战，双方各有2艘舰只受伤。这一战虽然没有分出胜负，但它发生在离意大利海岸不远之处，充分暴露出意大利海军侦察工作和海空军合作方面存在的严重问题。7月19日，双方又在克里特岛的斯巴达角发生冲突，结果，意大利1艘巡洋舰被击沉。这些让英国海军看到了意大利海军的虚弱之处。

为保住马耳他岛和东地中海，驻亚历山大港的英国海军上将坎宁安认为必须重创意大利海军。

丘吉尔非常支持坎宁安，不顾不列颠之战尚未结束和大西洋运输的需要，给他派去增援部队。经过反复调查研究后，坎宁安决定派出航空母舰夜袭意大利海军主力停泊的塔兰托港。

当时，受巨舰大炮思想观念影响，战列舰是主力作战军舰，航空母舰尚还作为海军配角，尚未有人以航空母舰作为主力舰过。坎宁安决定派出航空母舰夜袭塔兰托港无疑是一项史无前例的大胆之举。不仅如此，当时塔兰托港的防卫相当严密，不仅有防空设施，还有防雷设施，无论是飞机还是鱼雷，都比较难接近。

为了摧毁意大利海军主力，坎宁安派人秘密对塔兰托港进行了仔细的调查和研究。最终，他找到避开其防空设置和防雷设施的办法，并进行了针对性训练。其中，有一点对偷袭塔兰托港取得胜利有着决定性意义，那就是塔兰托港的防雷网为 8 米深，而英国秘密研制出了能在 10 米深水域快速移动的鱼雷。

1940 年 11 月 11 日，英国航空母舰载着携带鱼雷、炸弹或照明弹的轰炸机从马耳他出发，向意大利海军基地塔兰托港驶去。夜幕降临不久，英国飞机从“光辉”号航空母舰上起飞，对塔兰托港进行轰炸。

由于是突袭，事前对塔兰托港情况已掌握，从“光辉”号航空母舰起飞的飞机发挥了令人惊讶的战斗力。意大利舰队在一片火光和爆炸声中损失惨重：3 艘战列舰被击中，其中 1 艘完全失去战斗力，另外 2 艘也要在 4 ~6 个月后才能修好，而英军只损失 2 架飞机。

英国奇袭塔兰托军港后，意大利暂时只剩 2 艘战列舰能够服役。为保护其他船只免遭同样命运，意大利把它们转移到了那不勒斯港。从此，意大利舰队在东—中地中海失去了立足之地。英国将东地中海和西地中海之间的交通线牢牢控制在自己手中，而意大利海军逐渐沦落到挨打的份儿。

在地中海战场上，德国最初并没有向意大利伸出援助之手，从而丧失了在地中海给英军以致命打击的机会。原来，希特勒始终在盘算进攻苏联的计划，并已在东方集结部队。虽然希特勒在雷德尔劝说下开始考虑在地中海和北非采取一些行动，但他缺少洲际战略的宏大眼光，并不真正理解地中海的重要性，也不想把地中海作为德军的主战场，只想在那里封锁英国，增加英国海运困难以逼它屈服；同时在西北非和大西洋诸岛采取防御战略，以防英国人或美国人从大西洋通过非洲进攻他的“欧洲堡垒”。

希特勒不打算在南方有太大动作，是因为指望盟友代替他出力，即让西班牙承担保卫西地中海的主要责任，靠维希法国防御西北非，让意大利照看东地中海。当意大利与英国频频交锋时，希特勒正在对佛朗哥和贝当展开外交攻势。但是，出乎他的意料，佛朗哥不肯承担任何义务，贝当也推诿回避——他们只想保住自己的利益，不想做德国侵略的爪牙。希特勒大为生气，但又不能逼之太急，将其推到盟国一方，最终只好不了了之。就这样，希特勒依靠法西斯同盟者封锁地中海的计划告吹，坐失了夺取地中海控制权的机会。

英军偷袭塔兰托港后，法西斯对地中海的控制力度大大削弱，英国从印度经苏伊士运河经东地中海、西地中海，最终到英伦三岛的航线基本畅通。德国海军实力相对太弱，在大西洋上被英国海军死死盯住，因而无力切断英国在地中海的交通线。

不过，意大利法西斯不仅海军遭到英国痛打，陆军也节节败退。希特勒再也忍不住了，直接派军援助意大利军，并牢牢地控制着德意联军的指挥权。

原来，北非始终是墨索里尼的觊觎之地。当英国困守本土面临入侵之际，墨索里尼以为建立非洲帝国的时机已到，决定利用在利比亚和意属东非的50万意大利军夹攻驻在埃及的5万英军，将非洲的意大利殖民地连接起来，同时控制苏伊士运河。当然，看到希特勒不断取得战果，墨索里尼也想用自己的胜利向希特勒证明他作为一个平等伙伴的价值。

英意双方在北非的前线是埃及境内的西沙漠。1940年7月，英国任中东总司令韦维尔先发制人，派第7装甲师部分兵力直入沙漠，不断越过边境到利比亚，对意大利军进行袭击。在一系列袭击中，英军“马蒂尔达”式坦克大显神威，赢得了一个又一个胜利。没多久，英军第7装甲师就以“沙漠之鼠”而闻名。

遭到多次袭击后，意大利军变得非常胆怯，直到1940年9月中旬才集结6个师的兵力小心进入西沙漠，但迟迟不予出击。韦维尔再次大胆出击。意大利军全军覆没，在北非固守的阵地也差点儿瓦解——遗憾的是，在取得压倒性胜利后，英军没有乘胜追击，致使意大利军得以逃脱。

到1941年年初，英军对巴尔迪亚发动进攻，意大利军防线又迅速瓦解，守军全部投降；1月21日，托卜鲁克告陷落，英军进入昔兰尼加。英军进展太快，后勤供给不上，因为丘吉尔突发奇想，要在巴尔干建立抗德同盟，要求韦维尔派出部分坦克部队和炮兵增援希腊，导致英军一时止步不前。直到2月3日，英军才再次推进。2月7日取得贝达富姆大捷，以3000人和38辆坦克的兵力俘虏2万意大利军，缴获100多辆坦克。

希腊首相梅塔克塞斯于1月29日突然去世，新首相不像前任那样难以对付。丘吉尔看到他念念不忘的巴尔干反德同盟又有了希望，便说服希腊新首相接受他的建议。于是，5万英军分遣队于1941年3月从北非开往希腊登陆。由于力量削弱，英军攻下的黎波里的计划成为泡影。

在东非，意大利人的日子也不好过。1940年年底，英军在东非展开反击，意大利军接连败北。1941年，埃塞俄比亚人在赶跑意大利军后光荣复国。意大利在东非的势力被肃清。

非洲的失利给了墨索里尼当头一棒，他只好求助于希特勒。希特勒决定援助墨索里尼，不仅为了法西斯轴心国的威信，也为了保持北非这块战略要地。

1941年2月，希特勒令在法国战役中立下殊功的隆美尔率领一小支德国机械化部队去北非援救意大利军，并负责统一指挥北非的德意联军。

隆美尔一到北非便打起了进攻战。德军部队虽少，但隆美尔利用德军的机动性于3月31日发动迅雷不及掩耳之势的突击，到4月中旬就把英军逐出昔兰尼加。这一次就如同英军先前占领昔兰尼加一样，出手之快有过之而无不及，英国只在托卜鲁克港保留了一个据点。面对“沙漠之狐”隆美尔，英国人要守住北非领地，不得不付出加倍的代价。

为保持英国在埃及的地位并力图取得在非洲的胜利，丘吉尔要求英军死守托卜鲁克。被德军包围的托卜鲁克成为双方争夺的中心。隆美尔两次进攻托卜鲁克港，但都因实力不足和英军防守严密而未得手；而韦维尔实施解救托卜鲁克港英军的“短促作战计划”和“战斧作战计划”也均遭失败。

战局不利，丘吉尔临阵换将，由驻印度总司令奥金莱克接替韦维尔。

奥金莱克到非洲任职后，英国向北非增调了3个师、10个坦克队以及大量航空兵，使该地英军在坦克和飞机数量上占了优势。在此期间，德意联军在北非的兵力只增加了3个不满员的意大利师。德军不但没有增加，其地中海的空军反被抽调到苏德战场。

在兵力、武器取得对敌优势后，奥金莱克决定发动大规模进攻。这次作战代号为“十字军”行动。1941 年 11 月 18 日凌晨，英军冒着倾盆大雨发动进攻。为了破坏德军的指挥，在进攻前夕派一支由 50 人组成的苏格兰突击队进入德军后方，袭击了德军司令部和隆美尔的住所。对此，刚从罗马开会回来的隆美尔却一无所知。

直至战斗进行到第 3 天，隆美尔才将一支装甲部队投入战斗，并于 22 日夺回西迪雷泽格。英军在战斗中损失了 1/3 的坦克后，被迫后撤 50 多千米。英军第 13 军顺利攻占德军非洲军团的司令部后，又于 23 日攻击刚被德军夺占的西迪雷泽格，但双方均未取得决定性胜利。

11 月 24 日，战斗发生戏剧性转变。为了攻击英军后方和补给线，隆美尔集中装甲部队主力突然越过埃及边境后向东挺进。当天下午，德军第 21 装甲师通过比尔设斐森向哈尔法亚隘道前进，以切断英军第 8 集团军退路。德军这一行动引起了英军的恐惧和混乱。

坎宁汉已准备全线撤退，但前来督战的奥金莱克坚持继续进攻，并指派他的副参谋长里奇接替坎宁汉的指挥职务。里奇一方面组织英军坚守边境上的阵地，另一方面命令第 13 军继续向西推进。第 2 新西兰师在第 1 陆军坦克旅支援下猛攻西迪雷泽格，经 2 天激战才于 26 日夜与托卜鲁克守军取得直接联系。

由于后方吃紧，且又缺乏燃料，德军反攻计划难以继续执行。隆美尔只好下令德军迅速肃清塞卢姆地区的英军后经巴尔迪亚向托卜鲁克方向撤退。

12 月 5 日，当奥金莱克准备再派 2 个步兵旅和 2 个装甲团增援第 8 集团军时，墨索里尼却通知隆美尔，在明年 1 月初以前不要期望有援兵到达。非洲军团受损后得不到补充，只好放弃对托卜鲁克的围攻，并向阿格拉方向撤退。

至 1942 年 1 月 10 日，德意非洲军团有组织地退至阿格拉地区，并阻止英军的前进，使战线稳定下来。

英国海军及其航空兵在摧毁轴心国的供应和支援第 8 集团军的进攻中发挥了重要的作用，保障了“十字军”行动的胜利。希特勒从隆美尔的失败中认识到了夺取地中海控制权的重要性，便从大西洋抽调潜艇和鱼雷艇到地中海加强意大利海军作战，使轴心国在对地中海的争夺中取得了重大胜利。

1941 年 12 月，英国东方战列舰队的“皇家方舟”号航空母舰、“巴勒姆”号战列舰、“伊丽莎白女王”号战列舰、“英勇”号战列舰等7艘大型军舰相继被击沉，该舰队作为一支战斗力量已被消灭；“K舰队”的主要作战舰只“海王星”号巡洋舰、“曙光”号巡洋舰和“佩内洛普”号巡洋舰，在驶近的黎波里港时触雷受损，失去了作战能力。1941年年底，地中海的制海权重新被轴心国夺去。英国对埃及英军进行补给的船队，不得不绕道非洲南端好望角。

为了夺取地中海的制空权，德军统帅部又将凯塞林指挥的第2航空队从苏德战场调回西西里岛，加强对马耳他岛的空中攻击，使英国航空兵遭受重大损失。

1942年1月初，英军驻马耳他岛共有150架，到2月份只剩下30架。德意联军夺回地中海的控制权后，运送补给的船只便可以顺利地从海上直达北非。这时，法西斯集团在地中海区域暂时占有优势。而英军面临着巨大困难。

6. 征服巴尔干，德军对苏联战略包围形成

无论对轴心国还是对同盟国来说，巴尔干都是必争之地。希特勒始终想控制它，因为它不仅是从南翼包围苏联的进攻基地，从地中海遏制英国的战略要地，也是德国获得扩大战争的战略物资供给地，尤其是罗马尼亚的石油对德国来说更是不可或缺。

苏联建立东方战线的行动，特别是对罗马尼亚的领土要求，使希特勒极为担心。希特勒开始插手巴尔干事务。他先支持匈牙利、保加利亚向罗马尼亚提出领土要求，然后以向罗马尼亚提供安全保证的方法迫其满足匈牙利、保加利亚的领土要求，把半个特兰西瓦尼亚给匈牙利，把多布罗查南部给保加利亚。接着，希特勒支持罗马尼亚法西斯分子安东尼斯库发动政变，镇压国内的不满情绪，最终使德军于1940年10月进驻罗马尼亚产油区和战略要地，使罗马尼亚成为德国的卫星国。

匈牙利霍尔蒂政权因倚仗德国之势扩大了领土，保加利亚还想靠德国获得希腊的领土，因此两国进而投靠希特勒，允许德军过境。然而，德军过境南斯拉夫时遇到了麻烦。希特勒费尽力气说服南斯拉夫统治者，使之依附于己。但是，没多久，南斯拉夫反对势力就在英国支持下发动政变，成立新政

府，宣布废止德南联盟。

希特勒即将成功的事就这样被英国搅黄了。在大怒之下，他做出推迟对苏战争而进攻南斯拉夫的决定。希特勒报复的行动既迅速又残酷。1941 年 4 月 6 日，德军出兵对贝尔格莱德进行了连续 3 昼夜的狂轰滥炸，使之成为一堆瓦砾。11 天后，南斯拉夫被迫投降，国王和首相先后逃亡希腊，后流亡英国。至此，希特勒终于把罗马尼亚、匈牙利、保加利亚、南斯拉夫紧紧控制在手里了。

纳粹德国在东南欧的军事行动刺激了另一个法西斯国家意大利。墨索里尼历来把巴尔干视为自己的势力范围，早在 1939 年 4 月便出兵侵占阿尔巴尼亚，对德军不经与他事先商量便进入罗马尼亚深为不满。墨索里尼一直认为自己是法西斯的前辈，虽然实力并不好，但希特勒此举令他的虚荣心受到极大伤害。他决心向希特勒展示实力，便于 1940 年 10 月 28 日从阿尔巴尼亚进攻希腊，同样没有向希特勒先打招呼。

墨索里尼此次行动，旨在为意大利争气，但是，意大利军失败的消息就像他们突袭的行动一样来得太快。希腊军不仅把意大利军赶回了阿尔巴尼亚，横扫了阿尔巴尼亚 1/4 土地，还以自己的 16 个师围困意大利军 27 个师数月之久。

墨索里尼顾不得法西斯前辈的身份不得不求助希特勒。希特勒对墨索里尼自行其是大为恼火，但为保住法西斯集团在巴尔干的影响，还是把准备进攻苏联的主要装甲部队调往巴尔干援助意大利军。因此，在 4 月 6 日德军入侵南斯拉夫的同时，希特勒另派一支德军从保加利亚进攻希腊，实施“马而他计划”。

丘吉尔从北非派来支援希腊的英军尚未进入阵地，德军就抓住时机从侧翼对其进行了包抄，同时切断仍在阿尔巴尼亚的希腊军的退路。4 月 27 日，希腊首都雅典城失守。

而更为悲惨的是，这支英军也几乎一仗未打就不得不向伯罗奔尼撒半岛撤退，并再次重演“敦刻尔克”一幕——5 万英军在慌忙之中丢掉装备，从卡拉梅撤至克里特岛和埃及。德国坦克部队以不可阻挡之势席卷了希腊。克里特岛成为希腊军和英军最后的阵地。

希特勒并没有给希腊军和英军喘息的机会，立即着手组织登岛作战。利用该岛守军只有军舰掩护而缺少飞机、坦克和其他重武器弱点，德军于5月20日8点派3000伞兵在克里特岛着陆，夺取了巩固的立足地。随后，德军又在不断用空投、滑翔机和运输机空降的增援部队配合下与希腊军和英军进行海空激战。

英军的优势是海军。德军登岛作战显然不利，但他们充分发挥空军的优势，通过奇袭的方式抄了英军后路，将其突然击败。这一战，英国地中海舰队有3艘巡洋舰和6艘驱逐舰被击沉，13艘其他舰只破坏严重，包括2艘战列舰和1艘航空母舰。当时克里特岛上英军有2800多人，除了1600多人仓皇撤出外，其余的或阵亡或沦为俘虏。德国由此获得在东地中海进一步展开军事行动的基地。

克里特岛之战最引人注目的是空降战，其对此后的空降作战产生了重要影响。希特勒利用空降兵对抗强大的英国海军，最终取得夺岛战的胜利，但却是以德军死4000人、伤2000人为代价换来的。更为重要的是，他唯一的一个空降师在这一战役中被歼灭。希特勒对此事痛心不已，进行了反思，并错误地认为伞兵作战的时代已经过去。损失惨重的英军也同样进行了反思，但却从这次战争中得到一个重要启示——加强组建自己的空降部队，并在以后的登陆战和近距离地面进攻中不断实施大规模空降作战。

占领南斯拉夫和希腊后，希特勒最终完全控制巴尔干半岛。此时，希特勒从南到北对苏联全面布置了战线——现在可以考虑进攻苏联了。不过，由于南斯拉夫和希腊人的英勇抵抗，使希特勒把原计划的5月15日进攻苏联推迟了5个星期。而这5个星期在相当程度上导致了对苏作战的成败。

第七章 德国“闪击战”遭遇“俄罗斯寒冬”

希特勒指挥纳粹德国的“钢铁洪流”横扫欧洲后，除盟友和中立国外，只剩下岛国英国和东欧边缘的苏联没屈服。英国和苏联都是必须要攻打的。继续攻打英国，还是先攻打苏联？希特勒最终做了令人意想不到的、给德国带来深重灾难的决定。

1. 巴巴罗萨，希特勒反苏付诸行动

征服苏联，独霸欧洲，夺取世界霸权，是纳粹德国蓄谋已久的国策，也是希特勒梦寐以求的目标。希特勒从来不隐瞒反共反苏，而且一直打着反共反苏的旗号蒙骗英国和法国以及拉拢法西斯盟国。他在《我的奋斗》中明确提到反苏，与日本、意大利签订《反共产国际协定》更是赤裸裸的反苏。当然，当时其主要目的是欺骗英法实行绥靖政策。

当然，希特勒内心也确实反苏，他之所以真真假假地反苏，是因为战略需要。1939 年 8 月 23 日，《苏德互不侵犯条约》签订不久，希特勒就曾说：“现在苏联并不可怕，因为我们已同苏联缔结了条约。但是，条约只在对我们有用时才有遵守它的必要。一旦我们在西方腾出手来，我们就可以对苏联

作战。”反苏是希特勒的重要目标，因此他不断为加紧发动侵苏战争做准备。

法国投降后，纳粹德国加紧对苏联作战准备，进一步加强与意大利、日本勾结，并诱逼与苏联邻近的国家参加侵略集团。1940 年 9 月 27 日，德国、意大利、日本在柏林缔结军事同盟条约，其主要目标是苏联和美国。

在欧洲，希特勒采取威胁利诱、挑拨离间等各种手段搜罗侵苏战争伙伴。在苏芬战争后，芬兰对苏联怀有强烈的对立情绪。德国乘机拉拢，将其纳入侵苏战争行列。1940 年 9 月，德芬达成共同准备和进行侵苏战争的协议。芬兰倒向德国后，苏联西北部波罗的海的出海口随时有被封闭的危险。

罗马尼亚自失去比萨拉比亚和北布科维纳后，对苏联极为不满。希特勒需要罗马尼亚的石油，便积极支持反苏的安东尼斯库在罗马尼亚建立亲德军事独裁政权。1940 年 10 月，德军进驻罗马尼亚后，苏联黑海出海口受到严重威胁。匈牙利、罗马尼亚、斯洛伐克、保加利亚也相继加入德国、意大利、日本军事同盟，大大加强德国进攻苏联的南翼力量。

西班牙、瑞典、土耳其等国形式上虽保持中立，但实际上都站在亲德反苏立场上。佛朗哥统治的西班牙不仅是德国的供应基地，而且还成为德国准备侵苏战争的训练场。瑞典从 1940 年 7 月起就公然允许德国军用物资和军队过境运入芬兰，并向其输出大量战略原料。土耳其虽与英国、法国结盟，但法国投降后便开始靠拢法西斯集团，并于 1941 年 6 月 18 日与德国缔结友好和互不侵犯条约，允许德意军舰通过土耳其海峡，并在与苏联接壤的高加索边境集结大量军队。

在入侵苏联前夕，纳粹德国已形成有利的战略态势。波兰灭亡后，德苏之间的“缓冲地带”业已消失，被德军占领的那部分波兰领土，成为德军进攻苏联的集结地区。德国占领丹麦、挪威后，不仅改善了对西欧作战的战略态势，同时也有了东侵苏联的跳板。荷兰、比利时、卢森堡、法国投降，英国退守本土，暂时也没实力渡海远征，希特勒东进基本上无后顾之忧。

1941 年 6 月初，德国占领南斯拉夫、希腊等巴尔干国家后，最后完成对苏联西部月牙形包围。苏联由远东进出太平洋，由芬兰湾进出波罗的海，由黑海进出地中海的航道，都有被封锁的可能，仅有北方的阿尔汉格尔斯克和摩尔曼斯克可经巴伦支海与美国、英国等国保持联系。

除此之外，德国在其他方面也全面准备与苏联开战。纳粹德国原为工业化的国家，并在第二次世界大战爆发前早就将国民经济纳入战时体制。第二次世界大战爆发后，随着占领地区不断扩大，德国的经济和军事能力都大大提高。

纳粹德国还将缴获的大批武器、装备补充部队。德军共缴获了 6 个挪威师、18 个荷兰师、22 个比利时师、12 个英国师和 92 个法国师，共 150 个师的武器装备。缴获的汽车足可装备 92 个德国师。纳粹德国在入侵苏联之前已拥有大量先进武器和技术装备。特别是在飞机、坦克和自动武器的数量、质量方面已达到当时的最高水平。

希特勒妄图消灭苏联的野心由来已久，但制订侵苏战争的计划还是在法国投降以后。1940 年 7 月 21 日，他要求陆军总司令布劳希奇为此进行准备。10 天以后，希特勒在伯格霍夫举行的一次会议上公开表明了自己主要的战略目的。他说："如果俄国被摧毁，英国最后的希望就被粉碎。那时，德国就将成为欧洲和巴尔干的主人。"

制订计划的工作由陆军总参谋部、最高统帅部的作战局以及经济和军备局负责。陆军总参谋长哈尔德指令第 18 集团军参谋长马尔克斯负责草拟作战计划。1940 年 11 月 28 日至 12 月 3 日，德军统帅部在措森进行了一次大规模的战役演习，以检查作战计划的可靠性和现实性。这次演习后，德国高级军事领导人认为能取得胜利。

12 月 5 日，希特勒审定陆军总部的作战计划并按照自己的意见进行了修改。1940 年 12 月 18 日，希特勒发布第 21 号训令，代号为“巴巴罗萨”计划。

“巴巴罗萨”计划总的战略目的是：在对英国战争结束以前，以一次快速的战役击溃苏联。该计划的制订者企图以大量坦克部队、摩托化部队及航空兵实施“闪电”式的突然袭击，分割围歼苏联西部苏军主力，尔后向战略纵深发展进攻，攻占列宁格勒、莫斯科和顿巴斯，前进到阿尔汉格尔斯克、伏尔加河、阿斯特拉罕一线，并于 1941 年入冬前结束战争。

“巴巴罗萨”计划规定，各项准备工作“必须在 1941 年 5 月 15 日以前完成”。由于巴尔干战争不可能在 5 月中旬结束，希特勒决定将原定入侵的日期推迟到 6 月 22 日。

纳粹德国对各项战争准备工作，特别是对军队的集中和展开，采取了一系列的政治欺骗和战略战役伪装措施。在外交上通过各种形式表示要与苏联“友好”，主动与苏联政府签订互不侵犯条约，并一再声称要恪守这一条约。1940 年 2 月和 1941 年 1 月又与苏联签订贸易协定，并以此作为苏德两国“和平友好的范例”，大肆进行宣传。

在“巴巴罗萨”计划签署后，希特勒一反常态，批准出售给苏联新式飞机和一些先进的技术兵器，因为他很清楚，进攻苏联已为期不远，对方的国防工业来不及利用他们的新技术，而这种表示“信任”的姿态，倒可迷惑一下苏联。在军事上，德军统帅部故意制造准备执行“海狮作战计划”的舆论。在英吉利海峡东岸的港口，张贴了“打到英国去，活捉丘吉尔”的标语，并给部队大量印发英国地图，配备英语翻译，在海峡沿岸集结大量渡海、登陆器材，配置假火箭，还进行了频繁的登陆演习，以此来掩饰“巴巴罗萨”计划。

为了避免苏联对德军东调产生疑虑，希特勒指令德国驻苏的外交人员向苏联进行所谓“解释”：如向波兰调集军队时，德国使馆通知苏联说这是新兵去接替即将退伍的老兵；当其部队进驻罗马尼亚时，诡称只是派了一些“教官”去协助该国进行军队训练。

德军还利用实施“马而他”战役和“向日葵”战役的掩护，将“A”集团军群调到东线，并散布假情报，扬言要实施“黑葡萄”战役（占领直布罗陀）、“阿提拉”战役（占领法国南部）和“鱼叉”战役（从挪威入侵英国），企图转移人们的注意力，以保障德军荫蔽地向东线调集。

事实上，苏联也意识到战争即将爆发。1939 年 3 月，斯大林明确指出德国、意大利、日本结盟的侵略性，以及西方帝国主义国家企图“祸水东引”，怂恿德国发动侵苏战争的可能性及危险性。

苏联原来主张与英国、法国等国建立欧洲集体安全体系，共同对付纳粹德国。1939 年 8 月，在与英国、法国关于组织共同抗击侵略的谈判未达成协议后，苏联从自身安全出发，与德国签订了《苏德互不侵犯条约》。1941 年 4 月，苏联又与日本缔结了《苏日中立条约》，以消除两线作战危险。苏联还与土耳其签订协定，规定双方在遭受第三国进攻时保持中立，这对保障南部边境的安全具有重要意义。

从 1939 年 9 月至 1940 年 8 月，苏联通过军事、政治、外交等各种途径，将西部国界线向西推移，并认为由于国界线的向西推移，“致使希特勒军队向东进犯时，不是从纳尔瓦—明斯克—基辅一线开始，而必须从更西几百千米的线上开始”。

苏联还加快了作为国防基础的社会主义经济建设步伐。至1937年，苏联已由落后的农业国变成工业化和农业集体化的社会主义强国，建立了强大的工业基础，尤其是重工业、国防工业获得了长足发展。

随着国防工业迅速发展，军队的武器装备有了较大改善。在和平建设年代，苏联为改善军队的武器装备做了巨大努力。但是，由于对德国发动战争的时间判断不准，对武器装备的大量生产，特别是对新式飞机、坦克和火箭炮的成批生产开始得较晚，导致苏军在战争一开始时未能获得足够的技术装备和新式武器。

在兵员潜力上，苏联对比德国占有绝对优势。1939年9月颁布《普遍义务兵役法》，延长服役期。至战争爆发时，苏联的动员体制已日臻完善，从而保证了征兵工作的顺利进行，这也是苏联在危急时刻，源源不断有军队上前线的重要原因。

苏军总参谋部在战前制订作战计划时判断，西方的纳粹德国和东方的日本法西斯，虽都可能成为自己的作战对象，但是，主要战场在欧洲，主要敌人是德国。德国可能同芬兰、罗马尼亚、匈牙利、意大利、土耳其相勾结，向苏联进攻。日本可能在德国发动侵苏战争的同时进犯苏联，也可能先保持中立，待时机有利时才开始行动。因此，苏军的基本兵力应集中在本国西部，而在远东只需保持必要兵力即可。

苏军总参谋部还认为，德军的主要进攻方向可能指向西北，所以苏军西部的主力应部署在波罗的海沿岸地区到波列西耶。1940年9月，总参谋部在修改作战计划时对原先的判断有所改变，认为德军的主要进攻方向可能是指向基辅，并决定将苏军的主要力量集中在西南方向。1941年4月，总参谋部再次修改作战计划时，仍判断德军的主要进攻方向是乌克兰和顿河流域，以夺取苏联最重要的经济地区，掠夺乌克兰的粮食、顿涅茨的煤、高加索的石油。

在判断战争可能爆发的时间时，苏联认为，苏德之间的战争是不可避免的，但是只要行动上小心谨慎，就有可能将战争推迟到1942年。斯大林要求苏军加快改装和扩建部队的速度，同时在行动上要极为谨慎，以便在苏联完成军事准备以前不给德国以任何挑起战争的借口。1941 年 6 月 13 日，苏联国防人民委员铁木辛哥鉴于战争已迫在眉睫，曾要求下令边境军区部队进入战争准备，并根据掩护计划展开第 1 梯队。苏联最高领导人因恐敌人借故挑衅，没有立即同意下达命令。

1941 年 6 月 22 日 4 点 30 分，纳粹德国撕毁《苏德互不侵犯条约》，未经宣战就向苏联发动全线进攻。5 点 30 分，当大批德军已侵入苏联国境后，德国驻苏大使舒伦堡才向苏联外长莫洛托夫宣布德国已开始对苏联作战。随后，意大利、匈牙利、斯洛伐克、芬兰追随希特勒德国相继对苏联宣战。

1941 年 6 月 22 日当天，莫洛托夫代表苏联政府发表广播演说，号召苏军和苏联各族人民奋起反击侵略者。当晚 9 点，英国首相丘吉尔发表声明，支援苏联对德国作战。第二天，美国代理国务卿桑奈尔·威尔斯代表罗斯福总统发表了美利坚合众国支持苏联的声明。各国共产党和工人党纷纷发表声明，动员全世界各国人民支援苏联的反法西斯斗争。苏联参战大大加强了反法西斯阵营的力量，使全世界反法西斯国际统一战线迅速形成，鼓舞世界各国人民为保卫国家和民族的独立自由而顽强战斗。

德军是以突然袭击方式拉开战争序幕的。德军以大量的航空兵对苏联西部的重要城市、交通枢纽、军事基地以及正在向国境线开进的军队进行猛烈轰炸，并在苏军防御纵深内空降伞兵，夺占要地，同时以数千门火炮对苏军的边防哨所、防御工事、通信枢纽和部队集结地域实施猛烈轰击，然后以优势的坦克和摩托化兵团为先导，从波罗的海至喀尔巴阡山宽约 1500 千米的正面发起全线进攻。

苏联西部 66 个机场遭到猛烈轰炸。苏军半天之内就损失 1200 架飞机，其中 800 架未及起飞迎战即被毁于机场。许多重要城市、通信设施、交通枢纽和海、空军基地，在德军航空兵和特务分子袭击下，遭受严重破坏。边境军区指挥机构基本上陷于瘫痪，军队出现混乱。边防值班部队虽也进行了抵抗，但因得不到及时增援，防线被迅速突破。战争第 1 天，德军就推进 50 千米～60 千米。

在战况不明的情况下，苏联国防人民委员在 6 月 22 日 7 点 30 分发布第 2 号命令，要求苏联边境军区实施猛烈反击，消灭入侵之敌。21 点 15 分，国防人民委员又根据所谓“敌人已被击退”这一不确切的战况报告下达第3号命令，要求苏军转入反攻，粉碎主要方向上的敌人，并向敌国领土挺进。苏军反击没达到预期的目的，损失巨大，前线战况更加恶化。

在开战初期，德军取得了令人瞩目的战果：德军北方集团军在18天内已侵入苏联境内约400千米~450千米，兵峰直抵列宁格勒州；中央集团军在18天内深入苏联国境450千米~600千米，几乎占领了白俄罗斯全部领土，斯摩棱斯克受到严重威胁；德军南方集团军遇到的苏军抵抗激烈一些，但在18天内也向苏联境内推进300千米~350千米。

战争前几天，苏德战场两翼没有发生激烈的战斗。北翼德军“挪威”集团军于6月底才开始行动，半月后前进25千米~30千米。南翼德军于7月1日发起进攻，5日向基什尼奥夫方向前进。

战争开始后，苏联一边极力抵抗，一边迅速启动战时体制，确定了伟大卫国战争的政治军事目标，对苏联人民进行政治动员。7月3日，斯大林发表了广播演说，动员全国人民“挺身捍卫自己的自由、捍卫自己的荣誉、捍卫自己的祖国”，加强军队和居民中的群众性政治思想工作，动员共产党员和青年团员参加军队，提高苏军的组织性、纪律性和士气。苏联还广泛开展外交活动，建立反希特勒同盟；在经济上进行改组，以保障战争的需要。从受威胁的地域向东疏散物资和居民，改组国家机关以保障动员全国的人力物力支援前线作战。

在“巴巴罗萨”行动中，苏军遭到重大损失，西部边境军区170个师中有28个师被歼灭，70个师人员武器损失过半。经过为期18天的战斗，“苏联人丢掉了2000车皮的军火，30万人被俘，损失3000门火炮、1500辆坦克和2000架飞机”。

不过，在苏联共产党领导下，经受严峻考验的苏联人民和武装力量及时吸取了失利的教训，从政治、经济、军事方面全面加强了反法西斯斗争，打破了纳粹德国妄图以一次快速的战役击溃苏联的梦。

2. 谁也掐不断列宁格勒的“生命之路”

到7月初，苏联最高统帅部鉴于苏军全线失利已不可能对敌实施战略进攻，决定改变战略指导思想，修改作战计划，企图将实施战略进攻改为实施战略防御，通过战略防御首先迟滞、疲惫和削弱德军，破坏其进攻锐势，稳定战线，赢得组建和集结战略预备队的时间，逐渐改变力量对比，为转入战略反攻创造条件。

7 月 10 日，苏联统帅部改组为总统帅部，成立中间战略领导机关，即西北方向指挥部、西方向指挥部和西南方向指挥部，分别由伏罗希洛夫、铁木辛哥和布琼尼领导。7 月 19 日，斯大林被任命为苏联国防人民委员，8 月 8 日又被任命为苏联武装力量最高统帅，总统帅部改名为最高统帅部。

苏联最高统帅部判断，德军仍将在 3 个战略方向发动进攻，其主要方向指向莫斯科。遂做出决定：在受威胁方向迅速展开战略预备队，建立战略防线，在战略纵深建立坚固的防御，构筑防御地区和筑垒地域；将战略第 2 梯队转给第 1 梯队各方面军，在普斯科夫、波洛茨克、基辅、赫尔松一线抗击德军；集中主力在西线方阻止德军向莫斯科突进，调用苏军北方面军加强列宁格勒西南接近地的防御；以反突击抗击德军主力的突击，以顽强的防御制止德军快速推进，稳定战局。

为改善军队的物资保障，8 月 1 日，斯大林签署了组建苏军总后勤部和方面军、集团军后勤部的命令，8 月 19 日又设立空军后勤部长的职务，并挑选一大批国民经济部门的领导人和数十名经济工作者到军队后勤部门工作。此外，苏联国防委员会还决定加速后方建设，建立野战基地，调整陆海空运输网，修复和修建铁路，以保障后勤供应。

苏联在动员国内一切力量抗击德国法西斯的同时，还广泛开展外交活动，同一切反法西斯国家建立友好合作关系，争取国际援助。1941 年 7—8 月，苏联先后与英国、捷克斯洛伐克、波兰签订在反法西斯战争中共同行动的协定。苏联还和英国签订贸易协定，和美国签订军事经济互助协定，与挪威、比利时恢复外交关系。

英国和美国一改此前反苏立场，为了打败法西斯，避免苏联败亡或者投降，主动积极援助苏联。9 月 29 日至 10 月 1 日，苏联、美国、英国 3 国高级代表在莫斯科举行会议，讨论美国、英国向苏联提供武器装备和战略物资问题。这次会议签订对苏联供货第 1 号议定书，规定：从 1941 年 10 月 1 日至 1942 年 6 月 30 日，美国和英国每月向苏联提供 400 架飞机、500 辆坦克以及其他种类的武器装备和军用物资，苏联向美国、英国提供一定数量的军工生产原料。

10月30日，美国总统罗斯福写信给斯大林，宣布给苏联10亿美元无息贷款。11月7日，罗斯福发表声明将武器和军用物资出借和租让法（即租借法案）扩大应用于苏联。美国和英国已经意识到了反法西斯形势的严峻性，必须联合一切可以联合的力量抗击法西斯，而苏联抗击法西斯对英国、美国有很好的战略分压作用。

苏联一边抵抗德军进攻，一边及时调整抵抗战略，一边争取良好的外部环境，与旨在迅速击溃苏联的德国展开生死竞争。在这场生死竞争中，苏军对入侵的德军展开了生死搏斗，最终迫使纳粹德国在战略上破产，从而鼓舞了世界反法西斯人们斗争的信心。列宁格勒保卫战就是具有这样重大影响的战役。

战争前18天，苏军在西北方向丧失立陶宛、拉脱维亚和俄罗斯联邦部分土地，导致德军从卢加进逼列宁格勒。列宁格勒是苏联第二大城市、重要的文化和工业中心、重要的海港和铁路交通枢纽，又是苏联波罗的海舰队的主要基地、“布尔什维克主义发祥地”。在制订“巴巴罗萨”计划时，希特勒一再强调要攻占列宁格勒，并叫嚣一定要把它“从地球上抹掉”。

德军北方集团军（司令莱布）辖第18集团军、第16集团军和坦克第4集群共23个师，以及芬兰东南集团军和卡累利阿集团军共15个师零3个旅，在德军第5航空队及芬兰空军共1600多架飞机支援下，企图从南面和北面攻占列宁格勒。

苏军北方面军辖第7集团军、第23集团军（共8个师）和卢加战役集群（共8个师零1个旅），负责列宁格勒北面和西南接近地沿卢加河的防御；苏军西北方面军辖第8集团军、第11集团军、第27集团军（共31个师零2个旅），在列宁格勒西南和南面担任防御。这两支苏军的战略任务是坚守列宁格勒，牵制和消耗德军，稳定西北战场，以减轻莫斯科方向苏军的压力，伺机转入反攻。

1941年7月10日，德军从列宁格勒西南，芬兰军从北面对列宁格勒发起进攻，几乎同时在卢加、诺夫哥罗德、楚多沃、爱沙尼亚和彼得罗扎沃茨克以及奥洛涅茨方向实施突击，企图突破苏军防御，占领列宁格勒。

在卢加、诺夫哥罗德方向，德军坦克第4集群分为两个突击集群继续北进，摩托化第41军向卢加进攻，摩托化第56军向诺夫哥罗德突击，企图从南面和东南突入列宁格勒。

德军摩托化第41军在卢加以南遭苏军顽强抵抗，进攻受阻，转而向西北进攻，在金吉谢普东南前进到卢加河，但又被苏军卢加战役集群所阻止。德军摩托化第56军突至施姆斯克以西卢加河防御地带时，苏军西北方面军第11集团军在索利齐地区以4个师实施反突击，打击德军坦克第8师、摩托化第3师和摩托化第56军的后方。7月18日，德军被迫后退40千米。

苏军7月的防御战虽然阻止了德军进攻，但德军距离列宁格勒只有100千米，情况仍十分危急。除加强列宁格勒近接近地的防御外，苏军还加强了城市防御军队，将卢加战役集群扩编为3个独立战役军团。

8月初，德军调整部署，以第16集团军从东南保障坦克第4集群侧翼，以第18集团军大部分兵力与坦克第4集群组成3个突击集团：左突击集团5个师，经赤卫队城向列宁格勒进攻；中突击集团3个师，由卢加向列宁格勒进攻；右突击集团7个师，准备向诺夫哥罗德、楚多沃进攻，从东南迂回列宁格勒，企图与由北进攻的芬兰军会合。德军第8航空兵军负责空中支援。

8月10日，德军在卢加—列宁格勒和诺夫哥罗德—楚多沃方向先后展开进攻。苏军第8集团军、第42集团军和卢加战役集群以及第48集团军，分路阻击。至8月21日，德军左突击集团逼近赤卫队城，切断列宁格勒—卢加铁路和公路；右突击集团于8月15日和20日先后攻占诺夫哥罗德和楚多沃，切断莫斯科—列宁格勒的公路和铁路。形势十分严峻，苏军第34集团军和第11集团军在旧鲁萨对德军实施反突击，但最终失利。苏军抵挡不住德军新锐兵力的突击，于8月25日退至洛瓦特河对岸。

在列宁格勒面临被合围情况下，为加强列宁格勒南面和东南接近地的防御，苏联最高统帅部于8月23日将苏军北方面军分编为卡累利阿方面军和列宁格勒方面军。卡累利阿方面军辖第7集团军、第14集团军和北方舰队。列宁格勒方面军辖第23集团军、第8集团军、第48集团军，后又增加第52集团军、第54集团军、第55集团军。8月29日，苏联最高统帅部撤销西北方向指挥部，各方面军由最高统帅部直接指挥。

8月25日，德军北方集团军得到中央集团军坦克第3集群的加强，以9个师的兵力向列宁格勒再次发动进攻。8月底，德军进抵涅瓦河，切断列宁格勒通往各地的交通线，并进至斯卢茨克—科尔平诺筑垒地域。

苏军虽采取措施改进军队的领导，组织对空军、对坦克防御，组织方面军炮兵和波罗的海舰队协同，但未能收到预期效果。德军快速兵团利用苏军防线已出现的缺口，于9月8日经姆加突入拉多加湖南岸的什利谢利堡，从陆上封锁列宁格勒。列宁格勒的守军处境更加困难，只能通过拉多加湖和空中同外界保持联系。

9月9日，德军集中11个师发起进攻，企图从南和东南突入列宁格勒。进攻前，德军对市区进行了猛烈的炮击和轰炸。

德军已突至城市近郊，情况异常紧急。9月10日，朱可夫被任命为列宁格勒方面军司令，由莫斯科飞抵被围的列宁格勒。9月11日，列宁格勒方面军采取紧急措施，加强城防：由于反坦克火炮严重缺乏，决定以部分高炮加强最危险地段对坦克的防御；全部舰炮集中火力支援从乌里茨克到普尔科沃高地地段的第42集团军；在重要方向建立纵深梯次的防御，埋设地雷，在部分地区设置电网；从卡累利阿地峡抽调第23集团军部分兵力到乌里茨克防御地域；以波罗的海舰队水兵、列宁格勒各军事院校和内务人民委员部人员组建5~6个独立步兵旅。

列宁格勒近接近地的战斗非常激烈。德军企图一两天内攻下列宁格勒，但苏军第8集团军、第42集团军和第55集团军顽强抗击，最终粉碎了德军进攻。至9月底，列宁格勒西南郊和南郊的战线趋于稳定，德军夺取列宁格勒的计划仍未能实现。

在爱沙尼亚方向，1941年7月10日，德军第18集团军向爱沙尼亚首都塔林发起进攻时，苏军第8集团军在皮亚尔努、塔尔图地区进行顽强抵抗。

8月7日，德军在增援3个步兵师后突破苏军防御，进至孔达地区的芬兰湾沿岸地带，将苏军第8集团军分割成两部分：步兵第11军向纳尔瓦地区撤退，步兵第10军退至塔林。

此时，防守塔林的苏军波罗的海舰队海军陆战队和步兵第10军共2.7万人，而德军集中4个步兵师约6万人发动猛攻。8月27日，德军突入塔林。苏军100余艘舰艇和2万余人退至列宁格勒和喀琅施塔得。9月初，德军占领芬兰湾南岸。

在彼得罗扎沃茨克、奥洛涅茨方向，1941年7月10日，芬兰卡累利阿集团军在拉多加湖与奥涅加湖之间从北向南发起进攻。苏军第7集团军未能阻止芬军优势兵力突击。至7月底，芬军南进120千米。8月10日，芬军补充4个师后继续进攻，苏军边战边退，至10月初撤至斯维里河地区。战线从此稳定下来。

芬兰东南集团军于1941年7月31日在卡累利阿地峡由北向南发动进攻。1941年8月，芬军突破苏军第23集团军防御。9月初，苏军退至1939年旧国境线一带。美国和英国警告芬兰不要超过1939年边界线。芬兰公开宣称不理会这些警告，但此后芬军再也没有采取积极行动。因为芬军总司令曼纳海姆为，芬军已收复芬兰1939年以前的领土，实现其战略任务，不愿再承担进攻任务，从而没继续向南推进。苏军趁机将第23集团军一部调出，用以加强列宁格勒防御。

德军北方集团军群未能实现从南面夺取列宁格勒的计划，决定以第16集团军所属第39军和第1军向季赫溫和沃尔霍夫发动进攻，企图攻到斯维里河与芬军会合，完全封锁列宁格勒。

1941年10月16日，德军继续进攻，20日突入苏军第4集团军、第52集团军接合部，主力向季赫温方向突进，23日向沃尔霍夫方向进攻，以保障季赫温集团侧翼。

苏联最高统帅部从列宁格勒方面军抽调4个师，从统帅部预备队抽调3个师，从苏军西北方面军抽调1个师加强季赫温方向的防御和反击力量。德军进攻受阻后，从小维舍拉地段调来1个坦克师和1个摩托化师加强突击集团。11月8日，德军攻占季赫温，切断从苏联内地通往拉多加湖的唯一铁路干线。

形势非常严峻，苏军决定不惜一切代价歼灭德军季赫温集团，缓和列宁格勒的严重局势，同时配合苏军在西部和西南战略方向的反攻，牵制德军主力于西北方向，阻止它调往莫斯科方向。于是，最高统帅部给列宁格勒方面军增调了统帅部预备队9个步兵师、1个坦克师和1个坦克旅。

从11月10日起，苏军西北方面军诺夫哥罗德战役集群和列宁格勒方面军第54集团军、第4集团军、第52集团军，先后在诺夫哥罗德以北、小维舍拉以北及以南、季赫温东北和沃尔霍夫以西转入局部进攻。12月9日，苏军第4集团军解放季赫温，恢复了季赫温—沃尔霍夫铁路交通，改善了列宁格勒的防御态势，配合了苏军在莫斯科方向的反攻。

1941 年 7 月，德军“挪威”集团军（辖 3 个军共 7 个师）在第 5 航空队 160 架飞机支援下，分别向摩尔曼斯克和坎达拉克沙方向进攻，为苏军所阻。9 月，德军“挪威”山地步兵军在约 300 架飞机支援下，重新对摩尔曼斯克发动进攻，再次为苏军所阻，于 10 月转入防御。

苏军保卫了北方港口和北部陆海交通线。苏联在摩尔曼斯克—沃尔霍夫铁路被切断时，修建了一条铁路支线，把摩尔曼斯克、阿尔汉格尔斯克、莫斯科联结起来，这条铁路于 11 月通车。苏联在卫国战争时期进口物资的 1/4 是经过北方港口运往国内的。

德军占领波罗的海沿岸地区，以及诺夫哥罗德、旧鲁萨和彼得罗扎沃茨克等城市，由陆路封锁了列宁格勒。当德军北方集团军向列宁格勒近接近地进攻时，希特勒便改变了主意，决定集中兵力进攻莫斯科。他命令北方集团军完成对列宁格勒封锁后，将机动部队及第 8 航空兵军调往莫斯科方向，对列宁格勒暂不强攻，而是围困和封锁，妄图以野蛮的轰炸和炮击切断城市与外界的联系，将全城困死。

列宁格勒被围期间，军民的粮食和燃料供应急剧恶化。饥饿和疾病威胁着列宁格勒人，死亡率直线上升。列宁格勒市委及时组织生产各种代用食品、人造蛋白，以缓解食品和医药的供应之急。

为了援助这座被围困的城市，苏联政府从 1941 年 9 月开始，连续不断地向列宁格勒调拨大量生活和作战所需的各种物资。11 月下旬，德军加强炮击和轰炸，城市开始处于饥饿状态，燃料很快用尽，列宁格勒的处境非常危急。

苏军除组织空中运输外，还在拉多加湖开辟了一条联结列宁格勒和苏联后方的运输线，结冰期间则在冰上开辟军用汽车路。这条航线被苏联称为“生命之路”。列宁格勒通过水上和冰上交通线，运送战斗和生活必需品，撤走居民以及工业设备等。在列宁格勒封锁的第一个冬天，“生命之路”具有特别重要的意义。

列宁格勒军民在被封锁中度过了严冬，忍受了一切艰难困苦，经受了最严峻的考验。他们顽强战斗，不怕牺牲，最终守住了城市。而希特勒攻占列宁格勒以及用封锁和饥饿来毁灭这座城市的企图，被列宁格勒的英勇保卫者粉碎了。

列宁格勒保卫战坚定了苏联人民抵抗德国法西斯的斗志，鼓舞了他们胜利的信心。苏军在这一方向上牵制了德军大量兵力和全部芬军，不但使希特勒“闪击战”计划的重要战略任务破产，而且对苏德战场其他方向的作战进程也产生了很大影响。

3. 血战斯摩棱斯克，进攻就是最好的防守

按照“巴巴罗萨”计划，德军拟以中央集团军攻占第聂伯河左岸斯摩棱斯克地域，打通到莫斯科的通道。斯摩棱斯克东距莫斯科 380 千米，是从明斯克通往莫斯科的咽喉要道。1812 年，拿破仑率法军入侵俄国，就是经由此地进入莫斯科的。德军企图在这里取得决定性胜利；而苏军要保卫莫斯科必须固守斯摩棱斯克。

1941 年 7 月上旬，德军中央集团军的快速部队——坦克第 2 集群、坦克第 3 集群和第 2 集团军、第 9 集团军组成的先遣兵团，攻打波洛茨克方向的西德维纳河及维捷布斯克到罗加乔夫一段的第聂伯河，企图把苏军防御正面截成三段，合围并歼灭苏军西方面军在涅韦尔、斯摩棱斯克和莫吉廖夫的防御部队，从而为进攻莫斯科创造有利条件。

根据计划，德军坦克第 3 集群主力兵力从维捷布斯克地域出发，由北迂回斯摩棱斯克，部分兵力从波洛茨克以东直取涅韦尔；坦克第 2 集群实施两个突击，一部兵力从奥尔沙以南地域向斯摩棱斯克和叶利尼亚突击，另一部从莫吉廖夫以南向克里切夫和罗斯拉夫利突击。与此同时，德军北方集团军第 16 集团军的 2 个军在大卢基方向转入进攻；第 9 集团军、第 2 集团军在明斯克以西结束战斗后，向西德维纳河和第聂伯河一线靠拢，负责巩固快速部队取得的战果。

此时，苏军处于极端不利的态势。苏军西方面军第 13 集团军、第 4 集团军、第 3 集团军和第 10 集团军的一些师刚从前线撤回，正在后方整顿和补充。6 月底至 7 月初，编入苏军西方面军的统帅部预备队第 22 集团军、第 20 集团军、第 21 集团军以及从乌克兰方向调来的第 16 集团军、第 19 集团军，尚未在涅韦尔和基辅之间沿西德维纳河和第聂伯河长达 600 千米的防线上全部展开，只有 24 个师占领防御阵地，但工事尚未构筑完毕，接合部也

较薄弱，防空和反坦克兵器不足。德军未给苏军时间去准备，趁机大举进攻。

1941 年 7 月 10 日，在优势航空兵支援下，德军集中坦克集团军向苏军发动进攻。在苏军西方面军右翼，德军坦克第 3 集群和北方集团军群第 16 集团军各一部，共计 16 个师，向苏军第 22 集团军 6 个师发起攻击。苏军第 22 集团军阻挡不住德军优势兵力的猛攻，被迫向东北和东南撤退，于 7 月下旬退至大卢基地域。

在苏军西方面军中央部位，德军坦克第 3 集群摩托化第 39 军由维捷布斯克向东突击，从西北迂回斯摩棱斯克。与此同时，德军坦克第 2 集群在奥尔沙至莫吉廖夫以南地段强渡第聂伯河，从西南迂回斯摩棱斯克。

面对德军发起的攻击，苏联最高统帅部命令苏军西方面军总司令铁木辛哥率部坚守斯摩棱斯克，城防任务由第 16 集团军负责。苏军第 16 集团军、第 20 集团军没有来得及组织坚强防御，德军坦克第 2 集群摩托化第 47 军便于 7 月 15 日攻占斯摩棱斯克，并继续向东南推进到叶利尼亚。

此时，德军坦克第 3 集群摩托化第 39 军已进至苏军第 20 集团军的后方亚尔采沃一带，并切断苏军西方面军的交通干线明斯克—莫斯科公路。德军在苏军西方面军右翼和中央推进了约 200 千米，苏军第 16 集团军、第 20 集团军和第 19 集团军部分兵力共 12 个师在斯摩棱斯克地区陷入包围。

在苏军西方面军左翼，由于德军第 2 集团军前进到博布鲁伊斯克、日洛宾一线以及德军坦克第 2 集群在奥尔沙以南突破，苏军第 13 集团军 4 个师和 1 个机械化军在莫吉廖夫地域被包围。

在危急时刻，苏联最高统帅部决定在苏军西方面军后方建立新的防御地区。7 月 14 日，苏军以 5 个集团军展开在旧鲁萨—奥斯塔什科夫—别雷—叶利尼亚—布良斯克一线的防线，18 日又以 3 个集团军在莫扎伊斯克建立防线，防守莫斯科的远接近地，防止局势进一步恶化。

7 月中旬，已经无路可退的苏军进行英勇抵抗，并实施了多次反突击。为了阻止德军前进，第 20 集团军在奥尔沙附近实施反突击时，第一次使用了“喀秋莎”火箭炮。这种火箭炮给德军造成了很大损失。而第 16 集团军、第 19 集团军的部分兵力也在斯摩棱斯克附近实施了反突击。不过，由于苏军歼击机数量少，高射炮兵力弱，实施反突击的各集团军常常遭到德国空军突击，反突击未能达到预期的效果。

为了把德军从斯摩棱斯克方向引开，在苏军西方面军左翼，第21集团军于7月13日向博布鲁伊斯克方向实施反攻。通过这次反攻，苏军解放了罗加乔夫和日洛宾，牵制了德军第2集团军8个师。与此同时，第21集团军和第13集团军各一部还在罗斯拉夫利方向阻止了德军坦克第2集群前进。

苏军增调兵力，在几个方向组织反攻，牵制了德军行动。苏联最高统帅部企图在重要的西方向实施反攻，并从预备队调出20个师给苏军西方面军，组成5个作战集群。

7月20日，斯大林打电话命令铁木辛哥，要他在最近几天内向德军进攻。7月23—25日，苏军西方面军以4个作战集群分别从罗斯拉夫利、亚尔采沃和别雷地域向斯摩棱斯克实施向心突击，其任务是与斯摩棱斯克地域被围苏军会合，粉碎斯摩棱斯克南北的德军集团。苏军还派出1个骑兵集群，突入博布鲁伊斯坎西南和以西地域，袭击德军第2集团军的交通线。

苏军的反攻阻滞了德军进攻，支援了第20集团军、第16集团军的突围，但未能取得决定性胜利。因为各集群刚刚建立，兵力又不多（多数为3个师）；各集群投入战斗的时间不一致，削弱了突击力；炮兵数量不足，每千米进攻正面上火炮、迫击炮平均密度不过4～6门；苏军西方面军拥有的航空兵极少，总共只有186架轰炸机和102架歼击机。

为了便于指挥，苏联最高统帅部于7月24日以苏军西方面军左翼第13集团军、第21集团军和预备队第3集团军组成中央方面军（司令库兹涅佐夫），在戈梅利方向担任防御；7月30日，又以第24集团军、第31集团军、第32集团军、第33集团军、第34集团军、第43集团军、第49集团军组成预备队方面军，司令由朱可夫担任，由沙波什尼科夫接任总参谋长。

7月底至8月初，希特勒与陆军总部和中央集团军的将领们对下一步作战行动产生了分歧。8月4日，希特勒在鲍里索夫的中央集团军司令部召开会议。会上，鲍克和坦克第2集群司令古德里安等人主张向莫斯科进攻，不应抽调坦克集群增援北方和南方。希特勒则认为，列宁格勒是主要目标，对莫斯科和乌克兰，他倾向于后者，理由是南方集团军已打下胜利的基础，乌克兰的原料和农产品对德国后续作战非常需要，而克里木作为苏联袭击罗马尼亚油田的“航空母舰”必须夺取。

德军转而向南进攻，威胁苏军西南方面军后方。8 月 8 日，德军坦克第 2 集群和第 2 集团军转而向南，即向戈梅利方向进攻。两路德军包围苏军中央方面军。苏军为掩护布良斯克，于 8 月 16 日在苏军预备队方面军和苏军中央方面军之间，以第 13 集团军、第 50 集团军组成布良斯克方面军（司令叶廖缅科）。

为打破德军对苏军西南方面军后方的攻势，苏军西方面军 4 个集团军和苏军预备队方面军 2 个集团军于 8 月 16 日向杜霍夫希纳和叶利尼亚展开进攻。这次进攻虽给德军造成了杀伤，但未获成功。

8 月 18 日，德国陆军总司令布劳希奇和陆军总参谋长哈尔德向希特勒送交备忘录，要求他支持攻打莫斯科，不要把坦克第 2 集群、坦克第 3 集群调往其他方向。3 天以后，希特勒拒绝他们的意见，仍命令坦克第 2 集群继续向南进攻，进入苏军基辅集团的后方。

至 8 月 21 日，德军推进 120 千米～140 千米，进抵斯塔罗杜布、戈梅利一线，突入苏军布良斯克方面军和苏军中央方面军之间，对苏军西南方面军的侧翼和后方造成威胁。苏军中央方面军左翼军队和西南方面军右翼军队撤至第聂伯河对岸。苏军企图以积极进攻行动粉碎德军向苏军西南方面军后方的进攻，但未获成功。

8 月 24 日，被围的苏军中央方面军大部被歼。25 日，苏联最高统帅部撤销苏军中央方面军，将第 3 集团军、第 21 集团军编入苏军布良斯克方面军。

8 月下旬至 9 月初，苏军布良斯克方面军对德军坦克第 2 集群侧翼实施突击。为配合这次突击，苏联最高统帅部组织实施了一次空中战役。参加这一战役的有苏军布良斯克方面军和苏军预备队方面军的航空兵、预备队第 1 机群和远程轰炸航空兵，共 460 架飞机。8 月 29 日至 9 月 4 日，苏军共出动 4000 余架次飞机。

不过，苏军布良斯克方面军第 3 集团军、第 13 集团军因在前几次战斗中损失很重，未能充分利用航空兵的突击效果，阻止德军向南进攻。9 月上旬，德军坦克第 2 集群强渡杰斯纳河，前进至科诺托普、切尔尼哥夫一线。

8 月 30 日至 9 月 8 日，苏军预备队方面军第 24 集团军及其加强部队共 10 个师，实施了叶利尼亚进攻战役，向叶利尼亚突出部的德军坦克第 2 集群进攻。9 月 8 日，苏军解放叶利尼亚，扫清了这一地区的德军集团，在追击中向西前进了 25 千米。

9 月上旬，苏军西方面军 4 个集团军在斯摩棱斯克附近的进攻未获成功，奋战 9 天仅前进几千米。至 9 月 10 日，斯摩棱斯克大战结束，双方暂时转入防御。

斯摩棱斯克大战在近 650 千米正面和 250 千米的纵深内展开，苏军实施攻防战役，双方互有胜负。苏军因兵力不足，没有足够的武器装备，指挥人员缺乏组织机动作战的能力，由新预备队调出的集团军，没有足够时间在西德维纳河和第聂伯河组织坚固的防御，因此未能阻止德军进攻，德军仍向东推进了约 200 千米。苏军及时展开新锐军队，抗击和削弱了德军，使德军未能向莫斯科方向长驱直入。斯摩棱斯克大战和苏军在列宁格勒方向的顽强防御相互呼应，为粉碎德军的“闪击战”奠定了基础。

4. 台风行动，“闪击战”在莫斯科破产

苏军挫败德军闪电战并不是一件易事。苏军除了在北方进行列宁格勒保卫战，在中部进行斯摩棱斯克大战，还在南方进行了一系列防御战。而这些防御战虽然规模和影响力比不上列宁格勒保卫战，但也打得非常顽强、激烈，对粉碎纳粹德国的闪电战做出了巨大努力和牺牲。

1941 年 7 月中旬以前，西南方向的苏军在边境地域战斗中受到很大损失，不得不继续后退。苏军西南方面军和苏军南方面军 86 个师在激战中被严重削弱。

苏联最高统帅部调整战略后，确定西南方向的苏军的总战略是防御，要在战略防御中把防御战役和进攻战役结合起来，消耗德军突击集团，阻止德军向南突进。而苏军西南方面军的战略任务是在日托米尔、别尔季切夫和普罗斯库罗夫一线进行防御；苏军南方面军的战略任务是在卡缅涅茨—波多利斯基到莫吉廖夫—波多利斯基的德涅斯特河左岸，向南到列奥沃，沿普鲁特河左岸一线进行防御。

到 7 月中旬，在进攻中陆续增加兵力的德军南方集团军群有 63 个师零 16 个旅的兵力；到 7 月下旬，希特勒从预备队调来 8 个德军步兵师和 1 个意大利军编入德军南方集团军群。势力得到加强的德军南方集团军群的战略任

务是突破苏军旧筑垒地域，攻占乌克兰首都基辅，夺取第聂伯河东岸登陆场，同时以突击集团向东南进攻，进行深远的迂回机动，在第聂伯河西岸乌克兰围歼苏军。

7月至12月，苏军在西南方向的广阔地区与德军及其仆从国军进行激战，先后进行了基辅防御战役、敖德萨防御战役、克里木防御战、罗斯托夫防御战役以及塞瓦斯托波尔保卫战，经过艰难阻击后，最终才粉碎了德军的进攻。

苏军在西南方面经过一系列防御战，基本阻止住了德军疯狂的进攻，让苏德战争进入相持阶段。莫斯科会战是苏德战争的重大转折点。

在苏联西南方向一系列阻击战正在激烈进行时，决定苏联命运的一场阻击战在莫斯科爆发了。

1941年9月底，苏军虽然摆脱了战争初期那种被动挨打局面，但面临的战略形势仍极为严重。德军在北方包围列宁格勒，在南方进逼哈尔科夫、顿巴斯和克里木，中部战线距莫斯科300千米～400千米。德军自入侵以来虽伤亡53.4万多人，但在兵力兵器上仍占据优势。德军及其仆从国军的人数为苏军的1.3倍，火炮和迫击炮为1.9倍，飞机为2.1倍。苏军的火力明显不如纳粹德国，且不谈苏军以新兵居多，每个兵的素质也明显不如对手。

德军陆军总部一直认为，消灭西方向的苏军，占领莫斯科，关系到战争的前途和命运，具有特殊意义。攻占苏联全国最大的政治经济中心、交通枢纽、战争指挥中心，不仅标志着德国政治上和军事上的决定性胜利，而且足以向全世界展示其成功。

陆军总司令布劳希奇和总参谋长哈尔德曾向希特勒建议，在秋季对莫斯科发动决定性突击。但是，希特勒想在西南方向夺取乌克兰、顿巴斯，在西北方向攻占列宁格勒，导致德军未能在攻占斯摩棱斯克后集中兵力直取莫斯科。

1941年9月初，希特勒认为，德军在西南方向对苏军的作战已获初胜，在西北方向围歼列宁格勒地区的苏军即将成功，在西方向对苏军进行一次毁灭性打击、一举攻占莫斯科的条件已经成熟。9月6日，希特勒发布第35号训令，命令德军向莫斯科、列宁格勒和罗斯托夫3个方向发起进攻，以夺取莫斯科为主要目标。进攻莫斯科的战役代号为“台风”。

德军企图从斯摩棱斯克东北、罗斯拉夫利和绍斯特卡3个地区，各以1个集团军和1个坦克集群分别向加里宁、维亚兹马和奥廖尔、图拉方向实施突击，从北、西、西南3个方向分割围歼维亚兹马地区的苏军西方面军、苏军预备队方面军及布良斯克地区的苏军布良斯克方面军，然后以强大的快速集团从南北两面包围莫斯科，步兵兵团从正面进攻，在入冬前占领莫斯科。

利用德军被迟滞在斯摩棱斯克地区的2个多月时间，苏军在莫斯科以西750千米宽和300余千米纵深内建立了纵深梯次的多道防御地带。总的防御企图是阻止德军进攻，歼灭和消耗德军，争取时间集中预备队，为反攻创造条件。

1941年9月30日，德军坦克第4集群和坦克第2集群向尤赫诺夫和谢夫斯克方向发起局部进攻。10月2日，德军在安德烈阿波尔至谢夫斯克广大战线发动总攻。苏军进行了艰苦的防御战斗和一系列反突击，但未能阻止德军前进。

苏军将基本兵力集中在维亚兹马以西，但德军坦克第4集群、坦克第3集群分别从罗斯拉夫利和杜霍夫希纳进攻，很快就突破了维亚兹马防线。

西方向的情况极其严重，德军已经向莫斯科逼近。国防委员会和最高统帅部代表莫洛托夫、伏罗希洛夫和华西列夫斯基分别到各作战地区，协助苏军西方面军和苏军预备队方面军组织作战。

10月7日，朱可夫奉斯大林之命，从列宁格勒乘飞机返回莫斯科，任最高统帅部代表到苏军西方面军协调作战。10月10日，苏军西方面军和预备队方面军合并为苏军西方面军，由朱可夫任司令。

为削弱德国空军力量，苏军航空兵按最高统帅部命令，于10月11日和12日对德军机场实施袭击。10月12日，国防委员会决定在莫斯科近接近地建立防线。莫斯科市和莫斯科州的人民积极参加构筑防线工程。在危急时刻，莫斯科军民决心奋战到底，消灭敌人。

10月中旬，苏军西方面军几个集团军已被严重削弱，第16集团军、新编第5集团军、第43集团军、第49集团军分别防守沃洛科拉姆斯克、莫扎伊斯克、小雅罗斯拉韦茨、卡卢加几个重要方向。

德军企图沿最短途径扑向莫斯科，坦克第4集群从西面经莫扎伊斯克向莫斯科突击。在博罗季诺，苏军新编第5集团军与德军进行了英勇搏斗，4

昼夜内多次发起冲击，击退德军。10 月 18 日，在德军坦克猛攻之下，苏军被迫放弃莫扎伊斯克。

莫斯科已成为靠近前线的城市，市内的国防工厂和政府机关紧急东迁。10 月 15 日，莫洛托夫通知各国外交使团随苏联政府部分机关迁到古比雪夫。以斯大林为首的党中央政治局、国防委员会、最高统帅部和由总参谋部人员组成的作战组仍留在莫斯科。根据国防委员会的决定，从 10 月 20 日开始，莫斯科及其附近地区宣布戒严。

10 月底至 11 月初，德军攻占莫扎伊斯防线的沃洛科拉姆斯克、卡卢加等要地。苏军经过顽强战斗，才将德军阻止在纳拉河、奥卡河至阿列克辛一线。

在布良斯克方向，德军坦克第 2 集群（10 月 6 日改称坦克第 2 集团军）向奥廖尔和布良斯克进攻，于 10 月 3 日攻占奥廖尔后沿公路向图拉推进。苏联最高统帅部以统帅部预备队近卫步兵第 1 军在姆岑斯克地区迎击德军，并以预备队第 6 机群和布良斯克方面军航空兵进行支援。近卫步兵第 1 军坦克第 4 旅配合 1 个步兵师抗击德军 2 个坦克师和 1 个摩托化师的进攻，以伏击和短促出击的战法，在 8 天内击毁了德军 133 辆坦克。

德军坦克第 2 集团军于 10 月 6 日攻占布良斯克后，与南进的德军第 2 集团军在布良斯克以南包围苏军第 13 集团军和第 3 集团军一部，在布良斯克以北包围苏军第 50 集团军部分兵力。

10 月下半月，苏军布良斯克方面军阻止住了德军的进攻。被围的苏军向东和东南突围，10 月下旬，退至别廖夫和波内里附近。10 月 30 日，德军坦克第 2 集团军在攻占姆岑斯克后向图拉进攻。苏军第 50 集团军与图拉居民誓死抵御。德军进攻受挫。

11 月 10 日，苏联最高统帅部撤销苏军布良斯克方面军，其第 3 集团军、第 13 集团军转隶西南方面军，第 50 集团军转隶西方面军，仍防守图拉。11 月上旬，德军进攻受阻，被迫在图拉以西和以南转入防御。

在加里宁方向，德军第 9 集团军一部和坦克第 3 集群向西方面军右翼进攻，于 10 月 14 日突入加里宁市。为了防止德军从西北突向莫斯科，苏联最高统帅部于 10 月 17 日以苏军西方面军右翼第 22 集团军、第 29 集团军、第 30 集团军、第 31 集团军组成苏军加里宁方面军，任命科涅夫为司令。10 月中下旬，苏军固守谢利扎罗沃、加里宁、图尔吉诺沃一线，并以有力的反突击迫使德军转入防御。

在各方支援下，经过1个多月奋战，苏军阻止了德军从北、西、西南3个方向对莫斯科发起的进攻。德军付出重大代价后，向莫斯科推进了230千米~250千米，但攻占莫斯科的战略企图未能得逞，而且进攻步伐被打断。

在德军兵临莫斯科城下的危急时刻，莫斯科人民于11月6日在马雅可夫斯基地铁站举行了“纪念伟大十月社会主义革命24周年庆祝大会”。11月7日，苏联在红场举行传统的阅兵式。苏军指战员直接从红场开赴前线。斯大林在纪念会和阅兵式上发表演说时指出，纳粹德国已消耗殆尽，人员后备枯竭，德国法西斯必然灭亡。斯大林号召苏联军民彻底粉碎德国侵略者，消灭德国占领军。莫斯科人在生死存亡的危急关头，在战火硝烟中举行纪念十月革命的庆祝活动，在苏联国内和国际上产生了重大影响，鼓舞了苏联人民和世界人民，使一切正义的人们坚信，苏联一定会战胜德国侵略者。

10月上旬，希特勒及德军统帅部对攻占莫斯科的前景盲目乐观。他们错误地判断苏军已接近山穷水尽的地步，攻陷莫斯科已指日可待。德国宣传机构吹嘘东线战争已经取胜，苏军已基本被歼灭。希特勒下令禁止接受莫斯科军民投降，甚至还建立了一个特别工程指挥部，准备炸毁克里姆林宫。但是，到10月中旬，德军发觉苏军的抵抗更加顽强，战斗日益艰苦；苏军防线不断加强，并不断发起猛烈的反突击；从后方源源不断地开来预备队投入战场；莫斯科民兵英勇参战，在首都周围已经筑起防御工事；苏联军民的顽强斗志和抗敌决心有增无减。

与苏军相比，德军伤亡惨重，每个步兵师平均已减员到编制兵力的1/3。10月中旬，天气转坏，先是雨雪后是冰冻，道路状况极差，空中支援和后勤补给很困难。德军在泥泞中跋涉，重装备深陷泥潭，而冰冻同样使车辆难以运行。德军前进速度骤然下降。补给线越来越长，运输工具不足，后勤供应无法满足前线部队的基本要求。严冬来临，德军的冬装尚未运到。这一切都严重地影响到了德军的士气和战斗力。

11月13日，德军参谋总长哈尔德在奥尔沙召集各集团军群和各集团军参谋长开会，讨论冬季进攻问题。会上，南方集团军群参谋长和北方集团军群参谋长都反对进一步发动攻势，而哈尔德和中央集团军群参谋长主张做最后一次攻击莫斯科的尝试。德军统帅部认为，年底前还有攻占莫斯科的一线希望，决定做最后一搏，在隆冬到来之前再次向莫斯科发动进攻。

德军企图同时用 2 个快速集团分别从北面的克林、索尔涅奇诺戈尔斯克和南面的图拉、卡希拉对莫斯科实施纵深迂回突击，在莫斯科以东封闭合围圈；同时实施正面进攻，在莫斯科以外歼灭苏军西方面军主力。

苏联最高统帅部判断德军将拼死夺取莫斯科，便做好防御和反击准备，不仅大量补充前线部队的军用物资，还增调反坦克炮兵和火箭炮部队，在莫斯科附近集结了 1000 多架飞机，随时准备轰炸德军。

11 月 15 日和 16 日，德军北突击集团坦克第 3 集群、坦克第 4 集群先后向苏军第 30 集团军和第 16 集团军实施突击，开始对莫斯科发起第 2 次进攻。苏军第 30 集团军未能防止德军坦克第 3 集群 300 多辆坦克的突击，被迫向伏尔加河东北岸撤退。

在苏军西方面军右翼，德军坦克第 4 集群集中 400 辆坦克向苏军第 16 集团军猛攻。第 16 集团军进行顽强抵抗，给德军造成很大伤亡后被迫缓慢后撤。德军于 11 月 23 日占领克林和索尔涅奇诺戈尔斯克，27 日占领伊斯特拉，至 12 月初前进了 100 千米，进至距莫斯科西北不到 30 千米的亚赫罗马、克留科沃。德军 1 个侦察营还进抵莫斯科近郊，已经看到了克里姆林宫尖顶。12 月 2 日，柏林各报奉命留下版面，准备登载攻克莫斯科的消息。

莫斯科西北接近地的情况十分危险。11 月底和 12 月初，苏军以统帅部预备队第 1 突击集团军和第 20 集团军以及第 16 集团军实施多次反突击，最终挫败德军的攻势，迫使其转入防御。至此，德军从西北和北面突入莫斯科的企图破产。至 12 月 5 日，苏军将德军击退至库宾卡以北、纳罗福明斯克以南一线，尔后又将其击退至纳拉河对岸出发阵地。德军对莫斯科的最后一次进攻失败。

苏军在莫斯科近接近地的防御中，虽不时出现险情，但经过英勇顽强的抵抗和在战略预备队协同下的反突击，给德军造成重大杀伤。德军伤亡惨重，士气急剧下降。苏军由于预备队源源不断加入，加上战场上的历练，越战越强，逐渐抢到了战役的主动权。

1941 年 12 月 5 日，德军中央集团军群已失去进攻能力，被迫转入防御。德军已精疲力竭，缺乏过冬准备，补给困难，而且没有预备队。而苏军却已经准备好反攻。

12 月 5 日，苏军加里宁方面军转入反攻，以 3 个集团军实施加里宁进攻战役，解放了加里宁，重创德军第 9 集团军主力，在加里宁、尔热夫方向向西推进了 100 千米 ~ 120 千米。

12 月 6 日，苏军西方面军转入反攻。其右翼部队 5 个集团军实施克林—索尔涅奇诺戈尔斯克进攻战役，解放了伊斯特拉、索尔涅奇诺戈尔斯克、克林等地，击溃德军坦克第 3 集群、坦克第 4 集群 13 个师，向前进 90 千米 ~ 100 千米，解除了德军由北迂回莫斯科的威胁；其左翼部队 3 个集团军和 1 个骑兵军实施图拉进攻战役，解放阿列克辛等地，将德军坦克第 2 集团军向西击退 130 千米，解除了图拉之围。此后，其左翼部队继续实施卡卢加进攻战役，从德军坦克第 2 集团军和第 4 集团军接合部实施突破，收复卡卢加等地，向西推进了 120 千米 ~ 130 千米。

12 月 6 日开始，苏军西南方面军右翼部队 1 个战役集群和 3 个集团军实施叶列茨进攻战役，解放叶列茨，向前推进了 80 千米 ~ 100 千米，重创德军第 2 集团军，并吸引德军坦克第 2 集团军部分兵力，支援了西方面军左翼部队的反攻。

12 月 24 日，苏联最高统帅部以第 61 集团军、第 3 集团军、第 13 集团军重新组成布良斯克方面军，并命令其向西北方向展开进攻。布良斯克方面军向前推进了 30 千米 ~ 110 千米。

在苏军反攻时，没有足够冬季装备的德军伤亡惨重，无力阻止苏军的攻势，被迫撤退。1941 年 12 月 7 日，日本偷袭美国在太平洋的海军基地珍珠港，发起太平洋战争。8 日，美国对日本宣战。苏联宣布对太平洋战争保持中立。12 月 11 日，德国向美国宣战。日本和苏联没相互宣战，在苏德战场面临困境的德军将领担心苏联远东的兵力仍可西调对德国作战。

12 月上旬，德军中央集团军群准备撤往库尔斯克—奥廖尔—尔热夫一线作为德军的“冬季阵地”，但希特勒于 12 月 16 日下令德军死守阵地，不准后撤。

为了寻找战争失利的替罪羊，12 月 19 日，希特勒免去布劳希奇陆军总司令职务并自兼，免去德军中央集团军群司令鲍克职务，由第 4 集团军司令克鲁格接任；免去南方集团军群司令龙德施泰特职务，由第 6 集团军司令赖歇瑙接任。几天后，古德里安被免职，坦克第 4 集群司令赫普纳也被免职。

不过，这挽救不了德军前线的危机，1942 年 1 月初，德军中央集团军群的防线多处被苏军突破。

苏军在西方面的反攻取得积极战果，在西南和西北方向以及在罗斯托夫和季赫温附近的攻势也取得胜利，在克里木实施的登陆战役获得成功。1942 年 1 月 5 日，苏联最高统帅部决定利用有利形势，在德军得到补充之前于全线发动总攻。

苏军进攻初期攻城略地，德军且战且退。双方不断进行突击和反突击。到 2 月后，德军统帅部从西欧调来 12 个师和 2 个旅，于 1 月底至 2 月初实施数次反突击，切断苏军在尤赫诺夫以北和以南的交通线。德军扭转初期被动迎战局面。4 月，德军在维亚兹马地区集结兵力，向被围苏军发起进攻，苏军近卫骑兵第 1 军和空降部队部分突围。第 33 集团军司令叶菲列莫夫突围时受伤，自杀身死。至 4 月 20 日，苏军进攻能力已经削弱，春季泥泞时期已经开始，遂转入防御。

苏军通过总攻向西推进 80 千米～250 千米，击溃德军 16 个师零 1 个旅，但因兵力兵器不足，又没有实施大规模进攻的经验，因而未能歼灭德军中央集团军群的主力。不过，苏军的反攻和总攻，收复莫斯科州、加里宁州、图拉州、梁赞州全部及斯摩棱斯克州、奥廖尔州各一部。德军损失兵力 50 余万人、1300 辆坦克、2500 门火炮、1.5 万余辆汽车及其他许多技术装备。这也是苏军的一场巨大的胜利。

在莫斯科防御战中，苏军通过顽强扼守重要地区，结合实施反突击或局部进攻战役，与其他战略方向的进攻配合，至 1941 年 12 月初终于阻止德军的战略进攻，达成战略防御的目的，为转入战略反攻创造了条件。这一战粉碎了希特勒闪击速胜的战略企图，使德军遭受到自第二次世界大战以来第一次重大失败，为根本扭转战争进程奠定了基础。德军“不可战胜”的神话破灭。苏联人民坚定了夺取最后胜利的信心。

反法西斯斗争的各国人民也受到巨大鼓舞，反法西斯统一战线更加巩固，从而使法西斯国家集团更为削弱。德国“闪击战”的破产，宣示着德国开始逐步走向失败。

第八章
大西洋交通线上的生死大搏杀

世界大战最终拼的是资源和实力，能否保住国际交通线，决定着战争胜败的走向。德国海军千方百计突袭英国的海上交通线，英国不惜一切代价打击德国海军。

1. “大西洋幽灵”自沉普拉塔河口

英国是德国的债权国，也是绥靖政策的积极推行者。希特勒一再军事冒险，英国也一再实行绥靖政策。德国闪击波兰时，虽然英国、法国与波兰签订有互助条约，但希特勒不相信它们会对波兰在道义上履行更多义务，深信它们依然会实行绥靖政策。

希特勒计划在英法还踌躇不定时占领波兰，给它们造成既定事实。他没有料想到，英法会改变以往的绥靖政策。1939 年 9 月 3 日，英国和法国相继向德国宣战。

德军进攻波兰异常迅速，几个星期内就结束波兰战事。闪电战再次获得成功。然而，英法等国都已经对德国宣战，西线的战事并没有结束。虽然英法的战争动员因太晚而没能帮上波兰，但它们已制订出防止德国武装力量西向突袭的计划：法国倚仗马其诺防线，英国利用海军的巡洋舰迅速控制北海和波罗的海出口，对德国进行封锁。与此同时，英国皇家海军本土舰队在斯卡帕湾做好准备，以应付德国海军的任何突围。

德国挑起世界大战给德国海军带来极大压力。希特勒曾事先承诺，战争要到1944年才会爆发。到那时，德国海军将拥有8艘大型战列舰、8艘袖珍战列舰、5艘重型巡洋舰、44艘轻型巡洋舰、2艘航空母舰和249艘潜艇。雷德尔相信，凭借这支强大的海军力量，再加上日本海军和意大利海军配合，打垮英国皇家海军没有问题。而1939年开战时，德国海军能投入作战的主力舰，只有“德意志”号袖珍战列舰、“舍尔海军上将”号袖珍战列舰、“斯比伯爵”号袖珍战列舰以及“格奈森诺”号战列巡洋舰和“沙恩霍斯特”号战列巡洋舰。此外，能作战的还有57艘潜艇，能随时开往大西洋执行任务的只有2艘袖珍战列舰和23艘潜艇。

德国海军自知实力不如英国海军，因此不愿意采用常规战术对付英国海军，而是制定破袭英国海上交通线战略，以潜艇为主、水面军舰为辅，利用宽广的大西洋，与英国海军打游击。德国海军司令雷德尔称之为“巡洋战”。他把潜艇部队给邓尼茨负责，自己一心一意扑在“巡洋战”上面。

在战争爆发前1个星期，“斯比伯爵”号袖珍战列舰与“德意志”号袖珍战列舰（后改名“吕佐夫”号袖珍战列舰）就从德国威廉港起航，神不知鬼不觉地驶入大西洋。从此，在补给舰支援下，它们开始了“巡洋战”之旅。

到达大西洋后，它们按照预先计划，分头行动。“德意志”号袖珍战列舰在通过丹麦海峡后，转身向北，隐藏在北极圈内格陵兰岛附近，伺机伏击英国军舰；“斯比伯爵”号袖珍战列舰则掉头往南，朝南极方向行驶。

雷德尔很有头脑，战术上“避开皇家海军，把袭击舰和潜艇派到大西洋，截杀盟国的护航运输队，以切断英国的海上生命线，达到使其弹尽粮绝、不战自降的目的”。既然德国出海口被英国人锁住，潜艇虽能暗渡北海，大型水面舰只却被堵在自家门前，行动处处受阻，那么在战前就将“德意志”号袖珍战列舰、“斯比伯爵”号袖珍战列舰派到大西洋上，无疑是棋高一着。

战争一开局，德国海军就在大西洋破袭战中屡屡得手：“U－29”号潜艇击沉英国“勇敢”号航空母舰；“U－47”号潜艇又成功地干掉“皇家橡树”号战列舰；“德意志”号袖珍战列舰在大西洋上东游西窜，不仅扰得英国皇家海军心神不定，还悄悄截杀了3艘商船。

“斯比伯爵”号袖珍战列舰的表现也不俗，但它的指挥官犯了一个致命错误，导致德国“巡洋战”一度受挫。

1939年9月1日，在非洲佛得角西北水域的“斯比伯爵”号袖珍战列舰接到急电：9月1日，德军进攻波兰；驶向一个代号叫“奥斯陆峡湾”的海域，去和“阿尔特马克”号补给舰油船会合。

“斯比伯爵”号袖珍战列舰遇到“阿尔特马克”号补给舰油后，迅速加完油，独自向南行。几天后，它又收到柏林发来的电报：希特勒拒绝从波兰撤兵，英国、法国已对德国宣战。从这一天起，它就已成为一艘海上袭击舰，其任务是进行“破袭战”，攻杀敌国商船。

南大西洋在南极圈附近，是一片“荒漠”，船只很稀少。“斯比伯爵”号袖珍战列舰舰长兰斯多夫并不急于取得战果，先隐藏在南极圈附近海面，等待出击时机。9月下旬，兰斯多夫才决定把军舰驶向巴西附近海域，进行猎捕活动。

9月30日，“斯比伯爵”号袖珍战列舰驶抵巴西伯南布哥邻近水域，轻松击沉英国一艘排水量5000吨的“克莱门特”号多用途货船。随后，兰斯多夫迅速下令撤离战场。他知道，从它取得战果那一刻开始，也是暴露它所在位置的开始。他的信条是“保命第一，战绩第二”。就算撤离途中遇上再多英国商船，他也不会攻击。因为一旦他发动攻击，英国皇家海军就会探测出“斯比伯爵”号袖珍战列舰的航行路线，并加以追踪。

兰斯多夫所采取的战术是迅速驶入英国商船最密集的航道，在取得战果后，立刻撤出，从一个战场转移到另一个战场——广袤的海洋提供了良好的隐蔽空间。只要“斯比伯爵”号袖珍战列舰存在一天，它对英国航运就始终是一个威胁。

对于海军处于弱势的德国来说，采取这种战略对付海军占据绝对优势的英国，无疑是高明之举。“斯比伯爵”号袖珍战列舰频频得手，随即又迅速撤离，消失得无影无踪。由于这种声东击西、灵活机动的战术，英国皇家海军根本无法探测出它的航向。为了保护航运，英国皇家海军也只能被动地在大西洋海域疲于奔命。此时，“斯比伯爵”号袖珍战列舰基本上实现了德国海军司令雷德尔发起大西洋交通破袭战的战略目的。

遗憾的是，兰斯多夫犯了一个致命的错误——在“斯比伯爵”号袖珍战列舰驶向南大西洋途中，居然袭击了 1 艘英国货轮。这不仅使它暴露了行踪，还使那些原本打算驶入印度洋的英国舰队迅速折回，继续搜索大西洋海域。而“斯比伯爵”号战列舰要想重回大西洋，它只能往北或西行驶。

更致命的是，德国海军发起的大西洋破袭战引起英国人高度关注。丘吉尔下令以 3 艘航空母舰为骨干的 28 艘大型军舰组成的 9 个搜索群，在大西洋海域进行拉网式搜索。如此庞大的舰队，目标只有一个——摧毁“斯比伯爵”号袖珍战列舰。为了铲除这个“大西洋幽灵”，就算是付出再高的代价，丘吉尔也在所不惜。

英国出动大量兵力在大西洋进行拉网式搜索，使得“斯比伯爵”号袖珍战列舰面临的环境变得险恶。只要兰斯多夫坚持“保命第一，战绩第二”信条，在大西洋海域与英国的搜索群“躲猫猫”，坚持下去就是一种巨大的胜利。然后，兰斯多夫违背了这一信条，很快就被英国海军死死盯上了。

1939 年 11 月 15 日 10 点 30 分，在葡属东非海岸附近，“斯比伯爵”号袖珍战列舰攻击了“非洲贝”号油轮。几天后，“斯比伯爵”号袖珍战列舰与“阿尔特马克”号补给船成功相遇，得以补充了大量物资。兰斯多夫打算返回大西洋，途中偶然遇到“多里克明星”号货船。兰斯多夫一时心动，下达了进攻命令。

就在“斯比伯爵”号袖珍战列舰快赶上并将“多里克明星”号货轮击沉之际，“多里克明星”号货船船长向英国海军部报告了遇袭时间以及具体地点，并要求南大西洋各舰队“紧密配合”，把“大西洋幽灵”揪出来。原来，“多里克明星”号货船船长在货船被击沉前，认出攻击它的是“斯比伯爵”号袖珍战列舰，抓紧时间给英国海军部发了电报。

接连几天发起攻击，“斯比伯爵”号袖珍战列舰的大致位置非常容易被确定。要想远离危险，它唯有迅速逃到大西洋深处躲起来。兰斯多夫很快发现已经无路可逃：往南，是南极洲腹地；掉头回印度洋，按时间推算，那些从印度、中国香港起航的英国舰队已经绕过好望角，朝他背后赶来。

在海上游荡多日后，12 月 3 日，兰斯多夫决定将“斯比伯爵”号袖珍战列舰取西南航向，驶向南美洲的普拉塔河口。那里贸易兴隆，商船云集，捕杀目标容易。另外，假如形势进一步恶化，“斯比伯爵”号袖珍战列舰还可以穿过麦哲伦海峡，到太平洋去避风头。

没想到，兰斯多夫这一决定等同于自投罗网。当时，英国皇家海军在南大西洋的兵力相当分散：“皇家方舟”号航空母舰和“声望”号战列巡洋舰在弗里敦；“竞技神”号航空母舰和2艘法国巡洋舰在达喀尔；“萨斯塞克斯”号巡洋舰和“什罗普希雷”号巡洋舰在好望角；南美巡洋舰分舰队驻守在阿根廷附近的马尔维纳斯群岛。英国海军部一得到“斯比伯爵”号袖珍战列舰消息，立即通告南美巡洋舰分舰队司令亨利·哈伍德。亨利·哈伍德经过一番分析后，便率领“阿贾克斯”号轻巡洋舰、“阿基里斯”号轻巡洋舰和“埃克塞特”号重巡洋舰到普拉塔河口守株待兔，准备进行截击。

亨利·哈伍德的举动或许有点可笑，但后来的事证明他料事如神。12月12日，他等来了“斯比伯爵”号袖珍战列舰，而且被对方误认为是3艘驱逐舰。“斯比伯爵”号袖珍战列舰舰长兰斯多夫不愿意看到“小军舰”就避开逃走，而是想凭借火炮优势一鼓作气将它们击沉。

兰斯多夫一念之差，放弃了整个“巡洋战”中的上上策，而选择了一条不归路。对方不是驱逐舰，而是重巡洋舰，更重要的是，对方是不怕死的重巡洋舰。“斯比伯爵”号袖珍战列舰首先攻击“埃克塞特”号重巡洋舰，“埃克塞特”号重巡洋舰瞬间受重伤，但未丧失斗志，反而越挫越勇，依然顽强还击，而急忙赶上来的“阿贾克斯”号轻巡洋舰和“阿基里斯”号轻巡洋舰与之完美配合，三对一，一起缠斗战斗力强于它们的“斯比伯爵”号袖珍战列舰。

双方恶战82分钟后，英军受“重伤”的“埃克塞特”号重巡洋舰，再也坚持不下去，向马尔维纳斯群岛基地撤退。受“轻伤”的“阿贾克斯”号轻巡洋舰和“阿基里斯”号轻巡洋舰也随即撤走。而它们的对手也受了重伤——“斯比伯爵”号袖珍战列舰射控失灵，且燃油也所剩不多。

“斯比伯爵”号袖珍战列舰急需补充燃油和修理，但其行踪已经暴露，无法返回德国。无奈之下，兰斯多夫决定先到中立国乌拉圭的蒙得维的亚港躲避。兰斯多夫想整修军舰，过几天再突围出去。谁料，“阿贾克斯”号轻巡洋舰和“阿基里斯”号轻巡洋舰一直远远跟踪着它，也进入了乌拉圭领海内。

兰斯多夫并不了解当时的政治形势。“斯比伯爵”号袖珍战列舰刚刚抛锚，乌拉圭、德国、英国和法国代表就在谈判桌上展开了激烈的舌战。外交斗争的结果是，乌拉圭通知“斯比伯爵”号袖珍战列舰必须于第二天 18 点前离开港口，否则该舰将被扣留至战争结束。

“阿贾克斯”号轻巡洋舰和“阿基里斯”号轻巡洋舰以及赶来支援的“坎伯兰”号巡洋舰早就在港口外面守着，随时准备攻击。

德国海军部命令兰斯多夫要么冲出港去，要么凿沉军舰。兰斯多夫认为，“斯比伯爵”号袖珍战列舰受损，且缺乏弹药，根本无法赢得一次一比三的恶战，只能凿沉军舰。12 月 17 日 19 点 50 分，“斯比伯爵”号袖珍战列舰上发出一连串的爆炸声。几小时后，它沉没于大洋之中。

“斯比伯爵”号袖珍战列舰沉没是对德国海军“巡洋战”战略的重大打击。在此后的几个月里，德国海军不敢再在海上进行袭击。

兰斯多夫的任务属性不是歼灭敌人有生力量，而是进行持续的交通破袭战。交通破袭战军舰最大的存活要诀就是隐秘性，而其最重要目标是尽量造成对方的混乱及损失。“斯比伯爵”号袖珍战列舰在普拉塔河口被发现，唯一的选择就是迅速逃离，但兰斯多夫选择了交战，结果交战中既无法把 3 艘英国巡洋舰全部歼灭，又无法摆脱英方跟踪，这就已经注定了其凄惨的结局。兰斯多夫更没有想到交战过程中若有战损，要如何应对。更何况德国在大西洋地区根本没有任何海外基地或亲密盟国，万一被人追击时去哪儿躲，战斗受损时去哪儿修。兰斯多夫没有想到这些，注定了其灭亡的命运。

2. “群狼”鏖战大西洋

德国海军实力远远不如英国海军，更不用说英国海军加上美国海军。德国之所以敢向海军实力占有绝对优势的英国开战，不仅仅是因为它的陆军和空军实力强，还因为它自认为找到了以最小成本消耗英国海军实力的法宝，那就是通过潜艇和抗打击的军舰去破袭海上交通线。德国人认为，只要切断英国的海上命脉，英国就会倾覆。

在发动大战前，德国便已做好了与英国争夺大西洋制海权的准备。在大西洋海战中，德国除了以分散使用大型水面舰只，以 1 ~ 2 艘战列舰或巡洋舰组成小编队，把商船改装成袭击舰与盟军交火实行破袭战之外，还开展了潜艇战。时任德国海军司令雷德尔亲自抓水面大型军舰的“巡洋战”，而将潜艇破袭战的任务交给时任潜艇部队司令邓尼茨。

德国利用潜艇在广阔的大西洋海域对英国实行“打了就跑”的游击战术，此也叫“狼群战术”，与“闪击战”并列为纳粹德国的两大利器，由邓尼茨发明创造。

在担任德国潜艇部队司令期间，邓尼茨在战略上发明并改变了德国海洋战略，那就是进行无限制潜艇战。因为德国海军的主要任务是破坏英国的海上交通线，而德国先天不足的海洋位置使水面舰艇必须越过强大的英国皇家海军本土舰队和空军层层拦截才能闯进大西洋，执行破坏交通线任务，还必须经过漫长的航程才能返回本土。潜艇却可凭借水下航行的隐蔽优势，安全往返大西洋。虽然英国海军拥有大西洋制海权，但德国潜艇仍可攻击其运输船队。

邓尼茨提出“吨位战”思想：英国是岛国，只要击沉尽量多的英国运输船，使其吨位损失超过新建船舶的吨位，就可以有效地打击英国。为了使德国潜艇损失尽量减小，必须避开英国护航兵力强大的海域，寻找薄弱的海域攻击英国运输船。

邓尼茨认真研究了潜艇作战战术问题。在潜艇战术上，他认真研究声呐、鱼雷等武器装备后，决定放弃单艇白天潜行的远距离鱼雷攻击战术。为了使声呐探测仪失效，他认为应该在夜晚使用潜艇攻击，采取多艇集群的“狼群战术”，在夜晚进行水面近距离鱼雷攻击。“狼群战术”因此得名。因为潜艇在夜晚水面航行时，声呐是很难发现的，而且护航军舰的原始雷达区别不出攻击者与被攻击者，潜艇的近距离攻击也可以提高命中率。

邓尼茨向德国海军部提出的“狼群战术”：集中潜艇的合力来摧毁敌运输船队，行动中派几艘潜艇在海上游猎，主要在夜晚攻击，并由一艘“狼头”舰来指挥“群狼”。具体的做法是，当潜艇发现运输队时，各潜艇从敌方护卫舰队的间隙或者侧翼隐蔽地向猎物靠近。白天，各潜艇占领有利攻击阵位，在水下潜行，夜晚忽然浮出水面，同时攻击猎物，使敌方护卫舰队顾此失彼。只要一有机会，单艘潜艇也可在白天潜航时进行近距离攻击。

1939 年 9 月 3 日，英国和法国对德国宣战。当天，德国早已进入大西洋的“U－30”号潜艇便初战告捷，击沉英国“雅典娜”号邮轮，揭开大西洋交通破袭战序幕。9月19日，德军“U－29”号潜艇又击沉英国“勇敢”号航空母舰，使英国震惊；10月中旬，德军“U－47”号潜艇单艇驶入英国海军斯卡帕湾基地，击沉“皇家橡树”号战列舰，而“U－47”号潜艇却安然无恙逃走。

除袭击战舰外，德国潜艇更攻击商船。仅9月一个月，被德国潜艇击沉的盟国和中立国船只就有41艘，总吨位达15.4万吨。

面对频频被德国潜艇偷袭得手的局面，英国被迫于1939年9月5日建立起护航制度。但是，处于摸索阶段的护航仍然在德国潜艇面前显得无能为力，英国损失惨重。

为了更好地封锁破坏盟国交通线，德国还利用水面军舰不断骚扰攻击盟国运输船队，并一度牵制了盟国海军很大一部分力量。从1939年10月起，盟国不得不派出大批战列舰、巡洋舰和航空母舰在辽阔的海面上搜索德国军舰，予以打击。

这种打击取得的第一个重大成果便是英国海军攻击在南大西洋截击英国海上运输的“斯比伯爵”号袖珍战列舰。最终，“斯比伯爵”号袖珍战列舰走投无路，被迫于12月17日自行凿沉。

1940年6月22日，法国向德国投降。希特勒获得离大西洋更近的大陆西海岸海港和潜艇基地，英国失去了法国这一保卫大西洋航道的得力伙伴。由于驶入大西洋的距离缩短，德国潜艇海上活动的数量也增多，指挥更加便利。“狼群战术”实施起来更加便利。一时间，英国的护航力量不堪一击，而德国海军却咄咄逼人，准备控制大西洋航线。

德国潜艇再向大西洋深入一点，就可以攻击运送阿根廷肉类和美国小麦的英国运输船队。英国人开始紧张起来，在英国舰船下面的深水中，永远隐藏着看不见的潜艇，而潜艇可以在任何时间、任何方向攻击他们。他们似乎发现了潜艇，而潜艇其实根本没有出现。

1940年10月，邓尼茨终于有足够的潜艇来实行“狼群战术”。在实施“狼群战术”时，组织和指挥十分复杂，但邓尼茨在战前进行了大量演习，因此能得心应手地指挥“狼群”。

几乎每场围猎行动，邓尼茨都在司令部进行着严密的指挥。他先根据情报判断盟国运输队的可能航线，再在预定海域的截击点上布置潜艇群。潜艇与潜艇之间都有 37 ~56 千米的距离，只要有运输队通过，总会有一只“狼”发现，然后立即向邓尼茨报告。邓尼茨利用高频率无线电指挥其他潜艇快速向第一只“狼”靠近，等所有“狼”到达指定位置后等待天黑，利用夜色共同攻击商船。

德国潜艇部队肆虐大西洋，使同盟国商船损失惨重，盟军后勤补给线经常遭到破坏。1940 年 9 月 21—22 日夜，德国 5 艘潜艇首次结群在北海攻击从加拿大驶往英国的 HX－72 护航运输队，击沉 12 艘货船；10 月 17—20 日夜，8 艘潜艇在同一水域再次袭击盟国护航队，击沉货船 31 艘；12 月 1—2 日夜，又有 10 艘货船和 1 艘护航巡洋舰葬于 7 艘德国潜艇之手，而德国潜艇无一损失。

面对大西洋那些疯狂的“狼群”，盟军专门组织专家研究策略应对“狼群战术”，并出动越来越多的反潜飞机和护卫舰反潜，采用“狙击”“围歼”“诱杀”等战术对付“狼群”，后来采用先进的雷达搜索潜艇。

冬季到来后，大西洋风大浪险，加上英国护航力量的增强，以及美国扩大泛美安全巡逻区并把获悉的德国舰只的位置通报英国，使英国多次击沉德国王牌潜艇，才使“狼群”受到限制而一度收敛。

1941 年春天，随着气温回升，不仅“狼群”再度出现，而且德国大型水面舰只也再次活跃起来。1941 年 5 月中旬，德国新造的航速最快的“俾斯麦”号战列舰便带“欧根亲王”号巡洋舰驶入大西洋，以图扩大攻击海上交通线战果。最终“俾斯麦”号战列舰被英国海军不惜一切代价击沉。德国计划并努力用大型水面舰只赢得大西洋之战的战略再次遭受重大挫折，德国潜艇成为盟国航运的主要威胁。

1941 年 12 月美国参战后，德国开始实行全面无限制潜艇战，在大西洋活动的潜艇平均每天 75 艘。1942 年，盟国船只被击沉 1160 艘，总吨位达 769. 9 万吨，超过英国和美国建造的新舰吨位。

1943 年 3 月，上百艘德潜艇集中于北大西洋中部盟国护航兵力薄弱环节，其中 40 多艘集中攻击 2 支盟国运输队，击沉 21 艘盟国船只，而德国只损失 1 艘潜艇，这是“狼群战术”最成功的运用。从英国参战到 1943 年 4 月，盟国共损失约 1000 万吨船舰，其中 80% 为潜艇击沉，德国则损失 155

艘潜艇。

“狼群”的肆虐不仅影响到1942年同盟国的一切战略计划，也影响到对1943年的战略安排。为确保大西洋航路安全，1942年夏天盟国调整了大西洋护航体系，英国成立以丘吉尔为首的反潜艇战委员会，调集和投入1000多艘舰艇和2000多架飞机进行反潜艇作战，并广泛使用护航航空母舰、新式雷达、高频投影仪及深水炸弹，将护航由消极防御转为积极进攻。

盟国战略调整在1943年5月终见成效。5月，盟国以牺牲5艘船只的代价击沉31艘德国潜艇，使大西洋潜艇战出现根本转折，“狼群”不得不暂停在北大西洋的活动。1943年9—10月，“狼群”虽再度出现但又遭惨败。直到大战胜利，继续在大西洋上作战的德国潜艇不过是为牵制盟军而进行的垂死挣扎罢了。

德国潜艇在大西洋交通破袭战中发挥了巨大作用，但由于盟军及时调整策略和强大的财力物力支持，以及德军生产潜艇速度远远慢于损耗速度，德国最终输掉了大西洋潜艇战。

3. “俾斯麦”号战列舰首航折戟

“斯比伯爵”号袖珍战列舰被迫凿沉，德国海战战略遭重创，但德国海军司令雷德尔并不甘心放弃“巡洋战”，继续坚持在大西洋上破袭海上交通线战略。而德国风光一时的潜艇战遭重创后，雷德尔又想用大型军舰去大西洋进行破袭战。

1941年4月，雷德尔决定出动两支舰队去破坏盟军的北大西洋运输线：“沙恩霍斯特”号战列巡洋舰和“格奈森诺”号战列巡洋舰组成南方舰队，“俾斯麦”号战列舰和“欧根亲王”号重巡洋舰组成北方舰队，两支舰队将对盟军海上运输线发动钳形攻势。

但是，“沙恩霍斯特”号战列巡洋舰和“格奈森诺”号战列巡洋舰没有起航就被英军炸成重伤，“欧根亲王”号重巡洋舰也受轻伤，能够执行任务的大型舰只只有“俾斯麦”号战列舰。

希特勒非常崇拜巨舰大炮，建造“超人”品质大型战舰一直是他的梦想。1933年，他上台后，德国海军开始秘密进行造舰计划，建造了“沙恩霍斯特”号战列巡洋舰和“格奈森诺”号战列巡洋舰。1938年9月，德国海军部以宿敌英国为假想敌人，制订“六年造舰计划”，即“Z 计划”。“Z”计划的核心为两级大型战列舰：俾斯麦级和“H”级。俾斯麦级战列舰建成了两艘：“俾斯麦”号战列舰和“提尔比茨”号战列舰。两艘军舰都采取“全面防护”概念，使用 381 毫米主炮，排水量超过 4 万吨，最大航速超过 30 节。“俾斯麦”号战列舰 1940 年 8 月 24 日建成服役。

“斯比伯爵”号袖珍战列舰在破袭大西洋交通线战失利后，雷德尔急需大型海面军舰在大西洋上切断英国的海上交通线。相比英国战列舰，“俾斯麦”号战列舰又大又抗打，跑得又快，战斗力又强，无疑是执行大西洋海上交通破袭战的最佳选择。

1941 年 5 月，雷德尔制定“莱茵演习”行动，准备派“俾斯麦”号战列舰和“欧根亲王”号重巡洋舰到北大西洋，袭击盟国船队。希特勒认为，“俾斯麦”号战列舰“打遍大西洋无敌手，是战列舰之王”，同时迫切需要进一步打击英国海上补给线，也想尽快进行这次行动。

1941 年 5 月 18 日，“俾斯麦”号战列舰和“欧根亲王”号重巡洋舰驶出卡特加特海峡，朝冰岛北部驶去，5 艘油船和 2 艘供应舰随行。“俾斯麦”号战列舰出航给英国人造成了巨大压力——一艘战斗力远逊于英国战列舰的“斯比伯爵”号袖珍战列舰进入大西洋，就给英国造成巨大损失，迫使英国调动庞大的舰队去进行护航和围剿，如果让战斗力惊人的“俾斯麦”号战列舰进入大西洋，那么英国海军将会面临空前灾难。

1941 年 5 月 20 日，英国海军部决定出动优势兵力，对其进行截击，将其击沉或者击伤，至少也要赶回德国军港。

1941 年 5 月 20 日 13 点 15 分，英国巡逻飞机在挪威卑尔根附近的峡湾上空发现“俾斯麦”号战列舰和“欧根亲王”号重巡洋舰。5 月 22 日，英国飞机飞到卑尔根附近侦察时，发现德国舰队已经离开卑尔根——“俾斯麦”号战列舰出海了。英国本土舰队司令约翰·托维立即率领舰队前去追击。

英国海军部把所有可调动的大型军舰都交给托维，而托维把从直布罗陀到斯卡帕湾内所有战列舰、航空母舰和大型水面舰艇都派往北海，准备围歼“俾斯麦”号战列舰。他本人也登上“英王乔治五世”号战列舰，亲临前线去指挥。

为了对付“俾斯麦”号战列舰，英国海军倾其所有。英军出动了停泊在斯卡帕湾的“英王乔治五世”号战列舰、“威尔士亲王”号战列舰、“胡德”号战列巡洋舰，以及一些驱逐舰和巡洋舰；停泊在英格兰基地的“胜利”号航空母舰和“反击”号战列巡洋舰；停泊在直布罗陀基地的“声望”号战列巡洋舰和“皇家方舟”号航空母舰。此外，托维还可以指挥正在大西洋为运输船护航的“罗德尼”号战列舰和“拉米伊”号战列舰，以及在哈利法克斯的“复仇”号战列舰。

绝不能让“俾斯麦”号战列舰进入大西洋，这是英国海军上下的共识。在挪威海通向大西洋的所有通道上，托维都部署军舰进行封锁。既然“俾斯麦”号战列舰出海了，就要抓住这次机会，死死咬住它，击沉它，绝不能让它回去。

托维尚不知“俾斯麦”号战列舰的具体位置，只能下令在大西洋各交通要道搜索：在奥克尼群岛至法罗群岛间航道上，托维出动飞机进行搜索；在法罗群岛到冰岛之间航道上，托维出动一支巡洋舰队搜索；他亲自乘“英王乔治五世”号战列舰，率领“胜利”号航空母舰和“反击”号战列巡洋舰去冰岛搜索；“萨福克”号重巡洋舰和“诺福克”号重巡洋舰在丹麦海峡巡逻；霍兰德乘“胡德”号战列巡洋舰，率“威尔士亲王”号战列舰去丹麦海峡支援。

此刻，“俾斯麦”号战列舰处于二级备战状态，趁着浓雾正在朝大西洋深处航行。5 月 23 日傍晚，沃克率领“萨福克”号重巡洋舰和“诺福克”号重巡洋舰在丹麦海峡巡逻时，发现“俾斯麦”号战列舰等，马上藏到雾中，一边小心翼翼进行跟踪，一边不断向英国海军部发送情报。

“俾斯麦”号战列舰朝北远航，准备通过丹麦海峡。托维得知消息，命令霍兰德率领“胡德”号战列巡洋舰和“威尔士亲王”号战列舰前去拦截。

沃克率领舰队在丹麦海峡巡逻，仍在执行悄悄跟踪并及时提供情报的任务。在“胡德”号战列巡洋舰上，霍兰德等人正在计算着截击航向，估计在 5 月 24 日 1 点 40 分后可能遇到敌舰。但到 5 点 35 分，他们才发现德国军舰。与之一起赶往丹麦海峡的，还有“威尔士亲王”号战列舰。它们正在等待德国“俾斯麦”号战列舰自投罗网。

“俾斯麦”号战列舰刚刚驶入大西洋，舰队司令吕特晏斯就发现已被英国“胡德”号战列巡洋舰和“威尔士亲王”号战列舰堵住。“胡德”号战列巡洋舰和“威尔士亲王”号战列舰的主炮都是356毫米，虽然略小于“俾斯麦”号战列舰，但其威力也不可小觑。只是“胡德”号战列巡洋舰缺乏全装甲防护，没有经过现代化改装，而“威尔士亲王”号战列舰是新舰，作战系统不完善。吕特晏斯不知道这些，不敢怠慢，命令“俾斯麦”号战列舰和“欧根亲王”号重巡洋舰准备战斗。

在大战中，“胡德”号战列巡洋舰被“俾斯麦”号战列舰击中。炮弹穿透6层甲板，顺着没有防护的通道，进入炮塔底下的弹药舱中，300吨弹药被引爆，“胡德”号战列巡洋舰被炸成两截，很快沉没。

舰队司令吕特晏斯又喜又惊，兴奋于“俾斯麦”号战列舰不愧是“战列舰之王”，经得起打，而且火炮精良，几次齐射就把“胡德”号战列巡洋舰击沉。而英国人又惊又怕。“胡德”号战列巡洋舰沉没后，“威尔士亲王”号战列舰显然不是“俾斯麦”号战列舰对手。战场的局势发生戏剧性转变，德国舰队占据优势。

几分钟后，“威尔士亲王”号战列舰的舰桥被炸毁，火控指挥室也被炸毁，只好边放烟幕边撤退。德国舰队立即追击。

“威尔士亲王”号战列舰逃跑时多次命中“俾斯麦”号战列舰，虽然这不是致命的打击，但迫使德国舰队放弃了追击。在混战中，“俾斯麦”号战列舰的2号燃油舱被炸坏，大量燃油泻入海面，军舰拖着黑色的大尾巴航行。这无疑暴露了行踪，也成为英国舰队死死咬着它直至将它炸沉的重要原因。

吕特晏斯命人检察“俾斯麦”号战列舰的伤情后，命令德国舰队且战且退，向西南撤走。沃克在“诺福克”号重巡洋舰舰桥上观察着战斗，一直没出手。海战结束后，德国舰队撤走。沃克才下令顺着“俾斯麦”号战列舰留下的长长油迹，在其射程之外尾随跟踪，等待主力舰队到来。他不断向托维报告“俾斯麦”号战列舰的位置。

“胡德”号战列巡洋舰是英国海军的骄傲，是英国海上力量的主力。“胡德”号战列巡洋舰被德军击沉，英国海军上下都极其沉痛悲愤，更坚定了彻底消灭“俾斯麦”号战列舰的决心。

吕特晏斯料到英国海军不会善罢甘休，一定会围捕“俾斯麦”号战列舰。德国海军没有航空母舰，“俾斯麦”号战列舰无法对付来自空中的攻击，唯一的办法就是躲到德国岸基飞机作战半径能到达的海域，利用德军岸基飞机作为空中防护力量。他决定向法国的圣纳泽尔方向航行。

“俾斯麦”号战列舰的2号燃油舱被打坏，其漏洞一直无法堵住。经过海上的滔天巨浪后，其燃油漏了不少。机电部门报告：到圣纳泽尔的油料不够。吕特晏斯只好命令就近驶向法国布勒斯特港，先修理被打漏的油舱。

傍晚，“俾斯麦”号战列舰仍被“诺福克”号重巡洋舰、“萨福克”号重巡洋舰、“威尔士亲王”号战列舰跟踪着。“俾斯麦”号战列舰发现被跟踪了，就转向“萨福克”号重巡洋舰。“萨福克”号重巡洋舰立即逃离。“俾斯麦”号战列舰用几排齐射掩护其同伴“欧根亲王”号重巡洋舰脱离战场向南驶去。三艘英国军舰继续跟踪“俾斯麦”号战列舰。

丘吉尔听说“胡德”号战列巡洋舰被击沉，非常懊恼。他认为，只要一天不消灭“俾斯麦”号战列舰，英国就会一天不得安宁。“俾斯麦”号战列舰已经成为德国海军的象征，只有干掉“俾斯麦”号战列舰，才能灭一灭德国的凶气，保卫英国的海上交通线。丘吉尔痛下决心，决定不惜一切代价，干掉它。

身在大西洋的托维接到命令，立即命令萨默维尔率领H舰队前去参加堵截“俾斯麦”号战列舰的行动，还命令“罗德尼”号战列舰、“拉米利斯”号战列舰、“瑞文郡”号战列舰以及“复仇”号战列舰立即前去参加围堵。

为了击沉“俾斯麦”号战列舰，英国本土舰队出动了现有的一切兵力，在大西洋海域部署了42艘战舰，其主力是2艘航空母舰、5艘战列舰和3艘战列巡洋舰。丘吉尔日夜守在指挥部，每小时都要海军作战指挥部向他汇报一次情况。

英国侦测出德国“俾斯麦”号战列舰的航向后，托维准备去“俾斯麦”号战列舰可能驶向布勒斯特的航向进行拦截。但是，他的巡洋舰和“胜利”号航空母舰燃油不足，正在返回英国基地。唯一可能执行拦截“俾斯麦”号战列舰任务的是萨默维尔指挥的H舰队，有“皇家方舟”号航空母舰、“声望”号战列巡洋舰和一些护卫舰。

英国海军部得到消息后，从WS－8B护航运输队中抽调5艘驱逐舰，又从爱尔兰附近的巡逻队中抽调1艘驱逐舰，交给维安率领，前去支援托维。

夜间，各路舰队向“俾斯麦”号战列舰最可能出现的海域全速前进。

5月25日22点，英国舰队发现德国舰队。“胜利”号航空母舰发动9架鱼雷轰炸机向“俾斯麦”号战列舰扑去。但仅有1枚鱼雷击中，而且还没炸到要害。

吕特晏斯意识到英国舰队来者不善，利用夜色的掩护和英国巡洋舰的雷达盲区，摆脱了英国舰队围捕。托维得知“俾斯麦”号战列舰再次逃脱，错误地认为它向西南方向逃去，下令英国舰队向西南方向追击。而事实上，“俾斯麦”号战列舰与英国舰队预测的方向相反，准备先躲进挪威卑尔根港。

5月26日凌晨，英国各路进行围捕的舰艇感到失望至极。萨默维尔指挥的H舰队迎着滔天巨浪，艰难地行驶在大西洋上。

5月26日10点30分，1架英国水上飞机发现“俾斯麦”号战列舰的位置。英国各路舰队纷纷驶向那片海域。“哥萨克”号驱逐舰上的维安得到消息，立即率5艘驱逐舰前去拦截。

托维在海图上找到“俾斯麦”号战列舰的位置，发现其他舰队都追不上，只有萨墨维尔的H舰队能够去拦截。时间已经不多，“俾斯麦”号战列舰再前进600千米，就到达德军机群的作战半径内了。丘吉尔下了死命令，必须截断“俾斯麦”号战列舰的逃生之路，不惜一切代价击沉它。

接到托维的命令，萨墨维尔发现，H舰队离“俾斯麦”号战列舰的距离很近，他有幸从辅攻升为主攻地位了，这一次一旦拦截失败，就将会失去为“胡德”号战列巡洋舰复仇的机会。

“俾斯麦”号战列舰正以经济航速向法国布勒斯特港驶去。不久，英国H舰队的“皇家方舟”号航空母舰上“剑鱼”式飞机陆续起飞。“俾斯麦”号战列舰在H舰队前面，在H舰队的大型舰只在追上它以前只有出动“皇家方舟”号航空母舰上的飞机进行攻击才有希望降低其航速。

“俾斯麦”号战列舰遭受重创，大量进水，左螺旋桨被炸毁，碎片卡死舵机，很难操纵。它已经无法转向，鱼雷命中了其尾部，在靠近舵叶的地方掀起巨大水柱。整个军舰产生可怕的剧烈震动，发狂似的不停地转着圈。

舵轮被炸坏了！左主机不转了！绝望情绪在“俾斯麦”号战列舰官兵中蔓延。由于连续4天4夜的恶战和航行，水兵们已经筋疲力尽。

舰舵发生故障，只有靠操纵轮机才能避免在海上转圈。但是，顺浪航行可能会使舱室进水更多。无奈之下，吕特晏斯下令顺浪航行。“俾斯麦”号战列舰向北航去，驶向正在集结的英国舰队。

雷德尔努力拯救“俾斯麦”号战列舰，将附近能调动的潜艇都调去支援。但距离“俾斯麦”号战列舰最近的一些潜艇已经将鱼雷用光了。

5 月 27 日凌晨，“俾斯麦”号战列舰被几十艘英国军舰团团包围。托维亲自指挥“乔治五世”号战列舰、“罗德尼”号战列舰和 2 艘巡洋舰绕到“俾斯麦”号战列舰前边。“俾斯麦”号战列舰不得不强打起精神迎战。雨点般的炮弹落在“俾斯麦”号战列舰的甲板上、炮台上。“俾斯麦”号战列舰虽然遭到重创，但仍有很大的耐力和极强的火控能力。英国舰队开始更加猛烈地进行还击。

英国战机和战舰发誓一定要炸沉“俾斯麦”号战列舰。渐渐地，“俾斯麦”号战列舰成为一艘千疮百孔的废船，毫无力气地摇摆在汹涌的波浪中，最终沉没了。

6 月 1 日，“欧根亲王”号重巡洋舰逃过英军围追堵截，安全回到布勒斯特。英军根据破译德军密码，对“莱茵演习”中预先出海的补给舰和油船展开围捕。至 6 月 23 日，2 艘补给舰被英军缴获，5 艘油船被英军击沉，无一幸免。

“莱茵演习”计划彻底破产，德军使用大型水面舰只破坏大西洋航线再次遭到重大挫折。

4. 北极航线，又一个厮杀的战场

德国入侵苏联后，英国和美国担心德国实现占领苏联目标而坐大，一改此前反苏态度，开始将大批物资和装备源源不断地运往苏联，给予其援助。

当时，英国和美国通往苏联的交通线有三条：以海参崴港为终点的太平洋航线；以苏联黑海沿岸各港口为终点的伊朗铁路线；以苏联北方各港口为终点的北极航线。前两条路线受战争、政治或者地理上的限制，运输量较小。美英向苏联运送物资和装备的主要交通线是北极航线。

北极航线的主要起点为冰岛，终点是苏联摩尔曼斯克港和阿尔汉格尔斯克港，北极航线从冰岛到摩尔曼斯克航程约 3334 千米，到阿尔汉格尔斯克航程约 4075 千米，护航运输队一次航行平均需 10 ~ 14 昼夜。德国在挪威驻

扎着大量飞机、潜艇和舰艇，随时准备掐断北极航线。对盟国护航运输队来言，北极航线岌岌可危。

为了保障运输船安全到达，同盟国决定以军舰护航商船队的形式，组成北极护航运输队。按照美英苏三国达成的军事协议，从苏联驶往冰岛的空载船队代号为 QP，从冰岛驶往苏联的满载船队代号为 PQ。

1941 年 9 月 28 日，苏军 1 艘巡洋舰和 14 艘商船组成第 1 支北极护航运输队，从阿尔汉格尔斯克驶往冰岛。9 月 29 日，英军 1 艘巡洋舰、2 艘驱逐舰和 10 艘盟国商船组成的 PQ－1 护航运输队从冰岛出发，向摩尔曼斯克驶去。

为保证护航运输队的海上安全，每次一接到船队起航的电报，苏军北方舰队就紧急出动侦察机赴挪威海岸和熊岛海域了解敌情和天气情况，再把情报报告给盟军驻苏联军事代表团，然后再转告给英国海军部，以确定护航运输队进入熊岛海域后的具体航线。同时，苏军出动大批轰炸机、战斗机对挪威北部和芬兰的德军机场进行空袭，苏军潜艇部队在德军舰艇基地附近展开兵力，监视或袭击德军出海的舰艇。

护航运输队在苏联北方舰队作战海域航行时，苏军出动大批驱逐舰、护卫舰和扫雷舰，为护航运输队提供掩护。此外，苏联海军航空兵在护航运输队上空保持 6～8 架护航轰炸机。苏军战斗机在各机场严阵以待，随时准备空中支援。

在科拉湾和白海入口处，苏军派大量反潜舰艇和反潜飞机执行巡逻任务，对付该海域的德军潜艇；苏军扫雷舰艇在德军布设水雷的北极航线上执行扫雷作业。冬季，苏军还出动破冰船为护航运输队破冰。

在护航运输方面，英国也投入巨大。英国出动大量护航舰艇为北极航线的商船护航，还出动以巡洋舰和驱逐舰为主的舰队进行近海掩护。有时，英国甚至出动包括战列舰、航空母舰在内的英国本土舰队为护航运输队进行远海掩护。冰岛的陆基航空兵经常出动战斗机和反潜飞机为护航运输队提供空中掩护。

1941 年 9—12 月，英国和美国的 669 辆坦克、873 架战斗机、1400 辆卡车和 10 万吨弹药顺利运到苏联。为了破坏盟国的运输交通线，1942 年 3 月，德国成立北方海军指挥部，统一指挥在挪威的海空兵力，北极航线杀机骤起，盟国的北极航线面临严峻考验。

1942 年 5—6 月，在苏德战场上，德军所向披靡，扑向苏联南方的重要城市斯大林格勒。德国重新夺回战场上的主动权，苏联的处境又越来越艰难。英国和美国对苏联的军事援助变得至关重要，因为德国夺取了大量领土，苏联的军火工业受到战争的严重影响。斯大林连续 3 次向丘吉尔求援，请求英国紧急出动护航运输队。

英国迅速组建 PQ－17 护航运输队，并做好充分准备。这支护航运输队规模很大，载货量是北极航线建立以来最大的，有 34 艘运输船、2 艘油船、3 艘救生船，满载 20 多万吨武器装备和战争物资。护航军舰也很多，有 6 艘驱逐舰、4 艘护卫舰、2 艘防空舰、3 艘扫雷舰、4 艘反潜拖网渔船和 2 艘潜艇，专门负责对付德国潜艇和飞机。

另外，汉密尔顿率领 4 艘巡洋舰和 3 艘驱逐舰组成近距掩护编队，负责对付德军的驱逐舰编队。英国本土舰队部分兵力组成远距掩护编队，舰队司令托维率领 2 艘战列舰、1 艘航空母舰、2 艘巡洋舰和 14 艘驱逐舰负责对付德国舰队的主力舰。

无论在近海，还是在远海，英国强大的远距掩护编队都具有围歼德国主力舰的实力。英军制订作战计划把 PQ－17 护航运输队放在前面作为诱饵，引诱德军“提尔皮茨”号战列舰出战，把它一举围歼，彻底解除德国海军对北极航线的威胁。

德军掌握了大量情报。为攻击 PQ－17 护航运输队，德军决定派飞机、潜艇和水上舰艇协同作战。德军制订了代号为“跳马”的作战计划。

“跳马”计划将水上舰艇分成两部分：“提尔皮茨”号战列舰、“希佩尔海军上将”号重巡洋舰和 6 艘驱逐舰组成特隆赫姆舰群；“吕佐夫”号袖珍战列舰、“舍尔海军上将”号袖珍战列舰和 6 艘驱逐舰组成纳尔维克舰群。

6 月 27 日，PQ－17 护航运输队从冰岛基地向苏联驶去。从 7 月 2 日起，德国空军发动持续 3 天的大规模空袭。PQ－17 护航运输队不顾德国飞机轮番狂轰和恶劣天气，继续保持着队形。英国舰艇与德国空军激烈地交战，同时组织反潜作战，有力地掩护了护航运输队，竭力保护着商船安全。

按照原计划，近距掩护编队司令汉密尔顿马上向托维致电，请求他立即率领强大远距掩护编队火速向护航运输队靠拢，准备迎战德军主力舰。然而，与护航运输队保持四五个小时航程的托维编队遇到大片流冰，被迫打破出海以来的无线电静默，通知汉密尔顿编队，主力编队难以及时赶到。大片流冰使诱歼德国主力舰的计划破产。PQ－17 护航运输队很可能遭到德国主力舰攻击，处境十分危险。

英国海军第一大臣庞德召开紧急军事会议，研究 PQ－17 护航运输队所面临的危险局面。10 个小时后，PQ－17 护航运输队即将驶入德国主力舰主炮射程，德国主力舰能够在汉密尔编队射程以外轻松地把英军护航运输队的舰船击沉。

庞德向汉密尔顿发报：PQ－17 将难以逃过德国舰队攻击，与其前去送死，还不如立即分散船队单船闯过北极航线，并撤出护航军舰，尽量保全所有军舰。汉密尔顿立即向船队下达解散令，并率领护航军舰和近距掩护编队向西撤退，所有运输船分散开来，单船驶向苏联。

然而，德国主力舰并没有参加战斗，因为德军情报部门截获汉密尔顿与托维之间的电报，得知在 PQ－17 船队后边有大舰队，不敢出动主力舰队。

PQ－17 船队分散以后，遭到德军潜艇和飞机的前所未有的恐怖袭击。在巴伦支海西北广阔海域上，盟国的一些运输船遭到攻击而沉没。PQ－17 护航运输队 34 艘运输船、2 艘油船和 3 艘救生船中，有 2 艘运输船出海后不久就因搁浅而被迫返航。其余 37 艘船中有 23 艘运输船和 1 艘救生船被击沉。损失船舶吨位 14.4 万吨，损失所有物资的 60%。顺利到达苏联的物资包括 97 架飞机、164 辆坦克、896 辆汽车和 5.7 万吨战争物资，共约 7 万吨。

经过这次惨痛的教训，英国再三拒绝向苏联运送物资。6 月 28 日，德国 B 集团军群突破斯大林格勒方向的苏军防线，苏军全线溃退。苏联南部战场局势急转直下，对苏军十分不利。万般无奈之下，斯大林急忙向罗斯福求助。

8 月 12 日，美国护航运输队满载约 3000 吨物资，从英国格里诺克出发。后来，美国护航运输队经过斯卡帕湾到达冰岛。8 月 19 日，美国护航运输队从冰岛出发，驶向苏联。8 月 24 日，美国护航运输队顺利到达苏联，卸下货物后立即返航。8 月 28 日，美国护航运输队返回冰岛。

在美国和苏联再三请求下，英国又组建 PQ－18 护航运输队，包括 39 艘运输船、3 艘油船和 1 艘救生船。9 月 2 日，这支庞大的护航运输队从埃韦湾出发。

PQ－18 护航运输队拥有强大的护航舰队，还拥有搭载 15 架飞机的护航航空母舰。英国海军吸取上一次的惨重教训，在多艘运输船上装备 76 毫米舰炮和 20 毫米防空炮，使运输船具有自我防护能力。

德国多架侦察机发现护航船队，海军司令部马上出动附近海域的潜艇前去捕杀。英军护航舰艇虽然很多，但很难阻止德国潜艇偷袭，3 艘运输船被击沉。后来，在恶劣天气掩护下，护航运输队摆脱德国潜艇追杀。就在护航运输队即将进入苏军陆基航空兵的掩护半径时，德军突然出动 600 架次飞机前来空袭。在护航运输队强大的防空火力打击下，德军损失 40 架飞机，但盟军 10 艘运输船被击沉。德军承受不起如此损失，从此以后再也不肯在北极航线作战中投入如此多的空中力量。

PQ－18 到达目的地时，统计发现有 12 艘运输船和 1 艘油船被击沉，损失的船舶总吨位高达 7.5 万吨。

10—12 月，英国竭力为北非登陆做准备，大量护航军舰被调往地中海战区，无力再组建前往苏联的大型护航船队。

从 1941 年 9 月到 1942 年年底，英国和美国共向苏联组织 21 支护航运输队，运输船达 301 艘次，损失 53 艘，损失率高达 17.6%。苏联组织 16 支护航运输队，运输船达 232 艘次，损失 16 艘，损失率为 6.9%。盟国护航军舰损失了 2 艘轻型巡洋舰、5 艘驱逐舰、4 艘扫雷舰、1 艘猎潜艇和 1 艘潜艇。

1943 年 1 月以后，英美继续向苏联出动护航运输队。3 月以后，大西洋护航战逐渐升级，同盟国商船损失逐渐加大，急需大量护航军舰。3—11 月，英国和美国暂时停止北极航线的运输，把大量护航军舰调回大西洋。

5. 干掉德国海军最后的王牌

随着盟军在大西洋上的胜利，部分护航军舰又能调到北极航线。此时，盟军准备集中力量，一劳永逸地解决北极航线上的威胁。其重要任务是不惜一切代价击沉德军大型水面军舰——“沙恩霍斯特”号战列巡洋舰和“提尔皮茨”号战列舰。

“提尔皮茨”号战列舰战斗力虽强，但从未主动出海作战，因此英军首先要歼灭的对象是“沙恩霍斯特”号战列巡洋舰。因为“沙恩霍斯特”号战列巡洋舰有着传奇的战斗经历，在德国海军中有着非常高的名望，击沉它不仅可以消除北极航线上的危险，还可以极大打击德军士气。

英国人对“沙恩霍斯特”号战列巡洋舰恨之入骨。1939 年 11 月，“沙恩霍斯特”号战列巡洋舰在冰岛水域击沉英国“雷沃尔平迪”号轻型巡洋舰；挪威战役结束时，它击沉英国“光荣”号航空母舰；4 个月后，它又进入北大西洋，击沉 23 艘英国商船。英国海军每天都派飞机和大批舰只，监视其行踪，伺机将其歼灭。

更令英国人害怕的是，1942 年 1 月“沙恩霍斯特”号战列巡洋舰和“格奈森瑙”号战列巡洋舰和“欧根亲王”号重巡洋舰一起硬闯英军部署了大量海岸炮的多佛尔海峡。它突破英军严密的防线，击退追击的英军，重创防守的英军，最终顺利到达挪威海域，居然还没受伤。英国人认为这是奇耻大辱，渴望击沉它，挽回尊严。

1943 年 12 月 25 日 22 点，“沙恩霍斯特”号战列巡洋舰到达斯特杰诺岛，盯上了盟国护航运输队。谁知道，英国海军也早就盯上了它，正以“JW－55－B”运输队为诱饵，引诱其出海。

“JW－55－B”护航运输队的支援舰队是布鲁斯·弗雷泽率领的直布罗陀舰队，有“约克公爵”号战列舰等军舰；“RA－55－A”护航运输队的支援舰队是由伯内特率领的“贝尔法斯特”号巡洋舰、“诺福克”号巡洋舰和“谢菲尔德”号巡洋舰。

12 月 23 日，弗雷泽接到“JW－55－B”护航运输队遭到德国轰炸机攻击的报告时，认为躲在挪威峡湾中的“沙恩霍斯特”号战列巡洋舰可能会趁机拦截。当晚，弗雷泽率领支援部队出航，向“JW－55－B”护航运输队驶去。

12 月 26 日清晨，弗雷泽命令“RA－55－A”护航运输队向右行驶，躲进熊岛北面的航道；“RA－55－A”护航运输队的 4 艘护航驱逐舰——“无比”号驱逐舰、“步枪手”号驱逐舰、“凑巧”号驱逐舰和“泼妇”号驱逐舰加入伯内特率领支援部队，然后赶去支援“JW－55－B”护航运输队。

就这样，伯内特率领 3 艘巡洋舰从西面、弗雷泽率领主力舰队从东面，对埃里克·贝指挥的“沙恩霍斯特”号战列巡洋舰形成包围之势。弗雷泽占有绝对优势，“约克公爵”号战列舰火力远远强于“沙恩霍斯特”号战列巡洋舰。

12 月 26 日 9 点 24 分，“沙恩霍斯特”号战列巡洋舰被英军发射的信号弹照亮。扑面而来的暴风雪加上信号弹特别刺眼，导致德国人无法发现英国巡洋舰。英国三艘巡洋舰趁机炮击“沙恩霍斯特”号战列巡洋舰，将其雷达击毁。“沙恩霍斯特”号战列巡洋舰雷达报废后，一边撤退一边用舰尾主炮胡乱还击。

9 点 46 分，当“沙恩霍斯特”号战列巡洋舰向左迂回，改取东北航向时，伯内特猜出了德国军舰的真实目的，下令向西北航行，赶到护航运输队前面，等待“沙恩霍斯特”号战列巡洋舰自投罗网。

12 点 20 分，能见度只有 1 万米，“沙恩霍斯特”号战列巡洋舰上一位瞭望兵发现英国军舰，其主炮随即开火。英国军舰连忙还击，伯内特命令驱逐舰扑上去发射鱼雷。海浪翻滚，英国驱逐舰无法到达发射阵位。炮战持续了 20 分钟，“沙恩霍斯特”号战列巡洋就很识相地溜走了。

但是，“贝尔法斯特”号巡洋舰、“诺福克”号巡洋舰和 4 艘驱逐舰始终躲在射程之外跟踪“沙恩霍斯特”号战列巡洋舰航，始终不开火。伯内特死死地盯住它，不断向“约克公爵”号战列舰报告它的位置。

英国“约克公爵”号战列舰全速向德国“沙恩霍斯特”号战列巡洋舰扑去。16 点 40 分，“贝尔法斯特”号巡洋舰向“沙恩霍斯特”号战列巡洋舰发射照明弹，把它照得通亮。几分钟后，英国“约克公爵”号战列舰开火。6 颗 356 毫米穿甲弹在“沙恩霍斯特”号战列巡洋舰周围爆炸。“沙恩霍斯特”号战列巡洋舰旋转前主炮反击，同时高速撤退，躲避炮火。

此时，“沙恩霍斯特”号战列巡洋舰被英国军舰包围。它达到 31 节航速，仍未逃出英国“约克公爵”号战列舰的射程。随着巨大爆炸声，它的一座主炮中弹，几分钟内，大火烧到另一座炮塔。炮塔下面的弹药舱涌进冰水，运弹兵跳进弹药舱，抢运弹药。大火被扑灭了，但一座主炮瘫痪。

“沙恩霍斯特”号战列巡洋舰边战边退，用另一座前主炮和尾主炮还击。“约克公爵”号战列舰继续追击，不断发炮。

18 点 30 分，“沙恩霍斯特”号战列巡洋舰准备逃向北角和阿尔塔峡湾之间的秘密锚地。但是，英军“索马斯”号驱逐舰、“野人”号驱逐舰、“蝎子”号驱逐舰和“斯托尔德”号驱逐舰挡住了它。英国舰队围上来了。

“沙恩霍斯特”号战列巡洋舰尾、主炮胡乱射击，左舷副炮也胡乱射击。英国驱逐舰纷纷发射鱼雷。虽躲开 15 枚鱼雷，但舰桥仍被 1 枚鱼雷击中。“索马斯”号驱逐舰和“野人”号驱逐舰冒着炮火发射12 枚鱼雷，有3 枚鱼雷击中“沙恩霍斯特”号。

舰体上燃起了大火，把舰体上的海水烧得滚沸。舰员们在浓烟滚滚的通道上胡乱地奔跑。海水冲进底舱，舰体突然倾斜。19 点，英国“约克公爵”号战列舰赶来，用356 毫米主炮一阵狂轰。“沙恩霍斯特”号战列巡洋舰变成一艘火船。

19 点 30 分，“沙恩霍斯特”号战列巡洋舰舰长欣茨下令弃舰。英国海军 3 艘巡洋舰和 8 艘驱逐舰监视着它。“凑巧”号驱逐舰、“泼妇”号驱逐舰、“步枪手”号驱逐舰和“无比”号驱逐舰驶入近前，用机枪扫射。19 点 45 分，“沙恩霍斯特”号战列巡洋舰彻底沉入大洋深处。

随着“沙恩霍斯特”号战列巡洋舰的沉没，北极航线的态势发生了重大转变，德军大型水面舰艇只剩下从未主动出战的“提尔皮茨”号战列舰。“提尔皮茨”号战列舰是“俾斯麦”号战列舰的姐妹舰，停泊在挪威北部阿尔塔峡湾。德军在峡湾沿岸配置了很多高射炮，还设置了 3 道防鱼雷网。1942 年，英国海军多次出动航空母舰围攻“提尔皮茨”号战列舰，但由于它的装甲太厚和被不断施放的烟幕影响，行动都失败了。“提尔皮茨”号战列舰成为英国人迫切想干掉的目标。

英国人苦思冥想，最终决定用 X 型袖珍潜艇装上烈性炸药，配上定时导火索，悄悄前去攻击“提尔皮茨”号战列舰。爆炸破坏了“提尔皮茨”号战列舰的主机、照明设备和电机装置，导致其整个冬天都无法参战，但并没有将其炸沉。

1944 年 5 月 15 日，27 架“梭鱼”式轰炸机自“胜利”号航空母舰和“暴怒”号航空母舰上起飞，在大批“海盗”式战斗机、“海火”式战斗机率领下，扑向阿尔塔峡湾。阿尔塔峡湾上空乌云密布，机群投掷炸弹，但没有成功。

7 月 17 日，坎宁安出动“不倦”号航空母舰和“可畏”号航空母舰再次发动空袭。94 架飞机飞到阿尔塔峡湾上空。防空炮火非常猛烈，再加上近百部发烟装置喷出的烟雾，抢在英国飞机攻击以前罩住了峡湾。英军轰炸机胡乱地投掷了炸弹。“提尔皮茨”号战列舰又一次幸免于难。

8 月 22 日，坎宁安出动 5 艘航空母舰，98 架舰载机分成两个机群，轮番攻击“提尔皮茨”号战列舰。同样，烟雾笼罩，防空炮火猛烈，“提尔皮茨”号战列舰损失轻微。

坎宁安非常恼火。德国陆军是强势兵种，盟军尚且在诺曼底登陆成功，进行了反攻；而德国海军是弱势兵种，盟军居然奈何不了一艘从未主动出海一战的“提尔皮茨”号战列舰。坎宁安决心不惜一切代价炸沉“提尔皮茨”号战列舰。

“提尔皮茨”号战列舰有两点让英军无可奈何，一是烟幕；二是它的装甲。而英军能做到的唯有空袭飞机能赶在烟雾散开以前轰炸它。英军认为，只要“提尔皮茨”号战列舰出港，就用鱼雷机把它击沉。“提尔皮茨”号战列舰非常机警，从不出港。因为德国意识到，保住“提尔皮茨”号战列舰本身就对英国有着巨大的威慑意义，而出战的话，一定会遭到英国海军优势兵力的围堵。

阿尔塔峡湾的水很浅，两岸还有陡峭的悬崖，英军的鱼雷机无法攻击其水线以下薄弱部分。英军出动最先进的飞机，对此数次空袭，还是无法炸沉它。英国方面想出的最终最好的办法就是用特制的炸弹进行轰炸。

1944 年 9 月初，英国皇家空军派第 5 轰炸机部队第 617 飞行中队 27 架“兰开斯特”式重型轰炸机带着特制炸弹去炸“提尔皮茨”号战列舰。结果，在一场激战后，“提尔皮茨”号战列舰被炸成重伤。

舰长荣格将伤情报告给邓尼茨。此时，德军正在欧洲战场上节节败退。盟军占领比利时重镇安特卫普和首都布鲁塞尔，苏军进军芬兰，一支盟国先头部队，将战火推到德国边界。

9 月 23 日，邓尼茨命令荣格：不要再修“提尔皮茨”号战列舰了，想办法把它开往特罗姆塞，当海岸浮动炮台使用。因德军准备在特罗姆塞抵抗盟军在挪威登陆。“提尔皮茨”号战列舰的舰炮很猛，能够封锁住出入峡湾的航道。

然而这个命令加速了“提尔皮茨”号战列舰的灭亡。“提尔皮茨”号战列舰在阿尔塔峡湾时，遇到空袭释放烟幕，由于地理环境原因，烟幕不会迅速消失，能起到一些保护作用，而到其他地方，就不存在烟幕问题了。

1944 年 10 月 15 日，“提尔皮茨”号战列舰驶出阿尔塔峡湾，安全到达哈科依锚地。英军很快查明其新抛锚地，派出大量飞机轰炸。

为了安全起见，希特勒把空军 1 个战斗机中队自芬兰调到特罗姆塞附近的巴杜福斯机场，负责掩护“提尔皮茨”号战列舰。遗憾的是，这个战斗机中队并未起到任何保护作用。

11 月 12 日，英国轰炸机群全部单独飞行，没有编队，以造成侦察机的假象欺骗德军。德军雷达站发现英军飞机后，舰长荣格请求巴杜福斯空军基地出动战斗机拦截。基地司令以英国飞机作战企图不明为由，拒不出动战斗机。

8 点 30 分，英军轰炸机群在特罗姆塞集结，编为 4 队，向“提尔皮茨”号战列舰扑去。荣格下令炮手各就各位，脱去主炮、副炮和防空炮炮衣，炮膛装好炮弹，炮口瞄准东南天空。发烟装置开始喷放烟幕。林根峡湾水面宽阔，不像阿尔塔峡湾的两岸有悬崖，浓烟很快被吹散，“提尔皮茨”号战列舰暴露了出来。

9 点 38 分，英国飞机群冒着德军的炮火冲向“提尔皮茨”号战列舰。3 分钟后，5.5 吨重的特制炸弹纷纷坠落，扑向“提尔皮茨”号战列舰：第 1 颗炸弹落在 B 炮塔附近把 B 炮塔炸碎，第 2 颗炸弹穿透水上飞机的弹射轨道，钻进左舷锅炉舱上面的甲板，把左舷外板炸开一个大洞；第 3 颗炸弹把左舷 3 号副炮炸得大开；第 4 颗炸弹落在左舷 2 号副炮附近，摧毁了 2 号副炮和弹药室，炸毁了左舷的 2 号锅炉舱……大量海水进入“提尔皮茨”号战列舰内，舰体不停地向左倾斜。

9 点 45 分，荣格下令弃舰。9 点 52 分，“提尔皮茨”号战列舰左倾 135°，沉入海底。

为了对付“提尔皮茨”号战列舰，英国海军出动大批战列舰、航空母舰、巡洋舰和驱逐舰，对“提尔皮茨”号战列舰前堵后截，狂轰滥炸。英国空军出动了 200 架飞机、海军共出动了 400 架舰载机，对“提尔皮茨”号战列舰前后进行了 13 次大规模空袭。英国人这种不屈不挠的精神，令德国人生畏。

德国海军最后一艘王牌战列舰沉没。在德国海军司令部内，邓尼茨忧心忡忡。他一向偏爱潜艇，瞧不起笨拙的战列舰。他当上海军总司令后，对巨舰大炮的威力深有感触。“提尔皮茨”号战列舰从未参加过任何一场正儿八经的海战，但作为一艘战列舰，它的存在就是对盟军运输船队的巨大威胁。同时，它在北海牵制了英国皇家海军本土舰队的大部分兵力，使其不敢在其他地方放手用兵，这不得不说它是德国海军实现大西洋交通破袭战术最成功的一艘军舰。只不过，无论它多抗打，能牵制多少英国海军，但毕竟实力有限，德国战败大趋势已经无可挽回，“提尔皮茨”号战列舰最终也不可避免地以悲剧结束了。

第九章
不同利益集团，国际势力分化组合

由于列强之间发展不平衡，世界各国之间利益不一样，逐渐演变成法西斯集团和反法西斯集团。两个集团的形成也是另一条战线上斗争的结果，但归根结底是由各国根本利益决定的。

1. 高举反共旗号，德意日互相勾结

为了侵略世界，纳粹德国、意大利和日本三个法西斯国家勾结，建立起了为争霸世界而结成的侵略性政治军事同盟。这一同盟是由其侵略本性决定的，是国际上各种势力分化组合的必然结果。

在战争过程中，纳粹德国、意大利和日本逐步勾结起来并不是偶然的。它们在历史传统、社会政治制度、意识形态等方面存在着相似之处，且第一次世界大战后，它们在帝国主义争霸斗争中有着共同的利益关系，都崇尚以武力手段夺取利益、实现自己的目标。

最先挑起世界大战的是日本。1931 年“九一八”事变，日本侵占中国东北三省，并不断扩大侵略战争，企图独霸中国。这不仅激起中国人民的反抗，也加剧了日本与欧美列强的矛盾，催生了国际势力的分化组合。

“九一八”事变后，国际联盟虽然在行动上实行绥靖政策，但在名义上还是给予了日本谴责。1933 年 2 月，由英法操纵的国际联盟通过决议，申明不给伪满洲国以事实上或法律上的承认。1932 年 1 月，一向主张“门户开放，利益均沾”的美国，更是由国务卿史汀生发表“不承认主义”的声明，表示美国不承认日本侵华所造成的“任何既成事实的合法性”。

日本法西斯原本是侵略者，竟然认为国际联盟“不公平”，于 1933 年 3 月 27 日退出国际联盟。此后，日本在国际上比较孤立。为了同欧美列强相抗衡，进一步发动全面侵华战争，日本急需在国际上寻找盟友，其目光投向了正在欧洲崛起的纳粹德国。

1934 年 3 月，日本派“德国通”大岛浩为驻德武官。临行前，陆军参谋本部情报部欧美课长饭村穰曾指示大岛浩，要着重探索日德间进行情报合作的可能性。

第一次世界大战后，德国因在中国没有太大利益关系，并不强烈谴责日本的侵略行动，却有与日本相同的愿望。1933 年 1 月希特勒上台时，德国还受《凡尔赛和约》束缚，军事上孱弱，外交上孤立。希特勒羽翼未丰，对内的主要任务规定为“铸造神剑”，对外的任务是“寻觅战友”。所谓“铸造神剑”，就是扩军备战；所谓“寻觅战友”，就是寻找同盟者，组织侵略性集团。

1933 年年初，希特勒就曾与里宾特洛甫商讨过与日本结盟的可能性。1933 年 10 月，德国退出国际联盟前夕，希特勒就对德国驻日本大使狄克森表示，德国“要与日本建立更为紧密的联系”。

当时，意大利作为第一次世界大战的战胜国，同英国、法国等国还保持着比较密切的关系。意大利法西斯头子墨索里尼向来以奥地利的“保护者”自居，不许纳粹德国染指奥地利，对于希特勒建立“大德意志”的叫嚣很不以为然。1934 年 7 月，当奥地利总理陶尔裴斯被纳粹分子暗杀时，墨索里尼曾下令在勃伦纳山口增兵威胁。此外，德、意在巴尔干的南得罗尔和的里雅斯特问题上也有利害冲突，一时还妨碍着它们相互接近。希特勒只好先尝试着与日本结盟。

1935 年 5—6 月间，日本驻德武官大岛浩同里宾特洛甫的助手哈克就德日结盟问题开始接触。由于高喊反共反苏能给德国带来很多好处，哈克提议在两国间缔结针对苏联的防务协定。大岛浩向日本参谋部请示后表示，不反对德国的建议，希望就协定的范围、内容和形式做更详细的研究。

1935年年底，日方派出参谋本部情报部欧美课德国组组长若松前往德国访问时，里宾特洛甫提出德国和日本缔结《反共产国际协定》建议。若松表示，日本陆军方面也有同样的意思。回东京后，若松向参谋本部汇报了情况。

1936年2月26日，日本发生“二·二六政变”。政变失败后，统制派法西斯在军部占了上风。日本国内政治和社会生活全面法西斯化。

为了发动全面侵华战争，日本与德国勾结的愿望更加迫切。日本陆军主动与外务省联系，以推进与德国的谈判。1936年4月2日，有田八郎出任日本外相后，日德之间的谈判便由日本驻德国大使武者小路和里宾特洛甫通过正式外交途径进行。

7月上旬，德方正式向日方提出经希特勒亲自审定的《反共产国际协定》草案和秘密附件。8月7日，日本广田弘毅内阁五相会议通过《基本国策纲要》，确定“一方面确保帝国在东亚大陆的地位，另一方面向南方海洋发展”的侵略方针。同日，日本又通过《帝国外交方针》，决定“实行日德合作”。日本对与德国合作表现得十分积极，德日谈判也进展顺利。

1936年11月25日，德国与日本签订《反共产国际协定》。协定包括序言、三项条款和一个附属议定书。规定：双方“相约对于共产国际的活动相互通报，并协议关于必要的防止措施”；双方将邀请“因共产国际的破坏工作而国内安宁感受威胁的第三国”加入协定；协定有效期为5年。双方同时还签订一个秘密附属协定，规定缔约的一方同苏联作战时，另一方不得采取实质上会改善苏联处境的任何行动，双方并保证不同苏联缔结同《反共产国际协定》精神相违背的政治协定。

德日签订《反共产国际协定》是法西斯在侵略道路上勾结的重要步骤。这一协定公开针对苏联，事实上具有很大的欺骗性，因为它也是打着“反共”旗号针对英国、法国、美国等国家的，只不过是以此旗号分化对手，哄骗那些绥靖主义者而已。

在协定签订后，里宾特洛甫曾表示，形式上我们还要把苏联作为敌人。然而实际上，我们完全应该把英国作为敌人。日本驻英大使吉田茂直言不讳地说，尽管军部说防共协定只不过是反共的意识形态问题，但这完全是借口。骨子里显然是和德意联合起来对抗英国和法国，并进而对抗美国。

希特勒希望将全世界的法西斯联合起来，一起侵略扩张，瓜分世界。在德日进行谈判的同时，德意关系也开始亲近。正好发生的两件事促成了德意走近，即 1935 年 10 月意大利入侵埃塞俄比亚和 1936 年 7 月后德意共同干涉西班牙内战。

意大利悍然入侵埃塞俄比亚后，英国和法国虽然实行绥靖政策，并没有采取有效的制裁行动，但德国却在暗中支持，只在表面上对意大利进行了谴责，这让意大利对英国和法国很不满，而德国够义气。意大利窥破英国和法国的虚实后，决定与纳粹德国联合。

1936 年 7 月西班牙内战爆发后，英国和法国采取不干涉政策，而德国和意大利法西斯都站在佛朗哥叛军一边，进行公开武装干涉，双方立场更趋接近，更彰显其“志同道合”。有了这次相互配合的战斗经历，双方都感到有必要调整彼此之间的利害冲突，以便为发动重新瓜分欧洲和世界的战争而加紧合作。

1936 年 10 月下旬，意大利外交大臣齐亚诺访问柏林。希特勒在同齐亚诺谈话时表示，德国和意大利联合起来，不仅可以对付布尔什维克主义，而且还可以同包括英国在内的列强对抗。如果德意联合起来，英国“不仅将抑制住自己不同我们打仗”，“还将寻求同这一新政治体制”的妥协。这美好愿景正好说到意大利人的心坎儿里去了。

10 月 25 日，齐亚诺与时任德国外长牛赖特签订了一份秘密议定书。其主要内容为：德国承认意大利对埃塞俄比亚的吞并，而意大利在德国吞并奥地利问题上“听其自然发展”，不再干预；德、意两国在多瑙河流域和巴尔干划分势力范围；两国在重要国际问题上采取共同方针，并承认西班牙佛朗哥政权，进一步加强对西班牙叛军的军事援助。

这个议定书是德、意建立侵略同盟道路上的一个重要里程碑。几天后，墨索里尼在米兰发表演说，公然称这个协定构成了罗马—柏林的“轴心”。

德国与日本缔结《反共产国际协定》后，意大利也表示希望加入。墨索里尼主动表示：意大利将准备在沈阳开设总领事馆——事实上承认伪满洲国。不过，日本担心过早与意大利接近会给西方列强以不必要的刺激，因而没有同意让意大利加入协定，但同意两国于 1936 年 12 月订立协定，彼此承认对外侵略战争中占领的土地。

“七七事变”后，意大利对日本表示声援，不仅在布鲁塞尔九国公约会议上替日本辩解，还停止向中国输出武器，从行动上支援日本。为了打破在国际上的孤立处境，日本在 1937 年 10 月 20 日同意意大利参加《反共产国际协定》。11 月 6 日，意大利正式加入《反共产国际协定》。

虽然《反共产国际协定》还算不上军事同盟，缔约各方尚未承担在军事、经济、外交等各方面合作的义务，但它的签订表明，德、日、意三个法西斯国家在各自对外侵略扩张的过程中，感受到了互相接近和联合的必要，并逐步付诸行动。希特勒把这个联盟说成是“伟大的政治三角”“三个国家联合起来了。起初是欧洲轴心，现在是世界的大三角”。不难看出，《反共产国际协定》的签订是德、日、意侵略同盟初步形成的标志，是它们对法西斯侵略的公开认同。

2. 轴心国军事同盟，法西斯掀起瓜分世界狂潮

1937 年 7 月 7 日，日本发动全面侵华战争。希特勒蠢蠢欲动，在 1937 年 11 月 5 日召集勃洛姆堡、弗立契、雷德尔、戈林、牛赖特召开秘密决策会议，提出发动世界大战的战略计划和时间表。德国和日本都想扩大战争，有加快相互联合进程的意愿。

不过，德国和日本在华利益还有些小冲突。从 20 世纪 20 年代开始，德国同中国国民政府保持着较密切关系。德国向中国派遣军事顾问、供应武器装备，换取所缺乏的工业原料和外汇。

日本发动全面侵华战争后，就想方设法破坏中德关系，以达到孤立中国的目的。而随着形势的发展，德国也不得不在中国和日本之间做出取舍。

1938 年 1 月 2 日，里宾特洛甫向希特勒呈送一份备忘录。备忘录提出，德国以武力改变中欧的现状，势必导致与英国、法国相冲突。为了牵制英国的军事力量，使其无法给法国以有效的支持，德国必须同日本和意大利结成紧密的军事同盟。

希特勒极为赞同，于 2 月 4 日任命里宾特洛甫为德国外长。为了维护在华利益并改善同日本的关系，德国于 1938 年 2 月正式承认伪满洲国，7 月停

止向中国出售武器，召回军事顾问。

早在1938年1月，纳粹德国就通过日本驻德武官大岛浩，向日本提议缔结一个既针对苏联又针对西方列强的德、日、意三国军事同盟条约。德国提出“缔约双方应当无条件地对进攻缔约一方的敌人宣战”。

日方在接到德方提议后，在首相近卫文麿、外相宇垣一成、藏相池田成彬、陆相板垣征四郎和海相米内光政五相会议上，讨论有关德日同盟条约的问题。日本统治集团内部发生严重分歧。外务省和海军认为，日本发动全面侵华战争已深陷于“中国泥淖”，外交上十分孤立，不宜再同西方国家为敌。他们希望同盟条约只针对苏联，但不应针对英国和法国。陆军认为，日本要独占中国，必然导致其与苏联及西方国家的矛盾尖锐化，同德国结成军事同盟，利用德国牵制苏联和西方国家，将有助于日本顺利解决“中国事变”，并进而在东亚放手行动。日方未能形成统一方案，日德谈判也就无法顺利地进行。

1938年9月，希特勒通过《慕尼黑协定》，兵不血刃地控制捷克斯洛伐克的苏台德区，完成占据中欧战略要地的战略步骤。德国下一步的侵略计划将要在西线同英国和法国正面对峙，以建立在欧陆的霸权地位。希特勒清楚意识到，无论德国下一个具体目标是什么，都必然会导致德国与英国矛盾尖锐化，再要重演“不流血的征服”将变得极为困难。希特勒希望利用日本牵制英国。

在亚洲，日本近卫文麿内阁于1938年11月3日发表建立“东亚新秩序”声明，其独霸亚洲—太平洋地区的意图暴露无遗。美国、英国、法国等国先后发表声明，抗议日本。1939年1月3日，近卫文麿内阁辞职，新首相是平沼骐一郎。平沼骐一郎竭力主张和德国、意大利合作，缔结军事同盟。日本对三国同盟的态度发生了改变。

1939年3月，德国公然撕毁《慕尼黑协定》，出兵侵占捷克斯洛伐克剩余部分，又对波兰发出战争威胁。英国、法国向波兰等国做出安全保证。英国、法国、苏联也开始就制止德国侵略扩张问题展开谈判。在欧洲局势急剧紧张、大战迫在眉睫之际，德国与日本缔结军事同盟的愿望更强烈。

1939年5月，德国外交部条约局局长高斯向日方提出妥协案：以日方意见为基础，加进一些德方要求；以德方意见为基础，加进一些日方要求。5

月7日，日本五相会议同意以第一套方案为谈判基础。

6月5日，日方向德方提出最后提案，未满足德方要求。德国对日本加紧施加压力，日本一些军方法西斯分子也催促政府同德国缔结同盟条约。1939年8月7日，陆军大臣板垣征四郎晋见平沼骐一郎首相，要求重新考虑三国条约问题。

与此同时，欧洲形势又发生巨大变化。为了避免发动欧战时陷于两线作战困境，希特勒主动向苏联伸出橄榄枝。为了打破英法挑动苏德战争的阴谋，确保自身安全，苏联于1939年8月23日同德国签订《苏德互不侵犯条约》。德国暂时已无必要继续与日本谈判。

日本不啻挨了当头一棒。平沼骐一郎把苏德签订条约看成是德国对《反共产国际协定》的背叛和拒绝同日本结成军事同盟。8月25日，日本五相会议决定停止三国同盟条约交涉。德日结盟谈判暂时中断。

在德日进行谈判的同时，德意之间也在就缔结军事同盟条约问题进行频繁磋商。在慕尼黑会议期间，希特勒曾向墨索里尼提出意大利参加德日军事同盟问题，墨索里尼原则上表示同意。

1939年3月17日，齐亚诺对德国驻意大利大使马肯森表示，意大利“毫无保留地同意”德国占领捷克斯洛伐克剩余部分的行动。4月7日，意大利入侵阿尔巴尼亚。希特勒随即表示支持。4月中旬和5月初，德国空军司令戈林和外长里宾特洛甫先后访问意大利，讨论德意两国建立双边同盟问题。

经过一连串幕后交易，5月22日，里宾特洛甫和齐亚诺在柏林签订德意同盟条约。这个被称为“钢铁盟约”的军事同盟条约规定：德意互相承担义务，在涉及它们共同利益和整个欧洲局势的问题上进行磋商，如果一方的安全和其他重大利益受到外来威胁，另一方将给予充分的政治和外交支持；如果一方卷入同一国或数国的军事冲突，另一方将立即以全部军事力量给予援助；双方共同作战时，必须在互相取得完全一致的情况下，才能缔结停战协定与和约。

“钢铁盟约”的缔结是德意勾结、发动战争的重要步骤，其内容比《反共产国际协定》大大前进一步，规定双方都承担军事义务。然而，德意的“团结”并不像它们自己吹嘘的那样“坚如钢铁”。当时，意大利面临的迫切问题是强化对埃塞俄比亚的占领。它在军事上、经济上尚未为参加德国所准备发动的欧洲战争做好准备。同时，在争霸斗争中惯于依附强者的意大利，并不愿意在欧洲局势发生有利于法西斯国家的重大转折前就把赌注全部押到德国一方。

1939 年 8 月下旬，在德国入侵波兰前夕，意大利临阵退缩。在 1939 年 9 月德国入侵波兰、英国、法国对德宣战后，意大利却宣布自己是“非交战国”。

打败法国后，根据其既定侵略计划，希特勒准备挥戈向东入侵苏联。7 月 31 日，他在高级军事会议上宣布第二年春天进攻苏联的决定。对德国来说，同日本缔结军事同盟，利用日本的力量牵制美国、英国，夹击苏联的问题又提上日程。意大利看到德国在西欧胜利，在法国败局已定的时刻，于 6 月 10 日匆匆向英法宣战，完全站到德国一边。

法国败降后，日本对于缔结三国军事同盟问题的立场也发生重大变化。1939 年 8 月苏德签订互不侵犯条约，日本外交政策受到猛烈冲击。德国入侵波兰后，日本政府奉行“避免卷入”的政策，企图等欧洲局势明朗化以后再做决断。

随着法国败降，一方面，日本为德国在欧洲发动“闪电战”的战果所鼓舞，认为南洋一带殖民地已由于法国、荷兰等宗主国的败降而成为“真空地带”，是实行“南进”、建立“大东亚共荣圈”的天赐良机；另一方面，侵华战争使数十万日本军队被拖在中国战场上，造成日本战略上严重失调和经济上负担沉重，日本侵略者又企图通过“南进”，攫取东南亚丰富的战略资源，维持侵华战争，促进“中国事变”的解决。日本统治集团内部的“南进论”甚嚣尘上，与德意缔结军事同盟重新成为紧迫的问题。

1940 年 7 月 22 日，在日本政府与大本营联席会议上，通过《适应世界局势发展处理时局要纲》。其中规定，首先要把对德国、意大利、苏联三国的政策作为重点，特别要迅速加强同德意两国的政治团结。

1940 年 9 月 7 日，德国派遣特命全权代表施塔默尔前往东京，同日本外相松冈洋右举行会谈，并在取得相似意见后拟定草案。9 月 19 日，日本天皇裕仁在全体内阁成员和陆海军最高首脑出席的会议上，认可施塔默尔—松冈洋右会议所议定的三国同盟议定书。

9月19—22日，德国外长里宾特洛甫访问罗马，同墨索里尼、齐亚诺举行会谈，就德意双方在政治上和军事上进一步互相支持达成协议，并说服意大利接受三国同盟条约。

1940年9月27日，德国、日本、意大利在柏林签订为期10年的同盟条约。其主要内容为：日本承认并尊重德国和意大利在欧洲建立“新秩序”的领导权；在缔约国一方遭受尚未参与欧战或中日冲突的国家攻击时，三国保证以政治、经济、军事之一切手段互相支援。

与此同时，德日意三国还签署建立三个委员会（总委员会、军事委员会和经济委员会）的协议。总委员会的任务在于协调三国的大政方针；军事委员会和经济委员会的任务则是解决三国间协同作战和相互进行经济援助的问题。

德国、日本、意大利在发动侵略战争的道路上全面勾结起来，结成了比较紧密的军事同盟。1940年11月20日，匈牙利霍尔蒂政府签署加入三国条约的协定书；1940年11月23日，罗马尼亚安东尼斯库政府签署罗马尼亚加入三国条约的协定书；斯洛伐克傀儡政权也于1940年11月24日签署加入这个条约的议定书，两天后又宣布取消。另外，西班牙佛朗哥政权虽然没有正式签署协定，但在实际上参加了这个集团。法西斯国家从此形成一个以德国、日本、意大利为核心的侵略集团。

三国同盟条约签订第二年，德国法西斯就悍然发动侵苏战争，然后日本发起太平洋战争。1942年1月18日，德日意又签订军事协定，以东经70°为界，划定了各自的作战区域。法西斯侵略战争由局部战争最终演变成了世界性的战争。

3. 米尔斯克比尔，英法难以解开的心结

轴心国之间有些小矛盾，但它们都是法西斯国家，对待侵略的态度相同，面临的国际环境类似，那些小矛盾随着时局的变化而最终消除，他们很快勾结在一起。而反法西斯同盟国家之间的结盟说简单也简单，说复杂也复杂。因为，有些国家之间的矛盾比较大，甚至一度达到开火程度。这不是英国、法国、美国等资本主义列强反苏联，而是英国、美国反维希法国。

在欧洲全面战争爆发前，英国劝说法国对德国法西斯采取绥靖政策，将

法西斯祸水东引，坐收反苏的渔翁之利，法国积极配合英国行动。但是，英法都没想到，纳粹德国势力迅速膨胀后，首先对付的不是苏联，而是它们。因此，战争爆发后，就有部分法国人怨恨是英国连累了他们。

纳粹德国在西线发起闪电战，绕过马其诺防线，一举击败英法比荷联军，大军直扑法国首都巴黎。荷兰和比利时先后投降，法国面临着灭亡危机，而此刻英国想到的不是增兵支援法国，而是从法国大陆上撤兵。这让部分法国人感到被英国出卖了。

法国残兵独自面对占有绝对优势纳粹德国的精兵强将，最终选择了投降。一部分人将法国灭亡的根源归结到英国的背叛上，非常仇恨英国；而不愿意投降的少部分人随着戴高乐流亡到英国，建立了自由法国流亡政府。维希法国人也认为这是英国在分裂法国。

至此，英国和法国名义上是盟友，但这个法国也仅仅指流亡英国的自由法国，维希法国在内心深处是将英国当作敌人的。而英国接下来的举动，让维希法国人更加痛恨英国。

法国战败是陆军战败，海军基本势力保持完好。仅次于美国、英国、日本的法国海军成为德国和英国争夺的主要目标，而且谁掌控了法国海军，就意味着胜利的天平倾向谁。而维希法国也正是凭着海军实力尚在这点资本维系的。

法国战败投降后，英国成为希特勒下一个征服目标。德军要入侵英国，必须要有强大舰队，打败英国海军，横渡英吉利海峡。德国总体军事实力强于英国，但海军却远远不及英国。当时，德国海军总吨位只有英国皇家海军总吨位的35%，而意大利海军是一支二流海军，英国皇家海军有实力单独能够对付德意联合舰队。这也是英国坚决不投降，抵抗法西斯侵略的唯一资本。

不过，如果法国海军加入德国和意大利一方，或因某种不幸落入德国或者意大利手中，那么，它们就会夺得地中海的制海权，严重威胁英国的“生命线”，而且德军在英国本土登陆也将会变成现实。一旦英国海外运输线被切断，其本土又遭到具有强大海军实力的德意联合舰队进攻，英国也将难以自保了。因此，法国投降，最忧心的除了不甘心投降的法国人外，还有英国人。

6 月 18 日，希特勒对墨索里尼说，如果法国舰队开往英国，将大大加强英国的力量，此事关系重大，不得不对法国做一些让步，或者至少做出某种保证。6 月 19 日夜里，德军逼近波尔多。法国维希政府决定在波尔多接受德国提出的停战条件。

6 月 21 日夜里，法国维希政府收到德国提出的停战条件。其中，第 8 款涉及法国舰队："除法国保卫帝国利益的船只外，都要集中到指定港口在德国监督下解除武装。德国同时宣布，无意使用这些船只为自己服务。"从这一条看得出，德国对法国的投降条件是比较优裕的，因为德国没有实力夺取法国的舰队，最好的办法就是让其舰队保持中立，不为英国等反法西斯国家所利用。

《法德停战协定》第 8 款让英国极为不安。丘吉尔认为，该款意味着要法国交出舰队给德国。他抱怨说："（法国人）曾经给我们的郑重承诺是，在任何情况下舰队都不会落入德国手中……但从这项条款（第 8 款）看，很明显，法国舰队将全副武装移交给德国或意大利。"

6 月 22 日上午，在贡比涅森林，法国与德国签署《法德停战协定》。根据《法德停战协定》，从瑞士日内瓦至都尔以东 20 千米以北，再从此往南与大西洋沿岸平行，至比利牛斯山为止，以上法国领土由德军占领。这等于把法国在大西洋沿岸的所有港口、海军基地以及最重要的工业区和富饶的农业区全部交给德国。而法国维希政府只保留南部法国与法属北非殖民地的管辖权——那些地方由维希法军进行管理，并不许通敌。

此外，为了消除法国的疑虑，希特勒又向维希政府保证，德国政府对法国政府庄严地宣布，它无意使用在德国监督下的港口所停泊的法国舰队来为自己作战。而且，德国政府还庄严而明确地宣布，在签订和约时，他们无意对法国舰队提出任何要求。

法国人认为，《法德停战协定》使法国保住了自己的舰队，至少它不会完整地移交给德国人，这一规定比他们"预料的要好"。但是，不论是英国驻法国大使，还是英国领导人看到这一条款时，第一感觉都是法国人把舰队的支配权完全交给了德国人。英国政府电令驻法国大使坎贝尔向达尔朗坚决表示，如果不能把舰队交给英国或美国，就必须把它凿沉。

丘吉尔认为，希特勒一向轻诺寡信，在欧洲外交舞台上的信誉十分低。

他的保证并不能让人心里有谱。在他看来，希特勒随时都可能找个借口废除《法德停战协定》，夺取法国舰队的控制权。丘吉尔决定，要不惜任何代价，甘冒任何风险，采取一切措施，阻止法国舰队落入德国和意大利手中。

由于法国停战已成定局，英法双方在法国舰队问题上的矛盾无法调和，英国遂于6月22日晚下令召回驻法国大使坎贝尔。同时，英国召开内阁会议，研究对策。在6月22日当晚的内阁会议上，丘吉尔点名强调法国几艘主要战列舰绝不能落入德国人或者意大利人手中。由于对法国海军司令达尔朗的保证还存在幻想，内阁最终决定，由海军大臣和第一海务大臣通过私人信笺的形式向达尔朗以及其他法国海军将领进一步发出呼吁。

当天下午，英国政府指示驻法国大使坎贝尔：法国政府显然无能为力，我们只能指望达尔朗。德国提出的停战条件使舰队完全由德方支配，德国的许诺绝不可靠。坎贝尔必须向达尔朗坚决表示，如果不能把舰队交给英国或美国，就必须把它凿沉。

由于英国此前的一系列举动让法国人有被出卖的感觉，法国海军总司令达尔朗根本不相信英国人，更不愿意配合英国人。他怀疑英国正试图借机把法国舰队和法国殖民地弄到手中。

在同美国大使布利特谈话时，达尔朗表示：法国绝不会把舰队派往英国。因为我有把握地认为，英国人决不会归还法国舰队的任何一艘舰。如果英国打赢了这场战争，它将给予法国的待遇不会比德国所能给予的更慷慨。达尔朗虽然表面上多次向英国保证法国舰队绝不会落入德国人手中，但实际上从未打算满足英国人的要求。

6月24日，法国海军总司令达尔朗向全体海军舰队下达了最后的密码命令：秘密进行准备，在敌人或前盟国试图接管并使用舰只时将舰只凿沉……在任何情况下，舰只不得完整无损地落入敌人手中。不难看出，达尔朗的态度是，法国舰队既不能给德国人、意大利人，也不能给英国人或者其他国人，在实在迫不得已时，可以选择将军舰凿沉。

英国内阁在24日12点、18点和22点30分连续三次召开会议，讨论法国舰队归属问题。丘吉尔在12点的会议上评价法国停战造成的后果时指出：他们破坏了他们与我们之间达成的郑重的条约义务，而且目前完全处于德国的控制下；他们将允许他们的全部资源落入敌人手中，并被用来对付他们先前的盟友。

24 日 18 点的内阁会议决定：禁止法国舰只驶离英国港口；尽力将公海上的法国船只全部引导到英国港口。22 点 30 分的内阁会议则探讨了摧毁法国舰队计划的可行性。

丘吉尔一再强调，不要看重那些私下的保证，无论法国人可能从德国人那里得到什么样的保证，我们都无法防止敌人获取那些船只，除非它们都被凿沉或为我们所控制……如果我们决心阻止那些舰只易手，我们就应该赶快行动。

1940 年 6 月 27 日，英国战时内阁召开会议，正式决定对法国舰队采取军事行动，目标是“夺取、控制所有英国人能接近的法国舰队，或有效地使之失去作用，或予以击毁”，时间暂定在 7 月 3 日，具体行动计划由海军部拟订，该计划被命名为“弩炮”计划。

英国皇家海军地中海 H 舰队司令萨默维尔负责执行“弩炮”计划。7 月 2 日 1 点 08 分，英国海军部对萨默维尔发出命令，让他向法国舰队提出“在缔结停战协定之前，法国舰队须开往英国港口，以免落入敌人之手”，“在陆上投降之前，法国舰队应加入英国海军行列，否则就自行凿沉”，“如果你们未能遵照上述办法行事，那么，我们只好根据英王陛下政府的命令，使用一切必要的力量，阻止你们的舰只落入德国或意大利之手”。

萨默维尔遵照命令，率领他的整个舰队前往米尔斯克比尔港，一字排开，对其呈包围之势。

萨默维尔派法国分舰队司令让苏尔的私人朋友霍兰德前去送信，本人率领舰队停留在港外的攻击阵位。对于英方的要求，法国舰队司令让·苏尔拒绝答复。他认为，既然法国已经宣布停战，并保持中立，法德两国政府也共同承诺，不会使用法国舰队于军事用途。英国人苦苦相逼的做法尤为可耻。

此时，达尔朗正在旅途之中，苏尔无法联系到他，只好将英国人信件的内容报告给法国海军总部。法国海军部的官员们不够理智，愤怒地向官兵们发出号召：“地中海所有法国海军部队进入战备状态！”

法军进入战备状态，英国人大为恐慌。法国军舰上烟雾升腾，生火待发；在港口处，法国陆军调来一批野战炮，周边的要塞和海岸炮台都居高临下，炮管齐刷刷地对准英国舰队。

在此之前，达尔朗已经代表海军部和内阁会议指示让·苏尔采取强硬态度，并承诺“在地中海的所有法国舰队都会向你集中”，也的确派遣了尽可能多的舰艇前往支援。让·苏尔需要做的，就是竭尽全力拖延时间。此时，法国海军总司令达尔朗命令驻土伦和阿尔及尔的法国舰艇全速开往米尔斯克比尔支援作战。

7 月 2 日 16 点 46 分，丘吉尔电令英国舰队司令萨默维尔：尽快解决问题，否则你将应付法国援军。萨默维尔下令英国舰队进入战备状态。

让人吃惊的是，让·苏尔依旧选择沉默。他以为，英国人此举不过是一场军事示威，达不到目的，自然就会走人。他压根就不相信英国人会对他开炮射击。当他的下属提出先发制人时，让·苏尔回答说：“不行！”这样，法国人把先发制人的机会拱手让给了对手英国。

这时，达尔朗命令驻土伦和阿尔及尔的法国舰艇正全速开往米尔斯克比尔支援作战。同时，参加会谈的霍兰德等人都在试图寻找一种更好的解决办法。伦敦收到破译的密电：驻阿尔及尔的 6 艘“光荣”级轻巡洋舰已经起航，正全速前往米尔斯克比尔；在奥兰的潜艇中也有 4 艘已经驶出港口，占领攻击阵位。一旦英国舰队攻击，法国舰队将会迅速反击。

7 月 2 日 16 点 56 分整，英国旗舰“胡德”号战列巡洋舰打响第一炮。“决心”号战列舰和“英勇”号战列舰相继开火。同时，从“皇家方舟”号航空母舰上起飞的攻击机，不断地俯冲下来，向法国舰队投掷鱼雷。英法之间的海战最终还是不可避免地打响了——世界海战史上最无奈、最可笑的战斗开始了。曾经一起并肩抗击法西斯的两个盟国打起来了。

一开始，英国皇家海军占据绝对优势。他们的战舰比法国的要强大得多，而且还有海军航空兵支援。在英国海空火力夹击下，法国舰队依靠海岸炮台和舰炮进行抵抗。7 月 2 日 21 点 20 分，由于燃料不足，加上担心与自阿尔及尔开来的法国舰队遭遇，萨默维尔下令停止追击，结束海战。除“斯特拉斯堡”号战列巡洋逃走外，法国舰队的“布列塔尼”号战列舰、“普罗旺斯”号战列舰、“敦刻尔克”号战列巡洋舰等先后被击沉。

几乎与此同时，英国舰队在其他港口紧锣密鼓地开展控制法国舰队的活动。在埃及亚历山大港，英国舰队司令坎宁安和法国舰队司令戈德弗鲁瓦经过谈判后，争取到戈德弗鲁瓦同意放出法国军舰上的燃油，卸掉大炮装置，并遣散一部分船员。在达喀尔港，7 月 8 日那天，英军“赫尔米兹”号航空母舰对法军“黎歇留”号战列舰发动进攻。“黎歇留”号战列舰被 1 枚空投鱼雷击中，遭到重创。经过长时间商谈后，根据与美国达成的协议，停泊于法属西印度群岛的法国航空母舰和 2 艘轻巡洋舰解除了武装。

随后两天里，2 艘从奥兰开出的小型驱逐舰到达土伦港，“塔斯特指挥官”号水上飞机母舰和 6 艘从阿尔及尔出发的轻型巡洋舰也一起到达土伦港，另外有 1 艘法国护卫舰从奥兰出发前往比塞大时被英国潜艇击沉。之后，“斯特拉斯堡”号战列巡洋舰成为驻泊土伦港的法国本土舰队的旗舰。

米尔斯克比尔海战以英国人胜利结束。在这场海战中，法国人损失惨重，但英国人也没捞到什么实质性好处。英国皇家海军在这次战争中让所有人都了解到英国还是一个海军强国。更为重要的是，这次海战发生在达尔朗发誓不将法国军舰交给希特勒之后，引起了法国对英国的敌意，证实了法国某些人所宣称的看法：拯救法国的唯一办法就是与希特勒合作。因为法国人无法接受他们面临的现实：打败他们的德国人尚且允许法国人保留自己的海军，而几周前还并肩作战的盟友英国人却要对法国人赶尽杀绝。这一事件激起了法国人的公愤，导致贝当政府断绝与英国的外交关系，也直接导致盟军后来在北非实行火炬计划时，法国殖民地部分官兵坚决抵抗。

4. 全世界联合起来，一起反法西斯

法西斯坐大坐强，对外侵略野心越来越大，与英国、法国、美国等国实行绥靖政策是脱不了干系的。随着法西斯进一步紧密勾结，英国、美国等国家也逐渐看到法西斯势力膨胀迟早会殃及自身，也开始逐步调整彼此关系，缔结反法西斯同盟。在反法西斯同盟中，除了英法矛盾大一些外，其他国家参与结盟都比较顺利。

德国、意大利和日本三国同盟条约签订后，美国和英国不得不进一步发展双方关系，调整彼此立场。日本南进速度之快使远东防御力量不足的英国、美国迫切需要相互配合行动。特别是在远东有着巨大利益的英国，希望借美国的力量遏制日本，为自己看守远东门户。美国意识到自己早晚要介入战争，也在积极考虑采取什么样的战略才能保证既能彻底打败法西斯又能保卫和最大限度地发展美国的利益。

于是，罗斯福和丘吉尔决定把两国之间已经进行的非正式参谋会谈升级为三军参谋长级会谈，为有朝一日美国参战制定战略原则。

正式会谈前，双方军事首脑制定各自的立场。美国海军作战部长斯塔克根据美国国家利益提出“猎犬计划”，其核心是一旦美国参战，在保卫西半球的同时，应在大西洋和欧洲积极援助英国，打败纳粹德国，再回过头来打败日本，即“在大西洋取攻势，在太平洋取守势”原则。英国的立场与美国不完全相同。处于与德意激战中的英国自然要把保卫本土、保卫大西洋和欧洲放在第一位，但它不肯放弃“远东帝国”并指望由美国来保卫它。

1941 年 1 月 29 日，会谈在华盛顿正式开始，参加者除美英两国外，还有英国自治领的代表，因此又称“ABC 会谈”。双方对保卫英国和大西洋，首先解放欧洲看法一致；但在太平洋方面的意见分歧严重。英国代表团长贝莱尔斯力陈远东及作为远东之关键的新加坡对英国的重要性，声称如果失去新加坡，英联邦的整个凝聚力将随之荡然无存；但英国又不能以牺牲大西洋和地中海为代价去增援新加坡以防日本，要求美国派主力舰队去保卫新加坡。美国坚持在大西洋担当重要角色，坚决反对在此重要地区做出代价昂贵的力量转移。美国海军发言人特纳一针见血地说，如果英国人希望“远东帝国”得到保卫，你们就得自己去。英国人无言以对。

出于共同抗击法西斯的需要，两国军事专家们在 1941 年 3 月 29 日签订会谈协议，明确规定一旦美国参战，两国联合作战的总战略是“先欧后亚”。这个原则成为日后指导同盟国实际进行全球联合作战的基本战略。

就在参谋会谈时，罗斯福在力争扩大经济援助英国方面又取得重大进展。3 月 11 日，他签署了由国会批准的“租借法案”。

“租借法案”是不需英国付钱就可得到美国大量战略物资的援英办法。因为，到 1940 年 11 月，英国财政十分拮据，已无力支付所有在美国订购的战略物资清单，要求美国帮助。罗斯福收到请求后，颇感形势紧迫。英国一直欠着第一次世界大战时借美国的债务没还，而美国法律不允许借钱给赖账者。罗斯福想到了“租借”。他曾形象生动地说，如果他邻居的家着了火，他将把自己花园中的浇园水管借给邻居使用，如果灭火后水管完好如初，邻居便把水管还给他，还会对他表示十分感谢；如果有损坏，便换一个新的来代替。

“租借法案”既可绕过法律障碍，又可把大宗物资运到英国。在罗斯福和其他政府主要官员的一致努力下，美国国会批准租借法案，还批准了为执行该法案拨款70亿美元的议案。“租借法案”的通过标志着美国最终放弃中立。

后来，租借法案扩大到中国、苏联等30多个国家。美国先后为实施“租借法案”拨款500多亿美元，以强大的经济实力支持着反法西斯斗争。

在实施租借法案过程中，各国越来越意识到联合反法西斯的重要性，尤其是苏德战争爆发后。

德国进攻苏联后，英国、美国都松了一口气。1年多来，英国承受着德军的凌厉攻势，苏德战争爆发后，英国所面临的压力就小多了。在苏德战争爆发当天晚上，一下积极反苏的丘吉尔在广播演说中说“苏联的危难，就是我们的危难，也是美国的危难，正是苏联人为保卫家乡而战的事业，是世界各地的自由人民和自由民族的事业一样”“我们将要对苏联和苏联人民进行我们能够给予的一切援助”。

美国面临的基本现实是“作为一场欧洲战争开始的已经发展成为一场企图征服世界的世界战争”，而纳粹德国对苏联的进攻只不过是希特勒“统治世界的真正目的和计划”的“进一步的证明”，“德国迅速地战胜苏联，既是英国的也是美国的灾难，因为这种胜利将使德国有可能从大西洋和太平洋来威胁美国”。1941年6月23日，美国政府在《谴责德国侵略苏联的声明》中说，“任何防御希特勒主义的办法，任何集中力量——不论这种力量来自何方——的行动都将加速德国现在领袖逃不掉的失败，并因而有利于我们自己的国防和安全”。次日，罗斯福进一步声明，“美国决定在可能范围以内，全力援助苏联”。

很明显，英国和美国已经抛弃成见，有跟苏联结盟反法西斯的意图。

苏联参战进一步推动欧洲、亚洲、美洲各国共产党和各国人民积极投入反对希特勒、建立反法西斯统一战线的斗争。英国共产党积极宣传团结苏联抗击法西斯，美国共产党积极宣传支援抗击法西斯的英国、苏联等。被德国法西斯占领的欧洲各国人民也积极开展抵抗运动，以实际行动援助苏联和推动世界反法西斯统一战线建立。

在这种大背景下，苏联、英国、美国和其他反法西斯国家面对共同的敌人，产生了联合抗敌的共同愿望。苏德战争的爆发加快了反法西斯力量的联合。

为了反法西斯，苏联、英国、美国的合作关系迅速发展。1941 年 7 月 12 日，英国和苏联签订《为对德作战采取联合行动的协定》，相互承诺“彼此给予各种援助和支持”，并且有“除经彼此同意外，既不谈判也不缔结停战协定或和约”的义务。在反法西斯斗争中，英国和苏联原本互相敌视猜忌的国家最终结成盟国。

1941 年 7 月底，罗斯福总统派霍普金斯访问莫斯科，了解苏联的抵抗能力和前途。8 月 2 日，苏美互换照会，肯定美苏合作关系。美国决定“给予一切可以提供的经济协助，加强苏联反对武装侵略的斗争”。

与此同时，苏联和其他一些宣布对德国法西斯做斗争的国家进行了广泛合作。1941 年 7—9 月间，苏联和欧洲被占领国家驻伦敦的流亡政府——波兰、捷克斯洛伐克、南斯拉夫、挪威、比利时以及自由法国运动建立联系，并商定相互给予支援和合作。

当时，德国加紧渗透伊朗，阴谋通过政变建立亲德政权，以策动伊朗站在德国一方，参与对苏联、英国作战。苏联和英国发现苗头后，采取联合措施，派出军队进入伊朗，和伊朗缔结保证伊朗在第二次世界大战时期同反希特勒盟国合作的条约，打乱了德国在中近东的计划。英国和苏联的军队以行动向全世界表明它们已经携起手来反法西斯了。

1941 年 8 月，英美两国首脑在大西洋纽芬兰的阿金夏海湾举行会议。会议通过《大西洋宪章》，进一步动员和团结各个反法西斯国家，促进了世界反法西斯联盟的形成，它“表示了英美打倒法西斯主义的决心，这种决心是完全有利于苏联，有利于英美，有利于中国，有利于世界的”“决定了英美苏三大强国坚固联合这种具有政治远见的政策”。

1941 年 9 月，苏联、英国、比利时、捷克斯洛伐克、希腊、波兰、荷兰、挪威、南斯拉夫、卢森堡、自由法国等国家的代表在伦敦举行同盟国会议，一致赞同《大西洋宪章》的基本原则。苏联代表团在会议上发表声明，进一步明确反希特勒战争的性质和任务是“要集中爱好自由各国人民的全部经济和军事资源，以便把呻吟于希特勒强盗压迫下的各国人民彻底地、尽可能迅速地解放出来”。

根据大西洋会议的建议，苏联、英国、美国三国代表于1941年9月29日至10月1日在莫斯科举行会议研究互相援助和物资分配问题。这是已经参战的英国、苏联和尚未参战的美国在经济、军事上联合起来的一次同盟国会议。会议达成关于从1941年10月1日到1942年6月30日美国、英国向苏联提供援助的协定。

莫斯科会议及其做出的决定表明苏联、美国、英国三国决心用联合的力量来击败德国。

法西斯集团扩大侵略促进了反法西斯国家的联合，推动了世界反法西斯联盟的最后形成。从1941年下半年起，由于德国潜艇加强在大西洋的活动，罗斯福采取一系列果断措施来加强对德国“不宣而战的战争”。

日本在太平洋地区虎视眈眈，准备南进。英国表示，如果美国同日本处于战争状态，英国就将“毫不犹豫地站在美国一方”，甚至“在一小时之内”对日本宣战。1941年12月7日，日本进攻美国珍珠港海军基地，挑起太平洋战争。英国、美国对日本宣战，德国、美国互相宣战。澳大利亚、荷兰、加拿大、新西兰、南非联邦、哥斯达黎加、古巴、尼加拉瓜、巴拿马、萨尔瓦多、“自由法国”民族委员会以及波兰相继对日本宣战，中国也向德国、日本、意大利宣战。全世界有4/5的人口加入反法西斯战争中。

1941年12月11日，德国、日本、意大利签订联合作战协定，声称三国“有毫不动摇的决心”，在把这场战争“胜利结束前决不放下武器”，并“紧密合作”建立法西斯“新秩序”。1941年12月末，英国、美国首脑在华盛顿会晤。罗斯福倡议由所有对轴心国作战的同盟国家签署一项共同宣言。美国提出的宣言草案经与英国和苏联政府讨论修改后，又通过频繁的函电往来和会晤，通知给各同盟国。

1942年1月1日，美国、英国、苏联、中国等26个反法西斯国家在华盛顿签署《联合国家宣言》，签字国政府赞成《大西洋宪章》的宗旨与原则。随后，在英国、美国、苏联、中国等盟国之间签订一系列双边协定，如《英美关于在进行反侵略战争中相互援助所适用原则的协定》《苏英对德国法西斯及其欧洲与国作战的同盟和战后合作互助条约》《美中抵抗侵略互助协定》《美苏关于在进行反侵略战争中相互援助所适用原则的协定》等，进一步具体和发展了《联合国家宣言》的核心精神。

世界反法西斯联盟的建立，标志着德国法西斯强加于各国人民的战争发生了根本性划分，形成两个对立阵营：以德国、日本、意大利为核心的法西斯阵营和以英国、美国、苏联、中国为核心的反法西斯阵营。其中，反法西斯阵营包括不同民族和阶层、不同的社会制度和意识形态、不同的战争目的。这个阵营内部也有各种矛盾和斗争——既有不同社会制度的国家、不同意识形态的矛盾，也有帝国主义国家为争夺海外市场和殖民地而引起的矛盾以及它们和弱小国家的矛盾，但是，这丝毫也不排斥它们采取共同行动去反对使它们受奴役威胁的共同敌人。打败法西斯是它们斗争的共同目标，是它们团结的共同旗帜。

世界反法西斯联盟的建立，其影响“不仅仅是在精神上和决心上，并且还在全面作战的各个阶段上”，它使得所有联合国家在人口、资源、生产能力、人心向背和团结互助方面协调合作，从而远远压倒与世界各国人民为敌的法西斯轴心国。世界反法西斯联盟的建立和巩固发展是反法西斯战争取得最后胜利的决定性因素之一。

第十章
争霸太平洋，美日海空力量大比拼

美国放弃孤立政策，援助反法西斯国家。日本认为与美国迟早会发生战争，在德国狂扫欧洲、苏德战争打得难分难解之际，突袭美国夏威夷珍珠港，并同时向西南太平洋发起进攻。随后，美国与日本进行了一系列血腥的海空战，最终美国成功阻挡住日军，迫使日军进入战略防御。

1. 突袭珍珠港，日军挑起太平洋战争

1940年，德军在欧洲屡屡得手，英国、法国和荷兰在东南亚的殖民势力严重削弱。日本妄想趁机夺取英国、法国和荷兰在亚洲的殖民地，解决石油等资源危机，以保证长期的战争需求，同时切断中国与海外的联系，逼迫中国投降。

日本想占领东南亚，独占太平洋，严重侵犯了美国利益。美国从向日本大卖军火和石油等战争物资转向有意识地制裁日本。日本计划排除美国、英国、法国、荷兰等国的“干涉”，趁机攻占法属印度支那、荷属东印度和英属新加坡，建立以日本为主，环绕东南亚和西南太平洋地区的“大东亚共荣圈”。

不仅如此，日本与美国早有宿怨。美国是强迫日本签订第一个不平等条约的国家；日本走上近代化道路后，企图吞并夏威夷，逐步向夏威夷移民渗透，但美国抢先下手控制了夏威夷，并将夏威夷吞并；第一次世界大战后，美国限制日本的意图非常明显，尤其是华盛顿会议上，日本认定其利益受到限制，感到非常“不公平”，而且日本国内很早就以美国为假想敌。

日本早就想扩大侵略，发动太平洋战争，但由于陷入中国持久战之中，发动太平洋战争困难重重。1940 年 11 月，山本五十六响应政府进攻东南亚的号召，率领日本联合舰队进行攻打荷属东印度群岛的演习。山本五十六意识到，若对荷属东印度群岛动手，英国和美国是不会不管的。

山本五十六决心先下手为强，趁其不备，偷袭珍珠港，将太平洋上最强大的美国舰队给消灭，日本侵占东南亚和西南太平洋就没有多大阻碍了。

1941 年，美国向日本全面禁运。日本认为，除了与英美决一死战，已经没有其他选择。1 月 7 日，山本五十六提出夏威夷海战计划，直接提出“夏威夷作战应与菲律宾、新加坡方面的作战同一天进行，只要歼灭了美国太平洋主力舰队，菲律宾以南的部队就会失去抵抗力”等。

山本五十六是日本海军航空兵专家。几个月前，英国海军利用“光辉”号航空母舰出动飞机夜袭塔兰托，给了他极大启发。日本航空母舰比较多，航空兵战斗力也不差，趁着美国没有做好防御航空母舰袭击的准备，出动航空兵偷袭美国太平洋舰队，是一个难得的战略机会。

山本五十六说服了一个又一个将领，还通过高松亲王直接把计划书呈递给日本天皇，获得了“恩准”。于是，1941 年 10 月 19 日，日本大本营批准偷袭计划。

山本五十六把偷袭珍珠港的所有细节都考虑得十分周密。他决定出动 6 艘航空母舰、2 艘战列舰、2 艘重巡洋舰、1 艘轻巡洋舰、11 艘驱逐舰、3 艘潜艇、3 艘油船，一共 423 架舰载机，其中 354 架担负突击任务，其他 69 架负责保护整个编队安全。负责攻击的兵力分成突击编队和先遣编队，突击编队司令是南云忠一，先遣编队由第 6 舰队司令清水光美率领，比突击编队先出发。

突击时间的选择必须与在东南亚马来亚（今马来西亚）的日军登陆时间一致。下定战略决心后，山本五十六亲自选拔并委任渊田美津雄出任训练总教官，并将地形酷似珍珠港的樱岛作为模拟训练场。另外，他还在收集美军情报上费了很大工夫，利用各种方法收集珍珠港的天气、水文、地形和美军基地、飞机、舰艇部署等情况。

为了保证袭击的突然性，日本实施了一系列战略欺诈和伪装。日本政府以和谈为掩护，1941 年 2 月，委任罗斯福朋友、亲英美人士野村吉三郎为驻美大使，到美国进行长期没有丝毫诚意的谈判。

不仅如此，1941 年 7 月，日本关东军 11 个师 40 万人猛增到 20 个师 70 万人，举行代号为“关特演”的军事演习，制造日本陆军即将攻打苏联的假象，以此迷惑美国。

1941 年 11 月 26 日 6 点，突击编队主力由单冠湾出发，以 14 节航速顺着北航线航行，进行 24 小时对空、对潜戒备。山本五十六的最后指示是若日本与美国的谈判取得成功，马上返航。

12 月 1 日，日本御前会议决定向英美开战，确定日期为 12 月 8 日。12 月 2 日，山本五十六根据日本大本营的命令，向南云忠一舰队发出密命，通知进攻日期是东京时间 12 月 8 日，夏威夷时间 12 月 7 日。

1941 年 12 月 6 日午夜，一支庞大的舰队偷偷地行驶进美国夏威夷群岛附近的海域。南云忠一舰队已经驶入美军飞机的巡逻范围，舰队组成环形防空队形，6 艘航空母舰编成两路纵队，组成舰队核心。6 艘巨型航空母舰，一共携带 423 架各类作战飞机，构成使人畏惧的空中力量。2 艘战列舰和 2 艘重巡洋舰守护在航空母舰纵队四角，9 艘驱逐舰围在最外层。舰队方阵纵横几千米，浩浩荡荡，以 24 节高速前进。

12 月 7 日凌晨 6 点，旗舰“赤城”号航空母舰主桅杆上升起一面“Z”字旗。6 艘日本航空母舰接到信号后，马上转换航向，逆风行驶到发送飞机离舰的指定地点。各舰飞行甲板上，飞机起飞的绿色信号灯不停地闪烁，日军飞机在一片呼啸声中一架架腾空而起，飞向天空。

15 分钟内，183 架第一组进攻飞机全部升空，在舰队上空编好队形，由飞行队长渊田美津雄率领，在海员们的欢呼声中，向珍珠港扑去。

尽管美国政府已经警告过所有美军，日美战争迫在眉睫。然而，驻守夏威夷的美军并没感到战争即将来临。舰队 1/4 的官兵在岸上度周末。港内没有部署巡逻的舰艇，更没有部署巡逻飞机。

7点40分，日军飞机展开兵力。渊田美津雄下令攻击，通信员马上拍发攻击密令：虎！虎！虎！

7点55分，正要升军旗奏国歌的美军“内华达”号战列舰首先遭到轰炸。几乎与此同时，位于珍珠港四周的希凯姆机场、惠列尔机场、埃瓦机场和卡内欧黑机场也遭到密集炸弹轰击。机场上炸弹如雨，一架架美军重型轰炸机被炸碎。几架美军战斗机趁乱刚刚起飞，但就被居高临下的日军“零”式战斗机击落。地勤人员和飞行员们从地上捡起机枪进行还击，但于事无补。几分钟内，美军机场被摧毁，几百架飞机变成残骸。机场上空浓烟滚滚，巨大的烟柱冲向天空……

珍珠港的爆炸声震耳欲聋，熊熊大火映红了整个珍珠港。港内升起冲天的水柱，所有战列舰都起了火，爆炸声响个不停，遍地血尸，惨不忍睹，爆炸声、防空警报声和官兵们的呼救声乱成一团。

渊田美津雄率领轰炸机队又向美军战列舰发起了毁灭性轰炸。在毫无防备情况下，美军“亚利桑那”号战列舰、“西弗吉尼亚”号战列舰、“加利福尼亚”号战列舰、“俄克拉荷马”号战列舰、“内华达”号战列舰被击沉，“田纳西”号战列舰、“马里兰”号战列舰、“宾夕法尼亚”号战列舰被击伤。贝洛机场以及卡纽黑、希凯姆和福特岛3个机场遭到日本猛烈轰炸，许多飞机被摧毁在机场跑道上。珍珠港内仅仅“企业”号航空母舰和“列克星敦”号航空母舰因外出执行任务未归而幸免于难。

当天中午，渊田美津雄向南云忠一汇报战果时，提到“企业”号航空母舰和“列克星敦”号航空母舰，请求在没查明这两艘航空母舰的下落以前再去轰炸珍珠港，然后在原地等几天，找到那两艘航空母舰后再进攻。

南云忠一认为，舰队不应该动用精锐航空部队去攻击瓦胡岛上的军事设施，而需要保存实力，以便将来与美国航空母舰进行殊死决战，便下令返航。

在东京日本联合舰队指挥部收到南云忠一的电报后，参谋们一致认为这是重大失误，要求山本五十六命令南云忠一发起第二次袭击。舰队能够完好无损地返航，山本五十六感到震惊。他指挥的原则是把决定权留给最了解情况的现场指挥官，而联合舰队的参谋们是不了解细节的，因而没下令发起对珍珠港的第二次攻击。

12 月 15 日，山本五十六命令返航途中的突击编队派出兵力配合威克岛登陆作战。根据山本五十六的命令，南云忠一派出航空母舰、巡洋舰和驱逐舰各 2 艘，去协助威克岛登陆作战，然后亲率主力舰队返航。12 月 28 日，偷袭珍珠港的军舰全都回到日本柱岛海军基地。

日本偷袭珍珠港，给了美国太平洋舰队以重创，从此在太平洋地区掌握了制海权和制空权，为攻占菲律宾、马来亚和荷属东印度群岛奠定了基础。但是，这仅仅只能看作战术上的胜利。太平洋舰队的“企业”号航空母舰和“列克星敦”号航空母舰不在珍珠港内，幸免于难。而这两艘航空母舰正是日后美军迎战日军的主力。

更重要的是，日本偷袭珍珠港是用血的事实教育美国人航空母舰才是新时代的主力舰。而美国的工业制造能力是日本远远不能比的，从此美国将全力建造航空母舰，组建航空母舰编队，与日本海军进行血战。这从战略上就决定了日本的失败定局。

1941 年 12 月 8 日，美国总统罗斯福在国会大厦进行了他一生中最难忘的演说。12 月 8 日 16 点 10 分，美国正式对日本宣战。同一天，英国向日本宣战。12 月 9 日，中国正式向日本宣战。随后，加拿大、澳大利亚、荷兰、新西兰等 20 多个国家向日本宣战。

12 月 11 日，德国向美国宣战，美国全面转入战时轨道，第二次世界大战在全球范围内展开。日本偷袭珍珠港赢得了一次战役胜利，却引爆了世界性战争，将自己变成全世界反法西斯同盟的敌人，这也注定了其败亡结局。

2. 席卷东南亚，日军抢占西南太平洋要地

1937 年 12 月南京沦陷后，日本认为中国已经彻底战败，日本内阁和大本营都摆出一副胜利者姿态，等待着中国求和投降。但是，中国的强硬态度却使日本措手不及。中国断然召回驻日本大使，关闭驻日本使馆，宣布与日本断绝外交关系。虽然没有正式宣战，但中国已经实施全民动员，进行全面抗战，而且中国民众的抗战热情也空前高涨。

日方认为，中国军队之所以能坚持长期抗战，主要是依靠外国支援，于是制定“国际政策”，其核心就是破坏第三国对中国的支援，使各国外交使团脱离中国，尤其是要做美国、英国、意大利、德国、捷克斯洛伐克等国的

外交工作，使其停止从军火和道义上援华。

为了破坏中德关系，时任日本外相的广田弘毅还抓住希特勒与共产主义不共戴天这一特点，指责中国政府“跟苏俄打得火热”“共产党搞统一战线”“是受了斯大林的唆使”。希特勒和墨索里尼对中国抗战的态度有了明显转变，最终完全转向支持日本侵略中国。希特勒下令中止向中国提供军用物资，撤回驻华军事顾问团。美国、英国等国又怕惹火烧身，纷纷采取中立态度，不介入冲突。

在1938年7月，日军进攻武汉之际，日本参谋本部决定发动一场武力冲突，试试苏军的反应。如果战斗进展顺利，日军就趁机开进苏联沿海地区。1938年7月16日，张鼓峰事件发生。出乎意料，日军遭到苏军猛攻，损失惨重，多次反攻，都无法战胜火力强大的苏军。日军别无他法，只好选择外交途径向苏联求和结束战争。

1939年，整个国际形势对法西斯侵略者有利。希特勒的成功给日军将领们的战争情绪加了温。为了对援助中国抗战的苏联进行武力恫吓，1939年5月，日本关东军挑起诺门坎事件。苏军集中优势兵力和先进武器，凭着数量优势和质量优势猛攻日军。日军这次比上次更惨，死伤5万人。日本再次谈判请求停战。

两次向苏联挑战失利后，日本陆军首要人物和关东军头目都承认，只要侵华战争不结束，就不可能抽出足够的兵力向北进攻苏联。北进受挫，南进派逐渐占上风。日本重新调整国策，将目光移向太平洋和东南亚，准备与美国、英国等分享太平洋和东南亚的利益。

1940年5月，荷兰和比利时向德国投降。6月22日，法国也投降德国。德军摆出要渡海攻占英国本土的架势，世界形势对法西斯侵略者十分有利。日本“南进”派认为，英国、法国、荷兰在忙于欧洲战事，可趁机一举夺取法国、荷兰、英国在东南亚的殖民地。

1940年6月下旬，日本陆军参谋本部和陆军省制定《适应世界形势变化处理时局纲要》，提出“抓住绝好机会，尽快解决南方问题。必要时使用武力，同时尽力要把战争对象限制在英国一个国家，避免同美国交战，但要做好与美国交战的充分准备”。

近卫文麿组阁后，立即召开内阁会议，专门研究战时经济体制、缔结日德意三国同盟和缔结《日苏互不侵犯条约》等南进策略问题。经过多次讨论，最终形成《基本国策纲要》和《适应世界形势变化的处理时局纲要》以实现“大东亚共荣圈”设想为目标的基本文件。

“大东亚共荣圈”是日本侵略其他国家的借口。日本以所谓“解放殖民地、相互尊重彼此独立”为号召，但大东亚共荣圈中的“独立国家”却由日本掌控或部分掌控。日本把中国、朝鲜、印度支那、印度、马来亚、缅甸、印度尼西亚、菲律宾、泰国、澳大利亚、新西兰、西南太平洋上的所有岛屿以及苏联在远东的领土全部纳入“大东亚共荣圈”之中。日本本国与“伪满洲国”、中国为一个经济共同体；东南亚为资源供给地区；南太平洋为国防圈。日本军国主义政府妄图在亚洲、澳洲和西南太平洋地区建立殖民大帝国。

1940 年 9 月 1 日，日本强迫维希法国接受和平进驻法属印度支那北部的要求。1941 年 7 月 23 日，日本又迫使维希法国同意其在法属印度支那南部建立海空军基地。7 月 28 日，日军侵入印度支那南部，占领发动太平洋战争的战略要地。

1941 年 4 月 13 日，松冈洋右代表日本在莫斯科与苏联外长莫洛托夫正式签署《日苏互不侵犯条约》，消除了日本南进后顾之忧。

日本急于南进跟中国持久抗战也有很大关系。在中日战争中，日本不论是军事征服还是政治诱降，都不能使中国屈服，致使日本长期陷入战争泥潭。日本认为，要迫使中国屈服就必须切断中国的外援通道，控制南中国海和滇缅国际公路，掌控东南亚的战略物资，特别是石油。当美国实行对日本石油“禁运”时，日本为了摆脱“资源困境”，把战争进行下去，除了向东南亚进军别无选择。东南亚是西方国家的殖民地，日本要夺得这里就必然卷入同美国、英国等国的战争。

1941 年 12 月 1 日，日本最高领导层举行一次御前会议，决定于 12 月 8 日对美国、英国、荷兰同时开战。

1941 年 12 月 8 日凌晨（东京时间），日本偷袭美国珍珠港。几乎同时，山下奉文指挥第 25 集团军在马来半岛北部的哥打巴鲁发起登陆战。同时，日军在珍珠港、关岛、菲律宾、威克岛和中国香港也发起进攻，把战火迅速燃烧到太平洋广大地区。

中国香港最先沦陷。12 月 8 日 4 点，在炮兵、空军、海军配合下，日军在中国香港登陆。日军飞机及炮兵集中火力对仓库山峡、湾仔山峡、歌赋山、扯旗山、西高山的英军阵地狂轰滥炸。守军虽然坚决进行抵抗，但最终还是抵不住疯狂的日军，于 1941 年 12 月 25 日 17 点 50 分投降。

日军登陆马来半岛后，没有给英军喘息的机会，且形势对英方越来越不利。日军在马来半岛登陆的消息传来，英军远东舰队司令菲利普斯决定由“威尔士亲王”号战列舰、“反击”号战列巡洋舰和 4 艘驱逐舰组成“Z 舰队”截击日本登陆部队。

令人遗憾的是，菲利普斯的战术思想已经落伍了，战列舰的炮火虽然很厉害，但缺乏空中力量的保护，最终也只能沦为对方飞机的轰炸目标。而此时，形势对英军不利，日军岸基飞机无论是数量还是质量都占有绝对优势。

果不其然，Z 舰队北上打击日军的登陆部队，还没有搜索到日本的编队，就被日本驻西贡的航空兵盯上了。日军的路基飞机一阵狂轰滥炸后，“反击”号战列巡洋舰被两枚鱼雷击中，舰身迅速倾斜，开始明显下沉。失控的“反击”号战列巡洋舰随后共中 13 枚鱼雷，后沉没。“威尔士亲王”号战列舰更惨，它身中 6 枚鱼雷和多颗炸弹，在连续发出数声惊天的巨响后被马来海涛所吞噬。

此地区两艘战斗力最强的军舰在一个小时内相继被击沉，导致英国海军对日军在马来半岛的作战行动不再构成任何威胁，甚至盟军海军都对日军构成不了多大威胁。此战极大地打击了英军士气，加快了日军侵占东南亚的步伐。

为了利用此大好时机，日军登陆部队轻装前进。山下奉文派佐伯静夫率领摩托化突击挺进队加快前进。12 月 11 日晚，日军挺进队进攻英军重兵把守的北部重要防线——日得拉防线。第二天早上，日本突击挺进队击溃防守的英军，缴获大量物资和武器。

日本东路部队于 1942 年 1 月 6 日攻占关丹，然后向柔佛州前进。1942 年 1 月 10 日，山下奉文下令全力追击逃向新加坡的英军。1942 年 1 月 11 日，日军第 5 师没有受到抵抗就占领吉隆坡，然后他们继续前进。至此，整个马来亚北部已完全落入日本人手中。

1942 年 1 月 31 日，山下奉文在居銮的战斗指挥部下达了进攻新加坡的命令。岛上防御工事坚固，粮食、弹药也较充足，但守军作战能力有限。

1942 年 2 月 8 日晚 10 点 40 分，日军在新加坡西北角登陆成功，他们马上着手建立并巩固登陆场。近卫师团也向西转移并在登陆场登陆。日军 3 个精锐师团并肩向南推进。

2 月 10 日，双方在布基帖马高地展开激战。布基帖马高地为新加坡最高的高地，如果被占领，足以威胁新加坡全岛。英军司令珀西瓦尔决心在此与日军一拼到底。此次，日本精锐部队可谓棋逢对手，白刃战一直持续到第二天，近卫师团好不容易从水源地东侧迫近高地，最后日军拿下高地，但第 25 军也遭到重创。

日军放慢进攻速度，调来轰炸机轰炸市区，逼迫英军投降。1942 年 2 月 19 点 50 分，珀西瓦尔签署投降书，下令新加坡守军投降。日军举行了独特的受降仪式：让数万名战俘站在道路两边迎接高奏凯歌的日军进城。英军在远东苦心经营了 100 多年的“东方直布罗陀”和世界第 4 大军港到处插满了太阳旗。

马来半岛陷落后，通向荷属东印度的大门也就敞开了一半，另一半就是麦克阿瑟驻守的菲律宾。

日军攻打菲律宾的战役与马来战役是同时进行的。1941 年 12 月 8 日，日军进攻菲律宾。由于美军没有准备，日军轰炸机主力编队轰炸了克拉克机场，摧毁了停在机场上的所有飞机。与此同时，日军还连续轰炸了达沃、碧瑶、伊巴等处美军的基地和机场，完全掌握制空权，为登陆作战创造了有利条件。

继美军空中力量遭致命打击后，美国海军力量也危在旦夕。1941 年 12 月 10 日到 11 日，日军第 48 师田中支队和菅野支队，分别在吕宋岛北部的阿帕里和维甘登陆，并占领机场。1941 年 12 月 10 日，在 52 架战斗机掩护下，日军 80 多架轰炸机袭击马尼拉湾的甲米地海军基地以及苏比克湾海军基地。哈特的海军基地被彻底摧毁了。这支潜水部队是哈特对抗日本海军的主要凭借。不仅如此，他的“王牌”自导鱼雷也一下子全报销。

1941 年 12 月 12 日，第 16 师木村支队在吕宋岛南部的黎牙实比登陆，占领机场，并进一步扩大战果。在随后几天里，日军不断对美军进行空袭，美军飞机损失进一步增大。在几近消耗殆尽之时，麦克阿瑟不得不命令布里尔顿把残余的飞机转移到澳大利亚。由于美国海军亚洲舰队元气大伤，根据地被毁，除留下潜艇部队坚持袭扰作战外，哈特不得不带着劫后余生的舰只仓皇南逃，退向荷属东印度。

遭到痛击的麦克阿瑟意识到日军主力即将登陆。他派小部队与之周旋，命令主力部队按兵不动，准备对付日军主力大规模登陆，并料定日军主力在林加延湾登陆。他部署了兵力，但林加延湾最终还是没守住。麦克阿瑟只能靠陆军与敌人抵抗。

日军进攻速度很快，很快就形成南北夹击马尼拉、围歼美菲军主力的态势。麦克阿瑟意识到局势的严峻。自从日军主力在林加湾登陆后，仅仅两天两夜，菲律宾守军就全线崩溃。日军企图十分明显，想南北夹击，把菲律宾守军主力合围在以马尼拉为中心的吕宋岛中部开阔平坦地带，然后一举全歼。

为避免全军覆没，麦克阿瑟下令部队撤退到修筑有坚固设防的马尼拉湾西北面的巴丹半岛上去。在巴丹半岛，美菲联军凭着坚固的工事坚持抗击日军。日军多次进攻均失败。

直到 1942 年 4 月 9 日，美菲联军弹尽粮绝，才不得不举起投降旗。

巴丹半岛坚决抗击日军是战争初期西南太平洋战场上最精彩的一笔，但这仅仅是局部，日军侵略的步伐并未因此停下来。

1942 年 1 月间，日军以东、北、西三面向荷属东印度进攻，企图控制两大陆、两大洋海上交通的咽喉要道，夺取进行战争所迫切需要的天然资源。1942 年 1 月 11 日，日军混成第 56 步兵团向荷兰流亡政府宣战。1942 年 1 月中下旬，日军从北、东和西三面向荷属东印度进攻。进攻荷属东印度的日军首先扑向爪哇岛的外围岛屿。

在日军进攻爪哇外围岛屿过程中，美英荷澳四国的海军各自为战，没有联合作战。这样根本不可能给日本海军以有力的反击，扭转被动局面。1942 年 2 月 2 日，美英荷澳联合海军司令部在泗水举行会议，会议决定将四国军舰集中起来，合编为一支海上突击编队。不过，由于缺少制空权，且缺少主力军舰，编队屡次遭到日军轰炸，最终不仅没扭转局面，反而逐渐被消灭掉。

1942 年 2 月 25 日，西南太平洋盟军司令韦维尔（同年 3 月，麦克阿瑟接任）鉴于爪哇岛已难防守，便撤到锡兰（斯里兰卡）。韦维尔撤销指挥部，并将总部撤到印度，大部分英军和部分美军随他一同撤退。荷兰人留下来继续战斗。康拉德·赫尔弗里希奉命接替哈特指挥盟国海军。

夺取爪哇外围岛屿后，日军从东西两面向爪哇岛发动进攻。1942 年 2 月 27 日，多尔曼奉康拉德·赫尔弗里希的命令，从泗水出发，前去截击东北方的日军舰队，在爪哇岛附近与日本海军展开激战。多尔曼毫不畏惧，指挥各舰勇猛还击。盟国军舰发出的炮弹像雨点似的向日本军舰倾泻过去。交战已近一小时，双方难分胜负。但到 1942 年 2 月 28 日零点 40 分时，日本军舰就掉头北驶，选择一个有利的位置向盟舰发射出 12 枚鱼雷，击沉“德鲁伊特尔”号巡洋舰和“爪哇”号巡洋舰。

泗水海战使盟军保卫爪哇岛的海上力量几乎崩溃。美国“休斯敦”号重巡洋舰和“佩思”号轻巡洋舰从泗水战场逃脱，于次日清晨 7 点抵达爪哇岛西部的丹戎不碌海军基地，企图穿过爪哇岛和苏门答腊岛的海峡驶往爪哇岛南岸的芝拉扎。途中，它们得到情报，决定潜入雅加达湾，对在那里登陆的日军实施夜袭。它们袭击了日本运输船队，但被赶来的日军驱逐舰和重巡洋舰先后击沉。

泗水海战是爪哇海面进行的最后一场海战。盟军不仅没有阻止日军登陆，反而使残存的舰队再次损兵折将。1942 年 2 月 28 日拂晓，美英荷澳联合海军司令部做出决定：剩余舰只火速经龙目海峡、巽他海峡向外突围。

日本在一系列海战中取得胜利，为日军南下占领爪哇打开了大门。此时，日军已彻底解除盟国舰队在爪哇地区的威胁，完全控制了荷属东印度各海域。

从 1942 年 3 月 1 日开始，日军第 2 师团和 16 军直属部队在孔雀港和万丹湾登陆。第 38 师团东海林支队在坎丹奥登陆，第 48 师团和坂口支队在克拉甘登陆，三面夹攻爪哇岛的盟军，几乎没有遇到大规模的顽强抵抗。

1942 年 3 月 9 日，日军第 2 师团占领万隆。此时，荷属东印度代总督逃亡澳大利亚，守军全无斗志，荷属东印度军事当局被迫向日本宣布投降。日军通过爪哇战役占领整个东南亚，战场态势大大得到巩固。

日军大本营的原来打算是，除夺取南部缅甸的空军基地外，其余战斗都要在作战告一段落后进行。后来，从整个形势来分析，日本认为有必要迅速开始缅甸作战。日军于1942年1月攻入缅甸，同年3月占领仰光，随后向缅甸全境进击，迫使中英联军撤退到印度和中国境内。至此，日本在东南亚进行的侵略扩张已经延伸到了东南亚各国。

3. 为提升盟军士气，杜立特空袭东京

日本突袭珍珠港后，美国总统罗斯福就一直敦促军事计划人员寻找报复日本的办法。他们认为，报复日本最好的办法就是轰炸东京。尤其是随着日军侵略东南亚脚步加快，轰炸东京不仅能提升盟军抗击日本法西斯的信心，打击日军法西斯的嚣张气焰。

1942年1月中旬，美军太平洋舰队参谋部提出方案：从一艘航空母舰上出动陆基轰炸机，对东京进行轰炸，航空母舰将飞机悄悄载到靠近日本海的地方，派飞机去轰炸东京，随后航空母舰迅速撤走，等轰炸完东京后，所剩燃油不多的飞机直接飞到中国境内的机场降落。

当时的舰载机都比较小，载弹量也非常有限。美国人想最大限度地轰击日本人，选择“B－25”式中型轰炸机进行改进，使之能在航空母舰上起飞。没多久，能在航空母舰上起飞的“B－25B”式中型轰炸机研制出来。

美国海军部请当年飞行速度世界纪录保持者詹姆斯·杜立特负责挑选飞行员，驾驶“B－25B”式中型轰炸机在新服役的“大黄蜂”号航空母舰上试飞。杜立特和飞行员们一边试飞一边想办法改装飞机——拆掉一切不必要的设备，增加油箱和伪装用的木制机炮。就这样，“B－25B”式中型轰炸机的载油量增多，载弹量也得以提升。

杜立特负责训练和指挥“B－25B”式中型轰炸机部队。他比任何人都清楚轰炸东京是一项即使轰炸成功也未必能生还的任务。无论从飞行技术方面，还是对飞机进行改进方面，他都要求非常严格。1942年2月3日，两架“B－25B”式中型轰炸机在“大黄蜂”号航空母舰上成功起飞。这一成功证明突袭东京具有可行性。

杜立特在第17轰炸机大队志愿者中挑选24套机组，让他们秘密地进行在跑道上标出的模拟飞行甲板上演练短距起飞滑跑。模拟练习1个月后，杜立特又带领他们到“大黄蜂”号航空母舰甲板上进行实战训练。

一切准备好后，杜立特从24套机组中挑选出16套机组出征。1942年4

月2日，在6艘舰只护航下，“大黄蜂”号航空母舰载着杜立特挑选的机组人员和16架“B－25B”式中型轰炸机向西疾驶，消失在太平洋无边无际的雨雾中。

1942年4月5日，哈尔西率领的以“企业”号航空母舰为核心的舰队也从珍珠港悄然出发，驶向正北方向。5天后，哈尔西率领的舰队与“大黄蜂”号航空母舰在北太平洋阿留申群岛和中途岛之间的指定海域会合，合编为第16特混舰队，由哈尔西指挥。

4个多月前，日本舰队正是沿着这条隐蔽航线一举成功偷袭珍珠港的。现在，美国第16特混舰队又沿着日本人曾经走过的航线，携带着一架架满载炸弹的轰炸机，悄然驶向日本，计划去轰炸东京。“迈克特遣舰队”是任务代号。

1942年4月18日凌晨，行动开始。

与此同时，日本海军征用的“日东丸23号”渔船发现第16特混舰队的行踪。“日东丸23号”船长非常紧张，还没来得及数清面前这支舰队军舰的数目，使用明码向东京发报：“发现3艘美国航空母舰！”

山本五十六在接到“日东丸23号”发来的情报后，很快命令驻扎在日本本土的第26航空战队的飞机起飞，命令停泊在广岛的第1战列舰舰队和第2舰队起锚出航，准备迎击美国舰队。

因为“日东丸23号”渔船发出的无线电警报被美国舰队接收到。几分钟之后，美国第16特混舰队前卫的巡洋舰用炮火击沉了它。哈尔西和杜立特原来的计划被打乱，不得不提前行动，让轰炸机组在白天轰炸日本本土。这也无疑将飞行员生还的可能性又减少了一分。

哈尔西和杜立特决定立即起飞，即使16架“B－25B”式中型轰炸机多飞370千米，也不能让第16特混舰队冒险——相比“大黄蜂”号航空母舰和“企业”号航空母舰，即使16架“B－25B”式中型轰炸机全部损失，也不会给美军乃至盟军造成什么重大影响。

1942年4月18日8点，“大黄蜂”号航空母舰掉头迎风。

就在“大黄蜂”号航空母舰舰首被太平洋上的巨浪抬起一刹那，杜立特驾驶座机升上了天空。8点24分，16架飞机全部安全起飞。

杜立特率领他的中队向西飞去。每一位飞行员都知道各自所要轰炸的军事目标：钢厂、飞机厂和电站。

当杜立特的轰炸机低空掠过东京湾时，东京城里的人正在吃午饭，巡逻机也没有发出警报。阻御低空飞行飞机的防空袭阻塞气球刚刚在上午防空警报演习结束后取下来了，甚至在高空中飞行的 9 架战斗机也没发现杜立特率领的轰炸机中队。

飞机迅速地向预定目标超低空飞行。机组人员打开机腹弹舱门，投弹指示灯红光闪烁，一颗颗重磅炸弹呼啸而下。飞机降到房顶高度，然后钻进西郊低空的烟雾之中，随后掉头向南飞到海上。

警报器再次拉响。在午餐时间拥挤的街头和公园里，当第一批轰炸机掠过上空时，人们不约而同地向头顶望去。那时，在东京市中心广场上，刚刚结束了一场防空演习的日本老百姓还以为头上的大队飞机是刚才演习的继续。直到东京北部的工厂区传来一阵阵剧烈的爆炸声，浓烟和尘雾笼罩了半个天空，人们才发现，这些飞机的机翼上不是他们看惯了的太阳图案。

当美国进行空袭时，日本天皇裕仁正在御花园为前方将士采药以示恩泽。警报刚开始时，他也以为是演习。当他听到爆炸声后，就没有了往日的矜持，大声叫喊着躲进樱花林，周身颤抖不止。直到空袭过后，卫兵四处寻找，他才惊魂初甫。在轰炸前，美军太平洋战区总司令尼米兹有令在先："只轰炸军事目标。"正是因为有这道命令，美军飞行员们才强压心头怒火，从皇宫上空飞掠而过。

在撤退的航空母舰上监听东京广播电台的船员，从播音员声音后面颤悠悠的警报声中，知道杜立特的飞机已经到达城市上空。在后来 20 分钟里，另外 10 架美国轰炸机掠过头顶，进行了一系列轰炸。这 10 架飞机遇上了大风，和前面的 2 架飞机拉开了距离，但飞机仍继续制造混乱。

另外，有 3 架轰炸机同时到达名古屋、大阪和神户的上空。日本战斗机驾驶员不知所措，好半天弄不清楚袭击是从哪个方向来的。美国轰炸机趁机向东飞往中国海。日本战斗机想追也为时已晚。袭击日本的 16 架轰炸机全部飞离目标上空。

16 架轰炸机中有 1 架受伤飞往海参崴，而后被苏联扣留，其机组成员 1 年后经伊朗回国。其余 15 架飞机均飞往中国，但由于黑暗、大雾和缺油等原因，飞机均没到达目的地，机组成员都被迫迫降或跳伞。有 3 人在迫降时丧生，8 人因降落在日占区被俘。包括杜立特在内的其余机组成员在中国抗日军民掩护和帮助下，平安转入大后方。

这次袭击没有给日本造成多少实际的损失，主要有 90 余座建筑物被破坏和造成几十名平民的死亡。但是，正如罗斯福总统所预料的那样，它极大地打击了日军的嚣张气焰，激发了美军的士气。

当然，这次美国对日本的空袭使日本参谋本部颜面尽失，因为没有情报表明美军航空母舰上有舰载飞机。空袭过后数日，日本人仍不明白是怎么一回事。但将一系列的情报联系起来，包括发现美国舰队、遭到空袭、在中国发现飞机残骸以及用严刑拷打从俘虏那里得到口供，才明白袭击过程。

日本联合舰队立即组织截击第 16 特混舰队。但是，哈尔西率领第 16 特混舰队轻易地躲开日军飞机追踪，快速返航，最终摆脱了追击。

杜立特空袭是美国对日本本土的一次轰炸，是美国对日本的一次报复，虽然并没有给日本造成多大实质损失，但打击了日本法西斯的嚣张气焰，提高了盟军抗击法西斯的信心，在日本横扫太平洋那个时期，具有特殊的意义。而似乎很巧妙，从这次袭击东京后，美军很快走出太平洋战争失败的阴影，对日军作战越来越勇猛，并逐渐赢得了一次又一次战役。

4. 血战珊瑚海，美日航空母舰大比拼

1942 年年初，日军相继攻占马来西亚、婆罗洲、苏拉威西、帝汶、苏门答腊、爪哇和帝汶岛，以及领澳大利亚的属地新不列颠。他们以新不列颠的拉包尔为前进基地，继续向西南和东南推进，先后在新几内亚的莱城和萨拉莫阿建立基地，入侵所罗门群岛，在布干维尔岛、新乔治亚岛上部署重兵，建立空军基地。

日军这些军事基地直接威胁着澳大利亚前哨基地的莫尔兹比港。而日军占领的所罗门岛对盟军从夏威夷至澳大利亚的海上通道以及在新赫布里底群岛、新喀里多尼亚、斐济和萨摩亚的补给基地，都构成严重威胁。

由于澳大利亚随时可能遭到日军入侵，澳大利亚民众情绪低落，士兵也无精打采，心中充满恐惧和担忧。当时，澳大利亚的 4 个精锐师正在北非战场上作战，一时间难以回到本土。澳大利亚最能征善战的皇家海军和皇家空军都调集到地中海区域。此刻的澳大利亚如同一座空城，几乎没有军事力

量。在澳大利亚本土的军队大多数是民兵，根本不可能抵挡如狼似虎的日军。澳大利亚政府甚至决定撤退到“布里斯班防线”，计划放弃澳大利亚北半部分。

面对如此严峻的形势，美国总统罗斯福和英国首相丘吉尔决定，不惜一切代价也要保护澳大利亚，因为它是太平洋上反攻日军最后一个最为有利的据点。为此，美国派兵进驻夏威夷与澳大利亚之间的岛屿，加强防御力量。

在确定太平洋的战略方针为“防御为主，进攻为辅”后，盟国全力在澳大利亚增援部队，首先将在北非作战的 2 个澳大利亚陆军师调回到本土，然后将在美国国内训练的美军第 32 师和第 41 师调往澳大利亚驻扎，随后来的还有部分防空兵、工兵和后勤支援人员及部分医护人员。布防后，美军在澳大利亚的军队总数达到 10 万人。

与此同时，美军在澳大利亚建立起一支约有 8 个大队的陆军航空部队。美国海军还派去了 6 艘驱逐舰、6 艘潜艇及 2 艘潜艇补给船。

1942 年 2 月 2 日，日军大本营签发攻占莫尔兹比港的作战指令，规定陆海军协同攻占新几内亚东部的莱城、萨拉莫阿，尔后攻占莫尔兹比港。同时，海军相机进占图拉吉岛，控制所罗门群岛南部的瓜达尔卡纳尔水道，建立航空基地，掩护莫尔兹比港作战的侧翼，并为尔后向东南方向前进提供支援。

不难看出，日军切断了盟军与澳大利亚的联系，同时控制了澳大利亚北部海域。

3 月 8 日，日军登陆占领莱城和萨拉莫阿。由于当时日本航空母舰在印度洋方向上作战，日军未能掌握西南太平洋的制海权。3 月 10 日，一支日本运输船队遭到美国航空母舰舰载机猛烈轰炸，损失半数舰船。日军只得暂停对莫尔兹比港的进攻。4 月，日本海军主力回到太平洋战场，日军才决定于 5 月 10 日再次进攻莫尔兹比港。

日军作战计划以刚刚服役的排水量 1.2 万吨的“祥凤”号轻型航空母舰为主，组成海上掩护部队，首先支援在图拉吉的登陆作战，尔后转向西进支援进攻莫尔兹比港的部队。进攻莫尔兹比港的部队预定从拉包尔出发，经约马德水道，绕过新几内亚岛东端，驶往莫尔兹比港。以航空母舰为主力组成的机动作战部队从特鲁克南下，截击美军任何企图阻止日军登陆作战的部队。此次作战代号为“MO”，所有参战兵力统称为“MO”作战部队。具体负责作战指挥官是高木武雄。

1942年4月28日和29日，日军攻占图拉吉的先头警戒部队从拉包尔基地出发。4月30日，日军攻占莫尔兹比港的部队，搭载以4个营为基干的南海支队及设置基地人员和物资从拉包尔出发。4月30日和5月1日，担任护航任务的第6战队和担任机动作战任务的“MO”部队主力第5战队，先后从罗林群岛特鲁克基地出发南下，去同攻占莫尔兹比港的部队会合，一起夺占预定目标。

接下来几天，美丽珊瑚海上空发生了决定太平洋战争走向的航空母舰大战——日军在太平洋的进攻势头得到遏止，美军从此不再是被动挨打的角色。

日本人这次进攻莫尔兹比港志在必得。此时，美国人在战场上不及日本人厉害，但情报工作却做得异常出色——他们及时地掌握了日本人进攻莫尔兹比港的情报。西南太平洋盟军司令麦克阿瑟拥有一件价值无法估量的“秘密武器”——卡斯特密码破译分队。卡斯特密码破译分队直接听命于麦克阿瑟，因此麦克阿瑟对日本人的行踪非常了解，甚至其很多机密都了如指掌。

获知日军“MO”作战行动的内容，麦克阿瑟不得不重视。日本一旦拥有莫尔兹比港，占领澳大利亚本土就仅仅是一个时间问题了。莫尔兹比港离澳大利亚最北端的领土昆士兰海滩只有435千米，轰炸机飞行不到2个小时。日本人可以轻而易举地发动两栖攻击。而澳大利亚是盟军在西南太平洋上最大的反法西斯基地，日本人占领了澳大利亚，也就基本意味着盟军被赶出太平洋了。

尼米兹和麦克阿瑟一致认为，如果日军的企图得逞，不仅防守澳大利亚变得十分困难，而且南太平洋的海上交通也将面临巨大威胁。盟军必须想办法制止或者破坏日本攻占莫尔兹比港。

此时，盟军在西南太平洋上的势力比日军弱小。要集结足够兵力阻止日军进攻莫尔兹比港并不容易。驻西南太平洋的美军分舰队仅有驱逐舰和巡洋舰，根本对付不了拥有3艘航空母舰的日本舰队；“萨拉托加”号航空母舰前不久被鱼雷击伤，还在美国西雅图修理；“企业”号航空母舰和“大黄蜂”号航空母舰空袭东京后还未回到珍珠港，而且即使这两艘军舰全速返航，也难以如期赶到珊瑚海。

盟军陆军航空兵虽有200架飞机分布在莫尔兹比港和澳大利亚东北部地区，但这些飞机对日军岸基航空兵的攻击已疲于应付，即使能够抽调一部分飞机，也于事无补，因为这些飞机不具备支援海上作战的能力。

但再困难，这种关乎大局的事，盟军也丝毫不敢大意，想方设法去采取措施。尼米兹对麦克阿瑟进行了慷慨的支援，调集美军太平洋上一切可以调到珊瑚海的军舰，准备集中力量打击日本攻占莫尔兹比港的舰队，哪怕是冒其他地区防务空虚的风险。

1942年4月中旬，尼米兹下令正在西南太平洋海域执行任务的第17特混舰队的“约克城”号航空母舰迅速补充油料和兵员，务必在4月底前返回珊瑚海，同时命令第11特混舰队的“列克星敦”号航空母舰迅速向西南太平洋移动，务必于5月初在珊瑚海与第17特混舰会合。会合后，第17特混舰队司令弗莱彻统一指挥两支航空母舰编队。此外，尼米兹还命令在珊瑚海活动的拥有3艘巡洋舰、2艘驱逐舰的一支澳大利亚巡洋舰分舰队也归弗莱彻指挥。

就这样，盟军在珊瑚海一带拼凑了2艘航空母舰、7艘重型巡洋舰、1艘轻型巡洋舰、13艘驱逐舰，以及其他各类舰只，共计30艘，分别编为突击大队、支援大队以及航空母舰大队，有143架舰载飞机。

相对日军来说，这支舰队还是不占优势。为了加大胜算，尼米兹还命令刚刚返回珍珠港的“企业”号航空母舰和“大黄蜂”号航空母舰立即开赴西南太平洋——如果日军的进攻推迟，美军将以4艘航空母舰参加战斗；即使作战不利，美军有2艘航空母舰及时填补在西南太平洋的防御，也可避免西南太平洋完全落入日军之手。

1942年5月1日，日军开始行动。美军空母舰编队向珊瑚海东部海域集结。日军并未意识到美军军事行动的企图何在，依然按照原计划在做着积极的“配合”。1942年5月6日，日军攻击舰队和掩护舰队进入珊瑚海。

1942年5月7日，两支敌对的航空母舰特混编队在彼此搜索，即使有时一度相距只有130千米，却谁也没有发现对方——彼此隔得如此近，却又一直发现不了对方。日军机动舰队各自派出侦察机搜寻美国舰队，企图消灭在此海域的美国军舰，美军也决心打击日军，破坏“MO”作战行动。

5 月 7 日 10 点左右，就在距日本巡洋舰队不远处，美国攻击机群发现日本“祥凤”号轻型航空母舰。弗莱彻立即派 16 架“野猫”式战斗机、24 架“掠夺者”式鱼雷机和 53 架“无畏”式俯冲轰炸机闪电般地向“祥凤”号轻型航空母舰猛扑过去。

10 点 55 分，贝勒特指挥第 2 鱼雷机中队 12 架鱼雷机冒着日本舰队猛烈的高射炮火，集中向“祥凤”号轻型航空母舰展开猛烈攻击。鱼雷纷纷扑向日本军舰。其中，有 3 枚鱼雷直接命中“祥凤”号轻型航空母舰，舰上当即燃起熊熊大火。几分钟后，“祥凤”号轻型航空母舰又命中 4 枚鱼雷。10 分钟后，“祥凤”号轻型航空母舰沉入海底，其附近的 1 艘重型巡洋舰也被击沉。

美军取得了自太平洋战争爆发以来空前的胜利。“祥凤”号轻型航空母舰是日本自开战以来损失的第一艘航空母舰，也是整个战争期间被击沉最快的一艘航空母舰。对盟军而言，这极大地提升了士气；而对日本人而言，不仅士气上严重受挫，而且也使日本攻战莫尔兹比港的部队失去了必不可少的空中掩护。此前，日军在西南太平洋海战中不断战胜盟军，其重要原因就是盟军缺少空中掩护，现在日军自身缺少空中掩护了，攻战莫尔兹比港的部队不敢再贸然前进，一直停留在路易西亚德群岛北面，直至最后奉命撤回。

5 月 8 日凌晨，美日两支特混舰队相距约 324 千米，双方各有两艘航空母舰，美军有 121 架飞机，日军有 122 架飞机，美军在轰炸机方面占优势，日军在战斗机和鱼雷机方面占优势。双方实力如此接近，几乎可以说完全势均力敌。

8 点 15 分前后，美日双方几乎同时发现对方的航空母舰，飞机不约而同地起飞去轰炸对方的航空母舰。随着一声起飞令下，美军 82 架飞机分成 5 个编队，风驰电掣般地扑向日本舰队。日本舰队也毫不怠慢，69 架飞机组成的第一攻击波机群飞上天空，向美国舰队扑去。

10 点 22 分，美军从“约克城”号航空母舰上起飞的机群首先发现日本航空母舰编队正向东南方向行驶。此时，日本“翔鹤”号航空母舰和“瑞鹤”号航空母舰已疏散开来，相距大约 15 千米～18.5 千米，各有 2 艘重型巡洋舰及 3 艘驱逐舰护卫。发现美军机群来袭，“瑞鹤”号航空母舰赶紧躲到有雷雨的海域，利用暴风雨逃脱了攻击。而“翔鹤”号航空母舰则转向东方逆风行驶，起飞战斗机应战，不料却正好成为美军飞机集中轰炸的靶子。这一轮轰炸，“翔鹤”号航空母舰舰首右方中1颗炸弹，引起汽油燃烧。

没过多久，从美国“列克星敦”号航空母舰上起飞的6架俯冲轰炸机、11架鱼雷攻击机和8架“野猫”战斗机到达预定海域，也对“翔鹤”号航空母舰发起了攻击。

连续遭到两次攻击，“翔鹤”号航空母舰命中3颗炸弹，伤势非常严重，慌忙逃离战场。

在美军飞机对“翔鹤”号航空母舰展开攻击的同时，从“瑞鹤”号航空母舰和“翔鹤”号航空母舰上起飞的69架俯冲轰炸机和鱼雷攻击机也气势汹汹地抵达美国特混舰队上空。

由于装有雷达，“列克星敦”号航空母舰的战斗机指挥官在日本飞机正处于东北方向113千米的空中时就发现它们，下令起飞战队机进行截击。但是，17架“野猫”式战斗机表现实在差强人意，在“战斗突然爆发”时，有4架没找到敌人，有2架被日军“零”式战斗机制服，还有3架没有飞到足够的高度，不能阻截敌人俯冲轰炸机进攻。

日本飞机正朝着“列克星敦”号航空母舰飞来，朝它的左舷和右舷投掷鱼雷。有2枚鱼雷在它的左侧爆炸。在甲板下面，浓烟从通风管和被打坏的锅炉房里冒出来，很多人严重烧伤。

在“列克星敦”号航空母舰后面不远处的“约克城”号航空母舰也同样引起了日军飞机的注意。“约克城”号航空母舰仅有的战斗机企图靠近飞行，以便避开日军飞机的攻击。日军一批鱼雷轰炸机从左舷舰首发动攻击，“约克城”号航空母舰较小，其转舵比较灵活，因此得以脱险。日本飞机攻击未见成效。

11点30分，日军飞机从四面八方猛冲过来，从“列克星敦”号航空母舰起飞的战斗机油消耗殆尽，企图平降在这艘被打坏了甲板的航空母舰上，结果有几架翻进海里。

这场遭遇战只持续了13分钟。日本人飞走时兴高采烈地报告称“他们替‘祥凤’号报了仇，并顺利击沉了1艘‘大型航空母舰’和1艘‘中型航空母舰’”。

双方航空母舰特遣舰队之间的首次冲突已经结束。战斗的硝烟正在逐渐消散时，弗莱彻也认为自己已经是无可置疑的胜利者。“列克星敦”号航空母舰尽管被鱼雷和炸弹击中，产生7°横倾，但它调整燃油之后恢复了平衡，可以继续接纳返航的飞机着舰。它和“约克城”号航空母舰加快速度，准备出动飞机再次袭击日本人。

不过，“列克星敦”号航空母舰最终还是没逃过沉没的劫难。由于燃油泄漏，“列克星敦”号航空母舰舰内突然发生爆炸，并引起大火，火势迅速蔓延，以致无法控制。在舰长下令全体舰员离舰后，它于17点56分沉没。已经降落的36架飞机也随之沉入大海。已入夜，弗莱彻无意再战，遂率队撤离战场。

失去“列克星敦”号航空母舰使弗莱彻放弃了原来派遣巡洋舰队进行夜战的打算。在接到尼米兹关于不要拿他剩下的航空母舰进行不适当的冒险命令后，弗莱彻便率领第17特遣舰队向东南方向驶往努美阿。

日本舰队当天向着所罗门群岛北部航行了一夜。那里有一艘油船等着执行紧急加油的任务。虽然受伤的“翔鹤”号航空母舰正以较慢的速度驶往特鲁克，但日本舰队仍然能够实施一次全面空袭，因为有用的飞机已经转移到未受伤的“瑞鹤”号航空母舰上。不过，高木武雄也不想再追。他认为美国航空母舰已葬身珊瑚海海底了。

井上成美决定召回入侵莫尔斯比港的部队，再次推迟入侵巴布亚半岛，直至更多航空母舰和岸基飞机能够赢得珊瑚海的制空权。当山本五十六收到召回入侵部队的电报时，他气愤地发电报命令后藤有公和高木武雄改变航向去“消灭敌人”。

第二天上午，“瑞鹤”号航空母舰的飞行员起飞去进行了一次侦察巡逻。他们发现海上仅有第一次海战留下的尸体，并没有美军军舰。日本人也不得不就此作罢。

这次海战是历史上第一次航空母舰之间的决斗，双方水面舰队始终处于目视距离和舰炮射程之外，双方的飞机攻击对方的舰艇，双方的指挥官一次也没有看见对方的舰只，显示了航空母舰海战的特点和巨大作用。这种全新的海上作战样式，对以后的海战产生了深远影响。从战争结果看，双方基本打成了平手；但从战略角度看，美军成功地挫败了日军南下以便控制珊瑚海和澳大利亚的海上通道的战略企图，使日军没能实现占领莫尔兹比港的战略目标，这对美军来讲无疑是重大胜利，它扭转了开战后美军的不利局面，从此太平洋战争进入战略相持阶段。

5. 日军偷袭中途岛不成反而丧失航空母舰

珊瑚海海战不久的5月16日，美军又连续截获几封日军电报。破译后，美军判断日军将所有兵力投入偷袭中途岛。刚刚经历珊瑚海海战损失航空母舰的日本海军，竟然如此狂妄。尼米兹大吃一惊，感到事态很严重，立即下令罗彻斯特尽快查明进攻日期。

5月24日，美军从截获的情报中得知，日军将在6月上旬进攻阿留申群岛和中途岛。得知日军即将进攻中途岛，尼米兹立即下令驻守中途岛的美军抢时间加强防御力量。

与此同时，尼米兹命令第16特混舰队的“企业”号航空母舰和“大黄蜂”号航空母舰于5月26日进入珍珠港。1942年5月26日，尼米兹等来到第16特混舰队，命令斯普鲁恩斯接替要住院的哈尔西指挥第16特混舰队，并与第17特混舰队一起联合行动，听从第17特混舰队司令弗莱彻指挥。

尼米兹提出，两支特混舰队须部署于日军搜索范围以外的中途岛东北方向，而美军侦察机必须从中途岛飞出1481千米，在航程短得多的日本军舰载飞机发现美国航空母舰之前侦察出日本航空母舰的位置，以便主动对日本舰队实施攻击。

从获取的情报看，日军向中途岛进攻的力量十分强大。日军突击部队由南云忠一指挥。南云忠一在美国军界知名度很高。每个美国将军都知道是南云忠一使日本接连取胜，使同盟国军队感到恐怖，是他在珍珠港让美国人丢脸，是他在锡兰（斯里兰卡）让英国人出丑。

太平洋战争爆发后，日本陆军和海军在南方各个战场上频频得手。1942年春季以前，提前一半时间完成战前拟订的太平洋战争第一阶段作战计划。英军、美军实力在作战中遭到严重削弱。相比而言，日军的损失却很小。日本陆军主张在占领南方资源和战略要地之后，利用美国海上力量一时难以恢复的有利时机，立足于战前确定的持久战方针，从根本上确立长期持久的战略态势。陆军想对美国采取旨在确保已占领区域的抑制作战，同时，将陆海军主力转用于西面的印度洋和中印缅大陆地区，首先击败美国的盟友，达到孤立美国的目的，然后再转向东面与美国进行海上决战。日本海军则认为，由于开战初期重创美国海军，歼灭美国海军主力的任务已经完成一半，应该在美国的实力恢复之前，在太平洋与美国积极作战，尽可能缩短战争时间。

珊瑚海之战令日本人意识到美国海军势力的强大，必须尽快夺取战略要地，引诱美军主力，与之决战。对美国海军和日本海军都至关重要的中途岛被选为攻击目标。

中途岛面积虽不大，但位置非常重要。美军不仅在中途岛有航空母舰编队机动作战的补给和前沿基地，还有飞机场，从岛上机场起飞的美军飞机可以警戒半径达 1111 千米的区域。对日军来说，占领中途岛，就可以把中部太平洋的防御圈大大向东推进，并可利用岛上的海空军基地，有效地监视和警戒夏威夷群岛美国太平洋舰队的行动。另外，日军占领中途岛，还可以在美国中部太平洋防御圈上打开一个缺口，威胁夏威夷群岛，并将其作为日后攻占夏威夷的跳板。

为了攻占中途岛为日本海军航空兵获取前沿基地，继续向中太平洋和西南太平洋扩张，同时诱歼美国太平洋舰队，山本五十六提出要使用日本海军全部主力。山本五十六亲自出任战役最高指挥官，集中 8 艘航空母舰、5 艘水上飞机母舰、11 艘战列舰、13 艘重巡洋舰、9 艘轻巡洋舰、68 艘驱逐舰、24 艘潜艇、5 艘扫雷舰、16 艘运输舰、21 艘后勤补给舰、700 余架飞机、陆军 8600 人、海军 2.3 万人进行作战。

整个计划组织严密，规模宏大，日本海军几乎倾巢而出。这一行动的耗油量几乎相当于日本海军在和平时期一年的耗油量。

不过，虽然在力量对比上日军占有很大优势，但美军方面也有许多有利因素。除了在情报上占有绝对优势外，美军还占据地利优势。在得知日军将进攻的情况下，美军以逸待劳迎战。

6 月 4 日 5 点 52 分，美军侦察飞机发现日军航空母舰编队的位置。刹那间，中途岛响起一片空袭警报声，各种战斗机相继升空，盘旋待命。中途岛接到报告后，用电报向珍珠港做了转达。

不过，日军航空母舰早就起飞了舰载机。日军高空轰炸机已经直逼中途岛。这次，日军战斗机并没飞在机群前为轰炸机开路，而是飞得比轰炸机稍后略偏高。

6 点 12 分，美军飞机发现日军轰炸机群，抓住机会率先发起攻击，美日空中大战在中途岛上空展开。中途岛上空的战斗异常激烈。美军和日军都尽最大努力去消灭对方。中途岛被战火的硝烟所笼罩，到处充满杀气。不过，中途岛上的美军守军无论在数量上还是战斗力上都不及前来攻击的日军。日军飞机最终还是突破美军飞机层层拦截，轰炸了中途岛。

6 点 43 分，南云忠一收到领队友永丈市的电报："我们已完成任务，正在返航。"随后，友永丈市驾机巡视全岛。他虽然看到中途岛已经成为浓烟滚滚的火海，但也发现岛上的飞机跑道并未被彻底摧毁。他认为，有必要对中途岛实施第二波攻击。不过，他率领的第一攻击波飞机弹药已尽，油料也所剩无几，不得不返航。友永丈市在飞机上向南云忠一发出电报："突击机群返航，有必要进行再次袭击。"后来发生的事证明，这个建议导致日本损失惨重。

在第一波攻击飞机起飞后，南云忠一命令把航空母舰机库内的飞机全部提到飞行甲板上，包括 36 架"99"式俯冲轰炸机、43 架"97"式水平轰炸机、24 架"零"式战斗机。俯冲轰炸机携带炸弹，水平轰炸机携带鱼雷，它们搭配在一起用来对付军舰。南云忠一准备用它们对付美军特混舰队。

收到友永丈市发来的"有必要进行再次袭击"的电报，南云忠一下令飞机更换弹药，准备再次空袭中途岛。"赤城"号航空母舰和"加贺"号航空母舰上已经装好鱼雷的水平轰炸机必须卸下鱼雷，换上炸弹，因为鱼雷在攻击岛屿时用不上。飞行人员、地勤人员和军械人员接到命令后，立即将已在飞行甲板上的水平轰炸机一架架地送回到机库，然后卸下鱼雷装上炸弹。

换装弹药工作进行一段时间后，南云忠一接到 1 架搜索机的报告，发现中途岛不远处有美军舰队。他顿时震惊，根本没预料到美军舰队竟然出现得这么快，更没有预料到美军的军舰就在附近。整个形势立即发生了重大变化。

在发现美军舰队前，南云忠一已下令水平轰炸机队卸掉鱼雷，换上炸弹。换装弹药的作业已经进行了大半。如果搜索飞机证实美军舰队中有航空母舰，那将是对日本舰队最大的威胁。南云忠一认为，他必须做好对付美军舰队的准备。7 点 45 分，南云忠一命令立即停止弹药换装工作，准备攻击美军舰队。

当南云忠一下令停止换装攻击中途岛的弹药时，“赤城”号航空母舰和“加贺”号航空母舰上的大部分水平轰炸机都已把鱼雷卸掉并装上了炸弹。用水平轰炸机装炸弹攻击美国舰队，显然不合适。此时真正装好弹药、可用于进攻美国舰队并已排在飞行甲板上准备起飞的飞机，只有“飞龙”号航空母舰和“苍龙”号航空母舰上的36架俯冲轰炸机。南云忠一认为，仅靠这些飞机来对付美国舰队显然是不够的。

当时仅有的24架“零”式战斗机，已经有17架升空担负警戒任务，南云忠一手中几乎没有战斗机来随同那些俯冲轰炸机和水平轰炸机担负掩护进攻任务。如果他派出没有战斗机掩护的俯冲轰炸机和水平轰炸机去对美国特混舰队施以先发制人的攻击，那么就可能遭到极其重大的损失。

南云忠一陷入进退维谷、骑虎难下境地。正在这时，更大的麻烦出现了。友永丈市率领的飞机空袭中途岛归来，急需在航空母舰上降落，有些战斗机燃油接近耗尽，如不尽快降落，就要坠入大海。

南云忠一必须立即做出决断，或者是立即让俯冲轰炸机和水平轰炸机起飞，在没有战斗机掩护情况下去攻击敌人，以便腾出飞行甲板让友永丈市的飞机群降落，这样将会遭受巨大损失；或者立即把甲板上的飞机挪开，好让友永丈市的飞机群降落，这样发动进攻的时间就要大大向后推迟，会失去战机。这决断关乎4艘航空母舰的命运，一旦失误，后果将不堪设想。

南云忠一感受到从未有过的巨大精神压力。他考虑来考虑去后认为，在没有战斗机掩护的情况下，派出攻击机太冒险，应该首先收回空袭中途岛的飞机和执行战斗巡逻任务的战斗机，等做好一切准备之后，使俯冲轰炸机和水平轰炸机在战斗机可靠掩护下再全力进攻。同时，为了防止在做好进攻准备前遭到美军舰载机攻击，舰队应暂时北撤。

由于参谋们担保飞机降落行动可在半小时内完成，南云忠一决定，先让日本第一次袭击中途岛的飞机降落、加油和重新装弹，然后起飞执行袭击美国特混舰队的任务。这意味着要把已经拉上甲板的准备第二次袭击中途岛的飞机再次放进甲板下面的机库内。

升降机的警铃响起来了，航空母舰上的地勤人员迅速把停在甲板上的飞机吊进机库，腾出飞行甲板供飞机降落。疲倦的甲板人员又把更多的重磅炸弹和鱼雷装进卡车拖到甲板上来。

由于“换装”进行得仓促，没有人力也没有时间把准备进行第二次袭击的飞机上卸下的高爆炸弹安全地存进弹药库。它们只是堆放在飞机库里，许多还装着引信，而飞机却开始在甲板上降落了。

在返航飞机一架接着一架降落在飞行甲板上时，机库里也在拼命地赶着给水平轰炸机重新装鱼雷。只穿着短袖衬衣和短裤的地勤人员匆忙地卸掉重磅炸弹，来不及把卸下的炸弹送回到下面弹药库去，只好暂时堆放在机库旁边。这些随便放置的炸弹，在美军飞机来袭时竟成为航空母舰的夺命弹。

8 点 55 分，收回飞机工作将近完成时，南云忠一又计划歼灭美军机动部队，命令给甲板上的飞机加油，限定在 10 点 30 分前必须开始出动 102 架飞机。日本航空母舰甲板上一片忙乱，油管弯弯扭扭地伸过甲板，弹药车被推出来，给飞机重新装上炸弹。

9 点 18 分，日本攻击舰队正排成菱形向北行驶，“飞龙”号航空母舰在前，“赤城”号航空母舰在后，相距约 13 千米，左右是“加贺”号航空母舰和“苍龙”号航空母舰。突然，在右边外围护航的驱逐舰急忙发出发现飞机的警报并施放烟幕：美军飞机来了。

飞行员拉着乱七八糟的油管奔向各自的飞机。“零”式战斗机呼啸地飞上天空，同已经在向美军鱼雷飞机俯冲过去的巡逻机队会合。

9 点 25 分，美军 15 架“毁灭者”式鱼雷攻击机攻击日本“加贺”号航空母舰右舷。日军几十架“零”式战斗机将它们毫无遗漏地击落。9 点 40 分，14 架“毁灭者”式鱼雷攻击机再次奋不顾身地向“加贺”号航空母舰发动攻击，同样无一击中。10 点，美军飞机发起第三次攻击。美军飞机遭到日军“零”式战斗机截击，只有 2 架鱼雷攻击机和 1 架战斗机逃脱被击落命运，其他美军飞机全部葬身海底。

美军近百架轰炸机和鱼雷机发起数个批次的轮番空袭，竟然全部落空，未伤及日本军舰，却落得个大败而归。

10 点 22 分，南云忠一接到报告：各项准备工作完成，飞机可以立即起飞。南云忠一随即下达准备起飞的命令。在“赤城”号航空母舰飞行甲板上，所有飞机都已经发动。庞大的航空母舰开始逆风航行。只要开始起飞，仅需几分钟时间，全部飞机都可以离舰升空。

南云忠一很激动——他感到胜利已经在握。但是，他没有料到，命运之神偏偏不给他这几分钟时间，转眼之间，他即将到眼前的胜利就变成了惨败。

美军机群又开始攻击了。早就渴望为珍珠港报仇的美国飞行员们个个奋勇争先，驾着飞机往日本航空母舰俯冲下去——他们要炸沉日本航空母舰，报日本偷袭珍珠港的一箭之仇。

美国轰炸机正从云端飞来，直扑日本航空母舰——它们神不知鬼不觉地悄悄逼近，正好在日本航空母舰编队无法还手的时刻来到。日军阵容庞大的航空母舰编队有 4 艘大型航空母舰，而在航空母舰编队上方和周围都没有护航飞机——日本航空母舰编队搭载的所有飞机都排列在航空母舰甲板上，对它们的危险处境一无所知。

10 点 24 分，9 架美军俯冲轰炸机向“加贺”号航空母舰俯冲。有 4 颗炸弹击中“加贺”号航空母舰的飞行甲板。一颗炸弹正好落在“加贺”号航空母舰舰桥旁边，炸中了停在那里的一辆小加油车，随后是越烧越旺的熊熊烈火，船舱里不断发生爆炸。在几分钟内，“加贺”号航空母舰就被彻底摧毁了。

“赤城”号航空母舰上的官兵目睹了“加贺”号航空母舰的命运，但也没逃脱相似的悲剧命运。美军俯冲轰炸机投下一颗炸弹，穿透“赤城”号航空母舰的飞行甲板，在舰体深处爆炸。舰上飞机及其炸弹和鱼雷接二连三地爆炸。大火蔓延到堆放在甲板上的燃料和弹药，再度引起大爆炸，把飞行甲板大块大块地炸飞到空中。6 月 5 日 5 点 20 分，“赤城”号航空母舰沉没。

与此同时，美军 17 架俯冲轰炸机攻击了“飞龙”号航空母舰和“苍龙”号航空母舰。只在短短几分钟内，“苍龙”号航空母舰接连被命中 3 颗炸弹。头一颗炸弹命中舰前部升降机附近的飞行甲板，后两颗炸弹击中中部升降机，完全炸毁甲板。烈火迅速燃烧到油库和弹药库。10 点 30 分，“苍龙”号航空母舰完全被浓烟大火笼罩，熊熊大火烧得噼啪作响，大火诱发的连续爆炸此起彼伏……19 点 13 分，“苍龙”号航空母舰最后在海面上消失。

美军飞机前后短短几分钟的轰击使南云忠一舰队 4 艘主力航空母舰中有 3 艘命归大海。它们之前还是威风凛凛的，可转瞬间就变成烈火熊熊的庞大残骸，一一沉入了波光粼粼的太平洋。

“飞龙”号航空母舰是日军唯一没有受到损伤的航空母舰。10 点 40 分，

“飞龙”号航空母舰上起飞8架俯冲轰炸机和6架“零”式战斗机组成攻击队，悄悄跟在返航的美军舰载机后面，攻击了美国“约克城”号航空母舰。“约克城”号航空母舰中了3颗炸弹，严重受伤。但两个小时修复后，它又恢复了一定战斗力。

此时，接替南云忠一指挥的山口多闻发现“飞龙”号航空母舰单独对阵3艘美国航空母舰，竟然孤注一掷，用现有全部飞机发动第二次攻击。第二次攻击遇到正在修复中的“约克城”号航空母舰，对其进行了轰炸。再次遭到轰炸的“约克城”号航空母舰最终于6月7日4点58分沉没。

在日本飞机对“约克城”号航空母舰实施攻击过程中，美军舰载机也对“飞龙”号航空母舰实施了多次攻击。“飞龙”号航空母于17点被美军投的4颗炸弹击中。大火在已装好炸弹的飞机中间蔓延。加来止男为避免再度中弹，只好让“飞龙”号航空母舰全速前进。由此而产生的风助长了火势向全舰蔓延，“飞龙”号航空母舰上爆炸声不断。6月5日8点20分，“飞龙”号航空母舰沉没于大洋之中。

山本五十六非常自信地认为，日本人会成为整个战场的主宰者，但战局的发展却出乎他的意料。虽然他有损失航空母舰的心理准备，但损失4艘完全出乎他的意料。与美国舰队决战的希望覆灭了。山本五十六清楚地意识到这一仗已经战败。6月5日2点55分，山本五十六向所属部队下达第161号作战命令——“取消中途岛的占领行动”后，率领主力部队开始向东航行，去与南云忠一和近藤信竹会合。

这次海战，美国损失1艘航空母舰，击沉日军4艘航空母舰，达到了战略目的，沉重打击了日军。日本海军从此一蹶不振，再也无力发动大规模的海空作战。由于缺少舰载航空兵的支援，日军舰艇部队就难以超出岸基航空兵的作战半径活动，逐步丧失了主动权。中途岛战役是太平洋战争的转折点，对整个战争有着决定性影响。对日本海军来说，更严重的是，他们妄自尊大的自信遭到了无情的打击。中途岛战役之后，直到第二次世界大战结束，他们再也无法对战局做出正确判断。

6. 下血本争夺瓜岛，拼的就是实力

经过珊瑚海海战、中途岛海战后，日军损耗400多架舰载机，短时间内

难以得到补充。此后，日本航空母舰没有陆基航空兵的护航不敢出动，岸基航空兵只能在距离基地555.6千米范围内作战。美国海军的实力却越来越强。

为攻占莫尔兹比港，海军遭到重挫的日军全力争夺所罗门群岛中的瓜达尔卡纳尔岛（以下简称瓜岛），企图在岛上修建轰炸机飞机场，通过岸基飞机将西南太平洋大部分地区纳入攻击范围，为海军作战提供空中支援，同时破坏美国至澳大利亚的海上交通线。1942年8月初，瓜岛机场已基本建成，辅助设施也大体完工。

中途岛海战胜利后，太平洋舰队司令尼米兹头脑冷静，没有为一时的胜利而骄傲自满，他清楚地认识到，中途岛海战仅仅是太平洋战争中一次局部战役，无法歼灭日军，等待美军的将是更艰难的险阻和更加残酷的战斗。日军仍然在西南太平洋上横冲直撞，在几个月内攻占了新加坡、马来西亚、苏门答腊和苏拉威西、俾斯麦群岛，并使澳大利亚的达尔文港遭到重创。

不过，美军此时已经掌握战略主动权，已经该考虑由防御变为进攻了。在与下属进行深入交流后，尼米兹把目光投向了西南太平洋上的瓜岛。瓜岛是所罗门群岛中的最大岛，是澳大利亚的门户。所罗门群岛是一架通向日本的梯子，而瓜岛是梯子的第一级。尼米兹认为，美军占领瓜岛后，就能逐级登梯直达日本——这是最终进攻日本本土军事计划的重要一步。

不仅如此，日本海军在南云忠一舰队突然遭到美军毁灭性打击后，把主力舰队撤到南太平洋地区，而且在瓜岛修建轰炸机飞机场，有再次进攻莫尔兹比港，切断西南太平洋交通线的倾向。

在作战计划上，麦克阿瑟和尼米兹相互争吵，互不相让，都力图争夺战役指挥权。尼米兹认为，参战部队来自太平洋舰队，指挥权应归他。麦克阿瑟立即提出反对意见：所罗门群岛地处西南太平洋海区，在西南太平洋作战的部队应归他指挥。经过最终协商，定于8月1日实施的“瞭望塔”行动才出台（后推延到8月7日）。

8月7日凌晨1点，美军登陆编队驶入瓜岛海域，兵分两路登陆：代号“X射线”的那路由美国海军第1陆战师师长范德格里夫特率领，下辖第1陆战团、第5陆战团，其任务是途经萨沃岛南水道攻打瓜岛；代号“Y射线”的那路由美国海军第1陆战师副师长鲁普斯塔斯率领，下辖4个营，任务是途经萨沃岛北水道攻打图拉吉岛，留下两个营作为机动部队。

6点左右，支援编队的军舰不断炮击瓜岛日军阵地，从航空母舰起飞的舰载机随后发动不断地轰炸和疯狂扫射。9点40分，美军登陆部队开始登陆。日军发现大批美军后，连忙逃进丛林。美军趁机占领滩头阵地。第二天一早，美军未发一枪就占领机场。

很快，日军组织反攻。日军派飞机从拉包尔起飞去轰炸瓜岛。日军机群还未靠近，美军瓜岛机场和航空母舰的战斗机就发现日军机群，编好队形，向日军飞机冲去。日军飞行员士气旺盛，与美军飞机展开混战。美军战斗机不是日军战斗机的对手，被击落数架。但是，日军飞机在返航途中，遭到亨德森机场起飞的美军战斗机拦截。在混战中，有几架日军飞机被击落。日军战斗机面临被美军全歼的危险。

日军王牌飞行员酒井三郎单机直闯美军飞机群，一炮就击落1架美军飞机。其他日军飞机赶来相助，打得美军飞机群无力招架，他趁机又击落了3架美军战斗机。他率领日军飞机对四散而逃的美军飞机紧追不舍。在追击过程中，美军“复仇者”式鱼雷轰炸机用机枪击中酒井三郎驾驶的飞机。

酒井三郎驾驶的战斗机被震得直抖。他头部受了重伤，一只眼睛失明。昏迷中，他的双手仍然紧握飞行操纵杆。最终，他驾驶遭重创的战斗机奇迹般地回到拉包尔机场。

百武晴吉认为，如果瓜岛机场被美军占领，那对南太平洋地区的日军会十分不利，决定组织兵力早日夺回瓜岛，派日军第8舰队司令三川军一从驻拉包尔的海军陆战队中抽调519人组成突击队，突击瓜岛。不过，这次行动惨遭惨败。

三川军一认为，驻瓜岛的美国海军对日军十分不利。他聚集5艘重巡洋舰、2艘轻巡洋舰、1艘驱逐舰进行反攻。当晚，日军第8舰队由拉包尔起航，利用美军的疏忽，悄悄进入瓜岛海域。

在瓜岛海域，三川军一以己之长攻美军之短，发动夜袭，只花6分钟就击沉盟军“堪培拉”号重巡洋舰，击伤“芝加哥”号重巡洋舰和“帕特森”号驱逐舰。不久，他率领第8舰队又以迅雷不及掩耳之势击沉美军“文森斯”号巡洋舰、“阿斯托里亚”号巡洋舰和“昆西”号重巡洋舰。

三川军一指挥第8舰队掉头向北驶出海峡，重新编队。三川军一不知道美军航空母舰编队已经离开瓜岛，担心天亮后会遭到美军舰载机攻击，偷袭得胜后就下令返航。

8 月 9 ~ 12 日，日军先派飞机进行空中轰炸。日军巡洋舰和驱逐舰向瓜岛进行猛烈炮击，瓜岛上躲进密林的日军也立即组织反攻，但美军早就有所准备，日军未能得逞。

日本大本营得知美军在瓜岛登陆后，认为只有发动登陆战才能夺回瓜岛。百武晴吉选派具有热带丛林地作战经验的最优秀指挥官一木清直，率领 1000 人分乘 6 艘驱逐舰在 8 月 16 日从特鲁克起航，前往夺取瓜岛。

一木清直率部悄悄登岛后，他派出的侦察小分队被美军全歼。

美军从死亡侦察小分队成员遗物中分析出日军重点进攻目标是美军东部防线，目标是攻占机场，并立即做出相关调整，准备迎战日军。一木清直分队遭到美军伏击，虽然冒着枪林弹雨发起多次进攻，但最终免不了被歼灭的命运——一木清直被炸死，除十几个士兵四散溃逃外，其他的都被美军击毙。

在与日军恶战时，美军在亨德森机场上的飞机不断增加，组成瓜岛岸基航空兵，号称“仙人掌航空队”。不久，“仙人掌航空队”和瓜岛机场成为美军与日军争夺瓜岛地区制空权和制海权的核心力量。

得知一木清直支队被美军歼灭，日军决定派出增援部队，争取在 8 月底前夺回瓜岛。山本五十六打算以第 8 舰队来全力保障增援部队的航渡安全，再用日本联合舰队主力诱出美军航空母舰编队，将其一网打尽。

美军侦察到日本联合舰队主力已从特鲁克南下，但来不及调集增援军队。戈姆利只得用现有兵力迎战。

1942 年 8 月 24 日晨，美军两个大队处在瓜岛东南海域，日军大多数战斗群到达瓜岛东北海域，彼此都知道对方就在附近，但都不清楚对方具体位置，因而双方都进入警备状态。

13 点左右，日军“龙骧”号航空母舰起飞舰载机前去攻击瓜岛上的亨德森机场。

看到雷达荧光屏上闪烁的日军机群，弗莱彻感到形势不妙，命令“萨拉托加”号航空母舰起飞 30 架俯冲轰炸机和 8 架鱼雷轰炸机出击。

日本飞机遇到美军“仙人掌航空队”有力拦截，被击落一大半。它们没有能破坏瓜岛机场，但却起到了诱敌作用。14 点 30 分，美国“企业”号航空母舰起飞的侦察机发现日军主力群。弗莱彻感到形势非常不妙，马上命令攻击日军牵制群的机群转向攻击日军主力群，但由于通信联络不畅，机群没有接到这一命令。

15 点 50 分，弗莱彻派出的攻击队到达“龙骧”号航空母舰上空。那一刻，“龙骧”号航空母舰正逆风航行，准备起飞第二批飞机。美军 30 架轰炸机趁机发起攻击。“龙骧”号航空母舰规避不及，被 1 枚鱼雷和 10 多颗炸弹击中，舰体左倾 20°，大量进水，于当天晚上 8 点沉没。

“龙骧”号航空母舰虽然沉没了，但它却转移了弗莱彻的主攻方向。日本机动部队找到美军“企业”号航空母舰和“萨拉托加”号航空母舰。原来，当主力群司令南云忠一得知美军舰载机前去攻击牵制群时，认为时机已到，于 14 点左右派出第一攻击波飞机，于 15 点又出动第二攻击波飞机，直扑美军航空母舰编队。

双方展开了激烈的空中大厮杀。由于日军飞行员的素质比中途岛海战时下降很多，加上美军炮火猛烈，日军鱼雷机在占领攻击阵位前就被全部击落，轰炸机也只有少数几架突破投弹。战斗结果是，“企业”号航空母舰中了 3 颗炸弹，船舷漏水，舰体横倾，所幸伤势不重。

日军主力群第二攻击波飞到距“萨拉托加”号航空母舰 92.6 千米处因燃油消耗过半而返回。在日军飞机来袭前“企业”号航空母舰起飞的 11 架轰炸机和 7 架鱼雷机也没有找到日军主力群，轰炸机飞往瓜岛机场着陆，鱼雷机则返回航空母舰。同时起飞的“萨拉托加”号航空母舰的 2 架轰炸机和 5 架鱼雷机意外发现日军先遣群，击伤了“千岁”号水上飞机母舰。

弗莱彻接收了出击的飞机后，天色已黑，为避免夜战，率领舰队向南撤退。24 日 0 点，山本五十六下令撤出战斗，先遣群和主力群以 28 节时速向北撤退。

日军只顾寻找美军航空母舰决战，却忘了保护增援群。增援群 23 日被美军发现后，果断向西北退避才避免遭到攻击。它们在圣伊萨贝尔岛附近逗留了一整天，于 24 日 12 点才掉头南下。

此次海战，在日美双方出动的兵力对比上，日军几乎要比美军多出一半，然而日军不仅没有实现歼灭美军航空母舰编队的企图，而且向瓜岛增援的目的也没完成。究其原因是日军没将向瓜岛运送援军作为当务之急，没有全力保障增援群的安全，而是只顾攻击美军的航空母舰编队。当主力群撤退后，增援群就失去了空中掩护，陷入被动挨打的局面。

这次战斗后，日军驱逐舰几乎每天都准时出动，被美军称作“东京特快”。此期间，美军掌握制空权，日军控制制海权。美军凭借岸基飞机在白天能控制瓜岛附近海域和天空，日军依靠其水面舰艇部队比较擅长夜战的优势成为“黑夜的主人”。

1942 年 9 月 12 日，悄悄登上瓜岛的日军分三路进攻：一路由北面进攻，一路冲过特纳鲁河发动进攻，另一路渡过伦加河发动进攻。指挥官川口准备采用闪击战术摧毁美军阵地，收复飞机场。

日军极其疯狂，幸好美军早已在陡峭的山岭上修筑好工事，做好了充分准备。以逸待劳的美军凭着强大火力，与日军展开殊死搏斗，牢牢守住了防线。双方多次展开肉搏战，许多士兵纷纷被捅死和砍死。肉搏战中，炮弹的爆炸声和惨叫声混合在一起。在接下来的 3 天内，双方激烈地争夺高地，茂密的丛林变得面目全非，山岭中到处都有战死者。

百武晴吉得知川口惨败，决定增兵。日本大本营也积极配合，把东印度群岛的第 38 师团，以及从中国战场、南方方面军和日本本土抽调下来的部队都调给第 17 集团军。

当然，日本在增兵时，美国也在增兵，但美国为增兵付出了巨大代价。9 月 15 日，美军搭载海军陆战队第 7 师的 6 艘运输舰接到戈姆利的命令后，在 2 艘航空母舰和 1 艘战列舰护卫下，踏上了增援瓜岛旅途。14 点 30 分左右，日本“伊－19”号潜艇突然发射 2 枚鱼雷，击中“大黄蜂”号航空母舰右舷。“大黄蜂”号航空母舰甲板下顿时升腾起大火，其弹药库被引爆。当晚 21 点，它最终沉到海底。

在 10 月 11 日，美日双方派出的增援部队都顺利登陆，但双方的掩护部队——日军第 6 巡洋舰战队和美军第 64 特混编队却在瓜岛埃斯佩兰斯角附近海域爆发激烈海战。10 月 11 日 23 点 25 分，行驶在浓雾中的两支舰队相遇。美军“海伦纳”号巡洋舰率先发现日军军舰，抢先开火。几分钟激战后，日军“古鹰”号重巡洋舰被击沉，“青叶”号巡洋舰受重创。由于看不清楚，美军也有两艘驱逐舰被己方误伤。

这次海战是美国人首次夜间在海上教训狂妄自大的日本人，标志着日本对“狭缝”海峡绝对控制权的终结。斯科特也没有去攻击日本运输舰队。日本运输船队把百武晴吉急需的大炮、16 辆坦克、弹药和增援部队全部送上了岸，解决了日军第 17 集团军的燃眉之急。

为了给夺取瓜岛制空权创造条件，日本海军已经决定以水面舰艇部队炮击亨德森机场。在 10 月 11 日，日本方面派出由 2 艘战列舰、1 艘巡洋舰和 9 艘驱逐舰组成的炮击编队，从特鲁克出发，前往瓜岛执行炮击机场任务。

13 日 22 点 30 分，在炮击编队开始炮击瓜岛机场。“金刚”号战列舰和“榛名”号战列舰 356 毫米主炮炮击 1 小时 20 分钟后，瓜岛机场变为一片火海，机场轰炸机主跑道被摧毁，只有战斗机跑道勉强可以起飞，机场储存的航空汽油几乎全被烧毁。

接下来的两天晚上，日军炮击舰队接连轰击亨德森机场。美军损失严重，“仙人掌航空队”此时只剩下 8 架“B－17”重轰炸机、10 架“无畏”式俯冲轰炸机和 24 架“野猫”式战斗机，而且机场跑道被摧毁，燃料也几乎全被烧光。

在 10 月 14 日和 15 日，日军连续组织运输船队向瓜岛运送部队。日军还拥有近百门大炮，并有强大的海空支援。而美军则因为机场几近瘫痪，制空权和制海权都已丧失。战争胜负的天平开始倾向日军，美军士气开始下降。

有了大炮和坦克支援后，成群的日军士兵光着膀子，头上缠绕白布条，端着“三八”式步枪，高喊着“日本天皇万岁”发起进攻。美军火炮、机枪、各种口径的自动武器同时开火。美军炮弹准确地落在坦克的后边日军士兵中间，机枪子弹像雨点一样倾泻在日军队伍里，大批日军士兵不是被打死就是被炸得血肉横飞。激战 5 个多小时后，日军伤亡惨重，已经没有招架之力。在留下几百具尸体后，住吉指挥剩下的日军躲进丛林。

经过几次交战，瓜岛的美军完全摸透了日军的战术，美军先躲在工事里，等日军炮火准备过后再跳进战壕，日军不靠近绝不射击。当日军靠近铁丝网，被迫挤在一起时，再扔出手榴弹，轻重机枪同时射击。美军还组织狙击手，专门射杀冲在前面挥舞军刀的日军指挥官。狙击手打死很多日军指挥官，结果日军群龙无首，很难发起有效攻势。

美军击退日军6次进攻，日军第7次进攻攻势更猛，日军攻入美军前沿阵地，美军被迫向后撤退。美军炮兵进行了更加猛烈的炮击，美军刚刚撤出的阵地变成日军的地狱。连续两天两夜厮杀，山岭变成焦土，丛林变成山地，日军中队长以下指挥官全都战死，山地上布满日军丢弃的军旗和武器，日军伤兵不断地发出痛苦的号叫。

在日本陆军疯狂进攻的同时，10月24日，日本舰队进行海上加油后，连夜南下，寻求与美国海军决战。10月26日，双方在圣克鲁斯群岛附近海域相遇，都抓住有利时机起飞飞机去轰炸对方，都充分利用防空炮火拦截对方飞机。双方展开了激烈的空海搏杀。

日军“瑞凤”号航空母舰被炸伤，无法再回收飞机，只好起飞剩下的所有飞机，然后在2艘驱逐舰保护下向北撤退。“瑞鹤”号航空母舰被炸成重伤。美军“大黄蜂”号航空母舰则成为日军飞机集中攻击的目标，遭到猛烈轰击，最终被炸沉，还有几艘军舰严重受伤。

至10月26日中午时分，日军已经取得很大战果，但自身损失也不小，近藤信竹决定调整部署，准备再次战斗。他命令受伤的“瑞凤”号航空母舰和“翔鹤”号航空母舰向北撤退；前进部队和机动部队的两支战列舰编队向南搜索，以扩大战果；“隼鹰”号航空母舰和“瑞鹤”号航空母舰在战列舰编队后面跟进，负责提供空中支援。金凯德见部队损失惨重，也率舰队向东撤退。

10月27日凌晨，近藤信竹率领舰队直接撤往特鲁克。日本陆海军联合进攻夺取瓜岛的计划再次破产。日军在战役中损失的舰载机和有经验的飞行员，是难以弥补的。尤其是有经验的飞行员，日军已经再也损失不起了。

瓜岛争夺战依然在进行着。美军陆续向瓜岛增兵，美军运来很多重炮和坦克等重武器，岛上的美军航空兵部队实力大增。日军也在抓紧时间向瓜岛增兵和运送物资。双方都在抢着往瓜岛上增兵和补充给养，都在想办法攻击和破坏对方的运输队。其间，双方发生激烈海战，都损失了一些军舰。不过，美军最终都成功阻止了日本战列舰对瓜岛机场的炮击，并迫使日军的增援编队中途折返，为以后作战创造了有利条件。

这是双方争夺瓜岛过程中具有决定性意义的一次海战。双方主要目的都是向瓜岛运送援兵和物资，并阻止对方的增援。美军的运输比较顺利地完成了。日军不仅付出了很大代价，而且所运输人员和物资有很多都损失掉了，他们企图增援瓜岛的计划也再次落空。美军获得瓜岛海域的制海权，且瓜岛地区的制空权早已被其所掌握。而日本联合舰队在海战中又一次损失巨大，日军的海上力量元气大伤。山本五十六认为，海军再也无法承受以如此巨大的代价去支援陆军的作战，从此以后便不再派巡洋舰以上的水面舰只前往瓜岛，只使用驱逐舰利用夜间运送少量人员与物资，这进一步加剧了瓜岛上日军的困难处境。从此以后，瓜岛的日军就在孤立无援、缺少物资的窘迫状态下被美军一点点地消灭掉。日本也从此一步步走向战败。

第十一章
盟军局部反攻，法西斯从此走向覆灭

德军闪击苏军，面对生死存亡，苏军进行了激烈反抗。在各方援助下，苏军挡住了德军进攻，并进行了一系列局部反攻。盟军也不失时机地对德意法日西斯进行反攻，一举扭转了局势。

1. 德国王牌军魂断斯大林格勒

1942 年，苏联最高统帅部担心德军于夏季从莫斯科和南方两个方向同时发动大规模进攻，便命令苏军在克里米亚、哈尔科夫、利沃夫 – 库尔斯克、斯摩棱斯克，以及列宁格勒发动一系列反攻，以打乱德军部署。

苏军西南方面军司令铁木辛哥主动发动哈尔科夫进攻战役，企图夺取哈尔科夫，为收复顿巴斯创造有利条件。出人意料的是，驻守在哈尔科夫的德军第 6 集团军与克莱斯特集群正在准备发动“腓特烈一世”进攻战役。双方都交替向对方发起进攻，进行了一场狭路相逢勇者胜的战役。结果，德军王牌部队第 6 集团军包围和消灭了苏军 25 万人。

德军这次胜利使希特勒恢复了信心。加上曼施坦因占领克里米亚，希特勒认为德军应该向顿河、伏尔加河进军，去消灭那里的苏军残部，并进攻斯大林格勒。

1942 年 6 月 28 日，德军 B 集团军群左翼霍特指挥的坦克第 4 集群和坦克第 2 集团军发起大规模进攻，矛头直指顿河上游的沃罗涅日。与苏军激战过后，德军从伊久姆至库尔斯克整个正面突破防线。苏军且战且退。6 月 30 日，德军 B 集团军群右翼保卢斯指挥第 6 集团军从哈尔科夫东北发起进攻，向东南推进，目标遥指斯大林格勒。

在此次战斗中，苏军并未采取死守的传统战术，而是主动撤离罗斯托夫。因为斯大林向全军下达了采取灵活战术的新指示，为了减少不必要的损失，部队可以撤退。

德军 A 集团军群于 1942 年 7 月 9 日向高加索地区发起进攻。德军 A 集团军群坦克第 1 集团军从米列罗沃地域向东南进攻，月底已经到达新切尔卡斯克和齐姆良斯卡亚之间的顿河沿岸；德军 A 集团军群其他集团军向北进攻，于 7 月 14 日在米列罗沃与 B 集团军群的一些部队建立联系。

这时，希特勒突然放弃对斯大林格勒的钳形攻势。原来，苏军已经呈现筋疲力尽的迹象，开始有计划地撤退。希特勒误以为苏军到了崩溃地步。7 月 13 日，他派坦克第 1 集团军和坦克第 4 集群配合第 17 集团军进攻罗斯托夫方向。这影响了德军对斯大林格勒的进攻。希特勒认为，在第 6 集团军和第 40 装甲军攻击下，溃退的苏军“主力”会被合围在顿河－顿涅茨河一带，德军有能力将其歼灭。

7 月 13 日，斯大林在莫斯科召开军事会议，决定把苏军撤到斯大林格勒、伏尔加河和高加索一带，诱使德军再发动一次冬季攻势。

李斯特指挥德军 A 集团军群半个月向前推进约 500 千米。苏军把保存实力看得比领土还要重要，使德军连一个小的合围圈都无法形成。德军继续正面追击，占领北顿涅茨河与顿河之间的大片地区。

苏军在如此辽阔的领土上实施拖延战术无疑是高明的。此刻，德军既要防守从沃罗涅日至斯大林格勒宽达 600 千米的战区，又要推进到斯大林格勒和伏尔加河，并继续向东南进攻。德军又开进 350 千米～750 千米，进攻高加索地区，战线拉得越来越长，导致德军无法集结起足够多的军队。

7 月 23 日，德军 A 集团军群进攻顿河下游。在齐姆良斯卡亚地域，坦克第 1 集团军的左翼部队与苏军展开激战。苏军为防止德军从科捷利尼科沃－斯大林格勒铁路推进，组织了强大防线。李斯特的确想沿着那条铁路推进，但他的战线太长，无力分兵实施军事行动。他做出调兵东进的假象，其实只是为了保障坦克第1集团军左翼和后方。尽管是假象，德军A集团军群仍然强渡顿河，占领了罗斯托夫。

德军坦克第4集群在渡过顿河下游后转向东北方，沿科帖尔尼科沃－斯大林格勒铁路向前推进。随后，它隶属于B集团军群。德军B集团军群进展迟缓，这并不是因为苏军抵抗，而是因为缺乏燃油。

7月15日，保卢斯将第6集团军兵分两路，向卡拉奇方向发起钳形攻势，企图以高速运动围歼顿河右岸的苏军，并从西南进攻斯大林格勒。德军进攻很顺利。苏军在广阔大草原上无法组织有效防御，主动向东撤退了300千米。

7月16日，德军第6集团军的“大德意志”装甲师和第24装甲师正在向顿河快速推进，一路都没有遭到苏军顽强抵抗。进攻如此顺利，希特勒认为占领斯大林格勒不需要那么多兵力，突然改变计划。17日，他命令坦克第4集群南下，转隶德军A集团军群，去支援坦克第1集团军。

进攻斯大林格勒的部队只剩下德军第6集团军。由于公路狭窄，德军坦克第4集群与第6集团军被堵在路上。交通阻塞使第6集团军的进攻推迟了1周，未能一举占领斯大林格勒。

苏联最高统帅部发现德军的意图后，决定在斯大林格勒进行一场城市保卫战。为了进一步拖垮德军，苏军各方面军司令部按照斯大林的指示，采取机动灵活的防御战术。苏军在条件有利时坚决反攻，不利时立即撤兵，以避免被德军围歼。

对于希特勒来讲，若输了斯大林格勒战役，就会输掉整个战争。虽然知道斯大林格勒战役的重要性，但为了派更多部队去夺取高加索石油区，希特勒只让德军第6集团军单独进攻斯大林格勒。

斯大林高度重视斯大林格勒会战，投入了巨大兵力，并多次派朱可夫亲临现场指挥会战。

1942年7月17日，德军第6集团军先头部队挺进到顿河河曲的奇尔河和齐姆良河一带，与苏军第62集团军、第64集团军先头部队遭遇，斯大林格勒会战爆发。苏军誓死阻挡德军疯狂的进攻。

1942 年 7 月 23 日，保卢斯命令北集团第 8 军和坦克第 14 军进攻苏军第 62 集团军。经过激战，德军北集团占领克列茨卡亚、叶夫斯特拉托夫斯基和卡耳梅科夫。德军后卫部队赶到后，向马诺伊林、马约罗夫斯基发起突击，同时经过普拉托诺夫进攻上布济诺夫卡。7 月 23 日傍晚，德军摩托化第 3 师、摩托化第 60 师赶到顿河边上的戈易宾斯卡亚和斯克沃林。

7 月 24 日凌晨 5 点，苏军第 62 集团军决定派坦克第 13 军和步兵第 33 师发动反攻，恢复其防御阵地。上午 10 点，在攻击数倍德军的反击中，苏军步兵第 33 师第 84 团 4 名防坦克枪手的战绩轰动了整个苏军——4 个人摧毁 15 辆德军坦克，令另外 15 辆德军坦克落荒而逃。不过，7 月 24 日傍晚，在上布济诺夫卡，德军第 3 摩托化师和第 60 师歼灭苏军第 184 师、第 192 师师部。德军占领戈卢宾斯基和小纳巴托夫斯基后，对苏军第 62 集团军右翼构成合围态势。

斯大林命令戈尔多夫必须阻止德军攻势，把德军赶过奇尔河。7 月 25 日，德军强渡顿河，向伏尔加河方向扑去，从西面和西南对斯大林格勒形成合围态势。7 月 26 日，德军南集团第 51 军和坦克第 24 军兵分两路，进攻苏军第 64 集团军。在保卢斯亲自指挥下，德军一举突破苏军第 64 集团军防线，分别到达上布济诺夫卡和下奇尔斯卡亚。

为了消灭卡拉奇渡口的德军，7 月 25—27 日，苏军总参谋长华西列夫斯基飞抵斯大林格勒，组织强大兵力对德军发起反攻。经过一番激战，苏军溃败。华西列夫斯基急忙向斯大林发电报，请求增援。斯大林发出指令，要求各级军官坚决组织兵力抵抗。

8 月 5—10 日，苏军组织强大兵力发动反攻，德军坦克第 4 集群被迫转入防御。保卢斯不顾伤亡，命令德军第 6 集团军继续进攻。至 8 月 17 日，德军第 6 集团军推进 60 ~ 80 千米，接近斯大林格勒外层围廊。

8 月 19 日，B 集团军群将德军第 6 集团军改编为北突击集团，从特廖霍斯特罗夫斯卡亚出发，进攻斯大林格勒。

8 月 20 日，在克烈缅斯克桥头堡，斯大林格勒方面军主力进攻德军北翼，收复了一些领土，牵制了德军 3 个步兵师和 1 个装甲师兵力。8 月 23 日拂晓，在空军的强大火力支援下，德军第 14 装甲军强渡顿河，快速突破苏军在韦尔佳奇和彼斯科瓦特卡的阵地。傍晚时分，德军向前推进 80 多千米，前进至斯大林格勒北面的伏尔加河一带。

苏军抵抗越来越顽强。德军想用狂轰滥炸动摇苏军的军心，但斯大林格勒市军民承受住了极为野蛮的轰炸。苏联最高统帅部和斯大林做出决定，不计一切伤亡保卫斯大林格勒。

斯大林格勒战役已进入白热化阶段，引起了世界各国政府和人民的关心。德军能否攻下斯大林格勒，将对整个第二次世界大战产生重大影响。

1942 年 8 月 23 日，苏军第 62 集团军与斯大林格勒方面军的联系被切断。为了阻止德军占领城市，斯大林格勒方面军出动预备队和工人武装在伏尔加河建立防御阵地。

德军空军对斯大林格勒进行了轮番轰炸。仅仅一个昼夜，德军就出动 2000 架次飞机。斯大林格勒许多机关厂矿、居民楼、医院、学校和幼儿园遭到很大破坏。城区变成火海，无数百姓遭难。大量儿童死亡或者成为孤儿。繁荣的城市成为废墟。

战斗每时每刻都在进行着。德军每前进一小步，都付出了惨重的伤亡。德军越是靠近城市，战斗越激烈。德军的攻势越猛，苏军的反抗越顽强。

德军在巷战中实力消耗很大，以现有德军兵力无法取得彻底胜利，而德军无法弥补所消耗的兵力。在事实面前，德军撤退才是上策。但是，希特勒不允许德军撤退，也不考虑部队伤亡，态度强硬。德军不仅无法攻占斯大林格勒，反而葬送了一支又一支部队。

8 月 25 日，德军进攻到斯大林格勒西郊，在空军强大支援下，德军的攻势越来越猛。由于苏联最高统帅部不断调来新的部队参加巷战，苏军的反攻也越来越猛，迫使德军向北撤退。

战役进入到最危险时刻，斯大林格勒快守不住了。在这个危急关头，斯大林又想到了西方面军司令朱可夫，决定冒险把朱可夫从西线调到斯大林格勒去指挥。德军又一次遇到了“克星”。朱可夫飞抵斯大林格勒后，立即与华西列夫斯基、斯大林格勒方面军司令叶廖缅科、第 1 近卫集团军司令莫斯卡连科等人分析敌我形势。

朱可夫决定于 9 月 3 日晨由第 1 近卫集团军首先在北面反攻。德军第 6 集团军猛攻苏军内层围廓。争夺内层围廊的激战持续到 9 月 12 日，苏军无法挡住德军攻势，战线距离市区仅 2 千米了。苏军撤回市区，德军第 6 集团军到达市区边缘。

9 月 4 日，德军抵达斯大林格勒的外围。保卢斯指挥德军第 6 集团军正从容地逼向斯大林格勒，开始对这座城市狂轰滥炸。希特勒极有信心地对外宣布斯大林格勒战役已经胜利了。

9 月 5 日，德军攻克沃罗波诺沃车站，并不断向前调兵，企图发动不间断的进攻，矛头直指萨多瓦亚车站。那个车站是苏军第 62 集团军和第 64 集团军的接合部，即从卡尔波夫卡车站到萨多瓦亚车站的那段铁路线。德军准备不惜一切代价，一举攻下斯大林格勒。事后证明，德军在这一方向的突击产生了致命后果。

根据斯大林指示，朱可夫派北方的 3 个集团军炮轰德军阵地，同时发起空袭，随后发起集团冲锋。由于兵力不足，在一天激战中，苏军仅前进 2 千米。但苏军这次大规模反攻迫使德军把大量部队从斯大林格勒市向北调动，极大地削弱了德军对斯大林格勒市区的进攻。

北部的战斗呈白热化。在 9 月 5 日以后几天中，主要是双方空军的较量和各种重武器的对射。为了尽量减轻德军对斯大林格勒的压力，苏军 3 个集团军在朱可夫精心组织下从 9 月上旬到中旬不断地发起突袭，企图击退德军，并与第 62 集团军会师。这一反攻虽没有成功，却牵制了德军 8 个师的兵力和大部分炮兵、坦克、空军，使斯大林格勒的险境得到极大缓解。

9 月 12 日，希特勒强令保卢斯不计一切伤亡，快速拿下斯大林格勒。德军个别部队已经推进到库波罗斯诺耶附近，并接近伏尔加河。德国部队呈马蹄状从正面和两翼将苏军第 62 集团军压向伏尔加河。围攻苏军第 62 集团军的德军由 9 个配备着重武器的师组成，另外还有几个“施塔赫尔”集群。德军还得到近千架各种飞机的空中支援。德军的近期任务为占领斯大林格勒并推进到伏尔加河。德军飞机昼夜出动两三千架次，而苏军空军飞行架次不足德军空军的 1/10。德军全面享有制空权。

1942 年 9 月中旬，朱可夫和华西列夫斯基向斯大林分析了南方前线的形势，并建议集中力量反攻战斗力较弱的匈牙利、意大利和罗马尼亚等国军队。经过一番评估，苏联最高统帅部采纳了此意见，并派朱可夫和华西列夫斯基迅速返回前线，争取早日发动大反攻。

9 月 13 日，德军向市区发起大规模攻势。斯大林格勒的形势越来越危急，炮击和轰炸的喧嚣声此起彼伏，但英勇的苏联人民毫不畏惧。人们躲在一座座废墟上向德军射出复仇的子弹，每座废墟都成了苏联人民的堡垒。他们往往利用防御优势，其中，步枪手和机枪手藏在被炸毁的废墟内，或者趴在弹坑中，专门偷袭德军。

德军从南、西、北三面合围了斯大林格勒。斯大林格勒保卫战异常激烈。双方进行逐屋逐楼的巷战，每个角落几乎都有军民用手榴弹、步枪或者刺刀与敌人进行近身肉搏战。德军的坦克在巷战时无法发挥优势，穿甲弹落在建筑物上只炸开一个小窟窿。德军坦克行驶在两边是残破高楼的狭窄街道上，坦克顶部和尾部容易遭受攻击。苏军步兵拥有充足的反坦克枪。德军坦克经常遭到藏在掩体中的苏军坦克和反坦克炮的围攻，同时遭到大量反坦克枪的偷袭。德军坦克在窄窄的街道上，变成了靶子。

苏军广大官兵奋勇抵抗，一天击退德军近百次的进攻。苏军组织了多次反攻，与德军反复争夺每条街道、每幢房屋。斯大林格勒不再是一座城市，而成了一个巨大的屠宰场。

此时，在苏德战场上，德军处境十分危险。德军已经不间断地激战了近18个月，尽管德军战斗力较强，但苏军在兵力上占有绝对优势。德军的装备损坏率很高，官兵疲劳过度。德军的兵员、武器、弹药和补给都得不到有效补充。不过，希特勒仍然要求德军同时占领斯大林格勒地区和高加索地区。

1942年10月份，苏德双方仍然在斯大林格勒进行着激烈的巷战。苏联宣布，斯大林格勒的局势恶化，故投入更多的援兵用于巷战。苏军的英勇抵抗消耗了大量德军。苏联英雄潘尼卡科与德军坦克同归于尽激起了苏军的斗志。

10月19日，在斯大林格勒以北地区，苏军顿河方面军发起大规模反攻。10月25日，苏军第64集团军从南边向德军发动反攻，消灭大量德军。

10月底，苏德双方筋疲力尽，战斗逐渐停下来，德军也不再持续发动大规模的进攻了。苏军奋勇反击，德军多次被苏军击退，双方伤亡惨重。德军损失了近70万人和大量的装备，但却无法攻下斯大林格勒。顽强的苏军直牢牢地守卫着斯大林格勒市区。德军广大官兵看到巷战无休无止，非常沮丧。而不久后，德军的噩梦就来临了。

11月19日上午7点，苏军西南方面军、顿河方面军和斯大林格勒方面军一起发起反攻，“乌拉纽斯”计划正式开始。

苏军新装备的1250辆“喀秋莎”火箭炮，一次就可发射1万发重型火箭弹。火箭弹的威力巨大，可摧毁德军的工事。德军官兵对此惊恐不已，斗志大减。11月19日9点，炮火转向德军防御纵深，苏军步兵在坦克和炮兵协同下开始进攻。

瓦杜丁指挥苏军很快突破罗马尼亚军的防线，罗马尼亚第3集团军、第5集团军一败涂地。在苏军空前规模的炮击和空袭下，德军防线也开始不稳。3天之内，苏军34个师渡过顿河。之后，苏军兵分两路，一路向西疾驰，直捣德军的后方；一路直奔德军聚集的卡拉奇，并在11月23日早晨占领卡拉奇。

从1942年11月20日拂晓开始，苏军斯大林格勒方面军朝罗马尼亚第4集团军防线攻去。大批的坦克向罗马尼亚军的阵地挺进，步兵紧跟在后面。苏军在数量上占有巨大优势。罗马尼亚阵地变得惊慌和混乱。斯大林格勒方面军突破罗马尼亚第4集团军的防线后继续北上。在11月23日傍晚与卡拉奇的苏军西南方面军会师，从而把斯大林格勒地区的德军22个师（约30万人）合围起来。

11月23日晚上，德军第6集团军司令保卢斯向希特勒报告他的部队已经被苏军包围。希特勒下令：命令被包围在斯大林格勒的第6集团军为斯大林格勒堡垒部队。特勒指示保卢斯把司令部迁入斯大林格勒城内，死守待援，由空运解决部队的给养问题。事实上，当时德军已经丧失了制空权，不可能空运了。

被包围的德军除第6集团军外，还有德军20师大部分和2个罗马尼亚师，一个军的部分空军、工程兵、炮兵、突击炮兵营、工兵、工程处、参谋人员和司令部。

德军忍受着饥饿、严寒和炮火的轰击，蜷缩在战壕里，等待着败亡的命运。保卢斯感到前景极为不妙，一面期待援军，一面盼望空军补给。德军总参谋长蔡茨勒多次向希特勒报告前线的危急情况，劝他下突围命令，但希特勒一直不答应。

1月10日，苏军向包围圈内保卢斯的部队发起全面进攻。疲惫不堪的德军面对排山倒海的攻势，斗志全无，丢下枪械，向后撤退。数天之内，包围圈缩小了一半。保卢斯和他的部队陷入了绝境，全军处于衰竭状态。2月1日，保卢斯被迫投降。2月2日中午，北部工厂区的德军投降。

斯大林格勒战役以苏军胜利而宣告结束，德军遭到毁灭性打击。在整个斯大林格勒战役中，德军共损失60万人、3500辆坦克、12万门火炮、3000架飞机。更重要的是，德军第6集团军这支曾经的王牌部队亦不复存在，而且有9万人成为俘虏。斯大林格勒战役是德军所遭受的最大失败，是第二次世界大战的重要转折点。

2. “沙漠之狐”惨败阿拉曼

意大利在非洲战场上表现拙劣，希特勒决定派德军进入非洲战场。隆美尔踏入非洲这片土地后，以过人的军事才能纵横北非，在北非取得了大大出乎德国、英国、美国等所有国家意料的战绩。这也迫使盟军将北非当作主战场来对待。

1942年5月下旬，隆美尔再次向英军发动攻击，击溃英军第8集团军，并向埃及方向挺进。6月19日，隆美尔率军占领托布鲁克，英军3万多人投降。

1942年6月23日，英军第8集团军在马塞马诸附近构筑新防线。奥金莱克认为驻守马塞马诸附近，英军面临着被歼灭危险，就下令英军退守阿拉曼地区。从此，“非洲军团”与英军在阿拉曼展开了消耗战。奥金莱克经常向隆美尔发起进攻，虽然没什么战果，但一直在消耗德意联军日益紧张的军事战备物资，并且其发现了德意联军的弱点，此后专挑意大利军进攻。

在阿拉曼防线，德意联军和英军死死对峙。这种阵地战令隆美尔十分憎恨。英军装备优良，擅长打阵地战，除了用斯图卡俯冲轰炸机轰炸英军阵地外，德军别无他法。

奥金莱克下令英军撤离卡雷特拉布特据点，隆美尔认为，英军防线已经快崩溃了，命令第21装甲师和意大利“利托里奥”师去占领。奥金莱克却把主力调到北边，先进攻北部前线相对薄弱的意大利军，并将意大利军打得溃不成军。

在以后几天中，进攻者在英军和德军之间来回切换，一会儿是进攻者，一会儿又变成防守者。最终，隆美尔被迫用炮轰才挡住英军的强大攻势，并被迫把德军和意大利军编在一起，以加强防御力量。

到7月底，双方战斗仍未停止。德军已经无力突破防线，被迫挖壕固守。而奥金莱克掌握主动权——隆美尔被迫在打一场注定要失败的消耗战。

虽然奥金莱克采取非常高明的战略稳住了阿拉曼防线，却被首相丘吉尔撤职了。作为首相和国防部长的丘吉尔出于国家与个人考虑，急切盼望打一场胜仗来提高信心、士气和威望。而奥金莱克的做法看起来与民众的期望不符。

1942年8月，蒙哥马利被改任为第8集团军司令，哈罗德·鲁波特·亚历山大接任奥金莱克中东英军司令职务。蒙哥马利走马上任后，深入广大官兵中了解情况，认真研究对手隆美尔。

相比德意联军，英军最大的优势就是后勤补给充足，只要守住了防线，胜利的天平就会偏向英军。而事实上，英军不仅从英国、印度和澳大利亚得到大量兵力和装备，还从美国得到“谢尔曼”式坦克和美式卡车。“非洲军团”并未得到任何补充，处境越来越艰难。隆美尔向德国统帅部请求增援，然而德军陷于苏德战场自顾不暇，无兵可派。

隆美尔估计英军很快就会强大到把“非洲军团”淹没的地步。他希望远在斯大林格勒作战的德军早点打败苏军，然后通过外高加索，进攻波斯和中东，迫使大量英军从埃及调到波斯去防守，缓解英军对“非洲军团”的强大压力。到那时，他就会催促德军统帅部向非洲部队提供增援。最终，“非洲军团”就会与苏联南部的德军南北夹击，歼灭北非和中东的英军。

不过，隆美尔不愿意坐以待毙。“非洲军团”每天都在加强防御力量，布设反坦克地雷，用以阻挡英军“谢尔曼”式坦克的进攻。

隆美尔把德军和意大利军交替部署在阵地上。由于英军的欺骗战术，隆美尔不知道英军会从哪里发动进攻，被迫在整个前线都部署军队。这种做法延长了隆美尔集结兵力抵抗英军进攻的时间，同样消耗了大量燃油，而燃油正是德军所缺乏的。

阿拉曼防线地势复杂，英军守卫严密，很难攻打。阿拉曼防线北临地中海，朝南蜿蜒64千米到达卡塔腊洼地的盐碱滩。阿拉曼防线没有装甲部队能够绕过开阔地带，又很难从正面突破。

隆美尔发现战局对他非常不利。但是，由于两国统帅不断施压，隆美尔不顾官兵疲惫、给养匮乏以及燃料缺乏的不利情况，决定执行命令，再次攻打阿拉曼防线，占领苏伊士运河。隆美尔认为，若不趁着目前双方兵力尚处于均势的机会组织进攻，到时恐怕会失去向开罗进军的最后时机。隆美尔不想失去这个机会，宁愿冒着巨大风险组织进攻。同时，隆美尔认为德军不能给英军更多的时间积蓄力量。

这种战术是正确的，但同样也消耗着自身的实力。隆美尔制订了天衣无缝的进攻计划——以哈勒法山为突破口，从哈勒法山以东率军北上，再向贝尔哈凯姆方向进攻海岸，接下来横扫英军防线，摧毁英军第 8 集团军，粉碎阿拉曼防线，占领苏伊士运河，扭转不利局势，为占领开罗打通道路。

不过，英国“超级机密”的情报工作超出人的想象。英军第 8 集团军总司令蒙哥马利对隆美尔的作战计划了若指掌，随后积极准备应战，调重兵坚守战线南端和哈勒法山地。英军官兵士气旺盛，积极准备迎击“非洲军团”，一旦“非洲军团”发动进攻，马上给予痛击，让“非洲军团”失去还手能力。另外，蒙哥马利派人布设了 6 个连在一起的地雷区，修筑了坚固的炮台。

1942 年 8 月 30 日，隆美尔下令进攻。当天 22 点，德军装甲部队开始出击，遭到英军伏击。英军轻重机枪、火炮和迫击炮同时开火，密集的子弹射向在雷区的德军工兵，炮弹似雨点般不断砸向德军坦克群。

对德军来说，更加可怕的事情发生了。8 月 31 日凌晨 2 点 40 分，德国工兵不顾枪林弹雨，在英军地雷区打通了一条道路。隆美尔下令继续进攻。晚上，照明弹把大地照得通亮，英国皇家空军的轰炸机群疯狂地轰炸完全暴露的德军。英军的炮群发射了密集的炮弹，不断地砸向德军。正在指挥作战的德军第 21 装甲师师长冯・俾斯麦被一发迫击炮弹击中，当场丧命。几分钟后，一架英军轰炸机轰炸了德军指挥官涅林的指挥车，击毁了涅林的电台。涅林和手下多名军官当场身亡。参谋长拜尔莱马上换乘另一辆指挥车，担任德军临时指挥官。

蒙哥马利指挥英军对德军形成包围圈。德军发动了 3 次突围，都以失败告终。9 月 2 日上午，德军伤亡惨重，燃料紧缺，无法向前进攻。隆美尔被迫停止进攻，当夜命令德军逐步退回出发阵地。

英军的情形和德军差不多，蒙哥马利也下令停止了进攻。蒙哥马利认为，凭目前的英军实力，还不可能彻底歼灭“非洲军团”。蒙哥马利决定继续做好防御准备，在有绝对把握时才向德军发起总攻。如此一来，“非洲军团”失去了进攻开罗的最后希望。

蒙哥马利认定隆美尔必然进攻，而且也只能进攻。哈勒法山阻击战是英军进入北非作战以来赢得的最大胜利。蒙哥马利在哈勒法山打败了隆美尔，第8集团军官兵增强了信心。

1942年8月，英军第8集团军得到大批装甲部队，组成精锐的第10装甲军。“非洲军团”只得到了少量补充，主要是非机械化部队。在空中力量方面，英军空军掌握了制空权，在支援地面部队作战方面积累了丰富经验。

“非洲军团”一直燃料补给不足。在几次作战中，“非洲军团”都由于缺乏燃料而被迫中途撤退，早期所取得的优势也化为泡影。“非洲军团”自从入侵埃及以来，其补给线被拉得过长，托布鲁克的补给供应无法满足需要。德国和意大利的运输船队经常遭受盟军空袭和海上攻击，没到北非港口就沉入大海，让燃料紧缺的隆美尔更加窘迫。

在沙漠作战中，没有燃料能够置军队于死地。燃料的严重紧缺使隆美尔无法再打机动战，被迫改变战术。德军坦克和装甲车在难以隐蔽的沙漠上作战，经常成为英国轰炸机攻击的目标。由于各种不利因素制约，隆美尔被迫打了一场阵地战，即利用步兵坚守阵地，不惜一切代价，阻止英军进攻。一旦英军攻入防线，马上发动反攻把英军歼灭，以阻止英军冲破防线，造成难以控制的局面。

隆美尔在整个阵地上建立8～13千米宽防御体系。隆美尔让部队坚守阵地，在阵地最前沿埋设大面积的雷区。第一道地雷区纵深为900米～1800米，后面是无人区，只设立了少数哨所进行监视；再后面1800米处是主阵地，由“非洲军团”步兵重点防守，装备高爆炸弹、火炮以及反坦克炮。主阵地后面部署德军装甲部队。

1942年9月14日，蒙哥马利制订阿拉曼战役的进攻计划，即“捷足”计划。9月19日，隆美尔病情急剧恶化，不得不将指挥权交给施图姆，被迫离开战场。施图姆虽然是坦克专家，但他不熟悉沙漠战，更不熟悉“非洲军团”，无法将其战力最大限度地发挥出来。

10月23日21点40分，英军发起总攻，“捷足”计划开始实施。一时间，千百门大炮朝“非洲军团”的炮兵阵地发出震耳欲聋的怒吼。“非洲军团”的前沿阵地顿时变成一片火海。20 分钟后，密集的英军炮火再次把“非洲军团”的前沿阵地变成一片火海。炮击过后，借着曳光弹的光亮，一队队英军士兵，排着密集的队形，像群蚁一样冲进烟幕。英军第 30 军在“非洲军团”的防线北部开始冲锋。与此同时，英军第 13 军在南部也发起佯攻。

“非洲军团”突然遭受炮兵的重击，施图姆一时不知所措。施图姆怎么也想不明白，英军在北部战线怎么调集了那么多的大炮，没有任何情报显示，英军将从北部发动主攻。德军第 20 装甲师师长向他报告，南部防线遭受英军的强大进攻，南部可能也是主攻方向。

经验丰富的德军官兵自己组织起强大的火力，不断地向英军攻击。密集的炮弹落在英军工兵的排雷区，由于到处都是地雷，英军无法将部队展开，向前行进的速度迟缓，部队的伤亡加大。

10 月 24 日凌晨 1 点，英军突破德军的前哨阵地，到达德军主阵地。由于雷区的纵深很大，英军步兵部队和坦克在通路上遭到猛烈的炮火打击，陷入进退两难的困境。10 月 24 日天刚亮，施图姆因不明情况决定去前线侦察，在途中心脏病发作死亡。

英军进攻很不顺利，隆美尔设计的雷区太复杂，炸死了很多人。不过，此时的战役形势对英军非常有利，蒙哥马利的对手施图姆已经失踪，而真正的对手隆美尔远在德国。

远在德国的隆美尔得知消息，匆忙赶回北非战争。1942 年 10 月 24 日 22 点，德军轰炸机空袭英军第 10 装甲师。第 10 装甲师乱成一团，坦克群拥挤在一起。运送燃油和弹药的大量卡车正在燃烧，成为德军炮火的最好靶子。为了避免德军炮轰而遭受更大伤亡，英军炮兵部队分散开来，导致英军掩护炮火越来越远离停止前进的第 10 装甲师。

10 月 25 日，战斗仍在激烈进行，在南翼进攻的英军第 10 装甲师被德意步兵部队死死地拖住，很长时间仍然不能前进。很多英军坦克仍停在米泰里亚岭背后，被行动迟缓的步兵堵在后边，陷入狭窄通道内无法前进。第 13 军在南面的进攻也遇到强大阻力，故一直无法通过德军雷区，被迫停在德军主阵地前。

10 月 26 日清晨，隆美尔亲自侦察被英军占领的第 29 号高地。他下令集中所有坦克发起反攻，将英军打回原来的出发点。“非洲军团”向第 29 号高地发起猛攻。英军拼命抵抗，战斗打得异常激烈。

经过长时间思考后，蒙哥马利最终弄清了双方的真正形势。为了重新部署部队并建立预备队，蒙哥马利准备派新西兰师去突破海岸工事，即进攻原来的北部走廊偏右处的德军阵地，从那里打开一个缺口给第 10 装甲师开道。

隆美尔知道，因为缺乏燃油，一旦英军突破了南部防线，第 21 装甲师就很难返回了，因为该装甲师只带了单程的燃油。那样的话，“非洲军团”将面临被全歼的危险。但是，隆美尔首先必须做到的是顶住英军主力在北部发动的主攻。

10 月 27 日 15 点，隆美尔命令装甲部队和步兵主力向第 28 号高地发动大规模进攻。进攻失败了，因为“非洲军团”在无法隐蔽的地面上遭到了英国空军的狂轰滥炸。

10 月 28 日清晨，战斗打得更加激烈。英军已经以绝对的优势冲了上来，“非洲军团”的弹药少得可怜。隆美尔清楚，如果战败，“非洲军团”官兵的生死只能听凭命运的安排了，战败后的一切都会让人难以接受。他深信自己已经尽了最大的努力去阻击英军。

10 月 28 日 8 点 50 分，隆美尔向刚从前线召回的德军指挥官们下令说，这是一场生死存亡的战役，必须绝对执行命令。凡违抗命令者，无论职位高低，一律就地处决。隆美尔命令指挥官们记住作战计划，然后再把手中的计划书烧毁。

隆美尔认为蒙哥马利在发动大规模进攻前会进行试探性进攻，而进攻的主要方向将在北部。隆美尔把更多德军从南部防线调到北部，把意大利军和战斗力弱的德军调到南部。但这时，隆美尔无法把握战机，因为他没有足够兵力发动反攻。

蒙哥马利在英军阵地上配置大量坦克和反坦克炮，并且配置了大量火炮。隆美尔对英军阵地的正面发动连续反攻的做法被证明是自我毁灭的行径。隆美尔也知道这是不明智的行动。他之所以采取这种行动，只是为了能够争取到一点点的时间。因为他有一个巨大的困难——长期缺乏燃油。

1942 年 10 月 29 日，德军主力全都部署在北部防线，南部只剩下意大利军和人数不多的德军防守。这样，隆美尔就可以集中使用德军。

蒙哥马利再次通过重新部署部队来组建更强大的预备队，以发动最后的猛烈进攻。蒙哥马利接到新的情报，发现隆美尔的主力部队已经调入北部战线，德军和意大利军分开部署了。这为英军集中力量进攻战斗力薄弱的意大利军提供了千载难逢的机会。蒙哥马利决定击中力量进攻意大利军，使英军抓住战场主动权，使德军陷入困境。

11 月 2 日凌晨 1 点，英军 300 多门火炮同时炮击"非洲军团"的主阵地，时间长达 3 个小时，主阵地变成一片废墟。在烟幕的掩护下，新西兰师向意大利军防线发起猛攻。英军装甲部队立即率领步兵部队插入阵地，向西进发。隆美尔的德军太少，而意大利军队又是那么不堪一击。隆美尔没有料到英军竟有那么多新坦克，简直能把德军装甲部队的几十辆坦克淹没。

由于英军没有准备好，发起总攻的时间推迟了半个小时，即 6 点 15 分进攻。隆美尔趁机指挥部队发起反突击，堵住 4000 米宽的缺口。双方进行了一场浩大的坦克战。几十辆"非洲军团"坦克在大炮和反坦克炮支援下冲了上去，英军成群的坦克似潮水般围了上来。英军炮兵部队也赶上来参加战斗。天空上黑压压的一片，到处都是英军轰炸机。在英军轰炸机疯狂轰炸下，"非洲军团"的坦克损失惨重。

经过 2 小时激烈对战，"非洲军团"反攻彻底失败。战场上留下了一座座废铁堆。北部战线出现危机，隆美尔不得不命令南部防线的意大利军"艾里特"装甲师和炮兵主力增援北部防线。南部防线变得更虚弱。

英军第 9 装甲旅所发动的自杀式进攻损失惨重，未能突破拉赫曼铁路线上的德军火炮防线，但摧毁德军防线上 35 门大炮，为第 1 装甲师、第 2 装甲旅和第 8 装甲旅开辟了通道。英军坦克挺进到德意防线的后方，在那里肆无忌惮，疯狂地攻击德军给养部队，德意防线开始崩溃。

英军的强大攻势使德军无力抵抗。更使德军感到无奈的是，英军坦克的主力部队投入几百辆先进的"谢尔曼"式坦克。"谢尔曼"式坦克比德军坦克先进了许多，能在 2 千米以外的距离开炮，且能在全速行进时快速瞄准目标开炮。

隆美尔对冯·托马说：我准备边打边退，退守西线。步兵部队今天夜里先撤退。德军装甲部队的任务是坚守到明天一大早，然后撤退。装甲部队必须牵制住英军，给步兵部队赢得撤退的时间。

与此同时，隆美尔向希特勒发出电报，希望可以下令后撤。希特勒下令“非洲军团”“不成功，便成仁”。隆美尔被迫停止撤退，再次部署防线，准备与英军展开激战。

越来越多的德军部队被消灭，隆美尔发现已经没有选择了，命令部队向西撤退，以拯救出仍可以被拯救出的兵力。一天后，希特勒才命令隆美尔撤退，但为时已晚，隆美尔已经无法据守富卡防线，只好继续向西撤退。

为了不被包围，隆美尔权衡利弊后，决定退守马特鲁。英军尾随追击。隆美尔的坦克和大炮所剩无几，给养状况严重恶化。

在“沙漠之狐”隆美尔即将成为蒙哥马利的猎物时，蒙哥马利却犯了错误。当时，蒙哥马利把关注的焦点放在怎样打败隆美尔上，对于把隆美尔打败后怎么办准备还不充分。蒙哥马利所指挥的追击是无力且低速的。

隆美尔指挥德军撤出阿拉曼时，只剩下 30 多辆坦克，意大利军则全军覆灭。当时天降暴雨，一场大雨把沙漠变成泥潭，很多道路都无法通行，英军追击时出现混乱和停滞，隆美尔带着残余兵力趁机艰难地逃回了利比亚。

蒙哥马利歼灭隆美尔功败垂成，确实是一个巨大的遗憾。不过，阿拉曼战役使“非洲军团”遭到重创，是第二次世界大战非洲战场的重要转折点，此役过后，盟军在北非成功登陆，战场主动权牢牢地被盟军掌控。从整个战略上说，蒙哥马利还是取得了巨大胜利。

3. “火炬”战役是为了提前布局

法属北非隔着地中海与西班牙、法国和意大利相望。法国投降后，法属北非就成为纳粹德国的势力范围。早在 1941 年 12 月，丘吉尔访问美国时向罗斯福提出在北非登陆计划，以彻底歼灭“非洲军团”，控制地中海，巩固中东，为日后在意大利和德国的军事行动创造有利条件。

1942 年上半年，盟军在太平洋上作战无法直接减轻苏联压力，且将推迟任何对欧洲作战的计划。美英两国发现，如果不利用德国忙着对付苏联的机会在北非登陆，一旦苏联崩溃，他们就会面临一个更强大的德国。到那时，英国和美国虽然还能和德国继续进行空战，但决定胜利的陆战机会已经消失，世界大战将变得旷日持久。

1942年8月14日，美英联合参谋长会议任命德怀特·艾森豪威尔为盟国远征军总司令，克拉克任副总司令，史密斯任盟国远征军参谋长。

北非登陆由英美部队联合实施，要把两国陆海空军的军事行动协调好不是易事。艾森豪威尔努力消除影响美英部队团结的种种因素，让自己很快成为值得英军信任的盟军统帅。艾森豪威尔要求美英陆海军组成的特混舰队统归一人指挥，在其总司令部内成立联合部队指挥部。在联合部队指挥部中，美英参谋各占一半，负责制订作战计划。

在制订“火炬”计划时，他们就登陆地点进行过争论：美国参谋提出在卡萨布兰卡、奥兰和阿尔及尔登陆；英国参谋提出在奥兰、阿尔及尔和波尼登陆；森豪威尔提议在奥兰、阿尔及尔和波尼登陆。争来争去，“火炬”计划登陆地点确定为阿尔及尔、奥兰和卡萨布兰卡，实施日期为11月8日。

“火炬”计划要求盟军攻占3个港口城市后，英军必须先于德军抢占突尼斯的港口；美军应从卡萨布兰卡向西班牙属摩洛哥边界挺进，防止西班牙加入轴心国——西班牙海军威胁着通过直布罗陀海峡的盟国远征军补给运输线。

为实施“火炬”计划，盟军编成东部、中部和西部3大特混舰队。东部特混舰队由英国海军载运英军2.3万人、美军1万人，从英国出发，在阿尔及尔登陆；中部特混舰队从英国出发，由英国海军载运3.9万名美军在奥兰登陆；西部特混舰队从美国出发，由美国海军载运3.5万名美军，在卡萨布兰卡登陆。占领以上港口后，后续运输船队不断地运送增援部队和物资，直到完全占领北非为止。

10月22日、26日，东部特混舰队、中部特混舰队相继从英国出发。10月24日凌晨2点30分，巴顿乘率领西部特遣舰队从美国弗吉尼亚诺福克港出发，3.4万美军将横跨大西洋，向卡萨布兰卡进发。

摩洛哥大部分、阿尔及利亚和突尼斯是法国在北非的殖民地。1940年法国战败以后，德国出于政治上的考虑，让法国保留了本土南部和法属北非殖民地的统治。执行“火炬”计划，最大障碍来自法军而不是德军。法军尽管在本土已经战败，但仍然控制着法属北非。两年前，英军执行“弩炮”计划，曾经将法国海军打得惨败，不少法国人十分痛恨英国人。

事实上，法属北非的军官们对盟军态度大不相同：一些军官拥护盟军；

一些军官支持美军却仇恨英军；一些军官完全被德军镇住，把任何针对德军的军事行动都看成是徒劳无益的。能不能顺利登陆，要看法军对盟军登陆的态度朝何方转变。

维希法国及其在法属北非军政首脑与美国国务卿赫尔有联系。维希法国领导人中有些人痛恨德国人。魏刚、吉罗、朱安等法国将领都是亲美派。魏刚曾对美国人说：如果你只带一个师来，我将向你开枪；如果你带 20 个师来，我就会拥抱你！不难看出，维希法国人对德国人既恨又怕，只要登陆盟军强大得足以打败德国人，他们就会转向盟军这一边。

法属北非军官们都发誓要向维希法国政府尽忠职守。维希法国政府是在法国沦陷后建立的，统治着法国南部。希特勒之所以允许法军继续占领北非，就是因为维希法国政府承诺：如果盟军入侵北非，法军会保护自己的领土。

维希法国政府与英国绝交了，试探法国人态度的任务落在美国驻北非总领事罗伯特·D. 墨菲的身上。墨菲提出，如果法军认为“火炬”计划是美军单方面登陆行动，他们很可能不会抵抗，因为法美之间有深厚的传统友谊。如果他们认为“火炬”计划完全是英军的事情，法军就会死战到底。

维希法国人认为英国人背信弃义，倒行逆施，极其憎恨英国人。法国战败后，英国海军竟然攻击法国舰队，使法国损失 5 艘战舰。最重要的是，英国还保护由戴高乐组建的“自由法国”流亡政府，挑战他们政府的合法性。

“火炬”计划的成败取决于驻守北非法军是否抵抗。维希法国驻在北非的军队有 14 个师 20 万人，有 500 架飞机。这支军队足够给登陆盟军以致命的打击。在北非各港口，还有法国舰队，只要北非法军决心抵抗，他们完全能够阻止盟军登陆。

罗斯福发动政治攻势，希望美军的登陆会引起北非法军和当地人反纳粹起义。罗斯福不顾反对，拒绝与维希法国断绝外交关系。美国驻维希法国大使莱希的主要任务就是使维希法国摆脱德国控制。

盟军副总司令克拉克秘密前往法属阿尔及尔，与美国领事馆总领事墨菲和亲美法军军官们进行秘密会谈。克拉克要求那些法军军官们在战斗开始后尽量保证盟军登陆计划实施。但是，英国海军曾经使法国海军遭到重创，极大激怒了法国海军，从而导致争取北非法国海军的工作失败了。

达尔朗是维希法国副元首和驻北非法军总指挥。达尔朗对英国海军十分仇恨，只好依附德国。驻北非美国总领事墨菲和亲英美的法国北非军事长官朱安感到为难——只要达尔朗不离开阿尔及尔，朱安就没有权力让驻北非法军投降。艾森豪威尔派人去争取达尔朗。另外，卡萨布兰卡和奥兰都有法国军官配合盟军登陆作战。

在英国伦敦，艾森豪威尔一行乘坐 5 架“空中堡垒”飞机飞往直布罗陀。与此同时，罗斯福总统亲自出马，制造艾森豪威尔正在华盛顿访问的大骗局。11 月 5 日晚，盟军两支舰队同时通过直布罗陀海峡，进入地中海。

11 月 6 日晚，意大利海军总部得知盟军舰队正通过直布罗陀海峡驶入地中海。德国南线司令凯塞林立即打电话给德国空军总司令戈林。戈林认为，如果盟军要发起登陆战，不是在科西嘉岛、撒丁岛登陆，就是在德尔纳或的黎波里，不可能在法属北非。

11 月 7 日晚，盟军舰队到达预定海域后，趁夜向南改航，驶向北非。1942 年 11 月 8 日拂晓，一支登陆部队在阿尔及尔以东约 30 千米的马提福角登陆；另一支在距离阿尔及尔 20 千米的西迪费鲁希角登陆；第三支主要是英军官兵，在向西阿尔及尔 65 千米处的卡斯蒂利奥内登陆。

在马提福角登陆的部队十分混乱。许多法军只做了象征性抵抗。登陆部队于 11 月 8 日凌晨 6 点占领白屋机场。在进攻阿尔及尔时，他们遭到小股法军顽强抵抗。与此同时，英国“布罗克”号驱逐舰和“马尔科姆”号驱逐舰载着美军攻占阿尔及尔港时，遭到法军海岸大炮猛轰。“马尔科姆”号驱逐舰遭到重创。“布罗克”号驱逐舰冲过炮火，把部队送上岸后，带伤逃离。法军包围美军登陆部队。午后，美军被迫投降。

西迪费鲁希角附近的登陆也不顺利，一些登陆艇迷路，一些登陆艇被海浪打坏或者出现故障。盟军分散在近 30 千米长的海岸上，无法集中兵力。由于拥护盟军的法军军官前来接应，盟军才没遭受太大损失。

11 月 8 日凌晨 1 点，英军在卡斯蒂利奥内附近海滩登陆，到 9 点时占领利达机场。

虽然阿尔及尔法军的防御工事坚固，但在大多数法军只是象征性抵抗。特别有意思的是，有一支美国部队攀越悬崖登陆后，才发现法军已经等候他们已久了。征得美军同意后，法军朝天开了一炮，以示进行了“抵抗”。随后，法军走出工事，向美军投降。

11 月 7 日午夜，驻北非美国总领事墨菲访问朱安，告诉朱安盟军即将登陆。朱安担心达尔朗正在阿尔及尔，自己无权控制阿尔及尔。

清晨 2 点，朱安打电话请达尔朗来自己的别墅商谈要事。达尔朗得知美军将在阿尔及尔登陆后，生气地对墨菲说：我以为美国人比英国人聪明一些。但现在我认为你们所犯的错误也不亚于英国人。达尔朗拒绝向盟军投降。

成群反维希法国政府的法国青年持枪监禁了达尔朗，想迫使他下令投降。拂晓前，50 名警察赶跑那些法国青年，逮捕了朱安和墨菲等人。1942 年 11 月 8 日天亮后，达尔朗和朱安来到阿尔及尔法军总部，墨菲被监禁在朱安别墅里。7 点 40 分，达尔朗致电法国贝当元帅，请求指示。19 点，阿尔及尔法军投降。

中部特遣队经历的战斗要激烈一些。1942 年 11 月 8 日凌晨 1 点，盟军中部特遣队一部分在阿尔泽登陆。半小时后，一部分又在莱桑达卢塞和布扎贾尔港登陆。盟军在海滩上没有遇到抵抗。拂晓时，炮台上的法军才发现盟军，并用零星炮火轰击盟军。英国海军舰炮猛烈还击，登陆十分顺利。

进攻奥兰港时，中部特遣队吃尽了苦头。他们与法军苦战了三天，于 11 月 10 日中午才占领法军司令部，迫使法军投降。

原本以为全部由美军组成的西部特混编队攻占卡萨布兰卡遭遇到的抵抗会小一些，但出人意料的是，他们还同法军发生了一场规模不小的海战。

1942 年 11 月 8 日凌晨 4 点，巴顿指挥西部特混部队在卡萨布兰卡南边的萨菲，北边的利奥特港和中间的费达拉登陆。在萨菲，美军登陆十分顺利；在麦赫迪亚，美军遇到法军摩洛哥土著步兵第 1 团和第 7 团的抵抗，还有法军岸防部队大炮的轰击，而在费达拉，美军与守军发生了激战。

凌晨 6 点 10 分，特混舰队舰炮向岸上的法军炮兵和机枪阵地猛轰。当美军忙着登陆时，11 月 8 日 7 点，法军岸防炮台和“让·巴尔”号战列舰攻击了护航舰队。美军护航舰队由“马萨诸塞”号战列舰、2 艘重巡洋舰和 4 艘驱逐舰组成。护航舰队凭借强大火力压制住了法军的岸防炮和“让·巴尔”号战列舰。

法军 1 艘巡洋舰、7 艘驱逐舰和 8 艘潜艇趁机向费达拉方向扑去，攻击美国运输舰。美军舰队前去堵截，将它们赶跑。随后，护航舰队把法国军舰包围。法国军舰边战边退，战斗结束时，7 艘法国军舰和 3 艘法国潜艇沉没，“让·巴尔”号战列舰烧毁，停在海滩上。

11 月 11 日凌晨 3 点 30 分，巴顿接见一位前来谈判的法军军官。巴顿告诉对方：你对米什利埃说，他再不投降的话，我会把卡萨布兰卡夷为平地。法军军官走后两个小时，仍没有消息。

巴顿下达进攻命令。6 点 25 分，美军军舰载机群呼啸飞向卡萨布兰卡，美国舰队抬高舰炮群，准备攻击。就在这时，法国驻摩洛哥驻节长官诺盖听说达尔朗已经下令停火，宣布投降。6 点 48 分，法军投降。美军占领卡萨布兰卡。

盟军在北非成功登陆后，迅速占领阿尔及利亚、摩洛哥以及突尼斯，对“非洲军团”形成了包围之势。

4. 鏖战拉包尔，耗跨对手也是一种战术

在 1943 年 1 月瓜岛争夺战快结束时，盟国在卡萨布兰卡召开会议，制订下一步作战计划。盟国在战略上达成以下协议：盟军继续在太平洋和远东地区的军事行动，对日本不断施压，发动攻击——在西南太平洋自瓜岛、新几内亚发起进攻，攻下拉包尔和帝汶岛；在中太平洋向特鲁克岛和关岛发起进攻；在北太平洋海区向阿留申群岛进攻；在东南亚海域攻占缅甸。

经过瓜岛之战，日美双方军事实力已经发生巨大变化，特别是在装备方面和人员素质上，美军都超过了日军。

由于日本经济不堪重负，为了争夺资源，陆军、海军与政府部门多次争吵。日本大本营于 1943 年 3 月 25 日制定《东亚战争第 3 阶段作战帝国海军的作战方针》《联合舰队司令的作战方针》，要求沿太平洋阿留申群岛、威克岛、马绍尔群岛、吉尔伯特群岛、瑙鲁岛、大洋岛、俾斯麦群岛、帝汶岛、爪哇岛、苏门答腊岛、尼科巴群岛和安达曼群岛一带建立“绝对国防圈”，特别要坚守东南亚、千岛群岛、马里亚纳群岛、加罗林群岛。

由于太平洋战争对日本的形势不利，日军不得不转入“确保要域”的战略防御，即在西南方向以拉包尔为中心在俾斯麦群岛构筑一条防御圈，对防御圈两侧的前沿阵地布干维尔岛、肖特兰岛和新乔治亚群岛，以及马绍尔群

岛、吉尔伯特群岛等，都要做出最大努力顶住美军的攻势。

坚守太平洋上这么多分散又各自孤立的岛屿很难。为了建立“绝对国防圈”，日本海军制定新的战略方针，加强各个岛屿的地面部队，以岛屿基地群为基础，用陆军进行时间长而有效的防御抵抗，并把航空和海上兵力集结起来，从而发动有利于日本海军的海上决战，更有效地保卫岛屿。

日本大本营把守卫所罗门群岛和俾斯麦群岛的重大任务交给陆军第 8 方面军和日本联合舰队，向新几内亚和所罗门群岛大力增援航空兵部队，兴建机场，同时攻击美军机场。

1943 年 3 月，美军决定占领新几内亚岛东北海岸的莱城、萨拉莫亚、芬什哈芬和马丹等地以及新不列颠岛西部、新乔治亚群岛和布干维尔岛，最后占领俾斯麦群岛的拉包尔。

麦克阿瑟负责在战略上指挥，哈尔西直接指挥进攻新乔治亚群岛。麦克阿瑟和哈尔西经过紧张准备后制订出“硬币”作战计划。麦克阿瑟负责进攻新几内亚东北海岸，继续向西进攻；哈尔西从所罗门群岛北上，负责进攻布干维尔岛；麦克阿瑟和哈尔西互相支援，保障对方的安全。

瓜岛惨败使日本军部非常恼火。山本五十六制订“阿”号作战计划，准备发动毁灭性空袭，拔掉盟军最近占领的重要岛屿，打击美军士气。由于日军飞机太少，发动对巴布亚大规模空袭损失的飞机较多，“阿”号作战计划不得不推迟。

1943 年 4 月初，日军重新集结 300 多架飞机，从拉包尔、巴莱尔和卡希利等地起飞，企图对瓜岛的亨德森机场和飞机、舰艇和运输舰船发动毁灭性轰击。

日军飞机刚起飞，美军海岸哨就发现了，随即发出战斗警报。美军从亨德森机场起飞 76 架战斗机，根据不同高度部署兵力。激烈的空战开始后，日军俯冲轰炸机冒险冲出美军战斗机的包围，直奔目标。由于美军严阵以待，再加上日军飞行员缺乏作战经验，日军空袭取得的战果很小。

“硬币”作战计划形成对日军重要海空军基地拉包尔的两面夹击攻势。拉包尔的日军感到威胁越来越大。为了鼓舞日军士气，山本五十六想去所罗门群岛巴莱尔、肖特兰、市因基地巡视，鼓舞日军据守阵地。

当时，日军没有战区制空权，参谋们都劝山本五十六不要前往，但他还是冒险去了。美军监听哨收到日军的电报，在途中布干维尔岛高空埋伏了战斗机。

1943 年 4 月 18 日 7 点 30 分左右，山本五十六的座机在日军战斗机群护航下，到达布干维尔岛上空。美军完美地执行了“复仇”计划：美军 8 架战斗机去引诱日军护航的 6 架战斗机空战，稍后的 9 架战斗机围攻日军 2 架企图趁机飞走的轰炸机。这两架轰炸机就是山本五十六及其随从的座机——一架中弹起火，掉入丛林中坠毁，一架坠入大海。

4 月 19 日，日军找到山本五十六座机残骸。山本五十六死后，日军严格保密，用“武藏”号战列舰将其骨灰悄悄运回日本下葬。为了保守破译日军密码的秘密，美国也不宣传。

山本五十六死亡是对日本海军的沉重打击，其继任者古贺峰一和丰田副武的能力都不如他，日本海军从此走上了灭亡之路。

在山本五十六被击毙的同月，美军收复于 1942 年 6 月上旬中途岛海战期间被日军攻占的阿图岛和基斯卡岛。美军占领阿留申群岛，解除了北太平洋海域日军的强大威胁，使日本千岛群岛和北部地区完全暴露在美国海空军面前，为日后美军在反攻中牵制日本北方军创造了条件。日军北太平洋地区的“绝对国防圈”被迫向千岛群岛转移。

1943 年，美日之间较量的重心始终在西南太平洋，而双方争夺的核心是拉包尔。日军飞机从拉包尔或者布干维尔向瓜岛袭击时，以新乔治亚岛上的蒙达机场为中转站。日本俯冲轰炸机飞到蒙达机场加油，然后轰炸美军；轰炸完后，再在蒙达加油，返回基地，而美军从瓜岛亨德森机场起飞的飞机因航程不够，中间没加油基地，无法轰炸拉包尔。

美军飞机对蒙达机场进行轮番轰炸，但日军不断修复。麦克阿瑟准备夺取蒙达机场，以便攻占拉包尔，并为此制订“脚指甲”计划。

由于人力和物力的极大限制，美国参谋长联席会议计划在 1943 年只对拉包尔形成包围，由南太平洋地区的部队和西南太平洋地区的部队同时进攻来完成。南太平洋部队的作战任务是从所罗门群岛向北进发，攻占布干维尔岛，在布干维尔岛建立机场，保障轰炸机在战斗机护航下对拉包尔发动大规模轰炸。南太平洋部队必须拿下中所罗门群岛，使日军无法以中所罗门群岛为屏障，从而使盟军轰炸机和战斗机作战半径向前延伸，同时声援西南太平洋部队，从两侧对拉包尔形成包围之势。

4月底，麦克阿瑟与哈尔西经过激烈争论，最终达成一致，制订作战计划，准备对拉包尔发动向心进攻——哈尔西的部队从所罗门群岛发起进攻，麦克阿瑟的部队从新几内亚东海岸向新不列颠的西南部发动进攻。

盟军发动进攻的主要目标是新乔治亚岛、伍德拉克岛以及基里维纳岛。在新乔治亚岛、伍德拉克岛和基里维纳岛建立机场后，西南太平洋与南太平洋的部队将一同进攻，向西进攻新不列颠岛，再向东进攻布干维尔，破坏拉包尔日军的海上和空中运输线。

6月29日，美军登陆部队主力从瓜岛起航，向新乔治亚岛扑去，准备在伦多瓦岛西海岸3个地点登陆。6月30日，美军出人意料的顺利，在所有登陆点都登陆成功。夺取蒙达机场似乎已经唾手可得。

为了守住新乔治亚岛，日军从拉包尔岛和布干维尔岛抽调4个步兵营共4000人，利用夜幕掩护，由驱逐舰送上新乔治亚岛。7月5日夜，日军出动的4艘驱逐舰与盟军的巡洋舰、驱逐舰遭遇，被迫返航。当夜，日军又出动10艘驱逐舰，运送2000人。在库拉湾，这10艘驱逐舰与盟军3艘轻型巡洋舰、4艘驱逐舰发生激战。盟军1艘轻型巡洋舰被击沉。日军1艘驱逐舰被击沉，1艘受重伤被迫搁浅，仅有900名日军成功上岸。

7月12日夜，日军出动1艘巡洋舰和5艘驱逐舰为4艘运兵的驱逐舰护航，朝科隆班加拉岛驶去。在科隆班加拉岛东北附近海域，双方发生激战。日军1艘巡洋舰被击沉，舰队司令和482名官兵沉入太平洋。盟军也有1艘驱逐舰被击沉，3艘轻型巡洋舰受伤，2艘驱逐舰受伤。

在新乔治亚岛登陆的美军因没有作战经验，在岛上丛林中向蒙达机场的进攻迟缓。为了防止新乔治亚岛战役变成另一场瓜岛之战，哈尔西撤换指挥官，并向岛上增援1个半师兵力，命令海军和空军发动大规模炮击和空袭。

8月1日，美军先头部队经过长途跋涉来到机场边缘。经过4天激战，8月5日，美军占领蒙达机场。大部分日军退守北边的科隆班加拉岛。日军指挥官佐佐木在科隆班加拉岛上久等美军不到，听说美军占领韦拉拉韦拉岛，不禁大惊。9月15日，日本统帅部下令日军放弃科隆班加拉岛，向布干维尔岛撤退。9月29日，在日军海空军掩护下，科隆班加拉岛的日军分批撤到布干维尔岛。10月9日，盟军占领新乔治亚群岛。

在新乔治亚群岛战役期间，美军还根据1943年立夏美国参谋长联席会议规定的反攻计划，攻取了莱城。占领莱城后，盟军下一个进攻目标是芬什港，任务交给了澳大利亚军。

9月22日拂晓，澳大利亚军在芬什港北面上岸。澳大利亚军击退守军。10月2日，澳大利亚军占领芬什港，与从莱城赶来的第23旅会合。

接下来两个月，日军与盟军进行了激烈的陆地战争，数次发起进攻，但都以失败告终。12月19日，日军退守锡奥地区。

盟军在新几内亚群岛打败日军后，其重型轰炸机就可以从蒙达机场、巴布亚岛机场起飞，轰炸拉包尔；从瓜岛起飞的重型轰炸机也可以中途在蒙达机场加油，再去轰炸拉包尔。不过，轻型轰炸机和护航战斗机仍需要前沿机场。布干维尔岛的机场可以作为前沿机场，盟军攻占新乔治亚岛以后，兵锋直指布干维尔岛。

为了攻下布干维尔岛，需要攻占希瓦泽尔岛和肖特兰岛。据经验来判断，日军一定会用很多兵力坚守机场，盟军登陆可能会有很大伤亡，要浪费大量人力和物力。美军曾经越过一些岛屿，直接在莱城登陆成功，证明“跳蛙”战术是有效的。哈尔西决定也跳过希瓦泽尔和肖特兰，把部队投向布干维尔岛——在布干维尔岛修建机场，作为轻型轰炸机和护航战斗机的基地。

莱城战役惨败后，1943年9月30日，日本军部制定“新作战政策”，主要是构筑新防线，重兵防守拉包尔。

日本联合舰队司令古贺峰一决定用舰载机支援拉包尔，要求舰载机与第11航空舰队的岸基飞机，一起轰炸美军补给线，遏制美军攻势。这就是“吕”号作战计划。然而，由于古贺峰一犹豫不决，这个计划被搁浅。古贺峰一期待着与尼米兹决一死战，相信日本联合舰队一定能战胜美国太平洋舰队。

美军并未按照日军所期待的与之进行海上对决，而是坚定自己的战略方针，抓住时机打击和消耗日军。为了迷惑日军，美军于10月5~6日向威克岛发动空袭。古贺峰一认为这是美军进攻威克岛前的火力准备。

侦察兵向古贺峰一报告说，珍珠港停有4艘航空母舰、4艘战列舰，美军快进攻了。古贺峰一下令日本联合舰队由特鲁克开往埃尼威托克，准备与美国舰队决一死战。事实上，美军只是在进行军事演习罢了。等了一个星期，日本联合舰队也没有发现美国舰队，白白耗费了原本不多的燃油，失望地返回特鲁克。

尼米兹认为，古贺峰一不会把日本联合舰队的主力放在北所罗门群岛，哈尔西只需使用好第3舰队就能在布干维尔成功登陆。尼米兹还担心，把舰艇调给哈尔西，将无法及时调回供吉尔伯特群岛登陆战使用。

参加布干维尔登陆战的两栖兵力都得到了飞机和舰炮的火力支援。美军的第一步是轰炸拉包尔，第二步是对布干维尔机场进行轰炸。执行这些任务的是所罗门航空队，由美国飞机和英国飞机组成。

1943年10月，所罗门航空队对拉包尔进行了大规模轰炸。古贺峰一认为，拉包尔是美军重点攻击对象，连忙调集很多战斗机前来防御。事实上，美军轰炸拉包尔是为了转移日军在布干维尔的兵力。然后，日军位于布干维尔的5个机场都遭到轰炸，被彻底摧毁。

拉包尔和卡维恩两处基地在美军大规模轰炸后很快就修复，可以随时对布干维尔的日军提供空中支援。不过，到11月1日，所罗门航空队的实力越来越强大，能够在奥古斯塔女皇湾的上空提供有效掩护，使美军部队在布干维尔登陆不会遭到日军飞机的轰炸和扫射。美国海军战舰还对航程能够到达布干维尔的日军各阵地进行毁灭性炮击。

10月27日，美军攻下布兰奇港，给雷达、鱼雷快艇和小艇提供了基地。11月6日，美军完全占领特雷热里群岛，并于11月底建成一座机场，布兰奇港成为攻打布干维尔的重要前沿基地。

为了迷惑日军，美军在登陆特雷热里群岛的同时，出动一支部队在希瓦泽尔岛登陆。肖特兰岛和希瓦泽尔岛是日军防御的重点。为了防止日军侦察飞机发现美军的真正意图，美军登陆舰队分别从不同路线出发，到达会合点后，连夜向布干维尔扑去。

美军登陆舰队快接近奥古斯塔女皇湾。奥古斯塔女皇湾只有少量日军，但离日军主要海空军基地拉包尔很近。美军登陆部队很快建立滩头阵地。日军从拉包尔派出飞机来轰炸美军，被美军战斗机、舰队的防空炮火击退。

古贺峰一听说美军在奥古斯塔女皇湾登陆后，马上增援在拉包尔的鲛岛指挥第5巡洋舰分队，攻打美军登陆部队。同时，他命令栗田健男指挥的第2舰队7艘重巡洋舰从特鲁克驶向拉包尔。虽然沿途遭到美军飞机空袭，但还是有 19 艘舰艇安全地到达拉包尔。

哈尔西得知消息，感到大事不妙。日本南下军舰群对奥古斯塔女皇湾登陆美军威胁非常大，第 39 特遣舰队根本不是日军重巡洋舰的对手——哈尔西没有主力舰，无法对付日本海军的重巡洋舰。

这时，太平洋舰队的主力舰正在炮击吉尔伯特群岛。哈尔西辖下只有谢尔曼指挥的第 38 特混编队。第 38 特混编队有“萨拉托加”号航空母舰和“普林斯顿”号航空母舰，正在瓜岛南部加油。哈尔西命令“萨拉托加”号航空母舰和“普林斯顿”号航空母舰向拉包尔的日本舰队驶去。

为了尽快赶到指定海域，美军第 38 特混编队以 27 节高速航行。美军第 38 特混编队被日军侦察机发现了，但被误以为是重巡洋舰编队。11 月 5 日天亮后，第 38 特混编队到达指定海域，立即起飞飞机轰击拉包尔，所罗门航空队负责掩护两艘航空母舰。

一场空中激战后，美军损失了几架飞机，而日军重巡洋舰虽然没有被击沉的，但都遭到重创，导致第 2 舰队无法继续参加战斗。日军重巡洋舰纷纷撤离拉包尔，不敢再露面。布干维尔不会再遭到日军重巡洋舰的威胁。不过，拉包尔与特鲁克的海上交通线畅通无阻。栗田健男的重巡洋舰也很难在短时间内修好。

尼米兹已经没有兵力支援哈尔西。哈尔西无力同时在一两天内对拉包尔进行连续空袭，虽然这是扩大袭击效果的最好方法。哈尔西向尼米兹要 2 支航空母舰特混大队来支援布干维尔岛的登陆部队。尼米兹把“艾塞克斯”号航空母舰、“邦克山”号航空母舰和“独立”号轻型航空母舰派来。

11 月 11 日，开始下雨。“艾塞克斯”号航空母舰、“邦克山”号航空母舰和“独立”号轻型航空母舰起飞的飞机空袭拉包尔。在飞过圣乔治角时，它们与日军 68 架战斗机遭遇。美军飞机一边躲避日军战斗机和防空炮弹，一边轰炸港内和海峡内的目标。由于遭到日军飞机攻击，美军飞机攻击力大大削减，轰炸效果差强人意。

在防御日军随后的报复性轰炸时，“艾塞克斯”号航空母舰、“邦克山”号航空母舰和“独立”号轻型航空母舰没有散开而是靠拢起来，形成 1800 米的圆圈，再以 9 艘驱逐舰配置在半径为 3600 米的圆圈上。航空母舰群防空十分成功，日军飞机损失惨重。美军损失了 1 艘巡洋舰，另外有 2 艘航空母舰和 3 艘舰船受轻伤。

“艾塞克斯”号航空母舰、“邦克山”号航空母舰和“独立”号轻型航空母舰在收回舰载机后，撤到日军飞机作战半径以外。日军侦察机沿途监视美军军舰，后因燃油不足而返航。

回到拉包尔以后，日军担心位于拉包尔的舰船遭到轰炸，便将巡洋舰和驱逐舰撤到特鲁克基地，并出动轰炸机去报复美军航空母舰编队。但是，日军轰炸机没有找到美军航空母舰。

哈尔西不断发起的空袭没有影响到从拉包尔至特鲁克的海上交通线，但对布干维尔登陆意义重大，减轻了日军对布干维尔美军登陆部队的压力，削弱了日本航空母舰舰载机的实力。

占领登陆场以后，美军登陆部队的重点工作是强化海滩防御，肃清托罗基纳角的日军残余力量，把防御阵地向岛上延伸。

布干维尔岛的日军司令今村均一直以为，布因是美军真正进攻的目标，而在托罗基纳角登陆只是暂时的。因此，他没组织布干维尔岛南部的 15 万日军反攻，却把主力调到岛北面的布因。

11 月 25 日，美军占领托罗基纳河西岸的山头。新阵地和美军外围防线之间有一片沼泽。最重要的事情是修建机场，由 8 个海军工程营和 1 个新西兰工程旅负责，少数陆战队工程人员也参加了修建工作。12 月 10 日，机场终于修建完毕，一些飞机得以降落。17 日，这个机场被用来中途加油，去轰炸拉包尔。

12 月 15 日，日本海军劝今村均对美军防御阵地采取反攻。今村均组织了一些反攻，但都被击退，前去轰炸的日军飞机也损失惨重。

1943 年 12 月 25 日，布干维尔岛上的美军又修建了大型轰炸机机场。布干维尔战役的目的达到。

在 1943 年 8 月，美英联合参谋长会议在魁北克召开，会议批准美国海军总司令金的建议，决定对拉包尔进行孤立，而不是攻占。今后，美军将利用布干维尔岛的机场，不断地空袭拉包尔，使日军在拉包尔的军事设施完全瘫痪；而西南太平洋部队负责突破以俾斯麦为基地的日军空中防线和海上防线，趁机占领较远的阿德默勒尔蒂群岛。

1943 年 12 月底，美军航空队连续发起攻势，日军在俾斯麦群岛的整个防线陷入崩溃的绝境。1943 年 12 月 15 日，麦克阿瑟派遣一支陆军部队在新不列颠岛的阿拉威空军基地登陆。

格罗斯特角在新不列颠岛的西北端，与东北端的日军重要基地拉包尔互相支援，美军控制了格罗斯特角，就能与在布干维尔岛登陆的南太平洋部队对拉包尔形成夹攻之势，堵住拉包尔的 13.5 万名日军的逃生之路。

1943 年 12 月 26 日凌晨 6 点，美军 2 艘巡洋舰和 8 艘驱逐舰到达格罗斯特角附近海域，朝日军阵地发动舰炮攻击。7 点 46 分，美军登陆部队在格罗斯特角东北和吐鲁布机场西南成功登陆。日军组织轮番反攻，都被美军击退。从 27 日起，拉包尔的日军飞机在美军飞机的连续空袭下无法起飞。美军登陆部队遭受热带丛林沼泽和暴风雨的阻挡，直至 29 日才占领吐鲁布机场。

1944 年 1 月 3 日，日军集中兵力反攻机场，一度占领机场附近的 1 个高地，由于弹尽粮绝，于 23 日退守新不列颠岛东端的拉包尔。美军趁机攻占新不列颠岛西部，堵住拉包尔 10 多万日军的退路。

美军在瓜岛和新几内亚接连取胜后，正在准备进攻拉包尔。单靠海军或陆军的力量无法战胜拉包尔的日军，美国联合总参谋部制订“硬币行动”计划：在麦克阿瑟率领陆军由新几内亚岛北上时，哈尔西率领海军从所罗门群岛北上，陆海军一同进攻布干维尔岛，使拉包尔的日军防不胜防。

当盟国陆军准备进攻时，日军决定进行死守。日军非常清楚，新几内亚岛是双方在这一地区争夺的战略要地。日军决定抽调第 51 师团，增援这一地区的守军。

3 月 1 日，美军一架侦察机发现了日军运输船队，马上派轰炸机前去轰炸。美军第 5 航空军的飞行员利用低空“跳弹轰炸”，结果炸沉了 8 艘运兵船，仅有 100 名日兵侥幸游到新几内亚的海滩上。

日军在太平洋上完全失去了战争优势，经济基础脆弱的日本无力与实力雄厚的美国相抗衡。军队数量上占绝对优势的美军装备了很多新式武器，在与日军的战斗中占有绝对火力优势。日军在拉包尔的基地，一天天地被削弱，这个曾经一度坚固的据点，现在已越来越软弱无力，渐渐走到濒临灭绝的地步。日军在西南太平洋最强大的堡垒就在美军发动的一系列战争中一点点被削弱了。

5. 斯大林式“十大打击”为德国失败奠定基调

苏德战争无疑是双方势力最接近的陆地战争，其血腥程度并不仅仅体现在德军进攻上，也体现在苏军反攻上。苏军和德军在恶劣的环境中搏斗着，哪怕只有一丝可能，就会向对方发起凶猛进攻。

斯大林格勒战役失败后，不甘心失败的希特勒进行全国总动员，到处征集新兵，补充军队。苏联最高统帅部也采取一系列措施改善南方战场的态势。由于英美仍不肯在欧洲开辟第二战场，德军统帅部趁机把所有预备队从西欧调往苏联，希望在苏德战场南翼重建强大的突击兵力，发起大反攻，挡住苏军向西推进，重新夺回苏德战场主动权，为被围歼的德军第 6 集团军报仇。

双方在库尔斯克爆发了激烈的坦克战。由于苏军顽强抵抗，以及苏联战争资源远远超过德国，苏军最终挡住了德军反扑，赢得了战争胜利。库尔斯克大战以德军反攻开始，以苏军大规模反攻结束。随后，苏军不失时机地发起一系列进攻性战役，收复了沦陷领土的 2/3，取得了对德国的战略优势。

1944 年，苏军共实施 10 次重大战略性进攻，史称斯大林式“十大打击”。

1944 年 1 月 14 日至 3 月 1 日，苏军实施第 1 次突击，也称列宁格勒—诺夫哥罗德战役。

苏军虽然在 1943 年突破德军对列宁格勒的封锁，打开一条通往内陆的通道，但并没有完全解除德军对列宁格勒的威胁，通往内地的狭窄通道仍遭到德军炮击，列宁格勒仍然有被德军重新封锁围困的危险。

为了彻底解除德军对列宁格勒的威胁，歼灭战场北翼的德军，苏联最高统帅部决定以列宁格勒方面军和苏军沃尔霍夫方面军，与波罗的海沿岸第 2 方面军协同，在波罗的海舰队和远程航空兵配合支援下，对德军北方集团军群展开强势进攻。

自 1944 年 1 月 14 日开始，苏军列宁格勒方面军和苏军沃尔霍夫方面军在波罗的海舰队和远程航空兵支援下，首先在列宁格勒南、西南和诺夫哥罗德西、西南方对德军第 18 集团军实施侧翼突击，歼灭其侧翼集团。随后，苏军对德军进行疯狂反攻。到 2 月底，苏军全歼德军 3 个师，击溃 23 个师，西进 220 千米 ~ 280 千米，前出到普斯科夫、新尔热夫和普斯托什卡一线，使列宁格勒从德军的长期围困中彻底解脱出来。

在第 1 次突击尚未结束的 1944 年 1 月 24 日，苏军就发起第聂伯河右岸乌克兰进攻战役，即第 2 次突击。

1 月 24—26 日，乌克兰第 1 方面军、第 2 方面军先后转入进攻，从突出部分急速推进，至 28 日完成对科尔松—舍甫琴科夫斯基德军集团的合围，并及时建立合围的对外正面。

德军统帅部慌忙从其他地方调集约 8 个坦克师和 6 个步兵师解围，被苏军击退。被围德军企图突围也未得逞。2 月 12 日，苏军开始围歼被围德军。至 17 日，科尔松—舍甫琴科夫斯基德军集团被歼灭。德军损失 7.3 万人，15 个师受重创，从而大大削弱了南方集团军群的战斗力。

随后，乌克兰第 1 方面军右翼 2 个集团军于 1 月 27 日进攻，于 2 月 2 日解放卢茨克和罗夫诺，占领重要交通枢纽和支撑点。至 2 月 11 日，苏军攻占了舍佩托夫卡，达到了预期目的。从此，苏军在德军中央集团军群和南方集团军群中间撕开一个缺口，占据对南方集团军群深远纵深合围的有利态势。

2 月 8 日，苏军清除德军在尼科波尔附近第聂伯河左岸占据登陆场，并攻占重要工业城市尼科波尔。2 月 17 日，乌克兰第 3 方面军向克里沃罗格方向突进，于 22 日攻占克里沃罗格。乌克兰第 4 方面军于 2 月下半月发起进攻，29 日抵达新阿尔汉格尔斯克和杜德契诺。苏军进抵因古列茨河，切断盘踞在克里木的德军集团同德军 A 集团军群的联系。

德军接连失败，其 1000 多千米的防线发生了动摇。德军统帅部害怕苏军推进到喀尔巴阡山，切断德军南方集团军群、A 集团军群同德国本土的联系，调集兵力企图在普罗斯库罗夫、乌曼和别列滋涅戈瓦托耶方向坚守。

苏军决定派出乌克兰第 1 方面军、第 2 方面军、第 3 方面军同时对德军防御全纵深实施强大突击，分割并全歼第聂伯河右岸乌克兰之敌。乌克兰第 1 方面军以 5 个合成集团军、3 个坦克集团军和 1 个空军集团军，于 3 月 4 日在主要方向上发起进攻。4 月 8 日，乌克兰第 1 方面军在宽 200 千米正面上抵达苏联与捷克、波兰交界的国境线上（指 1940 年以后的新国境线。后同），开始把德军整个防线分成两部分。

乌克兰第2方面军以5个合成集团军和3个坦克集团军于3月5日从维诺格勒、兹韦尼戈罗德卡、什波拉一线向乌曼方向实施突击。3月10日，乌克兰第2方面军攻占乌曼，并在南布格河抢占登陆场，解放摩尔达维亚。到4月中旬，乌克兰第2方面军攻占博托沙尼，其右翼进至喀尔巴阡山，中央前出到雅西接近地，左翼前出到基什尼奥夫接近地。乌克兰第2方面军的进攻使德军10个师损失50% ~75%的人员和几乎全部重型装备。

乌克兰第3方面军以7个合成集团军和1个空军集团，于3月6日发起进攻。德军在强大的突击下开始退却，有10个师被击溃。乌克兰第3方面军前出到南布格河下游，占据了向敖德萨实施突击的有利态势。

第2次突击解放了整个第聂伯河右岸乌克兰，并将战争开始转移到敌占国领土上进行。德军的战略环境从此大大恶化。

苏军并没停下来，于1944年3月26日又发起第3次突击。这次突击的方向是敖德萨地域和克里木半岛。

苏军从3月26日到4月14日实施敖德萨战役。至5月12日，德军第17集团军被歼灭。德军陆上损失10万多人，在海上撤退时又损失4万多人，且几乎损失所有装备。第3次突击以克里木半岛全部解放而告结束。

1944年夏季，盟军已在法国北部登陆开辟第二战场。第二战场的开辟使希特勒德国处于东西两线夹击的不利地位，德国不得不抽调部分兵力去西线作战。苏德战场上的德军兵力减少到430万人，兵力兵器只有苏军的60%。与此同时，法西斯集团内部矛盾加剧，仆从国已在酝酿退出战争，美军、英军又对德国及其仆从国进行战略轰炸，德国经济更加困难。在这样有利的形势下，苏军又连续实施了7次突击，加速了德国的败亡。

1944年6月10日至8月9日，苏军列宁格勒方面军右翼部队和苏军卡累利阿方面军左翼部队，在卡累利阿地峡和南卡累利阿实施了第4次突击。

6月9日晨，苏军开始进攻芬兰军阵地，至7月底全线进抵1940年苏芬国境线。苏军从国内和战线其他地段调来大批增援部队，经过激烈交战，至8月9日，战线稳定在库达姆古巴、库奥利马斯、洛伊莫拉以东、皮特凯兰塔一线。

苏军实施的第5次突击是白俄罗斯战役，代号为“巴格拉季昂”。白俄罗斯具有重要战略地位，德军统帅部企图不惜任何代价，依托完备的防御工事和天然森林、沼泽地区，固守白俄罗斯。

苏军波罗的海沿岸第 1 方面军协同白俄罗斯第 3 方面军首先在右翼发起进攻，于 8 月 27 日前合围并歼灭维捷布斯克以西的 5 个德军师，并于 28 日前出到明斯克以北的列佩利市。

与此同时，白俄罗斯第 1 方面军从左翼发起进攻，于 29 日前合围并歼灭博布鲁伊斯克的 6 个多德军师，前出到明斯克方向上的奥西波维奇等地。

在中央地段的白俄罗斯第 3 方面军、第 2 方面军也进行了牵制性进攻，并分别解放波里索夫和莫吉廖夫两市。

随后，两翼苏军高速向明斯克发起进攻，于 7 月 3 日解放白俄罗斯首府明斯克。德军第 4 集团军、第 9 集团军各兵团 10 万余人被合围在明斯克以东地域。

苏军波罗的海沿岸第 1 方面军解放波洛茨克，并向希奥利艾发起进攻。至 7 月 5 日，苏军推进 225 ~ 280 千米，解放白俄罗斯大部分领土。这一胜利极大地鼓舞了苏联军民的士气。

尔后，苏军在宽大正面上连续向西发起进攻，成功地实施了希奥利艾战役、维尔纽斯战役、考纳斯战役、比亚威斯托克和卢布林—布列斯特战役，击溃了德军中央集团军群，重创了从其他方向调来的德军以及德军新建兵团，解放了白俄罗斯全境和立陶宛、拉脱维亚部分领土。

苏军于 1944 年 7 月 18 日进入波兰境内。波兰第 1 集团军在解放祖国东部领土作战中，做出了贡献。7 月底，德军在东普鲁士接近地、那雷夫河和维斯瓦河一带建立绵亘的防御正面，并不断对苏军实施强大的反突击。苏军已相当疲惫，损失很大，导致在整个 8 月进攻均无进展。到 8 月 29 日，苏军在多别列、苏瓦乌基、华沙以东近郊、维斯瓦河一线，暂时转入战略防御。

当白俄罗斯战役正在激烈进行时，乌克兰第 1 方面军在乌克兰西部和波兰东南部实施第 6 次突击，也称利沃夫—桑多梅日战役。

在第 2 次突击后，德军防线已在喀尔巴阡山前被分割。在喀尔巴阡山以北的德军防线又被苏军在白俄罗斯突破。这就有利于苏军向西乌克兰进攻。德军企图固守西乌克兰，阻止苏军向和早沃夫和德罗戈贝奇方向突进。德军修筑了 3 道完备的防御地带，纵深为 40 ~ 50 千米。

不过，德军防线没阻止苏军进攻步伐。苏军在第6次突击中击溃德军23个师，全歼13个师；解放西乌克兰和波兰东南部；强渡维斯瓦河，建立巨大登陆场，为尔后在华沙至柏林方向进攻创造了有利条件。

德国非常重视对苏罗边境防御。德军一旦在罗马尼亚失败，不仅会失去石油、粮食等供应基地，德罗法西斯联盟也会很快瓦解。德军统帅部在苏罗边境的雅西—基什尼奥夫地域部署了实力强大的南乌克兰集团军群，还利用山地与河流建立了3道防御地带，并以战斗力最强的德军第6集团军（重建的）坚守基什尼奥夫突出部，两翼侧由罗马尼亚军掩护。

当时，苏军乌克兰第2方面军自北面，第3方面军从东面，对在雅西和基什尼奥夫地域的德军南乌克兰集团军群形成包围态势。

1944年4月12日，苏联政府敦促罗马尼亚与纳粹德国断绝关系，参加“旨在恢复罗马尼亚独立和主权的抗德战争”，但遭到拒绝。罗马尼亚和保加利亚仍然追随纳粹德国进行战争。于是，苏军决定实施第7次突击。

1944年8月20日，苏军发起强大进攻。乌克兰第2方面军突击集团从雅西以北、第3方面军突击集团在宾杰里以南同时进攻，突破德军防御后向胡希、弗尔丘实施向心突击，围歼基什尼奥夫地域德军。

乌克兰第2方面军进攻迅猛，打破了德军增援计划，连克3道防御地带，在第2日天黑前攻占雅西、特尔古—弗鲁莫斯市，于23日进至胡希地域。乌克兰第3方面军从德军、罗马尼亚军接合部发起进攻，很快切断德军第6集团军同罗马尼亚军第3集团军的联系，于23日进至普鲁特河。苏军完成对基什尼奥夫德军集团18个师的合围，同时在多瑙河区舰队配合下对罗马尼亚军第3集团军也达成合围。

在强大苏军到来后，罗马尼亚、保加利亚等国纷纷推翻法西斯政府，加入反法西斯盟军之中，对德国宣战。至9月底，保加利亚境内的德军即被全部清除。

苏军第7次突击的胜利在军事和政治上产生了很大影响。在作战过程中，苏军击溃47个德国和罗马尼亚师（旅），缴获大量技术兵器，使德军整个南乌克兰集团军群几乎全部覆没。苏军推进800千米～1000千米，前出到南斯拉夫东部边界，不仅造成对巴尔干半岛法西斯军的威胁，而且打开通向德国在欧洲最后一个盟国匈牙利的通道。

波罗的海沿岸地区的战略地位十分重要。对德国来讲，它既掩护着东普鲁士，又保护着德国舰队在波罗的海行动的安全，同时德国还通过这里与北欧各国保持联系。德军统帅部决心不惜任何代价坚守这一地区。

为了尽快解放波罗的海沿岸地区沦陷的国土，苏联最高统帅部决定利用有利形势，对德军北方集团军群实施一次突击，即第 8 次突击。

这次突击规模大，费时长，但战果并不显著。苏军不但没能围歼大量德军，而且梅梅尔市和库尔兰半岛直到战役结束之后才获解放。

苏军在进攻罗马尼亚、保加利亚胜利后，又成功地越过东喀尔巴阡山。各乌克兰方面军在战场南段前出到南斯拉夫、匈牙利和捷克斯洛伐克边境，并对外喀尔巴阡乌克兰和北特兰西瓦尼亚德军集团形成包围态势。

南斯拉夫和匈牙利是德国主要的粮食和航空工业原料供应基地，且匈牙利西部多瑙河沿岸又是从未遭到过大规模轰炸的军事工业基地。德国决心稳定战场南翼态势，保住这些重要基地，并拖住欧洲最后一个盟友匈牙利。为此，德军不得不放弃阿尔巴尼亚和希腊，并把那里的军队大部撤到匈牙利，以建立强大的预备防御。此外，德军还从法国、德国本土等把大批军队调到匈牙利东部，在匈牙利内地建立 3 道防御地区。

德军统帅部根据在罗马尼亚和保加利亚失败后所形成的态势，企图在坚守林区喀尔巴阡山的同时，以南方集团军群和在南斯拉夫防御的军队一起向罗马尼亚西部反攻，把突入匈牙利的苏军乌克兰第 2 方面军击退，将防御正面恢复到特兰西瓦尼亚阿尔卑斯山一线，并把林区喀尔巴阡山、特兰西瓦尼亚阿尔卑斯山和南斯拉夫防线连接起来，阻止苏军继续推进。

苏联最高统帅部不给德军喘息机会，派遣军队向布达佩斯实施主要突击，同时派遣苏军在右翼向乌日哥罗德，在左翼向贝尔格莱德进攻。第 9 次突击应运而生。

9 月 28 日，苏军发起进攻。乌克兰第 2 方面军突入匈牙利后，其侧翼受到德军重兵集团威胁。

苏军认为，此刻不宜向布达佩斯进攻，必须首先歼灭侧翼德军集团。为了完成进攻侧翼德军集团的任务，苏军同时实施两次大规模进攻战役：一次在捷克斯洛伐克东部、外喀尔巴阡山区和特兰西瓦尼亚北部实施；另一次在南斯拉夫东部多瑙河流域及贝尔格莱德地域实施。

至10月25日，乌克兰第2方面军攻占卡雷伊和萨图马雷，特兰西瓦尼亚完全解放。苏军于10月26日和27日攻占穆卡切沃、乌日哥罗德，解放外喀尔巴阡乌克兰，并于10月28日进入捷克斯洛伐克。与此同时，乌克兰第2方面军的中路军前出到匈牙利蒂萨河一带。

在乌克兰第2方面军左翼部队协同下，乌克兰第3方面军和南斯拉夫人民解放军向德军发起了进攻。经过7天战斗，他们突破德军东谢尔比亚山防御正面，并在进攻中切断德军退路，于10月14日抵达贝尔格莱德南郊，展开攻城战斗。

10月19日，苏南联军在城东南围歼德军2万人，次日傍晚解放贝尔格莱德。贝尔格莱德解放后，南斯拉夫军民在铁托领导下继续为解放祖国全部领土而战斗，乌克兰第3方面军主力转向多瑙河右岸进攻，并抢占登陆场。至此，3个乌克兰方面军前出到多瑙河中游平原，准备实施布达佩斯战役，解放匈牙利条件已经成熟。

12月26日，乌克兰第2方面军、第3方面军在埃斯泰尔戈姆会师，完成对德国、匈牙利法西斯集团18.8万人的合围。匈牙利各民主团体在德布勒森召开临时国民会议，成立临时政府，于12月28日对德国宣战。

从1944年12月27日至1945年1月18日，苏军展开攻占匈牙利首都东部佩斯的战斗，从1945年1月22日至2月13日，苏军进行攻占匈牙利首都西部布达的战役。1月，德军在布达佩斯以西向苏军实施了3次反突击，企图解救被围集团。乌克兰第3方面军巧妙地组织防御，打破了德军突、围的企图。

经过一个半月激战，苏军在1945年2月13日歼灭德军集团，攻占整个布达佩斯。

在第4次突击和第8次突击胜利后，苏德战场北翼的战略形势发生了有利于苏军的变化。芬兰不仅停止了对苏联的军事行动，还承担了解除当时芬兰境内德军武装的义务。从1944年9月，德军撤向挪威北部。为了利用佩特萨莫至希尔克内斯地域的重要矿藏和不冻港，德军仍以第20集团军第19军防守该地域。德军建立了完备的纵深梯次配置的防御，由3道防御地带组成，正面约60千米，纵深达150千米，左边临海右翼暴露。

苏联最高统帅部决定抓住战机歼灭德军第20集团军第19军。苏军第10

次突击打响了。

1944 年 10 月 7 日，苏军发起进攻。3 天后，德军被迫撤退。苏军北方舰队海军陆战旅从 10 月 9—12 日在佩特萨莫以北海岸登陆，并从北面进攻，于 10 月 15 日解放佩特萨莫。10 月 18—25 日，他们再次从瓦兰格尔湾登陆，配合陆上进攻部队于 25 日攻占希尔克内斯市。至 10 月底，苏军完成北极地区的进攻，推进 150 千米，前出到挪威北部沿海，第 10 次突击结束。

苏军连续进行的 10 次突击使德军遭到极其严重的损失。通过 10 次歼灭性突击，苏军取得了对德军作战的决定性胜利。除拉脱维亚一小块土地外，苏联几乎全部恢复战前的国境线，并协同东欧一些国家的反法西斯武装力量解放了他们的国家。苏德战线大大缩小，苏军腾出更多兵力集中到主要方向作战，为 1945 年最后战胜纳粹德国打下了可靠基础。

第十二章
盟国相约，将反法西斯斗争进行到底

随着反法西斯战争深入，盟国之间的配合越来越紧密，团结一致战胜法西斯的目标越来越明确。在世界反法西斯战争进入转折后，盟国之间便开始了进一步合作，就如何进一步打败法西斯以及战后如何处理等问题，举行了数次会晤。例如，影响深远的会议有开罗会议、德黑兰会议和雅尔塔会议。这三次会议的召开，标志着盟国之间反法西斯进入深度协作阶段。

1. 开罗会议：法西斯必须无条件投降

1943 年是世界反法西斯战争的转折之年，随着世界反法西斯战争进程的推进，如何尽快结束战争，解决战后遗留问题被提上议事日程。在这一年中，盟国召开了几次重要的国际会议。

1943 年 1 月 14—24 日，罗斯福和丘吉尔在摩洛哥的卡萨布兰卡会谈结束时，罗斯福宣布了要德国、意大利、日本“无条件投降”的原则。举世瞩目的开罗会议和德黑兰会议也在这年年底召开——这两次会议对反法西斯战争具有重要意义。

1943 年 11 月 22—26 日中国、美国、英国三国代表在开罗就对日作战、战后中国问题、朝鲜问题等进行会谈。蒋介石、罗斯福、丘吉尔在开罗的会谈结束后，由霍普金斯起草会议宣言。11 月 28 日，蒋介石离开开罗回国，罗斯福和丘吉尔则于 27 日赴德黑兰，同斯大林会晤。斯大林对中美英的宣言稿表示完全同意。

1943 年 12 月 1 日，宣言在开罗正式发表。

《开罗宣言》宣布，中美英“三国军事方面人员，关于今后对日作战计划，已获得一致意见”。

实际上，关于对日作战计划，三国分歧很大，所谓“已获一致意见”，只是表面上的说辞。不过，必须看到，《开罗宣言》是在对德战争出现根本转折的形势下，由中国、美国、英国三国最高领导人发表的，它宣布三大盟国“将坚持进行为获得日本无条件投降所必要的重大的长期作战”，并“表示决心以不松弛之压力，从陆海空诸方面加诸残暴的敌人”。这对于鼓舞人心、威慑敌人，仍有其积极作用。

《开罗宣言》宣布，“三大盟国此次进行战争之目的，在于制止及惩罚日本之侵略。三国决不为自身图利，亦无拓展领土之意。三国之宗旨在于剥夺日本自 1914 年第一次世界大战开始以后在太平洋所夺得的或占领之一切岛屿……日本亦将被逐出其以暴力或贪欲所攫取之所有土地”。这就是说，无论是日本在第一次世界大战中从德国夺得的马绍尔、加罗林、马里亚纳群岛，或是它在太平洋战争爆发前后所占领的法、英、荷、美的殖民地，都必须放弃；至于战后这些领土将如何处理，宣言里未曾提及。从上文所述中可以看出，罗斯福是反对殖民地重归旧主的。但他的看法，只同蒋介石谈，而没有向丘吉尔提出。看来，这是为了维护盟国之间的关系，有意回避可能引起同丘吉尔争论的敏感问题。

《开罗宣言》宣布，“我三大盟国轸念朝鲜人民所受之奴役待遇，决定在相当期间，使朝鲜自由独立”。这表明，长期以来，朝鲜人民反抗日本侵略，争取民族独立的正义斗争，已经得到三大国承认，这是开罗会议的一项积极贡献。但是，日本所占领的原法、英、荷、美殖民地，是否也将获得独立，《开罗宣言》未置一词。这是一个重大缺陷。人们知道，罗斯福、丘吉尔在 1941 年大西洋宪章中虽曾宣布“各国人民有权选择自己的政府形式”，但丘吉尔很快就声明，这个宪章不适用于英国殖民地。可见，同样是殖民地，只可许诺日本的殖民地朝鲜独立，而不能同意让英国的殖民地马来亚和缅甸独立。《开罗宣言》中虽然载有“决不为自身图利”的堂皇词句，实际上并未打算彻底付诸实施。

《开罗宣言》还宣布，将“使用日本所窃取于中国之领土，例如满洲、台湾、澎湖群岛等，归还中华民国”。这一条具有重大意义。第一，它谴责了日本自甲午战争和“九一八”事变以来对中国的侵略；第二，它承认了东北和台湾、澎湖都是中国固有领土；第三，它肯定了中国收复包括上述领土在内的全部失地，恢复国家领土主权完整的正当权利。

后来，1945 年 7 月 26 日，美国、英国、中国敦促日本投降的《波茨坦公告》重申，“《开罗宣言》之条件必将实施”。日本投降后，当时的中国政府收复了东北和台湾、澎湖。《开罗宣言》的有关规定已经变成了事实。中华人民共和国成立后，国际上有些人无视国际文件和历史事实，制造“台湾地位未定论”，阻挠台湾回归祖国，破坏中国统一大业。在同他们斗争时，《开罗宣言》是中国政府和中国人民手中一个有力的法律武器。

2. 德黑兰会议：盟国继续合作打击法西斯

开罗会议后不久，1943 年 11 月 28 日至 12 月 1 日，苏联、美国、英国三国首脑斯大林、罗斯福、丘吉尔在伊朗首都德黑兰举行会议。这是第二次世界大战期间反法西斯联盟三大国首脑第一次会晤。会议就加速击溃德国法西斯尽早开辟第二战场和战后世界的安排问题交换了意见。这次会议对大战的进程及战后国际关系的发展产生了重大影响。

1943 年，反法西斯国家捷报频传。苏联红军接连取得震惊世界的斯大林格勒战役和库尔斯克战役的胜利。美英联军占领北非后，又在西西里岛登陆，迫使意大利投降。在太平洋战场上，美军也夺回战争主动权。这一切标志着第二次世界大战已经发生根本性转折，德国、日本法西斯的覆灭已无可挽回。

在这种形势下，为了尽快结束对德国、日本战争，商讨战后世界安排问题，美国、英国、苏联 3 国都希望举行首脑会议，罗斯福尤其积极。罗斯福认为，第二次世界大战是美国建立世界霸权的大好时机。早在大战初期，罗斯福就下令成立专门机构，研究如何“从美国的最大利益出发”，“建立一个理想的世界秩序”。

1943 年以后，罗斯福明确地表示，美国“已经取得的权力——道义、政治、经济和军事的权力”，“给我们带来领导国际社会的责任和随之而来的机会”，为了美国的“最高利益”，美国“不能、不应也不要回避这种责任”。同时，罗斯福看到，随着纳粹德国临近崩溃，苏联在国际舞台上的地位将日益重要。而且，美英在军事战略方面存在严重分歧，在战后世界安排方面也潜伏着巨大矛盾。

为了实现美国的战略目标，罗斯福急于同斯大林和丘吉尔会晤，以便协调对德国作战部署，争取苏联早日参加对日本作战。他特别希望能在有关战后世界安排和处理德国问题方面取得斯大林的支持与合作。

英国首相丘吉尔从维护英国的利益出发，既要依靠美国，联合苏联，抗击德国，也要提防美国挖英国的墙脚，还担心苏联称雄欧洲。他看到美苏在第二战场问题上的观点比较接近，因而不愿举行“三巨头”会议讨论这一类问题；但他又怕美苏撇开英国单独就重大问题达成协议。他在 1943 年 7 月建议举行美国、英国、苏联三国召开首脑会议。这一建议得到罗斯福和斯大林的赞同。

1943 年 10 月 19 日至 30 日，苏联、美国、英国三国外长莫洛托夫、赫尔、艾登在莫斯科举行会议。参加会议的还有苏联元帅伏罗希洛夫、美国驻苏大使哈里曼、英国国防部参谋长伊斯梅等人。外长会议的第一项议程是缩短战争时间的措施和开辟第二战场问题。这是反法西斯联盟内部争论的焦点。

外长会议讨论了由美国起草、得到英国同意的《苏、美、英、中四国关于普遍安全的宣言》。最后，会议决定这个文件用四大国名义发表。中国驻苏大使傅秉常代表中国政府签署了这个宣言。“四国宣言”宣布四国战时的“联合行动将为组织及维持和平与安全而继续下去”，它们将尽速“根据一切爱好和平国家主权平等的原则，建立一个普遍性的国际组织，所有这些国家无论大小，均得加入会员国，以维持国际和平与安全”。

外长会议着重讨论德国问题，并根据艾登的建议，在伦敦成立“欧洲咨询委员会”。

其任务是研究与战事发展有关的欧洲问题，首先是德国问题。

会议还发表关于意大利、奥地利、德国暴行的三个宣言。“四国宣言”宣布盟国对意大利政策必须根据彻底消灭法西斯主义的基本原则，并决定成立由苏联、美国、英国、法兰西民族解放委员会、希腊、南斯拉夫代表组成的意大利问题咨询委员会。“四国宣言”宣布1938年德国对奥地利的强迫兼并无效，表示“希望看到重新建立一个自由和独立的奥地利”。对负责或同意参加暴行的德国官兵和纳粹党徒，将押回犯罪地点进行审判，对于罪行不限于某一地区的首要罪犯则将“由各盟国政府共同决定加以惩处”。

会上，英国提出战后欧洲小国建立联邦或邦联的方案，英美代表提出苏联与在伦敦的波兰流亡政府恢复外交关系问题，都遭到苏联强烈反对。美国还向会议提出三个文件，包括战后各国经济关系的指导原则宣言和关于附属国人民托管的宣言，主张实行“自由贸易”原则，把殖民地变为国际托管。英国断然拒绝了这些主张。

10月30日外长会议结束时，斯大林设宴招待美国、英国代表。他在宴会上对赫尔表示：在打败德国后，苏联将参加对日本作战。

德黑兰会议涉及协调军事行动和战后世界安排等诸多重大问题。

第一，关于在西欧开辟第二战场问题。在德黑兰会议开始时，罗斯福在第二战场问题上既想取悦斯大林，又不愿得罪丘吉尔，态度模棱两可，始终不愿明确表态。丘吉尔坚持英国的“地中海战略”，但并不公开反对在法国北部登陆。斯大林认为，丘吉尔的地中海战役会破坏“霸王”计划，而且抱有难以告人的政治考量。由于三方意见无法达成一致，最后只好决定将这个问题交军事专家讨论。经过两天军事专家讨论，英美苏三方代表经过激烈争论和相互妥协，最终达成一致意见：“霸王”战役定于1944年5月进行，并将得到法国南部登陆作战的配合。

第二，关于苏联参加对日作战问题。在1943年11月28日第一次会议上，斯大林正式表示，一旦德国最后垮台，那时苏联就有可能把必要的增援部队调到西伯利亚，然后将联合起来打击日本。11月30日午餐时，在罗斯福宣布美英两国同意于1944年5月开始“霸王”战役后，三国首脑在比较融洽的气氛中，就苏联参加对日本作战的条件进行了试探性探讨。斯大林要求中国大连成为远东自由港，希望归还整个库页岛，并得到千岛群岛。对此，罗斯福都毫不犹豫地答应了。

第三，关于建立国际组织问题。在德黑兰会议期间，罗斯福努力争取斯大林支持建立国际组织的计划。11月29日，罗斯福向斯大林提出，未来国际组织包括3个独立的机构。第一个是由大约35个联合国家组成的庞大机构，这个组织要定期在不同地方开会，进行讨论，并向一个较小的机构提出建议。第二个是由苏联、美国、英国和中国，再加上欧洲两个国家、南美一个国家、近东一个国家、远东一个国家和英帝国一个自治领所组成的执行委员会，这个执行委员会应处理所有非军事问题，诸如农业、粮食、卫生和经济问题。第三个是由苏联、美国、英国、中国组成的“四国警察”。斯大林有异议，但最终同意了罗斯福的意见。

第四，关于处置德国问题。德黑兰会议就战后如何处置德国问题进行了初步讨论。不过，三国首脑分歧严重。罗斯福从称霸世界的全球战略考虑，主张削弱德国，分割德国，提出把德国分成五部分。丘吉尔既想适当地削弱德国，分割德国，又想在西欧建立某种联邦，以抗衡苏联。斯大林明确表示，不赞成建立联邦的计划，主张让匈牙利、奥地利、罗马尼亚、保加利亚重新独立。他认为，“把德国的几个地区包括在庞大的联邦体制内，只会给德国复活提供一个强大国家的机会”。他强调任何维护和平的国际组织的全部目标都是要抵消德国人的这种倾向，要采取各种措施，包括使用武力来防止德国的重新统一和复活。由于意见不能取得一致，三国首脑决定把这个问题提交欧洲咨询委员会研究。

第五，关于波兰问题。1943年3月，居留在苏联的波兰爱国人士以共产党人为骨干，组成“波兰爱国者同盟”。4月，苏联政府指责在伦敦的波兰流亡政府“对苏联采取了敌对态度”，宣布与其断绝外交关系。丘吉尔和罗斯福在德黑兰会议期间都力图调解苏联与波兰流亡政府的关系。斯大林表示“赞成恢复波兰，加强波兰，让德国做出牺牲。不过，苏联把波兰和伦敦流亡政府分开”，“如果波兰流亡政府能和游击队合作，如果能向我们保证他的代理人将不与在波兰的德国人勾结，那我们准备与他们谈判”。关于边界问题，斯大林坚持苏波边界“应是1939年的边界线”。在德黑兰会议快要结束时，丘吉尔又提出波兰问题，并宣读他的提案，但斯大林不同意。最终，丘吉尔表示“一定要加以研究”。

第六，关于芬兰问题。到1943年苏德战局发生根本性转折后，芬兰又通过美国、瑞典向苏联进行和平试探。12月1日，罗斯福提出他愿意帮助芬兰退出战争，建议让芬兰人派一个代表团去莫斯科去谈判。斯大林表示，不反对芬兰人到莫斯科谈判，但是以1939年边界作为基础是无法接受的。最后，他提出苏联的条件：恢复1940年条约，贝柴摩由苏联永久占有；芬兰赔偿给苏联造成的损失的一半，其确数另做讨论；芬兰同德国脱离，把德国人逐出芬兰；改编芬兰军队。

第七，关于殖民地和战略据点问题。11月30日，霍普金斯、艾登、莫洛托夫共进午餐时，霍普金斯又提出战略据点问题。莫洛托夫说，斯大林认为，战后为了保证将来不再有大的战争，那些在保证和平方面负有特殊责任的国家，应该做到使重要的战略基地处于他们控制之下，他说，法国与德国合作因而应当受到惩罚。艾登表示，从德国和日本取得的战略据点，可以由英美联合控制或由联合国家控制。艾登认为对法国的基地要慎重考虑。霍普金斯谈到使用比利时的战略据点和空军基地的可能性。他还希望在菲律宾独立和台湾交还中国后，美国在那里应有海陆空基地。艾登表示同意。最后，霍普金斯说三大国应当对有关战略基地和由谁控制这些战略基地的基本问题做出决定。

德黑兰会议的最后成果是签订了《苏美英三国德黑兰宣言》和《苏美英三国德黑兰协定》。三国还发表关于伊朗的宣言，表示完全赞成伊朗政府维持独立、主权和领土完整的愿望，并期望伊朗在战后参加建立国际和平、安全和繁荣的工作。

德黑兰会议是世界反法西斯战争进程中极为重要的一次会议。这次会议对战争的进程和结局产生了重大的影响，因而是一次成功的会议。这次会议本身以及在这之前举行的外长会议反映了三大国继续合作打败法西斯的愿望，对正在反对法西斯侵略和奴役的各国人民来说是一个巨大的鼓舞，对于维护和加强盟国间的团结与合作、加速反法西斯战争的胜利，具有重大意义。

当然，这次会议也有消极的一面，美国、英国、苏联在会议期间从自身利益出发考虑，达成了一些损害他国利益的妥协或默契，给战后国际关系的发展造成了不良影响。

3. 雅尔塔会议：打败法西斯，建立国际新秩序

1943 年年底，第二次世界大战进入了最后阶段，德国、意大利、日本法西斯败局已定，随着反法西斯盟国军事行动的发展，结束战争和安排战后世界而产生的一系列政治问题需要迅速解决，特别是应该制订盟军在反希特勒德国战争最后阶段的协同一致的军事行动计划，处置战败的德意志“帝国”的基本原则，对日本作战，实现战后世界国际安全问题的基本原则，客观上愈加迫切地需要三大盟国举行新的最高级会晤。

1944 年，整个世界的反法西斯战场的形势，无论是在欧洲大陆、亚洲大陆还是在太平洋战场上，都促使美国、英国、苏联三大盟国召开的一次重要的会议“积极”地准备着。欧洲战场的形势发生根本变化。“苏联红军和美英联军正从东西两面夹击德军，一步步地把战争推进到纳粹德国的本土。在欧洲西线，美英盟军基本上粉碎了德军在阿登地区发动的最后一次反扑，兵锋直抵莱茵河西岸。纳粹德国崩溃在即，反法西斯盟国在欧洲战场的胜利指日可待。”

但是，在亚洲和太平洋战场，对日本作战的形势却不容乐观。虽然美军及其盟军从 1943 年 5 月起，就开始从北太平洋、中太平洋、南太平洋和西南太平洋等方向对日军实行逐岛争夺的反攻作战，并且通过卓有成效的作战正一步步地逼近日本本土，但是，在太平洋战场上已处于绝对劣势，完全陷入被动挨打局面的日军，仍和美军逐岛展开争夺，致使战事异常惨烈，双方都在漫长的岛屿争夺战中损失惨重。而在中国大陆及东南亚的大洋上，日军仍然占据着大片陆地和众多岛屿。众所周知，日本在这场战争中败局已定，但盟军要取得胜利尚需要一段艰苦时间的努力，“前往东京尚有一段艰难与漫长的道路。击败德国并不意味着对日战争的结束。相反地，美国必须准备在太平洋从事长期与代价极大的斗争”。

在这种背景下，美军首领们在筹划集中绝对优势的兵力，做最后的进攻，以尽快结束太平洋战争时，都迫切希望苏联早日参加对日本作战，以便牵制日本在中国领土上的军队，使之不能增援日本本土诸岛的作战。正是怀着这样迫切的心情，1945 年 2 月，美国总统罗斯福前往苏联的克里米亚半岛参加雅尔塔会议。

1945 年 2 月 2 日，在前往苏联雅尔塔途中，美英两国领导人在马耳他岛做过停留，讨论了有关结束对德国、日本战争的一些问题。丘吉尔强调不宜“让俄国人占领的西欧地区超出必要”，对是否要执行早先通过的艾森豪威尔计划与美国代表做了激烈争论。

丘吉尔决定把原先准备调往其他地区的一些军队仍继续留驻地中海。丘吉尔矢志不做“英国的掘墓人”，他认为地中海也是英国的一部分。丘吉尔令其军队干预希特勒的内战，必要时可以在希腊首都“像在一个被征服的城市那样”行动。罗斯福曾抗议英国在希腊的行动，但没有阻止它。美国的专家认为，当时正在出现的英苏冲突有可能引起第三次世界大战，罗斯福决意要防止这种事情发生。斯大林对罗斯福表现得很尊敬，并在觥筹交错之中加紧同丘吉尔斗智。罗斯福充当不列颠和苏联之间的仲裁人，却常常在一些完全合乎苏联心意的措施上实行退让策略。

当时，三国首脑各自带来自己的议程。罗斯福希望游说苏联终止与日本不作战的协定、对日本宣战，并且支持盟国在太平洋作战；丘吉尔希望东欧在战后能自由选出民主政府；斯大林则希望控制东欧，因为其对苏联的战略布局极重要。

当然，战后如何管理德国是他们最为关心的问题。1943 年 12 月底时，苏德战线仍在苏联境内；到 1944 年 8 月，苏联红军已经攻到波兰及罗马尼亚境内，且继续向西前进。会议进行时，格奥尔吉・朱可夫指挥部队已经到达距柏林 60 千米外地方。斯大林自信可在会议上采取强势以争取条件，而罗斯福则希望斯大林承诺苏联加入联合国。

“对于苏联人来说，波兰问题不仅是荣誉问题，而且是安全问题。在整个历史上，波兰一直是敌人入侵苏联的走廊，波兰是关系到苏联生死存亡之问题。”斯大林表示他对于波兰的所求是没有谈判空间：苏联将从波兰东部获得领土，而波兰将扩张西面领土作为补偿。

在会议上，三巨头主要就四个问题进行了讨论：第一，战后处置德国问题，决定由美国、英国、法国、苏联四国分区占领德国和德国必须交付战争赔偿以及彻底消灭德国军国主义和纳粹主义的一般原则；第二，波兰问题，三国决定波兰东部边界大体上以寇松线为准，在若干区域做出对波兰有利的 5 千米 ~8 千米的逸出，同意波兰在北部和西部应获得新的领土，其最后定界留待和会解决，关于波兰政府的组成经过激烈争论，同意以卢布林的波兰临时政府为基础进行改组，容纳国内外其他民主人士；第三，远东问题，苏联承诺在欧洲战争结束后2～3个月内参加对日本作战，其条件是维持外蒙古的现状，库页岛南部及邻近岛屿交还苏联，大连商港国际化，苏联租用旅顺港为海军基地，苏中共同经营中东铁路和南满铁路，千岛群岛交予苏联；第四，联合国问题，同意苏联的乌克兰和白俄罗斯加盟共和国为联合国创始会员国，决定美国、英国、法国、苏联、中国五国为安理会常任理事国，规定实质性问题常任理事国一致同意的原则。

此外，会议还讨论了希腊、南斯拉夫、意大利等欧洲国家的有关问题。会议签署了《雅尔塔协定》，通过了《被解放的欧洲的宣言》和《克里米亚宣言》等文件。此次会议巩固和维护了三国战时联盟，对协调盟国对德国、日本作战，加速反法西斯战争的胜利进程与促进战后和平稳定局面的形成起到了积极作用，为联合国的建立奠定了基础。但会议的某些协议未经有关国家同意，具有明显的大国强权政治倾向，严重损害着中国等国的主权和利益。

这次会议是继1943年11月28日至12月1日在伊朗召开的德黑兰会议后的第二次同盟国首脑会议。这次会议的结论在1945年7月17日至8月2日的波茨坦会议有所争议。许多人批评此次会议使苏联以及各国共产党得以控制中欧、东欧以及许多亚洲国家，因为在会中美国总统罗斯福以及英国首相丘吉尔都没有依照当时被占领的国家之期望，要求战后被苏联“解放”的国家交由联合国代管。

为争取苏联对日本宣战，美国、苏联就苏联参加对日本作战的问题进行磋商。苏联提出了包括中国承认外蒙古独立、苏联租用中国旅顺港为军事基地等条件，美国背着中国政府同意了苏联的条件，使中国的主权受到严重侵害。会前其他国家并不知情，故其结论亦有“雅尔塔密约”之称。

雅尔塔会议基本上解决了战后和平与安排的问题。1945年7月17日至8月2日苏美英三国首脑的波茨坦会议实际上是对雅尔塔会议的决议和规定做了补充和修缮。

雅尔塔会议对于缓和反法西斯盟国之间的矛盾、加强国际反法西斯统一战线、协调对德日法西斯的作战行动、加速世界反法西斯战争胜利进程以及战后惩处战争罪犯、消除纳粹主义和军国主义势力影响等起了重要作用，对战后世界格局的形成产生了深远影响。会议背着中国政府做出的有损中国领土和主权的决定，是大国沙文主义和强权政治的表现，更是绥靖政策又一次发展到高潮的标志，同时也通常被看作冷战的标志。

雅尔塔会议是第二次世界大战中的一次重要国际会议，它协调了苏联与美英之间的关系，加强了反法西斯统一战线的团结，有利于动员盟国全部力量，最终打败德日法西斯，对战后一些重大国际问题进行了讨论，并做出了一定的安排。但是，在牵涉到其他国家特别是中国的主权利益问题上，违背了世界各国平等合作、尊重主权完整的原则，有大国主宰一切的强权政治表现。

第十三章
盟军战略大反攻，欧洲法西斯灭亡

经过艰难抗击，法西斯在欧洲的疯狂进攻势头终于得到遏制。为了打败法西斯侵略者，盟国精心准备，在欧洲东西两条线上向德国和意大利发起大反攻。虽然德意法西斯垂死挣扎，但终究难以抵抗反法西斯正义之师的钢铁洪流，意大利和德国相继被攻占。盟军在欧洲胜利会师，欧洲战事结束。

1. 反攻西西里，将战线推到意大利

到 1943 年，盟军和德意法西斯在欧洲战场上的力量对比发生了巨变。在苏德战场，斯大林格勒战役后，苏军转入不间断的局部大反攻，德军不断被歼灭或者后撤，无法遏制败退之势；在北非战场，英军赢得阿拉曼战役胜利，盟军在北非成功登陆，步步紧逼，“非洲军团”损失惨重，被迫于 1943 年 5 月 13 日宣布投降。盟军对德意法西斯实施战略反攻的条件初步形成。

突尼斯战役（火炬计划）胜利后，在罗斯福和丘吉尔主持下，盟军联合参谋长会议在华盛顿召开，一起根据地中海战区、苏联战区和太平洋战区的大好局势确立盟国新战略。

会议最终决定，“霸王”计划（登陆诺曼底）定于 1944 年 5 月 1 日实

施，在意大利西西里登陆定于1943年7月10日实施。登陆成功后，盟军将发动新攻势，击垮意大利，迫使意大利退出轴心国。

西西里战役能否成功，取决于制海权、制空权和夺取港口。英国海军早就在地中海夺取了制海权。制空权和夺取港口有点困难。因此，盟军登陆西西里岛有一定的风险，必须采取策略才能制胜。

经过一番商议和争论，英国将领和美国将领最终达成协议：英军为东线登陆突击部队，由英国将领拉姆齐率领东部特混舰队运送，负责在西西里岛南部登陆，占领帕基诺半岛和诺托湾沿岸；美军为西线登陆部队，由美国将领休伊特率领西部特混舰队运送，负责在西西里岛东南部海岸登陆，占领利卡塔港、杰拉港和斯科利蒂。盟军上岸后迅速向北发动进攻，一起夺取西西里岛。

参加登陆的英军从东地中海和突尼斯出征；美军则从比塞大以西的北非各港口出征。另外，英国海军出动6艘战列舰、2艘航空母舰、6艘轻型巡洋舰和24艘驱逐舰组成掩护舰队，由英国将领威利斯率领，以防止意大利海军给登陆舰队造成威胁。登陆时间定为1943年7月10日凌晨2点45分。

为了使德意法西斯相信盟军的主攻目标是希腊，次攻目标是撒丁岛，盟军散发假情报，进行战略欺骗。德国高层深信盟军会在撒丁岛或者希腊登陆，将西西里岛上的德军装甲师和鱼雷艇调往撒丁岛和希腊支援。

驻守西西里岛的是意大利第6集团军，司令是意大利老将古佐尼，但德国将领埃特林控制着岛上的德国师和古佐尼，掌握着实际指挥权。8个意大利海岸师装备十分落后，士气低迷，战斗力降低。4个意大利机械化师和2个德国装甲师战斗力强，是防守的骨干。

登陆前两个月内，盟军空军对意大利主要机场、港口、潜艇基地以及分布于西西里岛、撒丁岛和亚平宁半岛南部的工业中心实施了连续空袭，逐步夺取制空权。

盟军首先要夺取的是意大利海军的飞机和鱼雷艇基地班泰雷利亚岛，并将此作为空军基地。班泰雷利亚岛面积很小，但海岸十分陡峭，可供登陆地段很少，再加上岛上地形十分复杂，无法大规模登陆，且无法空降。盟军决定对其进行空中打击和海上封锁，先瓦解其守军的抵抗意志，然后迫使其投降。

从1943年5月18日到1943年6月9日，盟军每天派近百架轰炸机，分批次对班泰雷利亚发动空袭。长期持续轰炸不仅使岛上变成一片废墟，还导致守军的粮食和淡水越来越少。盟军连日没完没了地轰炸，让留在岛上的军民都意识到他们被抛弃了，因为他们看不到轴心国的飞机。

班泰雷利亚岛的守军防守无望，于1943年6月10日12点投降。6月12日，盟军占领特腊帕尼港与的黎波里之间的兰佩杜萨岛；6月13日，盟军占领利诺萨小岛和兰皮奥内岛。之后，盟军占领西西里岛附近所有岛屿，扫清了通向西西里岛的外围障碍。

盟军空军立即进驻班泰雷利亚岛，加快修整和扩建空军基地。其他部队则开始做登陆作战的战前准备。

1943年5月，古佐尼发现，守岛意大利军大多数是西西里人，害怕作战。西西里人看到班泰雷利亚岛被盟军长时间轰炸而最终不得不投降，就感到必败无疑，认为抵抗越激烈家乡的破坏就越严重，他们不想抵抗。古佐尼企图唤起西西里人的斗志，但最终放弃。

古佐尼的心情越来越沉重，他知道西西里岛的战略地位至关重要，西西里岛是意大利的重要门户，一旦西西里岛沦陷，意大利军就会土崩瓦解。岛上意大利军的士气不但没有任何的提高，反而越来越低。

古佐尼不愿意不战而降，把希望寄托在2个德国师、利沃德师和意大利增援的第14装甲师上。古佐尼断定，盟军将在西西里岛东部和南部同时登陆，发动钳形攻势。古佐尼下令，罗兹指挥的德军第15装甲师部署在西侧，负责抵御盟军在西部的攻势；库兰斯的德军戈林装甲师分成两支部队，较强的一支部署在距离杰拉约32千米的内阵，负责对付盟军在西部的攻势；较弱的一支部署在东部，负责坚守卡塔尼亚平原。

1943年7月10日凌晨2点45分，美军和英军分别在杰拉和锡拉库萨登陆。英军第5师于当天傍晚攻下锡拉库萨。在诺托湾登陆的英军第30军也稳住了登陆场。美军并不那么幸运，他们在南部海岸的登陆受到风和海浪的影响，以及岸上敌人的抵抗顽强。不过，7月10日结束时，美军3个师的突击部队仍然登陆了，攻下杰拉和利卡塔。

美军攻下杰拉后，意大利守军望风而逃，但离海岸32千米的“赫尔曼·戈林”师却在第二天早晨赶来阻击美军。海滩十分拥挤，风浪太大，美军坦克和大炮还没有运上岸，德军坦克就歼灭了美军的前哨，冲进沙丘地带。在这危急关头，盟军海军舰炮发射猛烈的炮火赶跑了德军坦克。另一支德军和一支“虎”式坦克连向美军第45师左翼发起的攻击也被粉碎。

在没有遭到反攻的情况下，英军登陆十分顺利。11日晚，英军已经拥有纵深5千米~15千米的两个阵地，并不断向内地推进。此时，阻止西西里岛的27万德意联军撤往意大利成为盟军首要的任务。西西里岛东北角的墨西拿距离意大利本土只有5千米，是德意联军的唯一退路。

为了占领墨西拿，盟军必须赶在德意联军以前到达墨西拿。英国第8集团军向北进攻，于12日攻占锡拉库萨港和奥古斯塔港。蒙哥马利下令1943年7月13日晚从伦蒂尼向卡塔尼亚进攻。

在英军攻势面前，意大利军不堪一击，陷入混乱。有些意大利军人几乎没有任何抵抗就投降了。身经百战的古佐尼突然惊醒了，决定动用空军对盟军的登陆部队发动空袭，打乱盟军的登陆计划，迟滞盟军的进攻速度。他立即命令西西里岛上尚有作战能力的德意飞机出击，同时请求意大利本土飞机也来参战。

1943年7月10日天刚亮，德意空军就开始进攻。意大利飞机炸沉盟军的“哨兵”号猎潜舰，炸伤“蒂尔曼”号驱逐舰，而德国飞机也炸沉“马多克斯”号驱逐舰，炸伤“游行者”号潜艇。驻守在意大利本土的德意飞机也不断来到西西里岛轰炸盟军登陆舰艇。

德意空军发动的攻击行动一轮紧跟一轮，猛烈轰炸盟军运输舰，给盟军登陆造成了巨大困难。原来，盟军空军认为，既然已经掌握制空权，就不用保护登陆部队和海上舰队了。在这种战术思想支配下，空军主要对登陆部队进行远距离的空中支援，导致盟军登陆部队和海上舰队失去空中支援。盟军空军的错误战术给德意空军带来了战机。盟军舰船遭到德意飞机狂轰滥炸，损失很大。这也是整个第二次世界大战中意大利军表现最好的一次。

1943年7月12日，盟军空军加强对南部和东部登陆部队空中支援。12日9点30分，南部盟军战斗机和高炮部队打退了德意飞机空袭。由于空中袭击难度越来越大，德意空军只能集中兵力发动重点进攻，才能收到理想效果。德意空军放弃南部美军登陆部队，集中攻击东部英军登陆部队。

德意空军战绩不俗，但无法挽救德意联军在陆地战场上节节败退的局面。西西里岛形势逐渐恶化，希特勒通过凯塞林进行遥控后，德军的抵抗立即加强。

由于盟军指挥失误，西西里战役变得越来越困难。蒙哥马利攻占卡塔尼亚的目的无法实现。为了实现英军在西西里岛战役中唱主角的愿望，蒙哥马利决定把进攻重点向左移。这样做等于把美军用作侧翼护卫部队。

当时，可供盟军使用的公路只有 114 号公路和 124 号公路。按照计划，114 号公路归英军使用，124 号公路归美军使用。蒙哥马利准备抢用 124 号公路，以便迂回攻打驻守在卡塔尼亚的德军。

英军抢占 124 号公路时趾高气扬，没想到这并没给他们带来好运气。美军被迫撤回滩头阵地，给英军让道。为了把主力部队转移到美军前面，蒙哥马利至少浪费了两天时间。德军利用盟军混乱的两天完善了防线部署，建成一道阻击盟军的圣斯特风诺—恩纳—卡塔尼亚防线。德军严阵以待，蒙哥马利遭到迎头一击。

德军南线总司令凯塞林发现意大利人完全丧失了斗志，在敌众我寡的情况下，守住西西里岛是不可能的。希特勒亲自接管西西里岛的指挥权，下令："在大批意大利军被消灭后，只靠我军把敌军赶下海是不可能的。因此，我们应该迟滞敌军的进展。"

为了迟滞盟军，希特勒向西西里增援了一些部队和坦克、重炮和飞机，把西西里岛的主力部队调到东岸中部的卡塔，并在尼亚城周围抵抗英军进攻。同时，德军后备部队布满直通墨西拿的东海岸路线，积极支援作战，以坚守西西里岛通向墨西拿海峡的道路。

1943 年 7 月 17 日，希特勒下达命令："我们不指望能守住西西里岛。重要的是拖延敌军，以为稳定欧洲大陆的局势争取时间。最重要的是不能让一个德国师遭受损失。"不久，德军又得到第 29 装甲榴弹师和第 14 装甲军支援。此时，德军的任务不是保卫西西里岛，而是发动阻击战，保障主力部队撤退。希特勒出动德军精锐部队在埃特纳地区阻击英军，其他部队向北面和东面撤退，退守墨西拿海峡。

为了取得胜利，1943 年 7 月 21 日，英军第 13 军在卡塔尼亚转入战略防御；第 30 军发动进攻，争取摧毁德军防线，摆脱不利局面。英军第 30 军的进攻惨败，伤亡很大。蒙哥马利下令把第 78 师从北非调到西西里岛，以增援第30军继续作战，但第78师最早也要到月底才能赶到。

英军停止进攻，德军趁机加固防御工事，调兵加强防线，使防线更加坚固。

就在蒙哥马利在德军防线面前无计可施时，巴顿认为，如果让美军去攻打巴勒莫，美军一定能攻下，一旦成功，整个战局就会有利于盟军。巴顿亲自去向亚历山大请战，进攻巴勒莫。由于蒙哥马利的攻势受阻，亚历山大迫于无奈，只好批准巴顿请缨。

巴顿马上飞回战场，出奇兵直捣巴勒莫。1943年7月22日，美军赶到巴勒莫城下。巴勒莫守军不敢相信，在这么热的夏天，道路难走，且有沿途守军抵抗，美军竟在4天时间内前进了320千米。美军以迅雷不及掩耳之势攻占巴勒莫，守军都来不及组织抵抗。

1943年7月22日，美军占领巴勒莫港。意大利军吓破胆，约4.5万人举双手投降。美军的胜利严重地挫伤了德意联军的士气。7月23日，美军第45步兵师攻入泰索米尼至梅雷塞以东海岸地带，把西西里岛拦腰切断。这给美军带来了很高荣誉。美军第45步兵师伤亡300多人，却俘虏5.3万名意大利军，击落190架敌机，缴获67门火炮，还缴获来不及逃走的大部分船只。

1943年7月25日，墨索里尼被赶下台，原来就不积极抵抗的意大利军成批地投降。德军被迫依靠少数兵力抵御优势盟军。同时，亚历山大命令巴顿自西向东进攻。巴顿欣喜若狂，命令美军抢在英军之前拿下墨西拿。

对蒙哥马利来说，形势出现了讽刺性变化：西路的巴顿从助攻变成主攻，而他却从主攻沦落为事实上的助攻。

1943年8月初，各路盟军发动进攻，巴顿指挥的美军在左翼，英军第30军在中央，英军第13军在右翼。盟军争抢着进攻西西里岛的东北角——墨西拿。

西西里岛东北部是山区，悬崖峭壁很多，到处是崎岖的山路。德意联军撤退时炸断桥梁和道路，埋设了几万枚地雷。盟军无法展开兵力，每进一步，都会付出惨重的代价。美军进展缓慢，部队伤亡很大。就在巴顿心里烦躁时，美军航空兵前来支援作战。

1943年8月7日至16日，盟军多次发起进攻，企图堵住撤退的德意联军。由于德军顽强阻击，盟军没有取得预期效果。意大利海军几次尝试用大舰船来救出西西里岛上的德意联军，都以船只沉没而告终，最终只能在墨西拿海峡集中许多小型舰船，让它们不断地在盟军的空袭下活动。

盟军竭尽全力从陆海空三面来阻止德意联军撤退，但许多小型的意大利舰船，在少数德军军舰协助下，把岛上的军队和装备撤回了意大利本土。在连续不断轰炸下，意大利水兵不断操纵小舰艇，用少数防空武器还击。这次撤退所冒的风险，比英军从敦刻尔克的撤退所冒的风险还要大。

1943 年 8 月 16 日，墨西拿港处于盟军轰炸机的不断轰炸之下，而德意联军的装备已经付之一炬。许多意大利小船仍坚持把留在岛上的德意官兵运送出去。8 月 17 日，德意联军的主力 10 万人渡过墨西拿海峡，回到意大利。

当天早晨，美军第 3 师抢先攻入墨西拿。英国一部也进入墨西拿。盟军战斗一天后，歼灭岛上的残余德意联军。

西西里战役是历史上最大的突袭战。盟军实现了大部分目标，但没有取得全部胜利，致使近 4 万精锐德军逃脱，但使盟军在地中海的交通线得到保障。更重要的是，这是英美盟军联合反攻的一次尝试，为以后联合反攻提供了宝贵经验。

2. 突破“大西洋墙”，开辟“第二战场”痛击法西斯

在占领西欧大片土地后，为防备盟军在欧洲大西洋沿岸登陆，希特勒 1941 年 12 月下令，从挪威到西班牙修建一道由众多坚固“支撑点”构成的钢铁防线，又称“大西洋壁垒”或“大西洋墙”。

“大西洋壁垒”防御工事设计巧妙，建筑坚固，种类繁多，火力配置合理，再加上广阔的水下和滩上雷区，是名副其实的“固若金汤的海上铁壁”。希特勒企图借此人造工事及隔海的天然屏障，保护其已获得的侵略成果。不仅如此，在精心构筑“大西洋铁壁”的同时，希特勒又在法国海岸集结大量军队，以这样一组坚固防御工事体系为后盾，负隅顽抗。

诺曼底就是德军构筑“大西洋壁垒”中的西线段，位于法国的北部，与英伦三岛隔海相望，离英国本土仅 60 多千米，英吉利海峡成为它的天然屏障。由于它独特的地理位置，希特勒派重兵把守。1944 年年初，希特勒又把他的心腹隆美尔派到这里当司令。

隆美尔到任后，不失时机地视察“大西洋堡垒”的建造进度，并逐渐检

查诺曼底地区的海岸防御工事。在隆美尔看来，诺曼底是被反攻时首当其冲的要塞，容不得半点马虎。他亲自指挥一支由军人和劳工组成的数十万建筑大军日夜不停地施工，在海滩设下大量的钢筋混凝土障碍物，面向大海斜插木桩、角锥和轨条等五花八门的反登陆设施；在海岸上构筑许多隐蔽得很巧妙的炮台堡垒，控制着所有可能被强行登陆的地点；布设数不清的反坦克陷阱、带刺的铁丝网、坚固的步兵掩体以及厚壁碉堡；水面、海滩和海岸后面设广阔的雷区，雷点密集，几乎到了无立足之锥的地步。

另外，在临近海岸的开阔地带上，竖起许多密集的木桩和鳞次栉比的哨所，防止反攻部队滑翔机着落和粉碎伞兵的空降行动，形成了有“隆美尔防御带”之称的反空降区。

隆美尔试图凭借这些障碍物和装甲集团军的力量阻止盟军登陆部队抢滩登陆并建立登陆场，进而在 24 小时之内消灭所有登陆部队。

被称为“大西洋壁垒”并不仅指其永久性防御工事，主要还体现在其兵力部署上。在希特勒看来，西线是防卫的重点，是盟国军队反攻的首选地段。

龙德施泰特是德军西线守军总司令，拥有 58 个师、76 万人，编为 B 集团军群和 G 集团军群。B 集团军群 39 个师由隆美尔指挥，驻守法国北部，比利时和荷兰沿海一带，是西线德军主力。G 集团军群由勃拉斯科维兹指挥，共有 19 个师。

诺曼底地区的守军为 B 集团军群第 7 集团军所属的 6 个师零 3 个团，共计 9 万人。3 个海防师战斗力较弱；2 个步兵师和 1 个装甲师战斗力较强；3 个团是 2 个步兵团和 1 个伞兵团。希特勒 1944 年 4 月视察时，隆美尔曾判断诺曼底将是盟军的登陆地点，要求加派兵力，结果又调来第 352 步兵师。

由于龙德施泰特和隆美尔对装甲部队的使用有分歧，希特勒一怒之下将原归隆美尔指挥的西线机动兵力 2 个精锐装甲师改由最高统帅部指挥。希特勒把装甲部队的指挥权分散给争执的双方，这样既没有强有力的战术预备队，又没有战略预备队。甚至配属给 B 集团军群的 3 个装甲师的防区也是由希特勒决定的：第 2 装甲师驻扎在索姆河地区，第 116 装甲师驻扎在塞纳河下游北部地区，第 21 装甲师驻扎在奥恩河地区。

只有第 21 装甲师驻扎在隆美尔认为可能会遭到盟军进攻的地区。隆美尔担心沿海地区的预备队不够用，又向希特勒请求把“利尔”装甲师和第3防空军调往奥恩河和维尔河之间的地区机动，党卫军第12装甲师调往维尔河两岸，并在奥恩河西部地区驻扎一个机动能力很强的火箭旅。希特勒没有采纳这个建议。

战后证明，隆美尔制订的防御计划是全面的，他对盟军将在诺曼底登陆的估计是正确的。只是希特勒没有采纳他的建议，而是把精锐部队都调往加莱地区。

1941年9月，斯大林向丘吉尔提出在欧洲开辟第二战场对德国进行战略夹击的要求，当时美国还未参战，英国根本无法组织大规模战略登陆作战。

1942年7月，英美伦敦会议决定于1942年秋在北非登陆，把开辟欧洲第二战场的时间推迟到1943年上半年。此时苏德战场形势非常严峻，苏联强烈要求英美在欧洲发动登陆作战，以牵制德军，减轻苏军压力。在苏联强烈要求下，英国仓促派出6018人组成的突击部队在法国第厄普登陆，结果惨败，伤亡达5810人。

美英1943年1月，美英卡萨布兰卡会议决定在西欧登陆。3月，以英国F. 摩根为首的盟军最高司令参谋部开始着手制订战役计划。5月和8月，罗斯福和丘吉尔在华盛顿和魁北克会议上商定，盟军于1944年在西欧登陆，以配合苏军实施战略反攻。11—12月，罗斯福、丘吉尔和斯大林在德黑兰会议上商定，盟军在1944年5月于法国北部地区登陆，其行动代号为“霸王”。同时，盟军在法国南部进行牵制性登陆。

盟国任命艾森豪威尔为盟国欧洲远征军最高司令。经过反复调查和研究，艾森豪威尔最终选定诺曼底奥恩河口至科唐坦半岛南端为登陆地区，由西向东共分为“犹他”“奥马哈”“哥尔德”“朱诺”和“斯沃德”5个登陆点。

在登陆前几个月，战略空军和战术空军对法国北部和比利时的铁路枢纽、桥梁、公路及其他一些重要目标持续进行大规模轰炸，塞纳河上的24座桥梁有18座被炸毁，导致德军运输系统瘫痪，部队机动受到极大限制。登陆前3周，对诺曼底周围机场进行了轰炸，使其85%遭到破坏。登陆前1周，英军空军袭击德军远程雷达站，令其大部受损。

盟军还采取一系列战役伪装措施：在英格兰东部虚设1个由巴顿任司令

的“美军第一集团军群”，原驻军调走以后，营地仍伪装得和往常一样；在德军飞机侦察得到的地方设置了许多假登陆舰艇、坦克和滑翔机；飞机对加莱地区的投弹量要比诺曼底地区多1倍；登陆前夜，小型舰只和飞机佯动，利用电子干扰器材模拟庞大登陆编队和机群。此外，还进行严格保密。

为保证大量后续部队登陆，盟军还在登陆海滩，设计、制造空心钢筋混凝土沉箱构成的人工港，并制订铺设海底输油管计划。同时，在英国储备大量作战物资，部队不断进行实战训练和陆海空三军模拟登陆联合演习。

据潮汐和月光等情况，艾森豪威尔将登陆日“D日”定为6月6日。

1944年6月1日，盟军第一批登陆部队在英国南部15个港口上船。6月4日22点，航程最远的在犹他海滩登陆的U编队起航，其他编队也开始按计划陆续起航。6月5日，登陆编队开始横渡英吉利海峡，所有舰艇先在怀特岛以南代号“Z区”的海域会合，然后分成5个编队沿着5条被清扫过水雷的安全航道向5个滩头分别驶去。

由于盟军准备充分，组织周密，更由于德军的气象人员没有预测出6月6日有短暂好天气，防守德军放松了戒备，盟军航渡过程没遭到任何损失。

6月6日1点，盟军空降兵宛如神兵天降，拉开了诺曼底大登陆序幕。美国空降兵第82师突击队和空降兵第101师突击梯队在“犹他”海滩的后面降落，虽然着陆时没有遇到大抵抗，但德军在着陆地区预设的“罗麦里木桩”损坏了一些滑翔机。当晚，第101空降师共集合约2500人，攻占第1号海滩、第2号海滩、第3号海滩、第4号海滩道路，并和美军第7军第一梯队顺利会合。

英军第6空降师先遣分队乘6架滑翔机在皮诺维尔地区克恩运河与奥恩河桥梁附近降落。他们占领大桥并构筑桥头阵地。德军在坦克掩护下进行反击，被英军迅速击败。当晚，第6空降师有6个伞兵营、2个机降营、50门反坦克炮，一些轻型坦克、火炮顺利降落到预定地区。

在激烈空降作战的同时，一场更加激烈的战斗在海际滩头展开。

在6月6日5点，英国皇家空军出动1136架飞机对勒阿佛尔与瑟堡间的德军海岸炮阵地发动空袭，投下5853吨炸弹。美军第8航空队出动1083架轰炸机向德军海岸防御工事投下1763吨炸弹。天亮以后，盟军的中型轰炸机与战斗机对德军阵地进行的轰炸越来越猛烈。德军阵地上所有预定目标几乎都遭到毁灭性打击。德军的炮兵被盟军压制住，防御工事被摧毁，通信设施也被破坏，没有炸毁的雷达也因受到强烈干扰，而无法发现目标。

6 月 5 日，英吉利海峡风高浪急，德军将领们认为盟军根本无法在这时登陆，隆美尔甚至请假回国。对于盟军从天而降，突然出现在诺曼底“大西洋壁垒”后面，德军猝不及防，乱作一团。

盟军空军的猛烈轰炸与海军舰艇的猛烈炮击，把德军设置的“死亡地带”撕开一个大缺口。天蒙蒙亮时，运载登陆部队的舰艇驶向诺曼底。6 点 30 分到 7 点 45 分期间，各登陆部队要在盟军选定的 5 个登陆地点突击登陆。

奥马哈登陆场的登陆部队是美军第 5 军第 1 师以及配属的 1 个团。战前，隆美尔前往奥马哈察看防御设施时，命守备部队迅速加固防御工事，还把战斗力较强的第 352 摩步师调到奥马哈。在西线战场上，奥马哈成为真正意义上的“大西洋壁垒”。在登陆战斗关键时刻，盟军的空中优势发挥了非常重要的作用。由于盟军掌握了制空权，在盟军登陆期间，德国空军并没有对登陆的部队构成严重威胁。经过一场生死拼搏，美军登上诺曼底。

犹他登陆场的登陆部队有美军第 1 集团军所属第 7 军步兵第 4 师。防守德军是第 709 师的一个团，主要由预备役和外国志愿者组成，战斗力相对比较弱。由于盟军空降兵把第 709 师同其他部队的通信联络切断，他们没有接到抗登陆警报，更没有进行有效防御，很快就投降。美军第 4 师顺利登陆。

金滩登陆场的登陆部队有英军第 2 集团军所属第 30 军步兵第 50 师和加强的 1 个装甲旅、1 个突击营。英军登陆之时，能见度已越来越好。盟军空军活跃起来。防守德军在盟军空军猛烈轰炸之下，斗志消沉，战斗力明显减弱。英军第 50 师登陆时遇到德军顽强抵抗，但很快就歼灭敌军。当天下午，英军 4 个旅上岸，但依然没实现预定目标。

剑滩登陆场的登陆部队有英军第 1 军步兵第 3 师。这支部队在登陆之时遭到德军顽强阻击。黄昏，他们才与空降着陆的第 6 伞兵师会合。

朱诺滩登陆场的登陆部队有加拿大军步兵第 3 师和 1 个加强装甲旅等部队。这支登陆部队遭到德军炮火抵抗，有 90 艘舰艇和 8 辆两栖坦克受损。当装甲部队为他们掩护时，德军的顽强抵抗被打退。当晚，他们到达冈城至贝叶的公路。

经过一天激战后，盟军有将近 10 个师登陆成功，57500 名美军与 75215

名英军以及加拿大军先后登上诺曼底，并占领数个 8 ~ 10 千米登陆场。虽然这些登陆场相互之间还没有建立联系，却为后续部队登陆创造了有利条件。

1944 年 6 月 7 日，盟军以伤亡与失踪 8000 人的代价实现登陆目标，开始着手建立统一的登陆场。6 月 8 日，盟军后续登陆部队登陆之时，空降部队攻占登陆场内的机场、港口、城镇与交通枢纽，支援第二梯队上陆，连接与巩固登陆场。后续军团在第一梯队夺取并巩固登陆场以后，从占领的港口登陆，迅速准备陆上进攻战役。

德军在抗登陆作战方面则显得行动迟缓，指挥不力，通信不畅。在盟军登陆时，德军高级将领里仅有龙德施泰特在指挥岗位上。

盟军在诺曼底登陆的消息传回德国，德国上下恐慌不已，无法接受现实。为了摆脱被动局面，德军对诺曼底的反击力量开始陆续加强。不过，希特勒、龙德施泰特、隆美尔等人仍认为，加莱才是盟军的主攻方向，诺曼底仅是盟军进攻的次攻方向，盟军只是在进攻之初有意把诺曼底的规模变大。在错误的判断之下，德军抗登陆作战更加被动。

6 月 10 日，隆美尔和西线装甲集群司令施韦彭格决定集中诺曼底所有装甲部队，在第二空降军的配合之下，全力开始反击，以阻止盟军不断扩大登陆场。不料，盟军飞机轰炸了德西线装甲集群司令部，施韦彭格被炸成重伤，参谋长及很多参谋丧生，这次反击因此而胎死腹中。

6 月 11 日，美军第 5 军推进到科蒙—塞里亚—伊济尼一线，其先头部队越过维尔河口，准备打通和第 7 军的联系。德军意识到这两个军一旦会合将构成极大威胁，全力阻止美军行动。双方激战不断，到黄昏时，美军第 5 军已和第 7 军建立联系。

6 月 12 日，盟军各登陆地段已基本稳固，连成正面 80 千米、纵深 13 ~ 19 千米的登陆场。经过一周激战，希特勒一度寄予希望的“大西洋壁垒”被盟军突破。

诺曼底的成功登陆使第二次世界大战的形势发生了重大变化。希特勒与隆美尔准备在盟军登陆之初将其赶下海的计划破灭，只好集中兵力建立新的防线，准备把盟军长时间封在登陆场内，以免盟军向纵深挺进。

蒙哥马利开始扩大登陆场，右翼布莱德雷的美军第 1 集团军向圣洛方向推进，左翼的英第 2 集团军向卡昂推进。17 日，希特勒飞赴西线，命龙德施泰特与隆美尔在巴约向海岸进行反击，分割盟军部队，并不惜一切代价守住瑟堡。

6 月 18 日，美军登陆部队切断科唐坦半岛。6 月 21 日，在舰炮火力的支援下向瑟堡发起总攻，迫使德国守军在 29 日投降。因在遍布灌木树篱的地形作战，盟军进展缓慢。英军预定在 D 日夺取卡昂，但因遭到德军装甲师的顽抗，到 7 月 9 日才攻克该城奥恩河北岸部分。7 月 19 日，英军占领全城，牵制了德军大量预备队，为卡昂以西地区的美军作战提供了有利条件。

6 月 28 日，德军第 7 集团军司令多尔曼因心脏病发作而于前线猝死；7 月 1 日，德西线总司令龙德施泰特被免职，克卢格接替他的位置。德军损兵折将，处境非常危急。

到 7 月初，美国、英国、加拿大军已登陆达 100 万人、17 万余辆车辆、近 60 万吨补给品。因登陆场太小，盟军为扩大登陆场展开作战。

7 月 17 日，隆美尔的汽车被盟军飞机攻击，他虽多处负伤但仍奇迹般地活了下来。7 月 18 日，英军攻占卡昂西城。同时，美军也占领圣洛城，从此在西欧大陆上建立起卡昂延伸到圣洛的稳固战线。诺曼底登陆成功，盟军具备了收复西欧大陆的有利条件。

盟军登陆成功以后，决定实施大规模地面进攻。计划由蒙哥马利从卡昂发起进攻，占领法莱斯，打开巴黎大门；布莱德雷在圣洛西南突破德军的防御，向布列塔尼半岛根部的阿夫郎什推进。英军、美军部队进攻代号分别为“赛马场”与“眼镜蛇”行动。

英军首先发起“赛马场”行动，装甲师的坦克集群在炮弹的呼啸声之中，冲向法莱斯。此处有隆美尔以前设下的重重陷阱，盟军飞机轰炸时，德军迅速把它们隐蔽起来，飞机一走，又把它们推了出来，把英军坦克打得不是爆裂就是起火。英军损失 400 多辆坦克后，不得不暂停进攻。

7 月 25 日，布莱德雷率美军第 1 集团军实施“眼镜蛇”行动。美军出击则要顺利得多。在火力准备期间，德军阵地被炸得一塌糊涂，通信线路被炸，重型装备损失殆尽。而在进攻时，美军坦克大多装有发光识别板与对空联络电台，遇到地面抵抗就会呼唤空军支援，地空配合非常默契，全歼德军党卫装甲师，抢占通往勒芒的公路。

面对盟军绝对优势兵力的强大进攻，克卢格只能退到塞纳河一线防守。

希特勒不相信克卢格，甚至怀疑西线德军没有尽力作战。于是，希特勒把加莱 15 集团军的几个师调到诺曼底，从法国南部调来兵力，准备和盟军决一死战。

8 月 3 日，希特勒将代号“吕希特”的作战计划下达给克卢格，下令克卢格带领全部装甲师从莫尔坦向阿夫郎什进攻，把向东突进的巴顿军团的交通线切断，将美军“掷回大海”。

如果德军能控制制空权，这倒不失为一个合理的计划，但德军在没有制空权情况下行动，无异于自杀。

8 月 7 日，克卢格集中 5 个装甲师与 2 个步兵师迅速占领莫尔坦，但当他继续向阿夫郎什推进时，遭到美军装甲部队抵抗。盟军出动数百架轰炸机对莫尔坦一阵狂轰滥炸，炸毁 60 辆德军坦克与 200 辆汽车。

当日夜间，蒙哥马利命令加拿大第 1 集团军向法莱斯突击，布莱德雷也下令正向东进攻的巴顿军团掉头北进，合围德军主力。克卢格见情势不妙，想放弃“吕希特”行动，但希特勒不同意。

8 月 16 日，德军主力终于接到撤退命令。德军 5 个装甲师猛攻阿让唐，该地的 3 个美军师勉强挡住德军进攻。与此同时，加拿大第 1 集团军占领法莱斯，但他们离美军仍有 25 千米之遥。德军此时拼死冲向这个缺口。两条乡间小路上挤满了德军坦克、车辆与人员，他们趁着天气恶劣，盟军飞机出动不了的良机，拼命外涌，总算冲出一些。

8 月 17 日，天气转好，盟军飞机蜂拥而至，对德军进行无情的轰炸和扫射，成千上万的德军被打死。当天，克卢格因牵涉谋杀希特勒而被解职。克卢格交出职务以后，在 8 月 19 日服毒自杀。

8 月 19 日，美军和加拿大军在阿让唐与法莱斯之间的尚布瓦、特兰会合，把德军 12 个师扎在口袋里。但因口袋口处的兵力相对较弱，有些德军还是冲了出去，包括一半左右的装甲师。德军逃出了总数的 1/3，没有冲出去的德军在越缩越小的包围圈内苦苦挣扎，被盟军飞机、大炮与机枪射杀。

8 月 25 日，巴黎光复，诺曼底会战结束。

诺曼底登陆成功，美英军队返回欧洲大陆，第二次世界大战的形势发生了根本性转变。西线德军被此次会战打断了“脊梁骨”，希特勒在法国境内设阵抵抗盟军登陆的希望破灭，西部欧洲全部处在盟军兵锋之下。

3. “狮鹫”计划失败，希特勒输掉最后一张王牌

战争打到1944年11月，德国如同一只遍体鳞伤的困兽，处于苏军和盟军东西夹击之中。德国的同伙意大利败下阵来，使德国腹背受敌，轴心国分崩离析，德国濒临灭亡。希特勒并不甘心灭亡，制订反攻计划，即集中兵力快速突破盟军防线，直取默兹河，再分兵进攻布鲁塞尔和安特卫普，歼灭盟军有生力量，切断艾森豪威尔的补给线，彻底扭转西线被动局面，以便把西线兵力转移到东线去堵截苏军。

希特勒决定亲自指挥反击战。德军从将领到士兵谁都不相信阿登反攻能成功，但他们竭力去实施。因为这是德军最后的机会。希特勒认为，卢森堡、比利时与德国交界的阿登地区是“现有部队能够突破的地方……那里的盟军防线单薄，盟军不会想到德军会在他们的后方发动反攻”，德军趁盟军毫无防备的机会，在盟军飞机无法起飞的恶劣天气下发动突袭，有望获得胜利。

为使反击获得成功，德军实施严格的保密措施。德军更换部队番号，更换兵种制服，使用木炭烧饭和取暖。晚上，德军派运输机和战斗机沿前线飞行以掩盖坦克发动机的声音。马匹在路过碎石山路时，都用布裹住马蹄。车辆前进，后勤兵将车迹抹掉。在白天，德军根据预定计划频繁调动部队，以迷惑盟军。德军利用自身非常熟悉阿登地区地形地势的优势秘密调兵。

希特勒已经走投无路，只能孤注一掷。他认为，单纯的防御永远不能赢得胜利，德国已经没有任何希望胜利。在这最后的时刻，他还要寄希望于英美和苏联的分裂。他最害怕的是苏军，而从骨子里瞧不起盟军。他认为唯一明智的方法是集中兵力打垮盟军，再转头使苏军不能突入德国东部各省。

阿登反攻计划，也称“狮鹫”计划，由28个或30个德国师组成2个坦克集团军，从蒙绍和埃希特纳赫间发起突袭，第7集团军发动突击掩护南翼，在列日与那慕尔强渡马斯河，再迂回攻占布鲁塞尔、安特卫普，切断突破地段以北盟军的退路，并把盟军歼灭。

希特勒准备在11月25日发动反攻。希特勒向龙德施泰特和莫德尔保证：油料完全够初期使用，后期应在盟军那里夺取储备油。戈林说空军能出动3000架飞机，包括现代化喷气式战斗机。希特勒说有800架飞机就够了。

反攻计划令龙德施泰特和莫德尔感到震惊，莫德尔将负责准备和实施整个战役。两个人原则上没有反对，但他们认为现有 30 个师兵力太少，要发动纵深达 200 多千米的大反攻，应该把战役限制在小范围内。另外，他们怀疑那些师能否按期到达出发阵地，在进攻时能否保障突击兵团西翼。

反攻必须在部队有把握获得突破的地段发起。突破后需要继续扩大战果，使西线局势对德国有利。在对西线战场做了认真调查且经过周密考虑以后，希特勒确定美军防线薄弱的艾弗尔地段为突破地段，安特卫普港为最后目标。

根据反攻计划，德军在反攻方向的突破将由步兵师来进行。突破时，步兵师应进展迅速，为装甲部队扩大战果创造有利条件。趁着美军惊慌失措和混乱，德军装甲部队应快速向西推进。关键的问题就是，德军装甲部队向马斯河推进时，千万不能让补给问题拖垮；还要绕过防御坚固的美军阵地，保障暴露的侧翼安全。希特勒明确指示，德军应占领巴斯托尼。

德军反攻战役准备得非常周密，用于反攻的部队已经不再执行真正的防御任务。为了使反攻部队在进攻时发挥强大的战斗力，必须对它们进行训练，这种训练只能在防御战中发动反突击时进行。一切组织上和战术上的反攻准备，都必须在保密情况下进行，只有在确实使盟军毫无防备的情况下，反攻部队才能快速突破。最重要的补给品——弹药和燃油，仍按照防御战的原则集中在后方。

由于准备上严重不足，战役开始日期推迟了 3 次，直到 12 月 12 日才确定 12 月 16 日为开始日期。

战争进入到 1944 年年底，坦克这种陆战武器的发展已经出现很大变化，而美军主战坦克仍然是谢尔曼式坦克。到 1944 年 6 月盟军登陆诺曼底时，德军为数不多的装甲部队已全面换装 4G 型和豹式坦克，还有十几个虎式坦克营。美军坦克兵被迫面对残酷的现实：谢尔曼式坦克不具有与德军重型坦克对抗的能力，结果造成大量的装备损失和伤亡。与德军坦克相比，美军的优势只是数量和机动性，但其火力和防护能力比德军坦克弱很多。

12 月 16 日清晨 5 点 30 分，德军坦克群正在向前方行驶，在漫长防线上，迫击炮、火箭炮、88 毫米口径炮万炮齐射，一排炮弹落在美军阵地，远程大炮把炮弹射到美军战线后方几千米外的目标。阿登反击战全面爆发。

1个小时后，炮声停止。美军阵地，在大雪映衬下，身穿白衣的德军魔鬼般地冒了出来，迈着缓慢的步子向盟军步步进逼。美军仓皇迎战，由于寡不敌众，边打边退。很多阵地被突破，德军长驱直入。防线被德军冲开一个大缺口。德军先头部队有20个师，其中7个是装甲师，拥有1000辆坦克和装甲突击炮。很快，德军装甲部队突破32千米，其先头部队推进到斯塔佛洛。

美军第1集团军司令霍奇斯仍不重视德军进攻，还要坚持让自己的部队继续向北进攻鲁尔大水坝。12月18日上午，德军已经越过斯塔佛洛，向他设在斯帕的指挥部逼近，霍奇斯才发现事态恶化，只好慌忙撤离转移到较安全的地方。

美军第8军也出现错误判断。他们向霍奇斯报告说：德军的调动和进攻只是想让新组建的师获得一点战斗经验，再送到其他地方去防守，德军希望阿登地段维持“安静”的状况。

德军空降部队计划空降在第6党军装甲集团军向前推进的马斯河上的重要地段，但空降部队却在防御战斗中被消耗殆尽。希特勒拼凑1000名伞兵，在反攻发动前一周，才在海特的领导下组建成1个伞兵营。在执行任务时，他们只有1/5的人成功空降，而他们使用游击战术袭扰美军援兵时，始终没有看到德军装甲部队前来会师。最终，他们被美军俘获。

德军在战场上发动强大攻势，最让盟军慌乱的是德国党卫军头目奥托·斯科尔兹内。奥托·斯科尔兹内在执行“狮鹫”计划时把敢死队的队员们扮成美军，使用美军车辆，在美军后方大肆破坏。敢死队必须占领默兹河上的桥梁，发布假信息，给美军造成混乱和恐惧。

斯科尔兹内的那些敢死队员们，只有几辆吉普车的人混过美军防线。但是，这些人对美军造成的破坏却大大超过希特勒所预期的效果。一位敢死队小队长率部更换路标、切断电线，使一整团的美军走错道路；一支伪装成美军的党卫军敢死队小分队，被美军拦住问话时，故意装成害怕的样子逃跑，惊慌失措的美军也四散而逃；一支小分队把布莱德雷司令部与前线指挥官联络的电话全部切断，使布莱德雷成为聋子和哑巴；给美军造成最大破坏的是斯科尔兹内手下被俘虏的4个人，他们向美军情报人员谎称近万名德军穿着美军制服正在大肆破坏，导致盟军内部引起巨大恐慌……

党卫军第6装甲集团军在右翼担任主攻，第5装甲集团军在左翼辅攻，第7集团军进攻卢森堡方向，以掩护两个装甲集团军的南翼。希特勒野心很大，不仅想夺回安特卫普港，而且还想歼灭加拿大军第1集团军、英军第2集团军、美军第1集团军和第9集团军。

12月16日那天的浓雾掩护了德军进攻，盟军庞大的空军无法出动。冯·曼陀菲尔指挥的第5装甲集团军士气很高，其先头部队推过惊慌失措的美军阵地，顺着阿登山地的山路快速前进。

党卫军第6装甲集团军下辖4个装甲师和4个步兵师，在蒙绍、艾佛尔高原北端地段发动进攻。易守难攻的山脉阵地由美军防守，构成美军战线的突出部。党卫军第6装甲集团军并没有取得重大突破。它的北翼部队在蒙绍以南向前推进时遭到强大阻击，只前进了很小一段距离。德军摩托化步兵第12师经过两天激战后在洛斯海姆西北地段突破美军防线，为党卫军第1装甲军前进打开了道路。

党卫军第6装甲集团军中路部队和南翼部队经过激战后，艰难地推进到蒙绍、马尔梅迪、特鲁瓦蓬一带。在那片地区，距离德军的第一个进攻目标列日很远。党卫军第6装甲集团军的攻势在12月18日严重受挫。

无论党卫军第6装甲集团军如何进攻，再也无法向前推进。它距离美军在鲁尔河流域的强大战线很近，鲁尔河流域的美军很快就对惊慌失措的美军第8军各师进行强大支援。因此，它无力赢得战役胜利。另外，它也没有来得及像德军第5装甲集团军那样对进攻进行周密的研究和准备。

德军第5装甲集团军的进攻起初比较顺利，突击力很强，对盟军构成了严重威胁。德军第5装甲集团军下辖3个装甲师、1个师满员但缺乏训练有素的“元首卫队”旅，以及4个步兵师。一些步兵师和坦克师还没有来得及完全做好进攻准备。

冯·曼陀菲尔战前制订了详细的进攻计划，德军第5装甲集团军发动进攻时，第1梯队出动4个步兵师和2个装甲师。在经过猛烈炮火准备以前，曼陀菲尔出动部分兵力突然渗入盟军弱小兵力防守的地区。

进攻前两天，德军第5装甲集团军强渡乌尔河，在某些地点甚至突破盟军的防线。曼陀菲尔抽调重兵对美军的道路防御枢纽圣维特发动进攻，圣维特对于第5装甲集团军和党卫军第6装甲集团军日后并肩实施机动作战，具有重要意义。

到12月17日黄昏时，尽管美军仍顽强地坚守着圣维特，但在乌尔河以西很多地方的阵地已被德军第5装甲集团军突破。德军第5装甲集团军在乌尔河取得了胜利，但结果还是没有令曼陀菲尔感到完全满意。因为道路太差，被雨水冲得高低不平，德军在路上经常出现堵塞现象。桥梁已被美军炸坏，德军只能沿战线进行机动。西方壁垒还存在着很多障碍物，那是乌尔河对岸德军以前撤退时留下的。

所有不利条件都使德军第5装甲集团军的推进受到影响，结果在战役第一阶段耗费的时间比预计的多得多。希特勒希望看到德军各装甲师在12月17日傍晚到达马斯河。然而这是不可能的，即使沿途没有这么多的障碍物，也不能指望德军各先头部队在两天内到达马斯河，并在该河找到没有美军防守和没有被炸毁的桥梁。

还有一个情况是，在南面与德军第5装甲集团军相邻、由布兰登贝格指挥的第7集团军竟没有按计划进行加强，更未得到希特勒向该集团军曾经保证提供的装备。德军第7集团军没有一个机动部队，卡车奇缺，更谈不上自行火炮和坦克。该集团军根据计划在菲安登与埃希特纳赫之间发动进攻，它的北翼部队取得了较大战果。由于缺少渡河器材和架桥器材，该集团军无法扩大战果。

兵力空虚的德军第7集团军靠两条腿赶路，无法及时掩护第5装甲集团军左翼向南和向西推进的部队。

12月18日，艾森豪威尔发现德军这次进攻不是有限的反攻后，立即把美2个空降师投入战斗。12月19日，美军第101空降师到达巴斯托涅，及时堵住德军。在此以前，在巴斯托涅市接近地防守的美军坦克第10师几乎被德军“教导”装甲师全歼。

同时，德军党卫军第6装甲集团军第116装甲师在中路推进到乌法利兹。在巴斯托涅以北地区，党卫军第6装甲集团军“班克”第2师推进速度很快，只遭遇美军少量兵力抵抗。党卫军第6装甲集团军其他师已经被牢牢地牵制在两翼。当时，圣维特还未被德军攻占。战事表明，巴斯托涅市牵制德军2个师，其中有1个是装甲师。不难看出，美军第101空降师的战斗力还是非常强的。

当时，在中路推进的党卫军第6装甲集团军2个装甲师前进至马斯河仍然很有希望。在随后几天，其他德军师继续进攻巴斯托涅时，党卫军第6装甲集团军的2个装甲师向乌尔特河推进。德军“教导”装甲师被调往南翼，德军“班克”第2装甲师于推进到马尔什，德军第116装甲师被美军拦截在马尔什以北的乌尔特河弯曲部。为了避免浪费时间，德军第116装甲师从拉罗什转移到“班克”第2装甲师北翼。

德军第5装甲集团军各装甲师在非常难走的山路推进。最可怕的是燃油供应经常中断。如果德军能够攻下巴斯托涅，同时南翼攻势再顽强一些，并适时将新的部队投入突破口，那么就有可能扩大装甲部队的战果，并在推进到马斯河以后北上，再调受阻的北翼部队和党卫军第6装甲集团军随后进攻，达到威胁盟军补给线的目的。

12月20日，德军攻下豪法莱兹，又向缪斯河渡口快速推进，并在迪南一带强渡缪斯河。当时，如果德国第5装甲集团军从北面的党卫军第6装甲集团军那里得到强有力的支援，那么会取得较大战果。然而，党卫军第6坦克集团军并未取得重大突破。党卫军第1装甲师推进速度较快，前两天就突破了32千米，但其他各师都进展迟缓。

党卫军第6装甲集团军执行的是主攻任务，司令泽普·迪特里希对坦克战却一无所知。加上美军王牌第101空降师和第10装甲师在巴斯托尼一带拼命死守，党卫军第6装甲集团军难以前进。

就在此时，美军第3集团军在南翼发动反突击，迫使党卫军第6装甲集团军抽调兵力，去支援德军第7集团军。这样更加削弱了德军对迪南方向的主攻力量。

在冰冻而狭窄的阿登山路上，挤满了德军的坦克和卡车。美军第9集团军各师趁机在北翼发动强大的反突击。德军坦克第5集团军尽管士气很高，却无法实现希特勒希望的那样快速推进。为了占领圣维特，冯·曼陀菲尔又派“元首卫队”旅去进攻它。结果，本应向马斯河方向推进的装甲部队的力量变得更弱。

12月21日，经过连续数日的激战后，德军才占领遭到3面围攻的圣维特。盟军在圣维特的抵抗牵制了2个步兵师和1个装甲旅。令希特勒感到绝望的是，德军无力在美军重兵到来之前抢占重要的道路枢纽——巴斯托涅市。

盟军统帅部以坚决的防御措施对付德军进攻。在德军发起进攻以后，美军当天就调去2个步兵师拦截党卫第6装甲集团军，还在德军第5装甲集团军两翼各投入1个美军坦克师进行拦截。这2个美军坦克师中，1个在圣维特一带阻击，另1个用于拦截德军第7集团军，同时以一部兵力掩护巴斯托涅市。

希特勒摆在右翼的党卫军第6装甲集团军，以及德军第5装甲集团军的右翼部队均无法快速推进到马斯河。在蒙哥马利指挥下，盟军已经在马斯河做好迎战准备。

美军于12月21晚撤出圣维特城，抢占城西高地。德军第5装甲集团军不得不全力夺取巴斯托尼城。在接下来几个星期里，巴斯托尼城成为双方损失惨重的血战中心。双方一个个师被调到巴斯托尼地区，参加城市争夺战。德军投入城市争夺战的兵力最多时达9个师。党卫军第6装甲集团军不得不把部分兵力支援第5装甲集团军。就这样，希特勒的反攻计划彻底破产。巴斯托尼防御战打得很艰难，但它最终为盟军赢得防御战发挥了决定性作用。

12月22日，龙德施泰特向希特勒请求停止进攻。这时，最紧迫的事情是应该把两个装甲集团军从西线撤走，紧急调往德国东部堵截过于庞大的苏军集群。令希特勒最反感的就是有人向他提出任何撤退的建议，因此根本听不进去。就这样，德军装甲部队又猛烈地进攻了好几天。

蒙哥马利针对德军装甲部队采取防御措施，从12月23日起开始对德军第7集团军和第5装甲集团军的推进产生效果。同时，恶劣天气也在这一天结束——德军的进攻只能在下雨和大雾天气条件下才能有所突破。

盟军的战斗机和轰炸机越来越多地从云层中向下俯冲轰炸和扫射，德军被迫停止一切白天活动。同时，盟军战略空军所属各兵团开始空袭莱茵河以西的德军补给线，还向德国各机场发动猛烈空袭。到12月23日黄昏，德军第5装甲集团军在马斯河以东推进的希望破灭。因为德军无法调动预备队，以后几天天气将逐渐好转，拥有制空权的盟军频频出动飞机轰炸德军阵地。由于缺乏燃油，德军大部分炮兵部队竟自12月16日以来没有离开过出发阵地。

从马尔什向迪南推进的德军第2装甲师右翼部队突然遭到强大反攻。其侦察营和随后跟进的部分兵力被美军坦克部队和英军坦克部队分割包围。随后几天，这些部队几乎都被盟军歼灭，只有少量兵力逃到德军第 2 装甲师其他部队那里。

德军第 5 集团军在巴斯托涅以南的侧翼掩护部队很难坚持到巴斯托涅市被攻占。几天来，德军又调来 1 个伤亡过半的步兵师去进攻巴斯托涅市。事实证明，进攻巴斯托涅、坚守巴斯托涅市南翼和继续向马斯河推进的任务，超出了德军第 5 集团军的能力范围。

希特勒迟迟不肯把现有全部兵力投入德军第 5 集团军突击方向。他只是把最近几天到达巴斯托涅的党卫军 2 个师和另外 2 个步兵师，投入到南面恢复巴斯托涅包围圈的战斗中。这 4 个德军师部分兵力还要用于加强向西推进的德军第 5 集团军，它们与乌尔特河一带的党卫第 6 装甲集团军左翼部队相邻，仍然占领着罗希福尔。

盟军从南面和西南面不断向巴斯托涅地区调兵，由于盟军的攻势越来越猛，德军第 5 集团军南翼部队被迫向巴斯托涅方向转移。盟军占有压倒性优势，其空军几乎完全使德军后方的铁路运输瘫痪。

随着盟军航空兵的持续轰炸，德军后方一片混乱，局势已经失控。白天，很多德国列车满载供应部队的物资躲进隧道。后勤部队难以找到调给他们的弹药和燃油列车，而且必须在晚上卸载。从天气转晴的第一天起，德军后勤部队就几乎无法组织有计划的运输，第二天以后就谈不上补给了。

12 月 26 日，美军第 3 集团军推进到巴斯托尼一带。天气晴朗，盟军出动数千架轰炸机，空袭持续了整整一天。

经过多日战斗，美军对突入的德军各装甲师施加的压力越来越大。这些德军经过一番血战在马尔什—罗希福尔一带守住了阵地。在巴斯托涅附近，得到空中补给的守军击退了德军的一次次进攻。当天，在巴斯托涅以南地区，美军第 3 集团军快速突破德军第 7 集团军的阵地，又从南面撕开德军对巴斯托涅的包围圈。

12 月 28 日，希特勒不得不下令暂停进攻，但不准任何部队撤退。12 月 29 日，德军第 9 装甲师在豪法莱兹西北的山林区防守。冰冻的山路上很多地方都被盟军的轰炸机炸坏了，盟军飞机铺天盖地而来，轰炸和扫射德军交通线和补给站，天空中已经没有 1 架德国飞机了。

德军的车辆和坦克大部分被炸毁，其残骸堆了一路。德军第9装甲师防守着第5装甲集团军最前沿的阵地。美军正在两翼围攻，突出部端对德军第9装甲师的威胁最大。但是，德军接到的命令却是就地防御。

1945年1月1日，戈林出动900多架飞机空袭盟军在比利时和荷兰的机场。大量美军和英军飞机被摧毁在地面上。盟军战斗机在空战中也损失惨重。参加空袭的德军损失了约300架飞机。

龙德施泰特、莫德尔和曼陀菲尔等人不断向希特勒发报，请求在盟军大反攻以前，立即把军队撤回出发阵地，这样做还能挽救大部分部队，继续留在所占领地区，已经没有任何意义。

希特勒不接受失败的现实，他的精神已接近崩溃。他命令无论如何都要守住占领的地区，并攻下巴斯托涅。直至盟军于1945年1月3日发动大反攻，德军才被迫开始撤退。白天，德军的坦克躲在阵地里抵抗。一切撤退活动都在夜间进行，以防止盟军战斗机和轰炸机的空袭。由于盟军集中炮火轰击德军侧翼，使德军遭到重大损失。

1945年1月15日，德军第5装甲集团军撤到奥尔河一带，他们曾在这里发起阿登反攻战役。德军阿登反攻失败了，在兵力和装备方面损失都非常大，但争取了几周的喘息时机。

德军阿登反攻失败再一次证明，在盟军拥有绝对制空权的情况下，德军装甲部队是无法发挥战斗力的。希特勒把最宝贵的装甲部队消耗掉了，也输掉了手中的最后一张王牌，致使他已经没有能力抵挡东线苏军的攻势。这次反击战后，德国离灭亡进一步加速。

4. 盟军会师易北河，德国法西斯退缩至柏林

1945年2月，西线盟军已击退德军在阿登地区的反扑，进逼齐格菲防线。此时，东线苏军已完成维斯瓦河至奥得河的进攻，进至奥得河。

在苏军对柏林已构成严重威胁的情况下，德军不得不把西战场半数以上装甲师和大批坦克、火炮调到苏德战场对付苏军进攻，在西战场则企图以剩下的大约59个师，依托沿莱茵河西岸构筑的齐格菲防线，阻止美国、英国、法国、加拿大联军的推进。

德军59个师分别属于“H”集团军群、“B”集团军群和“G”集团军

群，分散部署在齐格菲防线上，但其战斗力已大大削弱。

希特勒虽然还用欺骗和强迫手段驱使德国人为法西斯卖命，但两线夹击的不利形势和盟军大规模持续的战略轰炸，已使德国军民丧失了获胜的信心。因此，联军统帅艾森豪威尔当时预言，如果再发动一次大规模进攻，就可以使希特勒统治下的德国遭到致命打击。

为了组织一次大规模的进攻，盟军一面以每周 1 个师的速度向西欧增调部队，增强对德作战力量，弥补在阿登地区受的损失；一面制订军事行动计划。盟军总的企图是，首先集中兵力歼灭莱茵河以西的德军，尔后强渡莱茵河攻占德国的鲁尔地区，继而发动最后的进攻，进抵易北河与苏军会师。

为了摧毁莱茵河以西的德军力量，盟军在全线展开了 85 个师的兵力，准备从 3 个方向进行突击：德军在莱茵河下游地区的防御薄弱，由英军第 21 集团军群负责在这里实施主要突击，抢先渡过莱茵河；莱茵河中游地区是德军齐格菲防线最坚固的部分，由美军第 12 集团军群负责在这里发起进攻，迫使德军撤至莱茵河东岸，并抢占登陆场，为强渡莱茵河做准备；在南部萨尔盆地，由美军第 6 集团军群与第 12 集团军群一部负责实施向心突击，歼灭那里的德军，前推至莱茵河。

在下莱茵河以西地区，盟军决定以加拿大军第 1 集团军渡过马斯河向南和东南突击；以美军第 9 集团军渡过鲁尔河向东北同时实施向心突击，歼灭当面之敌，前推至莱茵河。美军第 1 集团军一部负责掩护其右翼安全。

1945 年 2 月 8 日，加拿大军第 1 集团军在进行 5 个半小时炮火准备后率先发起进攻。2 月 13 日，它们突破德军主要防御地带后向东南推进，2 月 17 日在戈赫一带受阻。美军第 9 集团军原计划于 2 月 10 日发起进攻，但由于德军在 2 月 9 日炸毁鲁尔河水闸导致河水泛滥，美军进攻受阻达 2 个星期。

2 月 23 日，美军第 9 集团军和第 2 集团军一部才强渡鲁尔河，由于加拿大军第 1 集团军的进攻吸引了德军大量兵力，美军渡河进展顺利。至 3 月 2 日，美军抵达靠近杜塞尔多夫的莱茵河，第二天就与加拿大军在格尔登地域会师，使德军 15 个师陷入被围歼的威胁之中。

在这种情况下，希特勒仍严令德军不准撤退，但这时候德军已处于崩溃状态，希特勒的命令已无济于事。德军在遭到损失之后慌忙撤退至莱茵河东岸。

在莱茵河中游以西地区，担负掩护美军第9集团军右翼任务的美军第1集团军一部于3月5日抵达科隆，并于3月7日攻占科隆。

与此同时，美军第1集团军其他部队也向莱茵河迅速推进，3月7日，他们在雷马根抵达莱茵河，并夺取了河上德军未及炸毁的“鲁登道夫”铁路大桥。美军利用“鲁登道夫”铁路大桥通过了5个师，并很快在河对岸建立起一个宽40千米、纵深15千米的登陆场。

美军第3集团军一部于2月23日发起进攻，在特里尔附近首先突入齐格菲防线。3月初，美军第3集团军发动进攻，于3月9日至10日抵达莱茵河，其左翼与第1集团军部队会合。

这时，在莱茵河以西就只剩萨尔盆地的德军还在抵抗。守军部署在一个以莱茵河为底边、以摩泽尔河和齐格菲防线为另外两边的大三角形地域内。3月15日，盟军第6集团军群从齐格菲防线南面发起进攻。

与此同时，第12集团军群一部也从北边的摩泽尔河发起攻击。两军同时实施强大的向心突击，于3月23日前出至莱茵河，并在奥彭海姆抢占登陆场。至3月25日，他们肃清了萨尔盆地的敌人。

在莱茵河以西作战中，德军损失约20个师，被俘27.5万人，死伤6万人以上。盟军进抵莱茵河后，德军被压缩在莱茵河至奥得河这两条大河之间的地带内。这时，德军士气更加低落，军心更加动摇。

3月23日，盟军开始强渡莱茵河，并对河东鲁尔工业区实施突击。在鲁尔工业区防守的是西线德军最强大的“B”集团军群。“B”集团军群辖29个师零1个旅，占西线德军总数的一半，由1704架飞机支援，战斗力比较强。

对其发起攻击的盟军是第21集团军群、第12集团军群和独立空降第18军，共51个师零12个旅、9000架支援飞机，势力相比德军占有较大优势。盟军企图以第21集团军群由威赛尔地域向鲁尔以北实施主要突击，以第12集团军群从已取得的莱茵河登陆场向卡塞尔实施辅助突击，围歼德军鲁尔集团，尔后向易北河总方向发起进攻。

3月23日夜，盟军第21集团军群主要突击集团发起进攻。一夜之间，英军第2集团军和美军第9集团军强渡过莱茵河，在东岸夺取了登陆场。第2天上午，独立空降第18军在敌后实施空降，很快与正面进攻的英军会合。

至3月28日，登陆场已扩大到正面60千米、纵深35千米。

第12集团军群在辅助方向的进攻也很顺利，于4月1日即与第21集团军群的部队在利普施塔特地域会合，从而对鲁尔工业区的德军18个师、32.5万人达成合围。这时，艾森豪威尔发表告德国军民书，敦促德国投降，但被围德军没有立即投降。

鲁尔集团被合围后，德军西部防线已基本瓦解。于是，盟军统帅部决定以一部兵力歼灭被围德军，将主要力量转移到中央方向，立即在全线发起最后的进攻。盟军的企图是：以第12集团军群在中央方向实施主要突击，直接向易北河中游推进；以第21集团军群在北翼向易北河下游进攻；南翼由第6集团军群攻入奥地利。被包围的德军抵抗18天后，于4月18日投降。

为了加强中央方向的突击力量，美军第9集团军于4月4日由第21集团军群转隶第12集团军群。第12集团军群在鲁尔合围德军后，继续由卡塞尔地域向东推进，几乎未遇德军抵抗，于4月16日在维滕贝格和马格德堡地域进抵易北河，19日攻占莱比锡，尔后进入捷克斯洛伐克国境。

4月25日，美军第1集团军的部队在托尔高地域的易北河上与苏军乌克兰第1方面军会师，德国即被分割成南北两部分。在北翼，第21集团军群向东北迅速推进，于4月19日至月底在许多地段前推到易北河。

尔后，英军强渡易北河继续向东推进，汉堡守军不战而降。5月初，英军在易北河以东与苏军会师。在南翼，第6集团军群利用3月底抢占的奥彭海姆登陆场发起进攻后，迅速向东推进，于4月中占领纽伦堡地域，至5月初攻入奥地利西部。

与此同时，第12集团军群的部队也进入奥地利的林茨地域。盟军已经肃清了荷兰、挪威和意大利境内的法西斯军队，残余德军被压缩在柏林附近地域做垂死挣扎。

5. 苏军攻克柏林，德国法西斯灰飞烟灭

苏军不间断地在东线战场上发起强大攻势，以及盟军在西线不断胜利，使第二次世界大战的主战场转移到了德国本土。德军遭受东西两面围攻，在战略上陷入腹背受敌的困境中。

1945年1月中旬，苏军以5个方面军兵力在波罗的海至喀尔巴阡山1200

千米宽战线上发起大反攻，同时在波兰和东普鲁士发起维斯瓦河—奥得河战役和东普鲁士战役。尔后，为了歼灭两翼德军，解除两翼威胁，苏军又于2月至4月上旬在东波美拉尼亚和奥地利发起东波美拉尼亚战役和维也纳战役。苏军赢得这些战略性进攻战役后，基本奠定了其最后战胜的基础。

苏军接连赢得维斯瓦河—奥得河战役、东普鲁士战役、美拉尼亚战役和维也纳战役后，兵锋直指德国本土。此时，德国武装部队处于一片混乱之中。从军事上来讲，那时德国唯一的出路就是投降。但是，德军仍然继续反抗。因为他们一旦放下武器，等待他们的不知道是什么样的命运。

希特勒不愿意放下武器投降，下令后卫部队摧毁一切对前进的盟军有价值的东西。希特勒对阿尔波特·施佩尔说：一旦战败，德国将会灭亡。这种命运不容置疑。不要再考虑最原始的物质基础了。相反，最好连最原始的物质基础也毁掉，自己把它毁掉。

希特勒无法从这个观点中摆脱出来，更无法从战地指挥官带给他的失望中摆脱出来。他认为，正是那些战地指挥官所犯的错误才使军队的士气不振。德国统帅部设立新的奖章，希望这能使士兵充分发挥潜在的战斗精神。

苏军攻打柏林以前，德国在欧洲失去了所有盟国，政治上孤立，内部矛盾加剧，经济崩溃。军事物资和兵员严重匮乏，正在征召的“童子军”也无法弥补兵员损失。德军武器装备严重缺乏，补给陷入困境，反过来也导致士气不振。德军面临被分割的厄运，灭亡之日已为期不远。

在1945年2月，希特勒就开始着手柏林防御计划。为了守住柏林，德军在柏林地区奥得河—尼斯河一带修建了纵深为20～40千米的3道防御阵地。柏林市区防御阵地顺着环城铁路修建而成。市内修筑了许多街垒防御阵地，在许多临街房屋的窗户上修筑了射击孔，使柏林地区变成一座巨大要塞。由于后备力量不足，许多公务员和法西斯团体会员成立国民挺进队。为了对付坦克，德军成立许多支由青年团员组成的敢死队。

维斯瓦集团军群由第3装甲集团军和第9集团军组成，在哥特哈德·海因里希领导下坚守北部和中部，其中第9集团军14个师坚守柏林正东方向。中央集团军群由舍尔纳指挥，第4装甲集团军坚守南部。同时，柏林正在组建一支城防部队，即第56装甲军。尽管驻守柏林的德军装备精良，但在前线很多阵地上的弹药只能维持14天激烈战斗。燃油的储备不足严重地限制了坦克行动，燃油储备只能让战斗机群发动一次空中打击。大炮有3/4是高射炮，无法对付苏军的装甲部队。

除了党卫军和青年团里的部分人，德军中没有多少人相信柏林战争会取胜，但大部分人都在阵地上拼死抵抗。他们认为，一旦苏军攻陷柏林，柏林会遭到一场大灾难。如果临阵脱逃，就算苏军没消灭他们，也会被宪兵队枪毙。一部分德军仍继续战斗，是因为他们要保卫首都。

3月9日，希特勒向德军下令“为保卫柏林做准备的第1号命令”，要求柏林守军与敌人在“每一个街区，每一所房屋，每一个楼层，每一个篱笆，每一个弹坑”进行殊死搏斗，直至剩下“最后一个人，最后一发子弹……”

4月9日，柯尼斯堡沦陷后，柏林陷入更加危难的处境。4月12日，美国传来震惊世界的噩耗：总统罗斯福逝世。希特勒与将领们发现德国此时的处境与1760年发生的“勃兰登堡圣殿奇迹”有着相似之处。那时普鲁士面对奥地利—法国—俄国联盟能从绝境中解脱出来，是因为俄国沙皇突然死亡瓦解了三国同盟。美国总统罗斯福突然去世，希特勒也幻想着英美苏等国的盟国会自动瓦解。

4月13日，希特勒收到令人振奋的消息：文克指挥的新集团军混合特种部队摧毁美军在易北河以东的桥头堡，并俘虏数百名美军。这一胜利和维也纳战役的失败相比，似乎更能显示出未来局势发展的征兆——维也纳一直没有成为一座真正的要塞。

4月中旬，为了躲避盟国空军轰炸，希特勒将指挥部搬进总理府地下堡垒。从此，他一直在地下堡垒指挥德军防御作战，从未离开过。

希特勒的信心恢复了很多。他已经做好与苏军激战的准备。击退苏军后，德军会击退盟军，或者把盟军赶回莱茵河，或与盟军结成新同盟，共同把苏军赶回东方。

对于盟军与苏军来说，德国只剩下最后一个要塞——柏林。进攻柏林将成为苏军对德军在列宁格勒、斯大林格勒和近千座苏联城镇大肆破坏的报复。不仅如此，进攻柏林也是政治的产物：抢先占领柏林能够突出苏联在第二次世界大战中对德国作战的中心地位，使东欧和中欧能够合法地成为苏联的势力范围。

斯大林进行了战争史上规模最大、最复杂的军事重要部署：朱可夫指挥的白俄罗斯第1方面军18个集团军从波罗的海沿岸被快速调到柏林的前方地区；罗科索夫斯基指挥的白俄罗斯第2方面军8个集团军被调到奥得河；科涅夫指挥的乌克兰第1方面军7个集团军从苏台德山脉正南与西南阵地沿尼斯河转移到苏台德山脉西北方。

苏联最高统帅部计划“在宽阔的前线发动几处强有力的攻击，分割、包围柏林集团军群，然后再各个击破”，以此歼灭柏林守军。

1945年4月16日凌晨4点，朱可夫下达进攻柏林的命令：“同志们，现在立即开始！”当漆黑夜空中出现三道红色火焰后，苏军炮兵开始射击。震撼大地的轰击排山倒海似的向德军阵地射去。村庄被倾泻的炮弹炸得瓦砾横飞，森林变成火海，炮弹掀起一阵阵的冲击波，尘土与碎片被吹遍田野。

随后，苏军匍匐前进，发动进攻，但他们发现自己趴在齐腰深的泥沼之中。原来，德军正在从322千米远的人工湖放水，打算让这里变成沼泽。不仅如此，士兵们发现探照灯不但帮不上忙，还给他们招来灭顶之灾。苏军的战斗队在几分钟内被消灭，没死的伤员则被泥水淹没。第二梯队与第三梯队踏着成堆的尸体竭力前进，但最终也被消灭。

4月16日拂晓时，桥头堡造成巨大交通堵塞。德军炮火准确的攻击使局面更加恶化。中午时分，朱可夫把准备在突破阵地后使用的第6装甲军投入战斗中。1400辆坦克与自行火炮一同发起冲锋，努力扫清通往泽洛高地的道路。苏军坦克却被限制在有限的几条道路上，很多坦克被德军的88毫米口径反坦克炮击碎；好不容易到达泽洛高地低坡狭窄的通道与反坦克篱前的坦克，却在近距离被火箭发射器摧毁。苏军白俄罗斯第1方面军发动的进攻被扼制。

在泽洛高地，朱可夫遇到了德军著名防守专家——哥特哈德·海因里希。海因里希命令德军在苏军发动炮火准备前放弃阵地，在弹幕升起以后又返回阵地。这个过程在短短11个小时里完成，德军赢得了一次非凡的战术胜利。

4月16日夜，斯大林要求朱可夫在次日攻克泽洛高地，并说如果朱可夫无法完成任务，最高统帅部将会命令科涅夫调动两个坦克集团军从南面向柏林发起进攻。由于害怕丧失柏林这个巨大的战利品，朱可夫与他的参谋们在当晚就开始行动。

4 月 17 日黎明前，800 多架轰炸机向德军阵地进攻。10 点，无数门大炮的炮弹犹如暴雨般射向泽洛高地。紧接着，苏军飞机一拨又一拨地轰炸。10 点 15 分，苏军第 8 近卫集团军主力与第 1 近卫坦克集团军才发动进攻。

德军用反坦克炮从斜坡上向下进行射击，苏军坦克部队瞬时变成扭曲而燃烧的废铁。但苏军仍在进攻。德军第 18 装甲掷弹师在“福克沃尔夫”190 轰炸机与“梅塞施米特”262 喷气式战斗机支援下，切入苏军第 1 近卫坦克集团军侧翼，使苏军坦克只能在步兵身后缓慢前进，承受巨大损失。

苏军的人力资源已经接近枯竭。军官们只好把后勤上每个合适的人集合起来，作为步兵送到一线。在南面与中间地带，进攻部队仍然不能到达高地顶处；在北面，坦克旅攻入泽洛镇。

4 月 18 日早晨，朱可夫对军官们说，4 月 19 日 12 点，苏军将发起更大规模攻势，到时候，苏军将会得到增援。一旦新的攻势仍然没有突破防线，军官们将会被降为列兵，送进惩罚营。在惩罚营，军官们可能与普通士兵一起发起冲锋，有可能在进攻时牺牲。

朱可夫再次下令对泽洛高地发起进攻，凡是没有渡过奥得河的步兵都将被枪决。许多步兵是后勤人员，他们缺乏作战经验。到晚上，苏军仍然没有突破德军的防线，每次进攻都因德国步兵和反坦克火箭兵的反攻而停止。

4 月 19 日的早晨，许多满载着人民冲锋队的德军汽车源源不断地从柏林出发，向泽洛高地扑去。4 月 19 日 10 点 30 分，在经过 30 分钟炮火准备和飞机轰炸后，苏军第 8 近卫集团军再次发起进攻。

德军预备队都参加了战斗，尽管他们中多数是老人和孩子，但都坚持战斗着。过了中午，德军防线开始摇摇欲坠。右侧的苏军第 5 突击集团军摧毁德军第 9 伞兵师阵地，北侧第 3 突击集团军在德军防线上打开了一个大缺口。

尽管苏军为这次进攻付出了极大代价，但这场进攻战却导致局势向有利于苏军的方向发展。4 月 20 日夜晚，苏军第 3 坦克集团军攻入柏林南郊，第 4 坦克集团军攻入柏林西南郊。乌克兰第 1 方面军通过 3 天连续进攻，摧毁德军 3 道防线和 2 道江河阵地，摧毁德军尼斯河防御阵地。

早在 4 月 18 日，北侧罗科索夫斯基的苏军白俄罗斯第 2 方面军发动进攻。19 日，白俄罗斯第 2 方面军渡过东奥得河，有力地牵制了柏林以北地区的德国“维斯瓦河”集团军群。

就这样，德军在奥得河—尼斯河整个防御体系被苏军摧毁，苏军3个方面军继续向前进攻，将柏林市区重重包围。

4月20日，苏军第3突击集团军第79军的远程大炮炮轰柏林。4月21日，苏军第2集团军、第3集团军、第47集团军突破柏林郊区。朱可夫指挥第3集团军和第5集团军率先攻进柏林，并于4月21日晚占领柏林市区东北的威森西和荷恩斯施努豪森。

4月22日，第3突击集团军第12军占领潘可夫，接近姆博德特曼高射炮台。姆博德特曼高射炮台无比坚固，德军高射炮以平射的方式开炮，使其周围几千米内苏军的冲锋俨然成为集体自杀。苏军第79军从炮台西侧绕过去，渡过霍恩佐伦运河，进入摩亚比特。

4月24日，苏军白俄罗斯第1方面军与乌克兰第3方面军在柏林东南会师，包围德军第9集团军。4月25日，白俄罗斯第1方面军从北面绕过柏林的部队与乌克兰第1方面军在柏林以西会师，形成对柏林市区的包围。柏林以北地区的德军遭受苏军左右夹攻，处境十分艰难。

4月26日，苏军向柏林发起猛攻，展开了激烈的肉搏战。希特勒命令德军统帅部撤出柏林，他自己留下“与柏林共存亡”。希特勒命令所有军事机关的参谋和文职人员都必须参战；对不执行命令的人员在5小时内枪决；对逃跑的官兵一律枪决。

这一天，苏军数千架飞机投下几万吨炸弹和汽油弹。在地上，平均每千米部署了近千门大炮集中轰炸，柏林转眼间成为人间地狱。

炮击和空袭结束后，苏军派出大批突击群和突击分队，从四面八方攻打市区。越是向市中心推进，苏军伤亡就越大，坚固的楼房、地下室、地铁、排水沟等，都成为德军的火力支撑点。苏军被迫进行楼房争夺战，每一条街道、每一间房屋都变成战场。

几乎与世隔绝的希特勒不知道外面的真实情况，仍在发出由他签署的无线电报。但是，许多部队已经被歼灭，无法再执行他的命令了。

在柏林市内狭窄而遍布障碍物的街道上，苏军装甲部队很难发挥优势。朱可夫命令装甲部队与各兵种合成集团军紧密配合，用突袭和密集的火力对付柏林守军。在攻打柏林市内各个据点时，苏军在不断地轰炸和炮击后，其坦克部队与装备了喷火和破坏装置的工程兵逐个摧毁德军据点。

苏军有计划地消灭每个建筑物内的德军，无数难民躲在地下室中，不知道等待他们的命运如何。党卫军警察和宪兵队经常光顾地下室，把他们认为是逃兵的人处决。在德军占领的地方，街边灯杆上吊着许多尸体，挂在脖子的牌子上写着谴责他们的字句。

4 月 27 日，苏军推进至柏林市第 9 区。凯特尔给希特勒发来一个真实的电报，说第 12 集团军无法继续前进，第 9 集团军被苏军包围，已经无法突围。希特勒终于了解了真相，知道德国已经彻底战败，仍不肯离开柏林，发誓要与柏林共存亡。

4 月 28 日，希特勒的亲密战友意大利法西斯头子墨索里尼与情妇克拉拉·佩塔奇逃到意大利北部的栋戈，被意大利共产党游击队逮捕。第二天，墨索里尼被意大利游击队处决，被暴尸于米兰洛雷托广场。

4 月 29 日，苏军从两处切断德军，把仍在抵抗的德军分割包围在 3 个包围圈内。为了抵抗苏军，希特勒命令水淹柏林地铁，致使无数在地铁里避难的妇女、儿童和伤兵被淹死。

4 月 30 日，苏军攻入“堡垒地区”，向由 5000 名党卫军、希特勒青年团和人民冲锋队坚守的德军最后据点——国会大厦发起猛攻。在国会大厦，苏德双方展开最残酷的攻坚战。坚守国会大厦的德军是德意志第三帝国的“御林军”。他们誓死抵抗使苏军每前进一寸都付出了极高代价。

4 月 30 日深夜，德军通过广播请求临时停火，要求与苏军进行谈判。5 月 1 日凌晨 3 点 55 分，德国陆军总参谋长克莱勃斯打着白旗钻出帝国办公厅地下暗室，前往苏军第 8 集团军前线指挥所谈判。克莱勃斯首先要求苏军先停战，等德国组成新的政府后再进行谈判。苏军第 8 集团军司令崔可夫立即用电话将情况向朱可夫做了报告。十几分钟后，斯大林从莫斯科发来最高指令：“德军只能无条件投降，不进行任何谈判，不同克莱勃斯谈，也不同任何其他法西斯分子谈。”

5 月 1 日 9 点 45 分，朱可夫根据斯大林的指示，代表苏军向柏林德军发出最后通牒：德军必须彻底投降，否则苏军将在 10 点 40 分实施最后强攻。崔可夫让克莱勃斯把这份通牒带回给戈培尔等人。戈培尔见到通牒后，知道没有任何讨价还价的余地，傍晚便与妻子及 6 个孩子自杀了。

5月2日15点，驻守柏林的德军奉命投降。柏林战役以德军战败而结束。苏军以付出伤亡30万人的代价消灭德军主力，控制了德国腹地和柏林，宣告纳粹德国灭亡。

4月29日早晨，希特勒下令逮捕希姆莱，并准备自杀前与情妇爱娃·布劳恩结婚。希特勒在遗嘱里讲道，“我任命邓尼茨海军元帅为德国总统和武装部队最高统帅”，戈培尔任总理，鲍曼任“党务部长”——这是新的职务。4月29日下午，希特勒收到墨索里尼与其情妇于4月28日暴尸米兰街头的消息，下定决心选择自己的归宿。

希特勒命秘书烧掉档案里的文件。他和爱娃在私人住处共度了好几个小时。4月30日凌晨两点半，希特勒走出私人房间，向随行人员依次告别，与每个人握手，嘴里还在咕哝着没人能听清的话。4月30日中午，希特勒在得知苏军突破波茨广场、离总理府只有一排楼房时，最终下定了决心。希特勒与爱娃双双自杀。

第十四章
盟军在太平洋上的战略大反攻

日本资源缺乏，经不起长期战争的消耗。虽然日军在太平洋战争初期锐不可当，但经历瓜岛之战和拉包尔之战后，元气大伤，不得不从战略进攻转入被动防御。美军趁此机会，采取“跳蛙”战术，在太平洋上发动了一系列反攻，攻城略地，逼近日本本土。

1. “跳蛙”战术，美军巧破日本“绝对国防圈”

1943年11月，美军在太平洋发起战略反攻。美军采用“跳蛙”战术，在进攻过程中放弃了一些对他们前进影响不大的岛屿，或者绕过日军设防强大的岛屿，挫败了日军死缠烂打的企图，快速向着日本本土推进。

当时，日本海军已无力与美国海军抗衡，还要给太平洋上星罗棋布的守岛日军运输给养，对一些非战略要点来说，美军攻下一个岛屿，还不如用海军将其封锁，断绝守岛日军的给养，将其饿死或逼迫其弃岛逃生，以减少美军夺岛时的伤亡，大大加快作战进程。美军这点经验和教训却是从吉尔伯特群岛之战中总结出来的。

吉尔伯特群岛处于美洲和澳洲海上交通线上，战略地位很重要。日军十分重视吉尔伯特群岛的战略地位，在太平洋战争爆发后，马上就攻占吉尔伯特群岛中的几个大岛，并修建水上飞机基地，把其作为对东南太平洋地区进行侦察的空军基地。1943 年 9 月，日本被迫转入防守，吉尔伯特群岛是其“确保要域”之一，而且是“绝对国防圈”的前沿阵地。

吉尔伯特群岛、马绍尔群岛、加罗林群岛和马里亚纳群岛统称密克罗尼西亚。密克罗尼西亚横卧在美国至菲律宾间的主要航线上，像巨大的铁锁链威胁着航线。马绍尔群岛中的夸贾林岛、加罗林群岛中的特鲁克岛和马里亚纳群岛的塞班岛是日军防御体系的重心。从日本本土来支援与补给密克罗尼西亚十分容易，日军还可以在密克罗尼西亚地区迅速集结和展开空军和海军兵力，出动飞机和舰艇组织空袭或者海上攻击。

马绍尔群岛阻碍了美军自珍珠港向西的攻势，吉尔伯特群岛严重地威胁了美国至澳大利亚的交通线。如果要占领马绍尔群岛，必须先占领吉尔伯特群岛。因为只有攻下吉尔伯特群岛后，美军才能对马绍尔群岛进行照相侦察和建立起轰炸马绍尔群岛的机场。

为了实现这一目标，尼米兹制订“电流”计划，日期定为 11 月 20 日。

在“电流”计划的最终夺取目标上，美军将领之间出现分歧。争论的结果是，美军将占领塔拉瓦环礁、阿贝马马岛和马金环礁作为“电流”计划的主要作战目标。特纳负责指挥北路登陆部队攻占马金环礁，希尔负责指挥南路登陆部队攻占塔拉瓦环礁。

11 月 20 日 6 点，特纳指挥美军向布塔里塔里岛进行了 20 分钟空袭和近 2 个半小时舰炮轰击。随后，登陆艇波迅速集结，新式装备是履带登陆车。美军登陆后，海滩十分拥挤。海滩附近的水深比预计的浅，严重地影响输送速度。幸运的是，布塔里塔里上的日军很少，火力很弱，并且躲在岛中部防守，没有给登陆部队造成巨大伤亡。3 天后，美军歼灭马金环礁的日军。

塔拉瓦环礁中的贝蒂乌岛建有机场，是日军重点防御的地方。日军在岛上每寸土地都进行了防守，修建了坚固的防御体系。他们建立六道防线，在海滩外围建立混凝土三角体的防艇障碍物、珊瑚石礁、倒刺的铁丝网和木栅，迫使美军登陆艇驶入炮火密集区域。

11 月 20 日 4 点 30 分，美军搭载登陆艇的 6 艘运输舰到达贝蒂乌岛，开始登陆。4 点 40 分，日军发现美军舰艇后，炮击登陆舰艇。20 ~ 30 分钟后，美军战列舰、巡洋舰和驱逐舰均到达海岸，向岸上发炮，岸上日军炮火也展开反击，美军舰炮向岸炮射去。

登陆舰队的3艘战列舰、4艘巡洋舰和多艘驱逐舰进行了2个多小时炮击，发射了3000多吨炮弹。美军以为小岛上的防御设施被摧毁，日军快失去战斗力了。但是，炮击虽摧毁了日军的地面设施，厚厚的珊瑚礁和木制的障碍物却掩护了日军。趁着美军停止炮击的机会，日军迅速集结部队，用火炮攻击正在踏着珊瑚礁抢滩的履带登陆车。许多美军官兵被炸死，登陆艇附近的海水都被染红了。

幸好，美军掌握了制空权。美军用舰炮对付岛上的火炮，用航空母舰的舰载机近距离掩护，对舰炮不便轰击的地方进行扫射。日军的炮火仍在逞威，但美军登陆的兵力增加。当夜晚来临时，美军已有5000人陆续登陆，其中死伤1500人。一半人坚守登陆场，另一半人睡在散兵坑中。

11月21日中午，开始涨潮。美军登陆舰艇纷纷抵滩，坦克和各种重型装备迅速登陆。登陆场迅速扩张，日军被分割包围。美军预备队纷纷登陆，美军的物资源源不断地运到岛上。美军攻击一个混凝土的指挥所时，击毙了柴崎敬二。

到1943年11月22日清晨，美军把日军坚守的工事和洞穴全部摧毁。轻型坦克在前边掩护，向日军驻守的洞穴不断发炮，陆战队员们把手榴弹和炸药块扔进洞穴。美军还用了火焰喷射器，躲在洞穴中的日军被活活烧死。直到11月23日午后，岛上的日军被消灭干净。

美军在塔拉瓦环礁的其他小岛登陆非常顺利，几乎没有伤亡就占领阿贝马马岛。登陆阿贝马马岛的美军侦察队，乘坐一艘潜艇偷偷上岛，发现日军只有25个人，迅速将其消灭。

海军陆战队工程营抓紧时间建贝蒂乌岛和阿贝马马岛上的简易机场，为接下来空袭马绍尔群岛上的日军机场做准备。

1944年1月，尼米兹就制订攻占马绍尔群岛的初步计划，提出同时攻占夸贾林、沃杰和马洛埃拉普等环礁。进攻日期定为1944年1月31日，代号定为“燧发枪”计划。

根据经验，美军应该先攻占有机场的岛屿，但在先攻占哪个岛屿上出现分歧。有些军官主张跳过东马绍尔群岛进攻夸贾林；有些军官认为应该先占领沃杰和马洛埃拉普。对所掌握情报分析进行深入分析后，尼米兹决定对重要岛屿采取占领的策略，跳过不重要的岛屿，不进攻马绍尔群岛最东端和离吉尔伯特群岛最近的岛屿，绕过去直接进攻夸贾林环礁。

这一次，尼米兹采用“跳岛”战术，直接越过4个日军建有机场且防御体系完备的沃杰岛、马洛埃拉普岛、米利岛和贾卢伊特岛，不能不说冒着巨大风险。斯普鲁恩斯、特纳和史密斯强烈要求进攻沃杰和马洛埃拉普，但尼米兹仍然坚持自己的决定。尼米兹解释说，在夸贾林战斗开始前，快速航空母舰、马金环礁、塔拉瓦环礁和阿贝马马岛的飞机能够压制住4个日军机场的飞机。事后证明，尼米兹的决定是正确的，他的决定使太平洋战争缩短了几个月。

由于美军在太平洋的攻势越来越强，日军意识到马绍尔群岛兵力不足，但麦克阿瑟和哈尔西正在南太平洋展开大反攻，使日本海空兵力无法支援马绍尔群岛。美军占领俾斯麦群岛的日军基地后，日本海空兵力的机动性受到很大影响。在美军登陆前，日本军部只从日本本土和拉包尔调来88架轰炸机和战斗机，命令马绍尔群岛的日军死守各岛，为加强日本内防御圈的防御争取时间。马绍尔群岛的日军兵力太少，只能防守米利岛、沃杰岛、马朱罗岛、夸贾林岛、贾卢伊特岛和埃尼威托克岛。

日本联合舰队司令古贺峰一认为，吉尔伯特群岛沦陷以后，马绍尔群岛的米利环礁是美军的第一个进攻目标，其次是夸贾林。古贺峰一从夸贾林岛抽调兵力加强米利环礁的防御力量，企图挡住美军的攻势。古贺峰一还把日本军部支援海军的几千名新兵派往沃杰和马洛埃拉普两个环礁。夸贾林环礁的日军就只剩约9000人。夸贾林环礁的日军分散在南北两端。美军可以集中优势对其进行毁灭性打击。

美军航空兵对马绍尔群岛进行了持续轰炸。随着吉尔伯特群岛新机场的建立，轰炸更加频繁。胡佛指挥航空母舰舰载机和岸基所有飞机空袭瑙鲁岛、米利岛、沃杰岛、马洛埃拉普和贾卢伊特环礁，歼灭大部分日军飞机。而剩下的飞机，除了9架逃到特鲁克岛外，其余的都被米切尔第58特混舰队的舰载机在空袭中轰炸。

美军在登陆前掌握了马绍尔群岛海域的制海权和制空权，日军与外界失去了联系。随后，美军快速航空母舰编队第一次显示了在登陆作战中的巨大威力。

1944 年 1 月 31 日 9 点 50 分，美军不费一枪一炮，就占领了被日军忽略的马朱罗环礁。马朱罗环礁在马洛埃拉普、米利和贾卢伊特三个环礁的中心，位置非常重要。随后，美国太平洋舰队最大的油船舰队驶入礁湖。原定“燧发枪”战役中海上加油的大部分工作在这里进行。不久，马朱罗礁湖成为美国海军最繁忙的前沿基地，共有 150 多艘舰船停泊在马朱罗礁湖中，成为快速航空母舰的停泊地。

夸贾林是世界上最大的珊瑚环礁，罗伊—那穆尔岛在夸贾林环礁北端，夸贾林岛在夸贾林环礁东南端。罗伊—那穆尔岛是日军重要空军基地，夸贾林岛是日军重要海军基地，而西端的埃贝耶岛是日军的水上飞机基地。罗伊—那穆尔岛是美军北路登陆部队进攻目标，夸贾林岛是美军南路登陆部队进攻目标。

1 月 31 日 10 点 35 分，美军占领梅路岛和恩努埃岛。下午，美军陆战队的炮兵把 105 毫米火炮部署在梅路岛和恩努埃岛上。

夸贾林环礁湖内的水道很浅，登陆艇波被迫改航绕行，攻占恩努比尔岛和恩努门内特岛的时间也推迟。由于恩努比尔岛和恩努门内特岛的日军逃到罗伊—那穆尔岛，美军顺利登陆。

1 月 31 日 16 点 30 分，美军占领恩努比尔岛和恩努门内特岛，迅速在上面部署了火炮，准备向罗伊—那穆尔岛射击。从 1 月 29 日开始，美军就连续轰炸和炮击罗伊—那穆尔岛。1 月 31 日登陆开始以前，美军舰队在距海岸 2 千米的范围内炮击海岸，日军的防御工事被摧毁。

1 月 31 日 10 点，在罗伊—那穆尔岛两侧小岛美军炮火支援下，美军登陆部队分两路登陆罗伊岛和那穆尔岛。日军在罗伊岛象征性地抵抗了下。17 点 30 分，美军占领罗伊岛，装备和器材运来之后，工程营忙着修理岛上机场。那穆尔岛的美军遇到比较激烈的抵抗，但力度很有限。2 月 2 日午后，美军占领那穆尔岛。

1 月 31 日，美军南部登陆部队侦察队进驻夸贾林西北约 18.5 千米的吉亚岛、宁尼岛和盖赫岛，封锁吉亚水道。31 日中午，美军占领恩尼拉贝根岛和埃努布季岛。美军炮兵部队把 105 毫米火炮运上岸，向夸贾林岛进行轰击，对夸贾林的登陆部队进行火力支援。

为了降低伤亡，美军战列舰向夸贾林岛进行了猛烈炮击，埃努布季岛上第7师炮兵部队参加了炮击。2月1日9点30分，第一波登陆艇在夸贾林岛的西部登陆。秋山指挥4000名日军进攻美军。岛外的美军战列舰、驱逐舰和小岛上的炮兵不停地轰击日军，航空母舰的舰载机近距离轰炸、扫射日军。到2月4日下午，美国陆军逐个拔掉了支撑点、阵地以后，最终肃清日军，占领夸贾林岛。

在美军登陆夸贾林岛时，特鲁克基地的日本联合舰队司令古贺峰一不敢出动主力舰队增援，因为没有空中掩护。不过，古贺峰一出动部分潜艇偷袭美军，有4艘潜艇被美军击沉。

美军第5舰队司令斯普鲁恩斯想在埃尼威托克环礁建立后勤基地，为继续西进的太平洋战争提供补给。为了阻止日军向埃尼威托克环礁增援，必须把马里亚纳群岛、特鲁克岛和波纳佩环礁封锁起来。为此，斯普鲁恩斯制订袭击特鲁克的“冰雹”计划。

特鲁克岛被珊瑚礁包围，是坚不可摧的要塞，号称“日本的珍珠港”“太平洋的直布罗陀”。

1944年2月17日，当第58特混舰队的舰载机对特鲁克岛轮番轰炸时，斯普鲁恩斯率战列舰“依阿华”号战列舰、“新泽西”号战列舰和2艘重巡洋舰、4艘驱逐舰在特鲁克附近海域巡逻，以便击沉从水道逃出来的日本军舰。为了避免日本军舰逃走，尼米兹还出动10艘潜艇在特鲁克附近海域巡逻。

2月17—18日夜，美国航空母舰舰载机在雷达的引导下轰炸日军舰船。18日拂晓，美国航空母舰发动最后一次空袭。在长达两天的空袭中，约200架日军飞机被击毁，70多架受创，击沉15艘日军舰、19艘日货船和5艘油船。美军损失25架飞机，“勇猛”号航空母舰在夜间被日军的鱼雷机击中，遭到重创——这是日军唯一的一次还击。

特鲁克的日军飞机被歼灭后，埃尼威托克变得孤立无援，拉包尔基地也瘫痪了。然后，第58特混舰队的两个特混大队对马里亚纳群岛进行持续轰炸，击毁了机场上的日军轰炸机和鱼雷机。

1944年1月4日，日本陆军第1海上机动旅进驻埃尼威托克环礁，抓紧时间构筑工事。美军制订进攻埃尼威托克的“法警”计划，日期为2月19

日，由希尔率领总预备队负责。

总预备队准备采用与攻打夸贾林环礁相同的战术。恩吉比岛是有机场的小岛，成为美军的主攻目标。

美军只用几辆坦克就占领了恩吉比岛。而在进攻帕里岛和埃尼威托克岛时，美军遇到了意料之外的麻烦。日军蒙骗美军，把自己和武器都藏起来，躲过了美军的照相侦察。当美军登陆舰艇经过帕里岛时，日军躲过美军登陆舰瞭望哨的望远镜侦察。幸运的是，美军情报人员在恩吉比岛的瓦砾中找到一些文件，发现了这个秘密。美军改为集中一切力量先夺取埃尼威托克岛。

美军对埃尼威托克岛进行海空火力准备，又向它发射了大炮弹。不过，炮弹仍没有大量消灭日军。美军登陆后，推进速度非常慢，遭到日军猛烈攻击。由于得到舰炮、舰载机的火力援助，以及坦克等重武备投入使用，美军才顶住日军的火力。2 月 21 日 16 点 30 分，美军攻下埃尼威托克岛。当晚 19 点 30 分，美军采用类似手段占领帕里岛。

至此，美军已经把夸贾林环礁附近各岛屿上的日军全都消灭。美军又绕过沃杰、马洛埃拉普、米利和贾卢伊特等环礁，占领马绍尔群岛其他岛屿。

此后，美军经常空袭沃杰、马洛埃拉普、米利和贾卢伊特等环礁，不断削弱日军的力量，封锁日军与外界的联系。这 4 个日军基地，除了潜艇可以出入外，没有其他办法进行补给，这些岛屿的日军对美军的“贡献”很大，美军把他们作为培训新飞行员的实弹演习靶。

美军控制马绍尔群岛后，突破日军在太平洋的外防御线，进攻中太平洋其他岛屿的日本海空军基地，日军重要的海空军基地特鲁克群岛也遭到美军海空力量的持续打击。日本重要的屏障马里亚纳群岛完全暴露，日本联合舰队的大部分海军舰艇被迫退守日本本土和帛琉群岛。日本在太平洋上的其他兵力也被迫向日本本土靠拢。

2. 占领马里亚纳，突破太平洋防波堤

美军占领吉尔伯特群岛和马绍尔群岛后，再攻下马里亚纳群岛，就可以利用塞班岛和关岛作为美军的前沿基地，直接轰炸日本本土。从马里亚纳群岛出发，美军向西南可以进攻帛琉群岛，向正西可以进攻吕宋岛或者莱特岛，向西北可以攻打台湾岛，向北可以攻打日本本土。

美军接连攻下吉尔伯特群岛和马绍尔群岛后，日本军部十分恐慌。1944年3月，日本军部连忙组建中太平洋舰队，任命南云忠一为司令，负责支援坚守马里亚纳群岛陆军。此外，日本军部还把第2舰队和第3舰队编成第1机动舰队，由小泽治三郎出任司令。以第1机动舰队航空母舰为核心，以舰载机为攻击武器，战列舰担任航空母舰的护卫舰，拥有9艘航空母舰、5艘战列舰、13艘巡洋舰、28艘驱逐舰和430架舰载机。日本军部企图把航空母舰编队和其他舰队集中起来，寻机围歼美军快速航空母舰编队，以夺回制海权。

1944年3月底，美军第58特混舰队从马朱罗出征，驶向西加罗林群岛，准备空袭特鲁克岛，然后进攻帛琉群岛的日本联合舰队。日本侦察机发现美军第58特混舰队后，日本联合舰队十分恐慌，连忙采取防御措施。

古贺峰一退守马里亚纳—帛琉—新几内亚岛西部防线时，曾发誓说这里是最后一道防线，他们将死守最后的防线。古贺峰一认为美军即将发动攻势，就下令把所有岸基飞机和舰载机集结起来，命令水面舰艇在帛琉群岛北面海域待命，随时准备战斗。

为了安全起见，古贺峰一和参谋们分乘3架水上飞机，从帛琉群岛出发，飞向菲律宾群岛棉兰老岛的达沃。由于在途中遭遇恶劣天气，有2架水上飞机坠毁，古贺峰一当场身亡。

日本海军又一位司令因飞机失事而死亡，再次惊动了日本。5月初，日本天皇任命丰田副武为日本联合舰队司令。丰田副武认为，美军在攻下马绍尔群岛后，肯定会从中太平洋和西南太平洋向菲律宾群岛发动钳形攻势，因此制订“阿”号作战计划。

丰田副武决定在美军向西进攻时，出动日本联合舰队的第1机动舰队，在菲律宾群岛至帛琉群岛海域歼灭美军快速航空母舰编队。他没有想到，美军会同时用重兵攻打马里亚纳群岛，忽略了马里亚纳群岛防御。这个为美军避实就虚集中兵力打击日军创造了条件。

1944年3月21日，美军太平洋远征军司令特纳选定塞班岛作为攻击目标。塞班岛的机场距离日本比关岛近185千米。美军夺取塞班、提尼安和关岛的战略目的是控制中太平洋的海上运输线，为攻打日本本土建立前沿基地。这次军事行动代号为“征粮者”，实施日期为6月15日。至于进攻提尼安岛和关岛的日期，美军计划在占领塞班岛后再做决定。

美军执行“征粮者”战役的兵力有：特纳统率北部登陆编队，负责运送第5两栖军，第5两栖军军长是史密斯，下辖第2陆战师和第4陆战师，分别负责攻占塞班岛和提尼安岛，从夏威夷群岛和美国西海岸出发；康诺利统率南部登陆突击编队，负责运送第3两栖军，第3两栖军军长是盖格，下辖第3陆战师和暂编第1陆战旅，负责攻占关岛，从瓜岛—图拉吉岛出发；远征军总预备队由布兰迪统率，下属陆军第27师以及赶来增援的陆军第77师，帮助攻占关岛。

在南太平洋和西南太平洋，美军遇到的是大而危险的岛屿，遍地丛林，岛上居民既不支持美军，又不支持日军；在北太平洋，美军遇到的多是无人居住的岛屿，岛上寒冷，降水（雪）量大；在中太平洋，美军遇到的是许多珊瑚环礁，作战比较容易；塞班岛、提尼安岛和关岛位于马里亚纳群岛的南部，其地形便于日军炮兵炮击海滩，岛上的珊瑚石灰石岩洞便于日军防守，而3个岛屿上居住的当地人认为自己就是日本人。岛上的面积较大，使日军能够建立纵深防御，珊瑚环礁是天然的防御设施。每个适合登陆的海岸，都有露出的或者断断续续的珊瑚礁，影响美军的登陆艇或登陆舰通行。

提尼左岛和关岛的暗礁是断崖，塞班岛的暗礁是登陆艇不能通过的珊瑚礁。塞班岛水中的珊瑚礁与滩头间有一道狭长的浅湖，日军在那里埋设了水中障碍物，处于日军炮火射程之内。美军要在塞班岛、提尼安岛和关岛登陆，遇到的困难是空前的。

1944年春季，由于美军潜艇的封锁，驻守塞班岛的日军第31军无法得到急需的武器装备，因为外面的日军无法向塞班岛进行补给和增援。

塞班岛上的日军主要由斋藤义次的43师和加岛三郎的第47独立混成旅组成，其余部队由向塞班岛输送过程中被美军击沉、攻击的幸存官兵组成。斋藤义次出任陆军司令。南云忠一的中太平洋舰队司令部也位于塞班岛。他是班赛岛的最高长官。

1944年4月，美军第58特混舰队开始夺取马里亚纳群岛海域制空权和制海权的军事行动。4月初，第58特混舰队对帛琉群岛进行大规模空袭，炸毁帛琉群岛上的所有飞机，停在港内的日军船只多数被毁。4月中旬，美军第58特混舰队对特鲁克群岛发动大规模空袭，把日军刚从拉包尔转移到特鲁克群岛的飞机几乎全部击毁。这样，登陆塞班岛的美军解除了可能来自特鲁克的巨大威胁。

1944 年 6 月 6 日，盟军开始诺曼底登陆战役。与之遥相呼应，斯普鲁恩斯不久就率军开始“征粮者”登陆战役。

1944 年 6 月 11 日，米切尔指挥第 58 特混舰队到达关岛附近海域。随后，美军舰载机群向马里亚纳群岛的南部岛屿群发起大规模空袭。日军没有组织反击，因为此处日军飞机都已经被派往了新几内亚、菲律宾群岛。

6 月 13 日，美国海军中将李率 7 艘战列舰炮轰塞班岛、提尼安岛，但日军损失轻微，因为舰炮只适合攻击平面目标，而对地下工事无法造成较大损伤。第二天，克拉克率领两个航空母舰特混大队北上，攻击硫黄岛等处日军的机场，马里亚纳群岛与日本的空中联系被切断。第 58 特混舰队剩下的两个航空母舰特混大队绕到塞班岛西侧，准备支援塞班岛登陆战，并对塞班岛进行持续的空袭。

美国潜艇在马里亚纳群岛附近海域不断巡逻，监视日本海军。第 58 特混舰队在马里亚纳群岛海域共击落日军 147 架飞机，完全夺取制空权，为美军登陆塞班岛解除了空中威胁。

日军在塞班岛的防御方针是“歼敌于水际”。但是，在美军登陆以前，塞班岛的工事还没有来得及修筑完毕，滩头与暗礁上没有布水雷，塞班岛上没有形成有组织的纵深防御阵地。

登陆前 4 天，美军向塞班岛进行了猛烈轰炸，还出动了蛙人爆破队，对登陆水域进行搜索，扫除水雷和清除水下障碍物。为了迷惑日军，美军登陆前还在太平洋很多岛屿进行了一系列佯攻。

1944 年 6 月 15 日，美国海军陆战队第 2 师、第 4 师和步兵第 27 师共 12.7 万人，在 8 艘航空母舰、7 艘战列舰、11 艘巡洋舰和 50 艘驱逐舰的护送下，向塞班岛驶去。15 日 8 点 30 分，在舰炮和飞机的支援下，史密斯指挥陆战队第 2 师和陆战队第 4 师开始登陆。20 分钟内，近 8000 名陆战队员乘坐 700 多辆两栖运兵车朝滩头冲去。

岛上的日军立即发射雨点般的炮弹，在海面上掀起许多大水柱。但是，美军的两栖运兵车仍旧向滩头冲去。有些运兵车被炮弹击中，很快沉没。侥幸逃生的士兵，奋力朝岸上游去，有些士兵爬上其他运兵车。躲在工事里的日军疯狂地朝美军射击。虽然日军的防御工事没有修筑成，但岛上地形十分复杂，他们躲过了美军的轰炸，尤其是很多经过精心伪装的大炮，没有被美军的舰炮击毁，这时都发挥了巨大威力。

美军英勇地冲锋，每前进一步伤亡都在增大。美军离沙滩已经很近了。冲在前面的水陆坦克被两栖运兵车追上。第一批美军上岸。在滩头，美军遭到日军疯狂射击。日军在战壕里用重机枪朝刚上岸的美军扫射。许多美军倒下。幸免于难的美军纷纷趴在沙滩上。因为水陆坦克还没有上岸，美军不能前进。

15 日 10 点，水陆坦克上岸。在坦克支援下，美军纷纷向岸上推进。可是，面对日军的疯狂扫射，美军的伤亡变得更大，推进的速度也减缓。深夜，日军发动反攻。日本兵纷纷喊叫着，端着刺刀朝美军扑来。美军没有被日军的疯狂进攻所吓倒，立即把日军的方位报告给在海上的战舰。随后舰炮开始用强大的火力轰炸日军。

随着暴风雨般的轰炸，前面的日军全部被炸死。不甘示弱的日军再次发动集团冲锋，而等待日军的也是死亡。同时，日军的大炮也在不停地轰炸。日军的炮火非常猛烈，是美军以前登陆时所不曾遇到过的。很多日军从美军防线的缺口处冲进，跑到美军防线后面，但被美军的后续部队歼灭。

6 月 16 日拂晓，日军再次组织集团冲锋。这次，日军突破了美军防线，双方进行了激烈的白刃战。枪声、拼杀声、哀号声连在一起。日军被击退。虽然日军疯狂地进攻，但美军仍然坚守住了防御阵地。

尽管登陆的陆战队伤亡重大，但在旗舰上的特纳认为，登陆是顺利的。他认为，塞班岛在一个星期内就可以攻下。6 月 16 日上午，特纳向斯普鲁恩斯建议，把登陆关岛的日期定为 6 月 18 日。而斯普鲁恩斯早就接到“飞鱼”号潜艇的报告，说有日军航空母舰编队自菲律宾群岛向东移动。

6 月 16 日 4 点，斯普鲁恩斯接到“海马”号潜艇的报告，另一个日本海军舰队从苏里高海峡向北驶来。斯普鲁恩斯认为海战即将开始，取消了于 6 月 18 日攻占关岛的命令，抽调美军第 5 舰队的主力迎战小泽治三郎指挥的日本航空母舰编队。

6 月 16 日，塞班岛上的美日军队进行了更加残酷的争夺战。日军的炮火很凶猛，美军的水陆坦克损失惨重，无法继续参战。美军已经全面上岸参战，形势十分危急。若战斗这样打下去，美军可能会失去战役的主动权。

6月17日，美军终于击败凶残的日军，开始向纵深推进。经过几天激战，日军被围困在高地上的袋形地区中。这里原是一座火山，山里到处都是岩洞，是天然的防御工事。日军利用岩洞，准备顽抗到底。美军主力部队绕过岩洞。然后，派出特种部队，用火焰喷射器和炸药包对付洞中的日军。

岛上的日军渴望日本联合舰队来支援，继续疯狂地射击。在马里亚纳海面，赶来的日本舰队被美国海军打败，塞班岛的日军已然成为美军的猎物。

6月底，躲在岩洞中和地下工事里的日军断粮，被迫用草根树皮充饥。7月6日，岛上日本中太平洋舰队司令南云忠一切腹自杀。随后，斋藤义次和其他军官纷纷自杀。

7月7日清晨，塞班岛上3000名日军叫喊着“日本天皇万岁”，端着机枪和步枪，冲向美军阵地。美军凭借武器上的优势，击退了日军的进攻。

7月8日，美军完全占领塞班岛，继续扫荡躲在洞中的日本军民。一位美军士兵发现了一座悬崖，上面站着几千名日本人，正陆续跳崖。

美军冲了上来，想阻止日本人跳崖。日本人误以为要抓他们当俘虏，纷纷跳崖。

塞班岛战役使美军付出了高昂的代价，使日本的“太平洋防波堤”彻底崩溃，“绝对国防圈”中的关键岛屿被攻占。日本统帅部认为，美军西南太平洋战区的部队可能抢先对菲律宾群岛发动进攻。中太平洋战区的美军会寻找日本海军联合舰队决战，同时加紧对中太平洋战区其他岛屿的攻占。

就在美军和日军在塞班岛上激战时，美军第5舰队与小泽治三郎的日军第1机动舰队，在菲律宾海域进行了大规模海战。

1944年6月15日，小泽治三郎率领9艘航空母舰分为甲、乙、丙3支部队由塔威塔威岛出发。

6月17日早晨，斯普鲁恩斯得知小泽治三郎率第1机动舰队进入菲律宾群岛海域后，命令米切尔率领第58特混舰队向第5舰队其他舰队靠拢。黄昏，美军第5舰队集结完毕，在太平洋上摆开55.6千米长的防线。第58特混舰队的4个航空母舰群组成两条横线，李率领7艘战列舰组成一条竖线。

与此同时，正在朝塞班岛逼近的小泽治三郎向第1机动舰队发布战斗命令。小泽治三郎率领的第1机动舰队在数量上处于绝对劣势，且舰载机性能低劣，飞行员缺乏空战经验，数量也只有美军飞行员的一半。

丰田副武认为，可以利用岸基飞机去弥补巨大差距，命令栗田健男率领一支包括3艘轻型航空母舰在内的舰队去吸引美军第5舰队，而小泽治三郎率领由6艘航空母舰和5艘战列舰组成的第1机动舰队在距离栗田健男后面157千米处，准备夹击美军第5舰队。

6月18日，美日舰队在马里亚纳群岛以西的菲律宾海面上寻找对方。美国海军提防着日本海军的舰载机，而日本海军极力避免使美军7艘战列舰舰炮发挥其可怕的威力。

6月19日早晨，小泽治三郎发出无线电信号，出动一支在关岛加油的机群。斯普鲁恩斯发现了日军第1机动舰队的位置。此时，美日舰队相距约500千米，斯普鲁恩斯出动舰载机攻击日军第1机动舰队。

为了防止日本岸基飞机攻击，6月19日早晨，第58特混舰队出动33架舰载机攻击关岛的岸基飞机，击毁日军35架飞机。至此，美军把日军在马里亚纳群岛上的所有岸基飞机都击毁。而丰田副武并不知道所寄予厚望的岸基飞机已经没有了。

6月19日拂晓，美日的舰载机继续进行激烈的空中混战。双方都尽可能地起飞飞机，去攻击对方的军舰。19日8点30分左右，美军飞机突破防卫，攻击“大风”号航空母舰，一枚鱼雷击中了“大风”号航空母舰的右舷，其加油管路因鱼雷爆炸而受损，但“大风”号航空母舰上的日军飞机继续起飞。

米切尔下令所有美军战斗机拦截日军飞机。地勤人员在航空母舰的甲板上忙个不停，飞行员们跳进座舱，庞大的“恶妇”式战斗机依次滑出甲板，让战斗机起降、加油和补充弹药。米切尔命令所有鱼雷轰炸机和俯冲轰炸机都升空，在非作战海域上空待机。等“恶妇”式战斗机都升空后，它们一起去迎击日军飞机群。

双方机群在距离美军航空母舰舰队约167千米的上空相遇。“恶妇”式战斗机群向下方的69架日军飞机俯冲，有42架日军飞机被击落。日军飞机无法靠近美军航空母舰，而美军只损失了1架战斗机。

半小时后，“恶妇”式战斗机拦截第二批128架日军飞机。所有“恶妇”式战斗机都参加了空战。只有20架日军飞机冲过“恶妇”式战斗机的封锁，大部分被美军的战列舰击落。日军6架飞机攻击“大黄蜂”号航空母舰和“邦克山”号航空母舰，仅对其造成轻伤。此次空战，日军只有15架飞机返航。

小泽治三郎并不知道日军损失重大，又出动49架飞机。有一半飞机没有找到美军舰队，另一半日军飞机遭到“恶妇”式战斗机围攻，被击落7架，剩下的日军飞机攻击美国航空母舰，但没有对其造成伤害。

6月20日黄昏前，美军侦察机又发现了日军舰队。米切尔感到进退两难：根据飞机油箱的储油量，不一定能在夜里回到航空母舰，只有少数飞行员能驾机摸黑降落；若等到天亮再进攻，会失去攻击日军舰队的机会。最终，米切尔下令起飞，116架飞机从10艘航空母舰上飞走。

6月20日傍晚，美军飞机群发现日军舰队。小泽治三郎拼凑了75架飞机，但挡不住美军飞机。日军舰队的两艘油船遭到重创，“飞鹰”号航空母舰中鱼雷后起火沉没。“瑞鹤”号航空母舰、“隼鹰”号航空母舰和“千代田”号航空母舰受创，65架飞机被击毁。

菲律宾海战的胜利使马里亚纳群岛主要岛屿上的日军完全与外界隔绝。不管塞班、提尼安岛和关岛的日军如何顽强，孤立无援的日军注定要灭亡。

1944年7月24日，美军开始在提尼安岛登陆，遭到日军猛烈反攻。经过反复争夺，美军于7月27日稳住了防御阵地，最终控制了提尼安岛，大部分日军被击毙，小股日军躲在丛林里拒不投降。在攻打提尼安岛地下工事时，为了摧毁日军的坚固工事，美军军舰载机投掷了凝固汽油弹，发挥了很大作用。

在攻打关岛时，美军从6月开始就持续向关岛进行舰炮轰击、舰载机轰炸和扫射。在登陆时，第3陆战师遭到日军炮兵猛击，幸好及时得到美军舰炮和舰载机的支援，才将日军炮兵压制。随后，日军发起反攻，被第3陆战师击溃，损失过半，幸存的日军逃了回去。

随后两个星期，日军拼死抵抗，不断地发起反攻，但在美军舰炮打击下渐渐不支。美军第3陆战师通过蚕食方法，一点点占领日军阵地，把日军挤压在里提迪安海角和帕提海角。日军最后一次反攻失败后，小田司令剖腹自杀，其余近9000名日军在丛林里负隅顽抗，小规模战斗一直持续到日本投降为止。

美军控制了号称“太平洋防波堤”的马里亚纳群岛，占领了太平洋上的战略要地，对日军形成了战略攻势。

3. 血战莱特湾，麦克阿瑟一雪前耻

随着美军连续不断地给日军以沉重打击，日军元气大伤，只能龟缩在南部太平洋和西南太平洋地区。麦克阿瑟将率领美军展开带有复仇性质的大反攻。

1944 年 7 月 24 日，日本大本营对陆海军下达决战命令，要求陆海军互相支援，极力维持现有的防御圈，在作战中歼灭美军太平洋舰队和美军在菲律宾群岛的兵力，确保日本内防御圈的绝对安全。

占领塞班岛以后，美军向西可以进攻菲律宾群岛，向北可以进攻小笠原群岛，直接威胁日本与东南亚地区的海上交通线，还可以出动远程轰炸机轰炸日本本土。

尼米兹认为，美军下一步行动应绕过菲律宾群岛，占领中国台湾岛和日本硫黄岛、冲绳岛，如果这些岛屿被占领，就能直接进攻日本。尼米兹的军事计划得到美国海军总司令金及美国参谋长联席会议主席马歇尔和空军上将阿诺德的支持。但是，遭到麦克阿瑟的强烈反对。

军界高层产生严重分歧，将直接影响战争进程。美国总统罗斯福在夏威夷群岛的珍珠港基地召见了尼米兹与麦克阿瑟。通过几次会议，麦克阿瑟不仅说服了罗斯福总统，而且说服了尼米兹。麦克阿瑟向罗斯福总统保证，他与尼米兹间的分歧都已消除。

麦克阿瑟回到指挥部后，制订了“雷诺”计划。他雄心勃勃，想尽快实现重返菲律宾群岛的誓言。

为了支援陆军，9 月 6 日，哈尔西指挥第 3 舰队的航空母舰空袭雅浦岛、乌利亚岛和帛硫群岛，目标是围困岛上的日军，摧毁日军防御工事。

9 月 9 日，第 3 舰队的舰载机攻击棉兰老岛时，意外地发现岛上日军的空中力量严重不足，几乎没有战机。9 月 12～13 日，第 3 舰队的舰载机轰炸比萨扬群岛，发现此处的日本空军也不堪一击。根据这些消息，哈尔西向麦克阿瑟和尼米兹建议，取消登陆棉兰老岛和雅浦岛的作战计划，直接进攻莱特岛。尼米兹和麦克阿瑟表示同意。参谋长联席会议也很快批准了攻打莱特

岛的计划。

麦克阿瑟修改“雷诺”战役计划，将美军的登陆地点选在莱特岛东北部沿岸的平原地带。

为了保证菲律宾战役顺利进行，美军航空兵部队从10月7日起，对菲律宾群岛的日军进行猛烈轰炸。哈尔西指挥第3舰队的舰载机轰炸菲律宾群岛的日空军基地，以使日本空军瘫痪。同时，新几内亚群岛的美军第5航空队和马里亚纳群岛的美军第7航空队也分别轰炸了许多日军基地。

10月12日，约600架美军舰载机空袭台湾岛南部。同时，驻印度加尔各答的美军出动100架重型轰炸机轰炸台湾岛。日军战斗机纷纷迎战，发动自杀式攻击，但无力与美军的空中力量相抗衡。一天连遭两次大规模空袭，日军在台湾的空军部队遭到重创，还有2艘日军驱逐舰遭到重创。

哈尔西留下一支巡洋舰编队迷惑日军，同时命令航空母舰特混编队驶进菲律宾海域躲避日军飞机轰炸。日军出动600架舰载机，准备消灭美军航空母舰编队，却被骗了。当日军机群返航时，哈尔西指挥航空母舰上的舰载机追击日军机群，把日军飞机半数击落。

麦克阿瑟考虑着即将进攻莱特岛的战役，没有攻下棉兰老岛，就向莱特岛下手，这是一项大胆困难的作战计划。莱特岛在离美军战斗机掩护范围800千米以外。莱特岛位于菲律宾群岛的日军飞机作战半径中心。收复莱特岛将预告着彻底收复菲律宾的全部地区。

麦克阿瑟和参谋们慎重研究选择登陆滩头以及莱特岛内地的进攻方向。莱特岛东北沿岸平原被选为进攻的最佳登陆点。因为占领东北沿岸平原就能攻下重要的塔洛班机场，而且还能占领并使用杜拉格飞机场。这样，美军飞机就能够掩护美军舰队的安全了。

美军选择在莱特岛登陆是有很大好处的。莱特岛东面是萨马岛，南面是棉兰老岛，美军占领莱特岛，就相当于把菲律宾群岛拦腰截断。

10月17日，美军庞大的舰队向莱特岛驶去。整个舰队由20多艘航空母舰、12艘战列舰和近百艘巡洋舰、驱逐舰以及上千架飞机护送，有17.4万人。1944年10月20日，美军舰队驶入莱特湾。天刚放亮，美军舰队的舰载重炮就发射了雨点般的炮弹。舰载机群密密麻麻地扑向日军阵地，震耳欲聋的爆炸声响彻莱特岛。9点45分，美军士兵纷纷跳下登陆艇，射击靠在棕榈树后的日军。美军爆破手冒着枪林弹雨，将日军碉堡炸成废墟。

日军在卡特蒙山上部署了许多重炮，但大部分被美军舰炮轰成碎片。

战斗进行时，麦克阿瑟正在20千米外的“纳什维尔”号巡洋舰上。14点30分，登陆艇靠近海滩。麦克阿瑟先跳下船，奥斯梅纳和其他人也随后下船。海水没过了麦克阿瑟的膝盖，他的下巴向前伸着，气宇轩昂。当他上岸后，说道：“我回来了。”奥斯梅纳与麦克阿瑟握手，欢迎麦克阿瑟回到菲律宾。

随后，麦克阿瑟用深沉、稳健的嗓音开始演讲：菲律宾人民，我又回来了。上帝保佑，美军又来到了菲律宾的国土上……团结在我周围吧……挺身而出战斗吧……为了你们的子孙后代，战斗吧……让我们以上帝的名义去实现我们的目标，向正义的胜利进军。

麦克阿瑟这个气势恢宏的演说在菲律宾人民中引起巨大的共鸣，菲律宾各岛的抗日活动形成燎原之势。菲律宾群岛上的日军十分恐慌。日本天皇连忙下诏，马上执行“捷号”作战计划，企图把美军赶出莱特湾。

接到美军登陆莱特岛的报告，山下奉文决定向莱特岛增兵，立即从吕宋岛和米沙鄢群岛抽调军队派往莱特岛。

1944年10月23日至12月11日，日军出动快速驱逐运输舰向莱特岛增援了约4.5万人。然而，美军的登陆部队已经有18万。同时，美国海军的舰载飞机和陆基远程轰炸机切断了莱特岛日军的补给线。

在拥有巨大优势的情况下，美军歼灭抵抗的日军，不断向前推进。在右翼，美军第10军从陆上和海上向铃木宗作第35集团军北部的核心地带进攻。在左翼，美军第24军向日军在西海岸上的主要阵地乌目推进。

12月20日，从南面进攻的美军第77师与从北边进攻的第1骑兵师、第24步兵师在利邦会合，将铃木宗作第35集团军重重包围，并切断铃木宗作部队与港口帕洛蓬的通路，使日军无路可逃。12月25日，美军歼灭莱特岛上的日军。与此同时，另一支美军登陆部队在萨马岛登陆。

为了挽救败局，日本将蓄谋已久的“捷号”作战计划付诸实施，第二次世界大战史上最大的一场海战——莱特湾海战爆发。

丰田副武听说美军舰队驶往莱特湾时，启动精心准备的“捷号”海上决战计划，把最后的血本都押上了，派出当时世界上最大的“武藏”号战列舰和“大和”号战列舰出战，希望有奇迹出现。

不过，奇迹并没有出现。在连续三天的海战中，日本舰队虽然也有机会取胜，但最终没把握住，让美国舰队取得了巨大胜利。

1944年10月23日夜晚，栗田健男指挥中央舰队驶过巴拉望岛暗礁区。美军“海鲫”号潜艇和“鲦鱼”号潜艇发现了它，并进行了跟踪，于10月24日5点左右进行鱼雷攻击。结果，栗田健男的“爱宕”号重巡洋舰、“摩那”号重巡洋舰被击沉，而“东方”号重巡洋舰被击伤，被迫逃走。

10月24日9点，日本“神风”突击队飞机对美军第38特混舰队第3特混大队发起自杀性攻击。美军“普林斯顿”号航空母舰被击沉，“伯明翰”号巡洋舰被击成重伤。不过，10点30分，在锡布延海海战中，日军“武藏”号战列舰、“妙高”号重型巡洋舰被击伤；12点，“武藏”号战列舰和“大和”号战列舰再次遭到攻击受伤，“矢矧”号巡洋舰也被击伤；14点30分，“武藏”号战列舰和“大和”号战列舰第三次遭到攻击，“武藏”号战列舰受重创，于19点35分沉没，“大和”号战列舰受伤逃走。

10月24日21点45分，西村祥治舰队在苏里高海峡遭到美军舰队炮击。“山城”号战列舰、“扶桑”号战列舰、“最上”号重巡洋舰、“朝云”号驱逐舰先后被击沉。唯有“时雨”号驱逐舰逃之夭夭，西村祥治舰队实质上已经不存在。

10月25日拂晓，日军中央舰队与美军第3舰队在莱特湾发生激战。日军“熊野”号重巡洋舰和“羽黑”号重巡洋舰被击伤。8点左右，日军“瑞鹤”号航空母舰以及另外2艘战列舰被击伤。稍后，日军“千岁”号轻型航空母舰被击沉，另外2艘航空母舰和多艘护卫舰被击伤。8点20分，美军“甘比尔湾”号护航航空母舰沉没，旗舰“方肖湾”号护航航空母舰遭到重创。日军“瑞鹤”号航空母舰于14点14分沉没，“瑞凤”号航空母舰于15点26分沉没。傍晚时分，日军“千代田”号航空母舰和“初月”号驱逐舰被击沉，其他2艘日本驱逐舰受伤后撤退。

10月26日天亮后，小泽治三郎率残部向北驶去，准备撤往日本冲绳岛。美军第3舰队的各航空母舰大队都为消灭日军中央舰队向南驶去。栗田健男率领日军中央舰队以最快速度向北驶去，结果不幸遭到向南驶去的第3舰队舰载机的空袭。21点30分，栗田健男率残部逃到圣贝纳迪诺海峡入口处，渡过海峡向西继续逃跑。经过长达3天海战，美军舰队取得最终胜利。

美军占领莱特岛后，菲律宾群岛的日军防线被一分为二，日军失去了重要屏障。随后，麦克阿瑟实施吕宋岛登陆计划。他的地面兵力将达到28万人，参战的舰船达到1000艘以上，是太平洋战争以来规模最大的战役。

山下奉文对战场的形势进行分析。他认为，日军奉行的是与敌人在滩头决战的作战思想，但日军在海空力量上居于绝对劣势，决战时美军凭借海空军优势把日军兵力消耗掉，结果使日军丧失了战斗力。山下奉文把菲律宾群岛战役的赌本都压在吕宋岛之战上，很快在吕宋岛集结了25万日军。山下奉文制订了新的作战计划，即日军不急着与美军在滩头交战，而是等美军上岸以后，再把美军消灭。

吕宋岛是菲律宾群岛最大岛屿，是菲律宾政治、经济和文化中心。麦克阿瑟计划一路美军在林加延湾登陆，登陆后向吕宋岛中西部机场挺进；另一路美军在吕宋岛南部登陆，牵制南部的日军，协同北路美军夹攻马尼拉。金凯德率领的第7舰队和第7两栖编队负责海上运输和掩护；哈尔西率领的第3舰队和肯尼率领的陆基飞机负责空中支援。

在攻打莱特岛时，麦克阿瑟受够了没有岸基飞机支援的苦。这一次吕宋岛战役，麦克阿瑟决定绝不越出岸基飞机掩护的范围。为了在莱特岛与吕宋岛中间建立空军基地，以便为攻打吕宋岛提供岸基飞机掩护，麦克阿瑟派邓克尔率领特遣舰队去民都洛岛。

1944年12月12日，邓克尔率特遣舰队渡过苏里高海峡朝民都洛岛驶去。12月13日早晨，美军就占领民都洛岛。美军工兵马上投入机场扩建工作。当天晚上，已经有两个机场能够使用。5天后，美军把战斗机转移到民都洛岛。

麦克阿瑟可以指挥自己的飞机轰炸吕宋岛上的日军了，形势对美军非常有利。但是，由于日本空军“神风突击队”的攻击，保障民都洛岛登陆的美军特混舰队遭受很大损失。2艘登陆舰被击沉，1艘驱逐舰受重创，“纳什维尔”号巡洋舰遭到重创。

为了对付日军，麦克阿瑟组织了一系列欺骗活动，制造将在吕宋岛南部登陆的假象。山下奉文果然上当，把主力部队调到南部。1945年1月3日，金凯德指挥舰队从莱特湾起航，向吕宋岛的林加延湾驶去。

从第3舰队航空母舰上起飞的飞机和从中国成都机场起飞的美军第20航空队的飞机空袭了台湾岛上的日军机场；从民都洛岛机场起飞的飞机攻击了日军在吕宋岛的空军基地和机场。由于吕宋岛及其周围战区内的日本空军基地遭受重创，日军“神风突击队”的攻势大大减弱。

1月9日夜，美军舰队驶入吕宋岛林加延海湾。1月10日7点，美军的舰炮开始向日军防御工事大规模轰炸。美军登陆部队分乘2500多艘登陆艇朝海滩上扑去。除了登陆艇以外，还有水陆坦克、水陆汽车、履带式装甲输送车。

日军在卡拉巴略山修建了坚固的工事，在山坡上挖了很多石洞，储存弹药和补给品，把洞穴与山脚下的坑道工事连在一起，形成既能坚守又能彼此支援的防御阵地。阵地内埋藏了很多坦克，只露出一个炮塔，火力很猛。这些防御阵地很难攻下，再加上日军抱着死战到底的决心，美军进攻受阻。

迫不得已，麦克阿瑟亲自到前线指挥，美军才突破日军阵地。1月21日，美军到达扎拉。1月24日，美军到达班班河，距离日军克拉克机场很近。机场上停放着几百架战斗机，有几十架“神风突击队”的战斗机。这是山下奉文对付美军的最后利器。日本防守严密，战斗呈现白热化。

在圣曼努埃尔附近，日军在坦克旅掩护下发起反攻。几十辆日军坦克从河床和道路向美军第6师冲来。美军重火器和火箭筒准备不足，被迫撤退2千米。麦克阿瑟从其他部队调来大炮和火箭筒。后日军坦克都被击毁，反攻失败，美军第6师趁机向前进攻，把阵地重新夺了回来。

稳住阵地后，麦克阿瑟命令美军加快速度，尽早占领日军的克拉克机场。第40师奉命发动进攻，与日军展开激烈的战斗。日军的抵抗使美军的伤亡不断增大。经过4天战斗，美军占领克拉克机场。占领机场后，美军缴获日军600多架飞机。在平原地带的日军奉命退守两侧的山区，第14军向马尼拉全速前进。2月27日，美军占领马尼拉市区。

1945年2月27日上午，麦克阿瑟来到马拉卡南宫，向菲律宾奥斯默纳总统、菲律宾新内阁宣布：菲律宾政府正式成立。

早在2月14日，美军第11军就从巴丹半岛的东海岸和西海岸发动夹攻。2月21日，美军第11军占领巴丹半岛。此次作战算是报了麦克阿瑟当年的仇。

2月16日，美军在科里吉多岛屿空降作战。双方激战10天，守岛日军拒不投降。不过，日军没有人指挥，只是躲在一条条坑道里，互不支援，而且对美军的情况也一无所知。美军每歼灭一条坑道的日军都会付出代价。2月26日，美军消灭了岛上的日军。

麦克阿瑟向海军借了4艘鱼雷快艇，找到当初与他一同逃离科雷希多的人，顺着当初离开时的原路回到科里吉多岛。在破损的兵营前，麦克阿瑟接受了美军503空降团团长琼斯的热烈欢迎。

占领科里吉多岛后，麦克阿瑟指挥部队继续向盘踞在其他岛屿上的日军进攻，清剿残留在各岛上的日军。又经过4个月艰苦作战，到1945年7月4日，麦克阿瑟正式宣布菲律宾战役结束。

在这次战役中，日军伤亡45万人，损失68艘舰只、7000多架飞机，包括700多架自杀机。美军伤亡1.7万人，损失21艘舰只、900多架飞机。日军实力遭到进一步削弱，离灭亡已为期不远。

4. “大和”最后的疯狂挽救不了败亡的命运

在太平洋战区，美军相继占领马里亚纳群岛和菲律宾群岛，从日本本土以南和西南冲破了日本太平洋防御圈的外防线，使日本的“内防御圈”直接暴露在美军攻击下。由于估计到硫黄岛作战比冲绳岛容易，在菲律宾群岛战役以后，美军强势占领了日本内防御圈的硫黄岛。

硫黄岛之战结束后，冲绳岛成为美军下一个进攻目标，攻下冲绳岛可以切断日本与中国台湾岛及其以南地区的海上联系，从海上封锁日本。美国参谋长联席会议决定：攻下冲绳岛，以掌握日本本土以南、琉球群岛和中国台湾海域的制空制海权，为向日本发动最后的战略轰炸创造更有利的条件。

冲绳岛位于日本九州至中国台湾之间岛屿链的中点，距两地均为700千米。冲绳岛森林密布，地形复杂，石灰岩洞繁多，便于固守。冲绳岛是琉球群岛最大岛屿，是日本本土的南部屏障，又称“国门”。

在冲绳岛东北方向，九州岛有55个机场；在西南方向，中国台湾有65个机场；包括冲绳岛在内的琉球群岛有很多飞机跑道。日军将用以千架飞机发动致命的“神风”式自杀战术对付美军。

1944年10月25日，美军制订夺取冲绳岛的“冰山”计划。美军把登陆部队分成南部和北部，把进攻时期定于1945年1月3日。因为菲律宾群岛战役仍在进行，冲绳岛战役的发起日期只好推迟，定于4月1日。

为了在发起“冰山”战役前拥有制空权和制海权，美军计划在登陆冲绳岛之前重击日本空军，因为日军将采取自杀性报复行为。日军在冲绳岛和附近岛屿上有几个机场，在277.8千米远的奄美群岛和425千米远的先岛群岛也有机场。除了在菲律宾群岛南部作战外，日军在其他地方没有进行大战役。到时候，日军必定会集中空军来抵抗美军登陆冲绳岛。

由特纳率领的登陆部队，将由美国本土、瓦胡岛、新喀里多尼亚群岛、圣埃斯皮里士群岛、所罗门群岛、菲律宾群岛和马里亚纳群岛抽调的兵力构成，向乌利西岛、莱特岛和塞班岛等地区靠拢。登陆部队将于4月1日抵达冲绳岛附近海域。担任冲绳岛登陆突击的部队是第3两栖军（3个陆战师）和第24军的4个步兵师。另外，远在新喀里多尼亚群岛的第5师是登陆部队预备队。这些登陆部队被编为美军第10集团军，由巴克纳率领。

由米切尔指挥的第58特混舰队负责向日本东京、琉球群岛、中国台湾岛和日本本土的机场进行攻击后，再轰炸冲绳岛。驻守在马里亚纳群岛的几百架重型轰炸机将在整个冲绳岛战役期间对日本本土进行战略轰炸。

为了防止不幸发生，尼米兹下令向日本九州各机场发动大规模空袭。美军舰队于3月18日和19日，对九州地区的机场、日本南部地区和濑户内海的日军舰队残部多次发动大规模攻击。

日军飞机发起反攻，美军“企业”号、“约克城”号等航空母舰受伤，“富兰克林”号航空母舰遭到重创。尼米兹下令在下关海峡一带布雷，并派舰队摧毁九州地区日军许多设施及交通枢纽。

根据当时的战局，日本军部于1945年1月20日下达“陆海军作战大纲”，指出冲绳岛是必须加强的几个关键性要塞之一。如果冲绳岛失守，美军就会掌握朝鲜和中国沿海一带海域的制空制海权，日本本土将暴露在美军的海空势力范围内。

冲绳岛成为日军必须坚守的要塞。日本军部对冲绳岛的防御战十分重视，指出必须采取迟滞性的防御行动，争取将其变成消耗性战役。

早在1944年秋，牛岛满就按照日本军部的指示制订保卫冲绳岛中部和南部，在海岸一带与美军展开决战，把美军歼灭在海岸上的作战计划。

牛岛满指挥第32军负责守卫冲绳岛，约8万人，另外加征召的2.5万壮丁。在冲绳南部陡峭的山冈和峡谷，牛岛满部署重兵。日军修筑许多炮位、地堡、洞穴和秘密火力点，准备死守冲绳。冲绳之战被日军称为“天”号作战，对日本的生死存亡有决定性意义。

牛岛满决定，冲绳岛居民必须搬到日本本土或者冲绳岛北部地区。主要抗登陆部队分布在冲绳岛南部，就是那霸东北丘陵地区，那里到处都是悬崖峭壁，深沟和峡谷众多，地势险要。他配置互相支援的火炮，用来封锁美军的所有通路，还以堑壕和坑道把许多火力发射点、岩洞、碉堡和其他支撑点连在一起，建成坚固的防御阵地。另外，在主要防御阵地附近的同心圆上，日军还修筑外围工事，以减缓美军的推进速度。

牛岛满下令，在美军进行火力准备时，日军火炮不准发炮，避免由于暴露炮位而被美军摧毁；命令所属部队不要在滩头阻击美军登陆，避免无谓牺牲。他下令，把一个团部署在能够监视海滩的高地上，等美军登陆后立即退回阵地，与其他防御部队抑制美军。牛岛满认为，美军一定会在那霸以北的西海岸登陆，事实证明他的判断十分正确。

为了对付美军在冲绳岛登陆作战，日军抓紧对空军进行训练，重点训练自杀式战术，以对付在冲绳岛登陆的美军。

1945年3月20日，日本军部制订“天”号作战计划，准备出动“神风”特攻机和轰炸机向美军两栖兵力发动大规模空中打击。为此，日军命2990架飞机，分别在中国台湾岛、琉球群岛和日本本土的九州等地集结，准备随时出动。

日军空军的意图是出动一切可能的空中力量，攻击集中在冲绳岛附近海域的美军太平洋舰队主力，以孤立美军的登陆部队，断其增援，再用日本陆军将美军歼灭，取得冲绳岛抗登陆战胜利。结果，负责支援冲绳岛在地面作战的飞机数量就大大减少。

1945年3月以后，美军为攻打冲绳岛进行火力准备，从硫黄岛、塞班岛、关岛和中国东部各机场起飞的美军轰炸机群，轮番飞抵冲绳岛上空，对冲绳岛发动地毯式轰炸。

美军航空母舰编队每天出动几千架次舰载机，轰炸驻中国台湾岛和日本九州的日本空军基地和机场。从3月25日起，美军庞大舰队向冲绳岛进行登陆前的猛烈轰炸。几天内，4 万多发炮弹落到冲绳岛。与此同时，美军舰载机出动了 3000 多架次。整整轰炸了一个月，冲绳岛被浓烟和烈火掩盖。岛上的森林变成灰烬，许多山峰被夷为平地。冲绳岛面目全非。

美军还在冲绳南端庆良列群岛登陆，缴获 250 多艘自杀摩托艇和 100 多条遥控鱼雷。美军建立修理舰艇的基地，在庆良列岛上架设大炮，直接轰炸冲绳岛。此外，美军蛙人队戴着护目镜，拖着炸药包，潜入登陆场岸边，进行水下爆破，破坏日军的水雷场和水下障碍物。

1945 年 4 月 1 日 6 点 20 分，美军军舰舰炮进行了太平洋地区登陆战中舰炮火力最猛的一次轰击。6 点 29 分，大型船坞舰、中型登陆舰和坦克登陆船等纷纷吊下水陆登陆车、水陆坦克和登陆艇。美军以水陆坦克为先锋，登陆艇、水陆登陆车纷纷向白沙滩头驶去。7 点 35 分，舰炮停止射击。密密麻麻的美军飞机对日军阵地进行扫射和轰炸，不断发射火箭弹。8 点 30 分，美军在冲绳岛西海岸未遇到抵抗的情况下成功登陆。

原来，日军早从海岸线撤走。美军侦察军官和美军飞机驾驶员还以为登陆将遭到抵抗。因为在羽具歧海滩的比谢河入海处，两岸有峭壁悬崖，上边挖了许多洞穴和坑道，机枪能够从那里向登陆的美军进行扫射，不管是舰炮还是飞机轰炸都无法击毁那些工事。

从美国拥有的压倒优势的兵力来看，牛岛满未做抵抗就撤出读谷机场和嘉手机场是给美军造成最大伤亡的好办法——他知道日军力量太弱，硬拼肯定吃亏，于是放弃“歼敌于海岸”的方针，采取“诱敌深入”的战术，引诱美军到南部山区决战。

4 月 1 日正好是愚人节，美军官兵不知道日军藏在什么地方。日军称美军的这一攻势为“愚人节攻势”，美军则称之为“冰山”计划。4 月 1 日下午，美军各部队继续登陆，向内陆快速推进。日军稍一抵抗便撤退。傍晚前，有 5 万美军上岸。登陆太过顺利以致引起美军官兵的不安。

美军先向东推进到达东海岸，又向北推进。10 天后，美军占领冲绳岛北部地区。在南部，美军遭到日军顽抗。双方发生激战。

美军登陆时，牛岛满藏在地下，不理不睬，只派少量日军守在瞭望哨里监视美军。登陆美军向南扑来时，牛岛满派少数兵力在阵地附近活动，诱骗美军进入日军伏击阵地，再用强大的火力歼灭冲进来的美军。牛岛满还趁黑夜组织反攻，美军伤亡惨重。美军对日军无可奈何，攻势严重受挫。几天来，美军进攻首里城堡的日军防线，都被猛烈的炮火击退。

4 月 19 日，美军向日军发起进攻，日军躲在地下工事里顽抗到底。激战 5 天，美军才向前推进几米。冲绳战役变成了人员、武器、弹药和补给品的消耗战。幸好美军人员充足战备富足，拼消耗的承受能力远远超越日军。

经过艰苦奋战，4 月 24 日，美军第 24 军突破该岛南部的外围防御地带。美军第 7 师、第 27 师和第 96 师占领浦豆山和天之线山，粉碎了首里防线的外围据点。随后，美军在首里外围展开了激烈的攻坚战，利用舰炮和飞机的支援，轮番向日军阵地发起冲锋，以疲惫战术消耗日军。

面对美军不断发起的强大攻势，日军于 4 月 5 日下令发起空中攻势。

第一次攻击是“菊水 1 号”特攻作战。日军派出 699 架飞机在冲绳岛向美军登陆部队和海上护航舰队及运输船只发动自杀性攻击。美军战斗机升空拦截，舰上各种舰炮一同开火，以“神风”自杀性攻击为主。不讲战术的日军飞机在美军的炮火下纷纷栽入大海，少数穿过火力网的日军飞机向美军舰船撞去，甚至有飞机一头栽到美军在冲绳岛建立的滩头阵地上。

大规模的“集体自杀”行动使美军防不胜防，难以招架。在为时两天的“菊水 1 号”特攻中，日军炸沉美军 1 艘坦克登陆舰、3 艘驱逐舰、2 艘军火运输船，击伤 10 多艘舰船。而日军损失 355 架飞机。

4 月 11 日和 12 日，日军又发动“菊水 2 号”特攻作战。这一次，日军明显得不偿失，损失 298 架飞机，仅仅击沉美军“埃伯尔”号驱逐舰，击伤 10 多艘舰船。不过，这种战法令美国人不敢掉以轻心。

5 月 27 日，尼米兹更换指挥官，让哈尔西替代斯普鲁恩斯，麦凯恩替代米切尔，希尔接替特纳，第 5 舰队又改称第 3 舰队。哈尔西上任以后，为了减轻特混编队的压力，在冲绳岛修建陆基航空基地，用陆基地航空兵逐渐代替航空母舰编队。

哈尔西采取一系列办法对付日军的“神风”自杀性攻击。在预警方面，美军用雷达警戒飞机弥补雷达警戒舰只的不足，出动驱逐舰和两栖作战舰艇负责警戒，在最有可能出现“神风”攻击机的方向出动战斗机进行空中警戒。在冲绳岛北部，美军设立很多雷达监视哨，占领附近的小岛，在上边建立雷达站。美军还利用快速小艇充分发挥火力优势对付“神风”特攻机。美军对付“神风”的经验越来越丰富。

相比之下，日本的“神风”特攻机却无法改变战术，因为没有一个飞行员能回来讲撞击敌舰的经验，且参加“菊水”作战的飞行员多是被迫的。结果，从4月16日到5月28日，日军接连发起6次特攻作战，能出动的飞机越来越少，损失很大而取得的战果越来越小。6月3日至22日，日军发动“菊水9号”特攻战和“菊水10号”特攻战时，参战飞机只有95架。在4月6日—6月22日10次自杀攻击中，日军共损失900多架飞机和“樱花弹”，仅仅炸沉美军驱逐舰以下20多艘舰船，炸伤近200艘。

正当日军“神风”特攻飞机在冲绳附近海面左冲右撞之际，日本联合舰队司令丰田副武也发动了一场“海上特攻”。他在九州鹿屋海军基地签发命令：帝国命运确实在此一战。卑职已号召组织一支海面特攻部队，以进行壮丽无比的英勇突入作战，以此一举振我帝国海军声威，发扬帝国海军海面战斗之光荣传统，荣光后世。各部队——无论是否特攻部队——都要下定决心殊死奋战，彻底消灭敌舰队，为皇国奠定永恒基础。

丰田副武想让第2舰队司令、前海军军令部次长伊藤整一率领联合舰队的最后一点军力拼死一战。参谋长草鹿龙之助去向第2舰队司令伊藤整一传达任务：全舰队拼死猛进，以“大和”号战列舰、“矢矧”号巡洋舰和8艘驱逐舰组成海上特攻队，协助帝国陆军和航空兵，歼灭冲绳岛附近的美国护航运输队和特混编队。倘有余力，即一跃登陆，以陆军形式出现，与美军展开短兵相接的决战。

这道作战命令显示了日本人的疯狂。以10余艘舰船和2000名官兵的特攻舰队，竟想击败庞大的美国舰队，并要在冲绳登陆作战。这种极度盲目的顽强无异于鼓励士兵们去送死。

伊藤整一深知这次作战的前景只有灭亡，但还是接受了命令。

4月6日16点，伊藤整一登上“大和”号战列舰，亲自指挥这次特攻作战。16点20分，“大和”号战列舰驶出德山港，踏上了一去不复返的征途。“矢矧”号巡洋舰以及“冬月”号、“凉月”号、“矶风”号、“滨风”号、“雪风”号、“朝霜”号、“霞”号、“初霜”号8艘驱逐舰紧随其左右。

20点10分，美军“哈特尔克”号潜艇和“施雷特劳”号潜艇发现日本舰队，立即向关岛潜艇司令部做了报告。潜艇司令洛克伍德立即上报给尼米兹。尼米兹马上通报斯普鲁恩斯，让他做好相应准备。

斯普鲁恩斯胸有成竹。他认为，现在日美海军双方实力，无论是在兵力、火器、后勤补给上，还是在官兵士气、训练素质上，都相差悬殊，日本海军的进攻已谈不上什么战斗，充其量只是自杀——一种日本式的海上切腹。

斯普鲁恩斯命令米彻尔率领的快速航空母舰舰队迅速在九州和冲绳之间集结，阻击日军舰队；布兰迪指挥第 52 特混登陆支援舰队做好一切战斗准备；德约指挥第 54 特混火力支援和掩护舰队派出 6 艘战列舰和 7 艘重巡洋舰编成海战支队，准备与“大和”号战列舰决一死战。

斯普鲁恩斯想用战列舰对战列舰，歼灭日军特攻舰队，航空母舰只作为预备队。但是，米彻尔却认为他的航空兵完全可以炸沉敌舰，不愿意放弃立功机会。4 月 7 日，米彻尔派出的侦察机首先找到日本舰队。米彻尔抢先发起攻击。

12 点 20 分，美军飞机大编队向“大和”号战列舰逼近。有贺幸作下令开炮。一场近乎屠杀的海空大战开始。美军飞机躲过“大和”号战列舰的远层射击弹幕，从不同角度俯冲而下，投下第一批炸弹和鱼雷。“大和”号战列舰同时中了 1 枚鱼雷和 2 颗重磅炸弹，舰身倾斜，航速降至 18 节。

13 点 37 分，第 2 批美军飞机又发起了攻击。它们的攻击有章有法，节奏分明，先战斗机扫射，压制日军舰队的高射炮火，并乘机投下炸弹，接着鱼雷机集中对“大和”号战列舰左舷进行攻击。“大和”号战列舰又连中 3 枚鱼雷和数颗炸弹，大量海水顺着左舷灌进来，舰体左倾 15°。其中，有颗炸弹炸了注排水控制舱，将所有调节阀门炸毁，导致它无法进行排水。

在日军奋力抢救时，第 3 批美军飞机又来轰炸。14 点，第 7 枚鱼雷再次击中“大和”号战列舰左舷，舰体再次倾斜。

第 4 批美军飞机群、第 5 批美军飞机群接踵而至。炸弹、鱼雷雨点般向“大和”号战列舰扑去。7 分钟后，又有 2 枚鱼雷命中“大和”号战列舰左舷，刚刚有所恢复的左倾再度加剧，且舵机失灵。

14 点 2 分，又一批美军飞机俯冲而下，投下的炸弹有 3 颗在左舷中部爆炸，使其左倾加大到 35°。14 点 7 分，1 枚鱼雷击中“大和”号战列舰右舷。“大和”号战列舰上层面目全非，全舰被浓烟烈焰所包围，完全丧失机动能力，沦落到任人宰割的地步。

14 点 12 分，4 架美军鱼雷机冲出云层从容实施攻击。有 2 枚鱼雷命中“大和”号战列舰左舷中部和后部。“大和”号战列舰已被第 12 枚鱼雷击中，舰体倾斜了 35°。舰长有贺幸作意识到“大和”号战列舰已经无可挽救，只得下令弃舰。

14 点 15 分，又有 1 枚鱼雷击中“大和”号战列舰左舷中部。伤痕遍体的“大和”号战列舰再也经受不住，倾斜度已到了 80°。

14 点 22 分，“大和”号战列舰横倒。下沉 20 秒后，它又发生两次大爆炸，其舰体被炸断。随着翻江倒海般的巨响，这艘“永不沉没的战列舰”沉入海底。

与此同时，“滨风”号驱逐舰、“矢矧”号巡洋舰先后被击沉，“矶风”号驱逐舰、“朝霞”号驱逐舰和“霞”号驱逐舰也先后遭到重创，不得不自行凿沉。

“大和”号战列舰沉没后，日军第 41 驱逐舰大队大队长吉田正义接替指挥。他一面组织残余舰只打捞落水人员，一面向日本联合舰队司令发电报告战况并请示下一步行动指示。16 点 39 分，丰田副武鉴于预期计划已无法实现，决定终止海上特攻。吉田正义随即率领余下的 4 艘驱逐舰带着创伤，于 5 月 8 日回到佐世保基地。

躲在冲绳岛南部一隅的牛岛满对战胜美军不抱任何幻想。1945 年 5 月 8 日，德国宣布无条件投降。这一消息瓦解了冲绳岛日军的抵抗意志。再加上外围美军各种打击手段的综合应用，日军接近崩溃边缘。

5 月 10 日，美军第 7 师恢复对日军的攻势。经过 10 多天苦战，美军打退日军的攻势。美军士气大振，进攻首里城堡。5 月 27 日，美军占领冲绳首府那霸。

5 月 30 日，牛岛满率日军退守最南端，美军趁机占领首里城堡。日军退到最南端的山崖和山洞后，美军稳扎稳打。6 月 10 日，在舰炮和飞机支援下，美军发起更大规模进攻。

6 月 17 日，牛岛满残余部队龟缩到摩文仁一带。牛岛满正在策划最后一战时，巴克纳向牛岛满喊话，多次劝降，牛岛满都拒不投降。6 月 18 日，巴克纳在视察时，被日军击中阵亡。

与此同时，美军不停地向冲绳岛增派部队、物资和各种兵器，用重炮、坦克轰开日军固守的堡垒和洞穴。特别是美军喷火坦克立下赫赫战功，顶着日军的强大火力，在山间往返，把凝固汽油弹射向日军堡垒和洞穴深处。美军用喷火坦克把成群的日军烧死在堡垒和洞穴中。

6 月 19 日，牛岛满向日本军部发去告别电文，并发誓“决战到底”。6 月 21 日，美军占领冲绳岛最南端的荒崎。23 日，牛岛满切腹自杀。美军接着清除日军残余力量。到 7 月 2 日时，冲绳战役结束时，日军死亡 10.5 万人，平民死亡 10 万人。而美军死亡 1.3 万人，有 200 多艘舰艇受伤。

美军占领冲绳岛，等于把日本的咽喉卡住了。因为冲绳战役使日本南部门户大开，日本本土完全暴露在美军的攻势面前。占领冲绳，美军就赢得了一个可以用来突击日本工业中心地带的航空前进基地，从冲绳可以随心所欲地封锁日本和支援对其本土的最后登陆决战，还切断了日本与中国台湾岛及其以南日占区的联系，从海上封锁了日本。

第十五章
远东大反攻，日本法西斯无条件投降

1945 年 5 月 8 日，德国投降后，日本法西斯战败大局已定，但一直在进行着顽抗。为了尽快结束战争，在远东战场上，美国对日本投掷了原子弹，苏军出兵中国东北，对日本关东军进行毁灭性打击，而中国军队也发起了最后的反攻。日本走投无路，只好宣布投降。

1. “蘑菇云”升起

1945 年 5 月 8 日，德国投降后，日军依然在太平洋战场上和远东战场上负隅顽抗，但谁都明白，日军战败大局已定，其败亡只是时间问题。此时，如何尽快结束对日战争，成为摆在盟国以及日本面前的一个现实问题。

1945 年 6 月 22 日，在御前会议上，日本裕仁天皇表达了其他要员一直不愿或不敢表示的意愿：日本必须寻找一条结束战争的途径，现在已经是时候了。

当时，成群的美国轰炸机把日本的城市炸为废墟。严密的封锁已使日本战争物资生产陷于瘫痪。德国投降也使日本也许还能从那个地区获得某种具有决定性作用武器的最后希望破灭。盟军主力也转向对付日本。冲绳这个日本最后的海外前哨基地也落入美国人手中。

结束这场战争并不简单，也并不容易。日本国内以及海外武装力量中的强硬派主张血战到底。日本统治者又不愿接受一种无法保住“帝国体系”的和平。因此，谈判不得不在秘密中进行，而且一定要取得不附加有“无条件投降”字样的条款。

1945 年 7 月 16 日，美国第一颗原子弹爆炸成功。以美国陆军部长史汀生为首的临时委员会和参谋长联席会议认为：虽然日本败局已定，但其陆军在本土尚有 200 万 ~300 万人，在中国还有同样数量的兵力，其空军尚存各型飞机 6000 ~9000 架，且日本大本营正在积极准备“本土决战”，美军登陆日本将付出巨大代价。如果美军使用原子弹迫使日军丧失抵抗意志，不待美军登陆就投降，则可避免 50 万美国人丧生。

史汀生与临时委员会向杜鲁门总统提出建议：尽快用原子弹轰炸日本具有军事和非军事双重性目标。核突袭的具体目标拟定为广岛、长崎和小仓。杜鲁门思量再三，最终决定对日本进行核突袭。

美国陆军航空兵的核突击部队——第 509 混合大队被派往太平洋提尼安岛执行任务。第一次原子弹突袭以广岛为主要目标，小仓和长崎为预备目标；第二次以小仓为主要目标，长崎为预备目标。

7 月 25 日，美国当局下达作战指令：8 月 3 日以后，只要气象条件允许目视轰炸，即可掷原子弹。

1945 年 7 月 26 日，美国、英国和中国在《波茨坦公告》中敦促日本投降，公告规定：“无条件投降”只适用于日本的武装力量。公告还进一步申明将剥夺除日本本土四岛之外所有被它侵占的领土。日本将被占领，直到建立一个在自由选举中反映人民意愿的“具有和平倾向、负责任的政府”为止。《波茨坦公告》的发表对日本内阁来说有点太突然了。因为他们还没有做投降的准备，也还没有解决内部分歧。然而，最主要的问题还是公告没有说明盟国打算如何处置日本天皇。

1945 年 7 月 28 日，日本首相铃木贯一郎向新闻界宣布不予理睬《波茨坦公告》。8 月 1 日，准备执行原子弹突袭任务的 B –29 型轰炸机机组人员进行了最后一次演习。8 月 2 日，第 20 航空队司令特文宁下达作战指令，命令 7 架 B –29 型轰炸机组成突击队，执行“13 号特别轰炸任务”，对日本实施原子弹突袭。其中，1 架为载有原子弹的轰炸机，由大队长蒂贝茨亲自驾驶；1 架为装有精密测量仪的观测机，由中队长斯韦尼驾驶；1 架为装有高级照相机的侦察机，由马夸特驾驶；3 架担任气象侦察任务，提前抵达日标区上空。另外 1 架 B－29 型轰炸机作为原子弹载机的备份机，在硫黄岛机场待命。

8 月 6 日凌晨，3 架气象侦察机从提尼安基地升空。B－29 型轰炸机载着原子弹“小男孩”，在起飞时炸弹没有装炸药，等它安全升空后，随机核武器专家帕森才从座舱爬进弹舱，给核弹“小男孩”安装“枪法”引爆装置，使它进入战斗状态。5 点 45 分，B－29 型轰炸机在无战斗机护航和严格无线电静默的情况下飞抵硫黄岛上空，组成三角形编队，神不知鬼不觉地向日本飞去。

7 点 9 分，广岛地区日军第二军总司令部发出警报，美军侦察机迅速离去，7 点 30 分解除警报。蒂贝茨接到前方气象侦察机发回的电报：“一切高度被云遮盖处不到 1/10。建议先在这里投弹。广岛完全适于目视轰炸预定的主要目标。”他当机立断，决定轰炸广岛。

蒂贝茨驾机于 8 点 12 分飞抵离目标约 24 千米预定投弹识别点，未遇炮火袭击，也没有敌机起飞拦截。他俯瞰广岛，很快找到预定瞄准点——广岛市中心的“T”字形大桥。

8 点 15 分，他们抵达目标瞄准点上空。观测机上的测量操作手做好测量准备，原子弹载机上的投弹手向各机发出 30 秒投弹准备信号，并打开弹舱门。

信号一结束，“小男孩”跳出弹舱。蒂贝茨和他的同伴们做完一切后，赶紧掉转机头，加速撤离现场。

“小男孩”徐徐下降。53 秒后，一声惊天动地的巨响，广岛上空出现了一个五光十色、光芒四射的火球，随之巨大的蘑菇烟云冲天而起，整个广岛城瞬间被吞没。

儿秒钟之内，数以千计的人和市中心的花园都被干热的浪潮烧焦。许多人立刻被烧死，还有许多人在地上翻滚，被烧得痛苦地叫喊着。一切，例如墙、房屋、工厂以及其他建筑物，只要遇到爆炸气浪，都被毁灭，残片被旋风卷到空中……

在几分钟内，26 平方千米的广岛即被毁灭，13 万以上的人暴死。同时，被关押在广岛城堡的美国战俘也都死亡了。

几分钟后，“埃诺拉·盖伊”号飞机从离原子弹爆炸 24 千米处悄悄返航。马夸特驾着侦察机等了一会儿，拍完了几个触目惊心的镜头——世界军事史上第一次核战争的照片后，也返航了。归途中，核武器专家帕森向正在提尼安基地的“曼哈顿工程”副指挥官法雷尔发了一份密电：“目视一清二楚，突袭圆满成功，投弹后机上情况正常，现正在向基地返航。”

蒂贝茨驾着“埃诺拉·盖伊”号飞机，首先在提尼安基地北机场着陆。

次日凌晨，杜鲁门总统发表声明，警告日本政府，“这是原子弹”，并敦促日本政府无条件投降，否则将遭到“来自空中的毁灭”。美国武装部队电台马上对日本广播，“原子弹已把广岛摧毁，更多的原子弹将接踵而来”，并向日本空投了数百万张传单向日本发出警告：美国最新研制成功的“一颗原子弹的威力就相当于 2000 架 B－29 巨型轰炸机执行一次任务所携带炸药的威力”，“你们赶快结束战争”，否则“我们将坚决使用这种炸弹和所有其他超级武器来加速结束战争”。

8 月 7 日和 8 日，美国第 21 轰炸航空兵联队司令李梅先后追加了 152 架和 375 架 B－29 轰炸机，对日本城市发起更猛烈的袭击。日本政府仍无意投降。

为此，美国决定 8 月 9 日对日本实施第二次原子弹袭击，目标选定为长崎。此次任务由 5 架 B－29 轰炸机组成的突击队执行，密码代号为“16 号特别轰炸任务”。斯韦尼驾驶载有原子弹的“博克斯卡”号轰炸机，机上增加了 3 名核武器专家，负责原子弹引爆系统的安全保险工作；博克驾驶“大技师”号观测机，《纽约时报》记者劳伦斯随机负责报道工作；霍普金斯驾驶“大斯廷克”号照相侦察机；88 号飞机和 95 号飞机负责气象侦察任务。

第二颗原子弹叫“胖子”，采用复杂的“内爆法”引爆系统，由气压、定时、雷达和冲击 4 个不同引信组成。这种引爆系统不能在空中安装，必须在执行任务之前，在地面的一个特殊的绝密车间里，由几个专家合作组装。

8 月 9 日，当地时间 2 点 56 分，斯韦尼驾机载着完全处于战备状态的“胖子”，从提尼安基地起飞，博克驾侦察机尾随其后。

10 点 50 分，他们飞临长崎上空。几分钟后，他们从西北方向进入投弹识别点。30秒钟的投弹信号响了，弹舱门“咯嗒”一声打开。当地时间10点58分，“胖子”跳出弹舱，穿云直下，于当地时间11点1分在离地500米空中爆炸，形成一个闪烁的火球。

几分钟后，机上人员从20千米外看到一个擎天蘑菇烟云，吞没整个长崎城。当长崎蘑菇烟云以惊人的速度从7000米升到1.4万米高空时，斯韦尼向提尼安基地发出报告：“袭击长崎，效果良好。”

美国原子弹突袭广岛和长崎造成了巨大伤亡，也严重打击了日军继续作战的信心。8月15日12点，日本天皇通过录音广播向日军下达停战诏书。9月2日9点04分，在美军“密苏里”号战列舰上，麦克阿瑟代表盟国主持受降仪式。日本外相重光葵代表日本天皇，梅津美治郎代表日本政府签署投降书。

2. 苏军出兵中国东北，日本关东军灰飞烟灭

美军给日本投放原子弹，是致使日本投降的重要原因，但日本投降还有个不可忽视的原因，那就是在中国战场上遭到惨败。而苏联对日本宣战是日军在中国战场上惨败的重要因素。

日本人反共反苏是世人皆知的，日军也曾两次挑起军事冲突，但出人意料的是，1941年4月，苏联、日本两国签订了《苏日中立条约》。签约同时，日本声明“尊重蒙古人民共和国之领土完整与神圣不可侵犯性”，苏联声明“尊重满洲帝国（伪满洲）之领土完整与神圣不可侵犯性”。

这显然是为了各自避免两线作战而达成的利益交换。在拿中国领土主权做交易条约签订以后，苏联与日本之间一直保持着正常的外交关系，虽然彼此属于不同阵营，彼此在意识形态上相互敌对，但为了各自的大战略，也都克制着，并没采取敌对的举动。

在太平洋对日本作战中，美英两国从其自身利益出发，在苏联要求它们尽快开辟欧洲第二战场后，它们也不断要求苏联参加对日本作战。苏联不想陷入两线战争中，从自身利益出发，一直未予允诺。直到1945年2月，苏联、美国、英国三国首脑在雅尔塔举行会议，苏联才有条件地承诺在德国投降及欧战结束后2个月或3个月内参加对日本作战。

日本并不是真正想与苏联友好共存，而是认为进攻苏联的时机不成熟。

1945 年春季之前，日本关东军的作战计划，一直根据日军大本营“北进”方针，拟在迅速结束侵华战争后，对苏联作战，配合德国，进攻苏联远东地区。德国、日本协议规定，以东经 70° 为德国、日本作战分界线。日本关东军按照进攻企图和计划进行部署。

中国的持久抗战粉碎了日军的企图，打乱了它的战争时间表；德国在欧战中失败；英国、美国军队在太平洋的反攻节节胜利；日本的经济、军事力量大为下降，国内矛盾更加尖锐；在亚洲、太平洋战争过程中，关东军主力被调往中国关内和南洋战场，新建的一些师团战斗力不强，整个关东军的战斗力大为削弱。面对这些，日军大本营不得不改变计划。

1945 年春，日本关东军的作战计划由进攻改为防御性的持久作战。日本关东军按照防御作战要求，重新组建部队，调整部署，加紧防御准备。日军估计，苏军对德国作战结束后，需要休整，对日本作战时间可能在 1946 年春季，最早也要在 1945 年 9 月上旬。苏军的主要进攻方向，可能由苏联远东滨海地区向中国东北推进。据此判断，日军将关东军防御的重点放在中国东北东部方向。

中国东北一直是日本屯兵的重点地区，即使是在第二次世界大战后期日军在各战场上兵力严重不足时，日军在中国东北的驻兵数量和装备也非常惊人——当时关东军辖第 1 方面军、第 3 方面军、第 17 方面军以及独立第 4 军，共 31 个师团、13 个旅团，约 97 万人、5000 余门火炮、160 辆坦克、1800 架飞机，另有伪满军和伪蒙军约 20 万人。这样一支武装力量，足以打一场斯大林格勒战役规模的大战。因此，不消灭关东军是无法让日本心服口服投降的。

关东军的防御计划要求以 1/3 左右兵力配置在边境主要防御地段上，依托筑垒工事和有利地形，抗击苏军进攻，掩护主力机动；以 2/3 兵力作为战役机动部队，配置在纵深，随时准备前推到受威胁方向，以反突击制止苏军突破并阻止其进攻。计划还规定，如苏军优势过大或反突击失利，则退至长春、沈阳、锦州地区进行坚守；如这一地区不能坚守，则将主力撤至朝鲜境内，依托中朝边境山区凭险固守，以持久战策应本土决战；当条件有利时，决不放弃实施反攻，甚至进一步占领苏联远东部分领土。

稍微仔细观察，就会发现这个防御策略与苏联对抗德军入侵有着惊人的相似之处。因此，用这个战略对付其他国家尚可行，但对付苏联，那就有些不合适了。因为苏联能熟练使用这种防御战略，对其优劣之处、破解之道，也自然了若指掌。果然，苏联吸取德国闪电战的优点，找准阶梯防御战的弱点，对日本关东军进行了雷霆一击。

在对德国作战尚未完全结束时，苏联就已开始拟制对日本作战计划并进行作战准备。从 1945 年 2 月开始，苏军在极严格的保密与伪装下，从欧洲战场抽调大量军队输送至远东，使远东地区的兵力增至 80 个师、46 个旅，共 158 万余人、2.6 万余门火炮和迫击炮、5500 余辆坦克和自行火炮、5300 余架飞机、670 余艘各型舰艇，形成对日关东军的兵力优势。同时，苏军储备各种作战物资，改善交通条件，加快进攻准备。

为了领导对日本作战的陆军和海军，成立远东苏军总部，任命华西列夫斯基为总司令。苏军企图使用 3 个方面军从西、东、北 3 个方向，向中国东北纵深实施向心突击，夺取沈阳、长春、哈尔滨、吉林，切断关东军与关内日军及在朝鲜日军之间的联系，全歼关东军主力，占领中国东北全境。其主要突击方向选在日军设防薄弱的西部，以局部绝对优势兵力进行快速打击。

日军在中国战场和太平洋战场节节失利后，日本统治集团感到大势已去，期望通过苏联的斡旋，谋求在对日本有利的条件下结束战争。但是，苏联时刻站在自己利益上进行考虑，是不可能给日本雪中送炭的。1945 年 8 月 6 日，美国在日本广岛投掷第 1 颗原子弹。8 月 8 日，苏联外长约见日本驻苏联大使，递交苏联对日本宣战书。苏联提前出兵，完全出乎日本的预料。

在苏联对日本宣战的同时，苏军 3 个方向军越过国境线，对日军发起进攻。苏军出动 480 多架次轰炸机，在大批歼击机掩护下，分批轰炸沈阳、长春、吉林、哈尔滨、齐齐哈尔、索伦和朝阳等军事工业中心和交通枢纽。日军飞机害怕被歼，于战役第 1 天就全部转场至朝鲜和日本本土，拱手让出了制空权。苏军方面部队在没有空袭的顾虑下，迅速向前推进。

在强大的苏军面前，失去制空权的日军只能被动挨打。在 8 月 9—14 日 6 天内，苏军在不同方向上快速推进，完成了对沈阳、长春、吉林、哈尔滨和齐齐哈尔等地日军的分割包围。日军除在海拉尔、同江、富锦、孙吴、爱辉（瑷珲）等筑垒地域及牡丹江附近进行顽抗外，全线基本失去有组织的抵抗。苏军使用部分兵力围攻日军抵抗据点，主力高速向纵深推进。

关东军总司令部获悉苏军越过大兴安岭正向长春、沈阳急进时，于8月12日匆匆将总指挥部由长春迁往通化预备指挥所。这造成日军指挥中断，部队陷于混乱，这给苏军大规模消灭关东军创造了有利条件。

8月15日，日本政府宣布接受投降。日军除在个别筑垒地域顽抗外，已完全失去抵抗力。17日，关东军总司令向远东苏军总司令提出停战建议。18日，关东军总司令下令部队向当地苏军投降。远东苏军总司令命令关东军从8月20日12点起在全线停止一切对苏军作战行动，放下武器，投降就俘。

当时，苏军各部队或因油料耗尽，或因道路受阻，都不能迅速到达东北主要城市受降。远东苏军总部命令各方面军立即组成精干的快速支队，或将剩余油料集中于少数车辆，务必如期到达指定的战役目标。同时，苏军抽调部分兵力乘飞机到沈阳、长春、哈尔滨、吉林、旅顺和大连等地。

8月17日后，苏军加快推进速度；19日，苏军进占齐齐哈尔；20日，进占沈阳、哈尔滨和吉林；21日，进占长春；24日，进占大连。8月下旬，关东军主力陆续被解除武装。在边境筑垒地域顽抗的少数日军至8月底被肃清，日本在中国东北的军事力量从此不复存在。

虽然苏军出兵中国东北是以牺牲中国利益为前提的，但苏军对日军作战，在总的战略上对中国有利，因此，苏军出兵中国东北之战得到了中国人民与军队的支援和配合。在苏军进军的同时，中国解放区的抗日军民对关内日军展开了总反攻，使关东军和关内日军同时受到猛烈攻击，彼此不能策应。邻近苏军进军地区的八路军以部分兵力向北推进，迎接苏军，与他们取得联系。饱受日军长期奴役的中国东北人民欢迎苏军出兵，给苏军以支援，使苏军获得大量牛羊等补充部队的给养。对苏军少数人员的违纪行为，均予以谅解。

苏军在进军中国东北的同时，于8月11—31日又进军萨哈林岛南部和千岛群岛，肃清了那里的日军，结束了远东的军事行动。

苏联对日宣战，苏军出兵中国东北，粉碎了日本关东军主力，共毙伤俘日军68万余人。这一胜利，使日本在短时间内丧失了一支机动部队，对于日本帝国主义进行垂死挣扎、实施本土决战的企图是个沉重的打击。它缩短了对日作战的时间，加速了日本投降。

3. 中国人民大反攻，赶走日本侵略者

中国是第二次世界大战最先爆发战争的地方，也是战斗最艰苦的地方。抗日战争进入相持阶段后，中国军队通过正面战场和敌后战场坚持抗战，挫败了日本灭亡中国的战略，使之长期处于战争泥潭，被迫牵制了大批兵力。经过几年抗战，中国军队无论是数量还是质量都有了相当大的提高，反攻日军被提上历史议程。

在国际反法西斯战争有利形势下，1945 年春夏，中国敌后各解放区相继展开局部反攻，而且取得了令人振奋的战绩。经过夏季反攻，中国共产党领导的八路军、新四军及华南抗日武装主力已发展到 100 余万人、民兵 220 万人，19 个抗日解放区总面积约 100 万平方千米，人口超过 1 亿。

另外，日军占领的北平、天津、张家口、归绥（呼和浩特）、包头、大同、太原、济南、青岛、徐州、郑州、洛阳、开封、武汉、安庆、合肥、南京、镇江、上海、杭州、广州等城市及其之间的交通线，大都处在八路军、新四军及华南抗日武装的战略包围之中。中国几千千米海岸线及沿海港口，大部分处在八路军、新四军的控制下或活动范围内。

侵华日军百万兵力大部陷于人民战争的汪洋大海之中，士气低落，战斗力下降，战略上完全处于被动态势。尽管日军不甘心也不承认他们的失败，妄图收缩兵力，在华北及中国沿海继续挣扎。国民政府未屈服投降，军力已经大大加强，敌后解放区更使日军望而生畏。伪军则更动摇，一片恐慌。对日军举行战略反攻的形势正在逐步形成。

至此，中国人民的抗日武装力量已从思想上、物质上做好了对日举行战略反攻的准备，只等有利时机的到来。

美军在日本投放原子弹，苏军进攻日军后，国际形势对中国人民反攻极其有利。8 月 9 日，中共中央主席毛泽东发表《对日寇的最后一战》声明，号召举行全国规模反攻，配合苏军与同盟国军，向日伪军实施广泛进攻。8 月 10 日，中共中央指示，立即动员一切力量向日伪军进行广泛的进攻，以正规部队占领大城市和交通线，以游击队、民兵占领小城市。

同一天，解放军延安总部朱德总司令为日军投降之事，向各解放区所有武装部队发布第 1 道命令：各解放区任何抗日武装部队均得依据《波茨坦公

告》规定，向其附近各城镇交通要道之敌人军队及其指挥机关送出通牒，限其于一定时间内向我作战部队缴出全部武装，在缴械后，我军当依优待俘虏条例给予生命安全之保障；各解放区任何抗日武装部队均得向其附近之一切伪军伪政权送出通牒，限其于敌寇投降签字前，率队反正，听候编遣，过期必须全部缴出武装；各解放区所有抗日武装部队，如遇敌伪武装部队拒绝投降缴械，即应予以坚决消灭；我军对任何敌伪所占城镇交通要道，都有全权派兵接收，进入占领，实行军事管制，维持秩序，并委任专员负责管理该地区之一切行政事宜，如有任何破坏或反抗事件发生，均须以汉奸论罪。

8 月 11 日，朱德总司令又连续发布 6 道命令：命令晋绥解放区贺龙司令指挥的武装部队由绥远向北行动；晋察冀解放区聂荣臻司令指挥的武装部队由察哈尔、热河向北行动；原东北军吕正操部由山西、绥远进军察哈尔、热河；张学诗部由察哈尔、河北进军热河、辽宁；万毅部由河北、山东进军辽宁；李运昌部由河北、热河进军辽宁、吉林。上述各部配合苏军作战，接受日军投降。他还令山西解放区的武装部队由贺龙司令指挥，肃清同蒲铁路沿线和汾河流域的日伪军；令各解放区的武装部队，向日伪军占领的北宁路、平绥路、平汉路、同蒲路、德石路、正太路、白晋路、道清路、津浦路、陇海路、粤汉路、沪宁路、宁芜路、沪杭甬路、广九路、潮汕路沿线和各解放区的一切交通线，展开积极的进攻，迫使日伪军投降。

8 月 15 日，朱德总司令命令侵华日军中国派遣军总司令冈村宁次投降。在华“日本人民解放同盟”领导人野坂参三号召日军向八路军、新四军投降。各解放区司令根据总部命令，均向当地日军发出令其投降的命令与通牒。

各解放区立即抽调 1/2 至 3/5 兵力，组成野战兵团，展开强大反攻。

晋绥主力于 8 月 11 日向平绥路、同蒲路沿线的日伪军展开进攻。在平绥路沿线，主力一部在平绥路以北进攻，一部向托克托和林格尔进攻，另一部沿黄河北上，进攻归绥。在同蒲路沿线，军分区部队由同蒲路西侧向太原进攻。其余部队亦互相配合，攻歼日伪军。

8 月 10 日，在聂荣臻司令兼政治委员指挥下，冀晋军区主力一部，配合苏军作战，夺取大同、丰镇、集宁和商都等地，另一部配合晋绥解放区主力夺取太原；冀察军区主力挺进北平，另一部夺取张家口、张北、多伦和沽源等城，配合苏、蒙军进军；冀中军区主力进军天津、塘沽，另一部在冀晋军区部队配合下，夺取石家庄和保定；冀热辽军区主力挺进辽宁、吉林，另一部夺取唐山、秦皇岛。各部主力按反攻计划，展开对日伪军进攻，解放张家口等城市及广大乡村。

而在晋冀鲁豫根据地，在刘伯承司令、邓小平政治委员指挥下，太行军区主力一部于8月14日向长治进攻，另一部向新乡、博爱进攻，军区部分兵力进逼太原；太岳军区主力进攻介休、平遥地区；冀鲁豫军区主力分为3路，中路首先消灭新乡以东伪军并相机夺取新乡、开封，南路协助中路攻击开封，北路向邯郸、安阳进攻，军区以一部兵力配合山东解放区部队围攻济南。

在罗荣桓司令兼政治委员指挥下，山东20万大军投入反攻作战。8月17日，鲁中军区主力向胶济路西段、津浦路济南至兖州段敌伪进攻；滨海军区主力向胶济路东段、陇海路东段日伪进攻，并分别协同胶东军区部队和新四军进逼青岛及海州、连云港；胶东军区主力向青岛外围、胶济路东段沿线和沿海各城镇的日伪进攻；渤海军区主力向津浦路济南至沧州段、胶济路西段沿线日伪进攻；鲁南军区主力向徐州外围、津浦路徐州至兖州段敌伪进攻。

根据党中央指示，华中新四军迅速展开反攻。苏北部队向沭阳、涟水、海州等地进攻；苏中部队向宝应、高邮、东台、盐城等地进攻；淮北部队向永城、泗县、宿迁、淮阴、淮安等地和津浦铁路徐州至宿县段、五河及临淮关方向进攻；淮南部队向定远、蚌埠、滁县、六合等地和津浦路三界镇至乌衣镇段进攻；皖江部队向无为、裕溪口等地进攻；苏浙军区主力在苏南向溧阳、金坛、溧水、句容、郎溪、安吉、长兴等地进攻，一部在浙东向宁波进攻；皖南部队向繁昌、芜湖方向进攻；河南军区主力向郑州、开封外围进攻。鄂豫皖主力向武汉外围和平汉路两侧进攻。

广东抗日武装向广九路沿线和广东省沿海敌伪进攻。海南岛抗日武装向海口、榆林沿海敌伪进攻。此外，在华北参加对日作战的朝鲜义勇队，随八路军、东北军挺进东北，参与反攻日军的行动。

国民政府和蒋介石随着抗战进入相持阶段开始采取“消极抗日，积极反共”政策。在武汉失守之后，国民政府抗日明显消极，其重心转移到保存实力上，企图在抗战胜利时，独吞抗战胜利果实。不过，由于国民政府对抗日战争形势估计不足，没预料到日军会那么快投降，因而在远东盟军进行大反攻时，国民政府尚未准备好，其主力大多在西南部大后方，无法及时在大反攻中发挥作用。

当时，国民政府已基本完成35个美械师的编练，趁日军撤退收缩之际，收复广西与闽浙沿海要地，但整个主力均驻扎在中国西南各地，离需要抢占的战略要地广州、长沙、武汉、南昌、九江、安庆、南京、上海、杭州、徐州、郑州、洛阳、青岛、济南、北平、天津、山海关、承德、赤峰、多伦、古北口、张家口、归绥、大同、太原、包头、石家庄甚远。在此情况下，蒋介石一面命令日军“维持秩序”，等待国民党军队到达，一面命令国民党军队“积极推进，勿稍松懈”。国民党军队在美军帮助下，从空中、海上、陆上加速向各战略要点推进。

同时，蒋介石利用其合法地位垄断受降权。8月10日，蒋介石电令第18集团军（八路军）所属部队“原地驻防待命”，接受各战区司令管辖，勿“擅自行动”。并说八路军、新四军如“擅自”接收日军投降，他将“下令惩罚之”。一言以蔽之，蒋介石不准八路军、新四军反攻，不准接受日伪军投降。对此，朱德总司令、彭德怀副总司令于8月14日复电蒋介石，予以严词拒绝。

根据当时形势，中共中央于8月23日，决定改变方针，放弃攻占大城市的打算，改向中小城市和广大乡村进军，扩大解放区，缩小敌占区，坚决歼灭拒不缴械的日军。各解放区主力改向敌伪军占据的中小城市和广大乡村展开了更加猛烈的进攻，从长江两岸到长城内外，对一切占据中小城市拒不投降的日伪军予以坚决歼灭。

按同盟国协定，由国军接受日军投降的范围包括中国（东三省除外）、越南北纬16°以北地区。在此范围内，共有日军1个总司令部、3个方面军、10个军、36个师团、41个旅团以及警备、守备、海军等部队，共约128万余人。

9月9日，在南京黄埔路（今解放路）国民党陆军总部所在地，侵华日军总司令冈村宁次在向中国投降书上签字。9—10两月，日军投降完毕，全部被解除武装，上述27个战略要点，除张家口、古北口为八路军解放，多伦、赤峰、承德为苏军攻占外，其余均为国民党军队接收。

国民党军队接收日军投降的官兵约127万，投降的伪军约68万人，武器35万余件，投降的伪军游杂部队27万余人，日伪军投降的人数总计为232万余人。从1945年冬至1946年夏，国民政府将日军投降官兵及日侨等全部遣送回日本。

整个14年抗战，中国军民英勇作战。敌后战场歼灭日军52万余人、伪军118万余人，合计171万余人。正面战场毙伤日军约53万人。两个战场合计歼灭日军105万余人、伪军118万余人，总计223万余人。中国人民可以无愧地讲，这是一个伟大的胜利。中国人民对日本作战的胜利，不仅捍卫了中华民族的生存，而且对世界反法西斯战争的胜利、对人类的进步事业，做出了应有的贡献。

4. “密苏里”号战列舰见证了“历史时刻”

在美军原子弹的打击、苏军的猛烈攻击，以及中国抗日军民大反攻下，已完全陷入绝境的日本法西斯除了投降就别无他路。这是中国军民14年抗日以及盟军五年反法西斯战争努力奋斗的结果，也是法西斯侵略者的必然下场。

日本政府接受投降，既是无奈之举，也是艰难之举，更是符合日本人民根本利益的明智之举。

1945年8月9日10点30分，日本最高战争指导会议在日本皇宫内举行，铃木贯一郎首相首先表示，鉴于目前形势，日本只有接受《波茨坦公告》。陆军大臣阿南惟几和参谋总长梅津美治郎要求先讨论应否把战争继续下去。海军大臣米内光政建议附带条件接受《波茨坦公告》。外务大臣东乡茂德认为只可讨论附带“维持国体”条件一个问题。由于意见分歧，未能取得一致意见。

同日14点30分至22点30分，铃木贯一郎内阁连续召开紧急会议。阿南惟几等仍主张除“维持国体”外，还必须附带三个条件：日本自行处理战犯；自主解除武装；盟军不得进驻日本，万一进驻，也应限制在最小范围内以最低数量实行短期占领。因此，这次会议仍然未做出任何决定。

同日午夜，昭和日本天皇在皇宫防空洞内召开御前会议，会议讨论了两个多小时，与会者意见形成3∶3态势，仍相持不下，毫无结果。铃木贯一郎根据事前同木户内大臣等人的默契，在会议即将结束时起立即面请日本天皇“圣断”。日本天皇表示本土决战毫无可能，只有接受《波茨坦公告》。

御前会议遂于10日凌晨2点30分结束。铃木贯一郎立即召开内阁会议，让阁员们同意在《波茨坦公告》的文件上签字。10日6点45分，日本外务省打电报给驻中立国瑞士和瑞典的日本公使，请两国政府将日本接受《波茨坦公告》的照会转交中美苏英四国政府，但附有一项“谅解”，即《波茨坦公告》“不包含变更日本天皇统治国家大权的要求”。

8月12日凌晨，日方收听到美国广播同盟国的答复，12日18点后，日本驻瑞士和瑞典公使相继发回美国国务卿贝尔纳斯代表美英苏中四国政府的正式复照。主要内容是：自投降之时刻起，日本天皇及日本政府统治国家之权力，即须听从于盟国最高司令，按照《波茨坦公告》，日本政府之最后形式将依日本人民自由表示之意愿确定之。

对此复照，日本统治集团再次争议。13日9点，最高战争指导会议开会；16点，内阁又举行会议，争论均无结果。

与此同时，美军舰载飞机猛烈轰炸关东和东北地区，又在广播中谴责日本政府故意拖延时间，并从13日17点至14日清晨派出飞机在东京等地大量散发日语传单，载明8月10日日本政府接受《波茨坦公告》的照会电文和同盟国的复照。这样就把日本政府一直讳莫如深的交涉秘密公诸日本人民，使日本统治集团深为不安。

8月14日10点50分，日本天皇再次召开御前会议，会上仍争议不定。最后，日本天皇发表讲话。他说：我的异乎寻常的决心没有变……如果继续战争，无论国体或是国家的将来都会消失，就是母子都会丢掉。现在如果停战，可以留下将来发展的基础……希望赞成此意。

日本天皇讲话后，铃木贯一郎当即表示起草停战诏书。会议于正午结束后，日本政府随即拟就一份宣布接受《波茨坦公告》的诏书以及给同盟国的电报稿。这两份文件于14日23点拍发，日本天皇诏书还于23点20分录了音。近卫第1师团中的几名法西斯军官于14日深夜至15日凌晨闯进皇宫，图谋劫夺日本天皇诏书录音盘。事败，自杀。

15日晨，陆军大臣阿南惟几切腹自杀。此后，一批坚决的法西斯分子如陆军杉山地、陆军大将本庄繁等亦纷纷自杀。15 日正午，日本广播协会广播了日本天皇宣读“终战诏书”的录音。日本正式宣布接受《波茨坦公告》，向盟国投降。这标志着日本法西斯彻底崩溃。

8 月 15 日，铃木贯一郎内阁辞职。8 月 17 日，皇族东久迩稔彦组阁，近卫文麿以副首相身份参加内阁，重光葵出任外相。同日，日本天皇发布敕谕，命令国内外的日军立即停止一切战斗行动。

8 月 28 日，美军先头部队在东京附近的厚木机场着陆，开始对日本本岛实行占领。9 月 2 日 9 点，在停泊于东京湾的美国“密苏里”号战列舰上举行了受降仪式。首先由日本外相重光葵代表日本天皇和政府、陆军参谋总长梅津美治郎代表大本营在投降书上签字。麦克阿瑟以盟国最高司令的身份签字，然后是接受投降的 9 个盟国代表分别代表本国依次签字：美国代表尼米兹、中国代表徐永昌、加拿大代表穆尔・戈斯格罗夫、法国代表雅西・勒克莱尔、英国代表福莱塞、苏联代表杰列维亚科、澳大利亚代表托马斯・布莱梅、荷兰代表赫尔弗里希、新西兰代表艾西特。

至此，日本法西斯正式宣告战败投降，德意日轴心国发动的第二次世界大战，也以反法西斯同盟国的胜利宣告结束。

第十六章
公审法西斯头目，只为伸张人类正义

法西斯给人类带来了巨大浩劫，全世界人们空前团结起来，经过数年苦战，最终打败了德国、日本、意大利法西斯。为了伸张人类正义，盟国先后组建纽伦堡国际军事法庭和远东国际法庭分别对德国法西斯头子和日本法西斯头子进行公审。

1. 纽伦堡是公审纳粹头目最合适的地方

在 1941 年，比利时、希腊、卢森堡、挪威、荷兰、波兰、南斯拉夫、法国在伦敦的流亡政府就设置联络会议，专门研究战后如何处罚战犯一事。1942 年 1 月 13 日，这些国家又共同发表《圣詹姆斯宣言》，明确提出战后要通过司法手段惩罚战犯。1943 年 10 月，它们成立联合惩办战犯委员会，并初拟出战犯名单。

当然，这是那些流亡政府达成的协议，其象征意义大于实质意义，能否实行，还要看抗击法西斯的主力国家苏美英中是否支持。

1943 年 10 月下旬，苏美英三国外长在莫斯科开会时通过《关于希特勒分子对其所犯罪行责任问题的宣言》。这个宣言由三国政府首脑签署。其中载明：战犯们“将被解回犯罪地点，由他们所曾迫害的人民予以审判”。宣言警告罪犯们：……三个盟国必定要追赶他们到天涯海角，将他们交给控诉他们的人，俾使公道得以伸张。《圣詹姆斯宣言》的核心内容首次得到大国的公开支持。

在同年召开的德黑兰3国首脑会议上，斯大林义正词严地敦促：要尽快对所有德国战犯进行公正的裁判，并对他们严加惩治。他的话充分表达了人民惩治法西斯首恶分子的愿望。1945年年初的《雅尔塔会议公报》重申：要使一切战争罪犯受到公正而迅速的惩办。

1945年5月，苏联、美国、英国、中国4大反法西斯国家在旧金山召开的联合国创设会议上，又就一系列审判战犯的具体问题进行了热烈讨论，并定于1945年6月22日在伦敦举行会议，共议设立欧洲国际军事法庭的具体事宜。

在1945年7—8月的波茨坦会议上，苏美英3国首脑郑重签署《波茨坦会议议定书》，其中包括设立军事法庭审讯战犯的条款。嗣后，英美法苏4国于1945年8月8日正式缔结关于控诉和惩处欧洲轴心国主要战犯的协定，简称“伦敦协定”。不久，陆续有20个国家参加该协定。

“伦敦协定”包括一项附属文件，即国际军事审判条例，内容共30条，对设置法庭的目的、任务、职能、机构、管辖权等一系列问题做了明确、详尽的阐述，它规定签约4大国应各派遣1名审判官、1名代理审判官主持审讯、判刑事宜。

国际军事审判条例对战犯进行起诉的理由分为：破坏和平罪，即指策划、准备、发动或进行侵略战争，或违反国际条约、协定或保证的战争，或参与实施上述任何罪行的共同计划或阴谋；战争罪，即指违反战争法规或惯例，此罪包括但不限于虐待或杀害俘虏、人质、奴隶劳工及掠夺财产，破坏城镇等；违反人道罪，指战争发生前或战争期间对任何平民的杀害、灭绝、奴役及其他不人道的行为。

条例规定由缔约国首席起诉代表组成起诉委员会。委员会确定被定为首要战犯名单。所谓“首要”者，系指被告“在纳粹政权中所保持的骨干地位，即不仅行为恶劣，而且责任重大”。委员会在审判开始之前，即把起诉书副本交各被告人手一份。起诉书共66页，是由各国首席起诉代表共同签字后才正式发出的。它列举被指控的被告人、被告组织和集团的重大罪行，但允许被告加以申辩，规定每个被告有权任选德籍律师一名。

审判地点选在德国纽伦堡市。纽伦堡市在历史上留下过创建和践踏人类文明的双重记录。在第二次世界大战中，它又蒙受法西斯强盗的玷辱。1935年，希特勒在此颁布过臭名昭著的《纽伦堡法》，该法规定取消犹太人的德国籍，还把迫害犹太人公然列入法律。从1933年到1938年，纳粹党都在纽伦堡市举行党代会，故希特勒把纽伦堡“誉”为帝国党代会之城。在法西斯曾炫耀其成就的地方对其进行公审，永久记下他们的耻辱。

在公审之前，法庭已掌握大宗文献，包括纳粹文件、外交和军事上的记录、信札、日记等数千件。这是盟国从纳粹官邸、别墅、地下室甚至盐矿中及假墙的夹缝中搜索缴获的，文件总量逾千吨。从中精选出可做证据的材料，再加核查、分类、登记、复印并分别译为英国、法国、俄文，最后呈交检察官备用。

此外，盟军还集中了一批证人，多是事先盟军在搜捕过程中有意识地寻找和保全的适宜充当证人者，有苟活下来的纳粹同伙，也有部分暗中反对纳粹政权者。

10月上旬，罪犯们被押解到纽伦堡候审。美军上将、心理学家安德鲁斯被任命为纽伦堡监狱狱长，管理全体在押人员。至此，一切准备就绪，只待开庭。

1945年11月20日10点03分，欧洲国际军事法庭在纽伦堡法院的正义宫开庭。大厅正面竖立着苏美英法四国国旗，旗前设审判官席。对面是律师席位，被告坐在律师身后。大厅左、右两侧分别为检察官和证人席。厅内有数排座位专供各国记者之用。旁听席在楼上。

开庭之日，审判官们身着黑色法衣威严入座。21名被告在美国军人押解下神情沮丧地进入大厅。其他人员先已各就各位。审判长劳伦斯首先讲话。接着，4国起诉代表分别致开庭辞。他们都强调审判的严肃性与重要性，表示将公正无私地履行审判义务。之后，法庭宣读审判规程。

11月21日，各国检察官宣读起诉旨意。美国检察官指出，被告“是把《我的奋斗》的梦想变为现实的魔术家”，是“狂妄的、罪恶冒险行为的积极参与者和领导者。他们是扑灭自由火焰的帮凶，是织成铺盖欧洲大陆的黑色丧服的经和纬，是一伙无所顾忌的歹徒……”随后，苏英法3国代表也强烈谴责纳粹被告的罪行。

受到起诉的德国首要战犯共24名。被告鲍曼未缉拿归案、被告莱伊在狱中畏罪自杀，被告克虏伯获准暂不出庭受审，实出庭者21名。

法庭起诉书列举24名被告的主要罪状：

赫尔曼·戈林：纳粹政权第二号人物，于1922年加入纳粹党，历任国会议员、不管部部长、航空总监、普鲁士总理、陆军将军，后来作为4年计划全权执行人总揽德国经济大权，还负责控制和掠夺被占国经济。1938年，他“荣升”陆军元帅，后被加封绝无仅有的“帝国元帅”。希特勒曾两次颁令宣布在他“遭遇不测”时戈林是“全权继承人”。戈林建立秘密警察并创建集中营，积极参与迫害犹太人，是侵略战争的指挥和推动者。他曾竭力榨取被占国民脂民膏，残酷虐待各国奴隶劳动，抢掠和私吞被占国艺术珍宝。

约翰·里宾特洛甫：他于1932年加入纳粹党，曾任希特勒外交政策顾问、驻外大使等，1938年任外长；曾参加纳粹一系列重要会议，策划和推动侵略战争，参与炮制慕尼黑阴谋，胁迫哈查总统就范，签署《对波希米亚和摩拉维亚的保护关系法》，还曾诱使英国放弃对波兰的保护。

威廉·凯特尔：他是德国陆军将领，国防军最高统帅部长官；参与吞并奥地利勾当，对奥总理许士尼格施加压力；参加制订、签署和实行多项侵略他国的军事计划。

恩斯特·卡尔滕布鲁纳：他于1932年加入奥地利纳粹党和党卫军，1941年任奥保安部长，对德国吞并奥地利起了特殊作用；1943年，他继任刽子手海德里希之职，成为秘密警察保安队勤务处头目、德国保安总局局长，对集中营内种种罪行负有不可推诿的责任。他参与虐待奴隶劳工和“最后解决”犹太人行动。

阿尔弗雷德·罗森堡：他于1919年加入纳粹党，是公认的“纳粹思想家”。主编纳粹刊物并撰写《二十世纪的神话》一书，大肆发展和传播民族社会主义，还主持纳粹的思想和教育研究工作。1941年起，他任德国东方占领区事务部长，执行希特勒对被占区控制、管理、榨取的指令。

汉斯·弗兰克：他于1927年加入纳粹党，曾任不管部部长，纳粹党法律事务全国领导人。1939年10月，他任波兰占领区总督，曾肆无忌惮地榨取波兰经济资源，从波兰向德国输送100万劳工，还参与杀害大批波兰人。

威廉·弗利克：他于1932年加入纳粹党，曾任德内政部长、内阁国防委员会成员。1943年8月起，他作为驻波希米亚和摩拉维亚地区“保护长官”，曾签署一系列取缔反对党，镇压工会、教会和犹太人的条令。他亲自宣布“犹太人不受法律保护”。他管辖的疗养院、医院、精神病院把大批老、弱、病、残及精神不健全者当成“无用的饭桶”加以杀害。

尤利马斯·施特莱歇尔：他于1921年加入纳粹党，曾参加慕尼黑暴动，是公认的“天字第一号犹太迫害狂”。1923—1945年，他主持反犹刊物《前锋报》，鼓吹灭绝犹太人种，诬蔑犹太人是细菌、寄生虫和瘟疫。他积极支持1935年迫害犹太人的《纽伦堡法》，还应对1938年纽伦堡捣毁犹太教堂事件负责。在“最后解决”犹太人行动中，他操纵宣传机器，对这一暴行起了推波助澜作用。

阿尔弗雷德·约德尔：他于1935—1938年任德国国防军最高统帅部国防处处长。1939年后，他负责作战处，直接向希特勒汇报战事，并向三军传达其命令。他曾策划并参与对奥地利、捷克斯洛伐克、挪威、希腊、南斯拉夫等国的军事行动，草拟侵苏的“巴巴罗萨”方案，签署诺曼底登陆备忘录。

弗里茨·绍克尔：他于1923年加入纳粹党。1932年后，他担任图林根内务部长和联邦总理等职，曾领冲锋队和党卫队将军衔。1942年，他被希特勒任命为奴隶劳工全权负责人，制订过榨取各占领区奴隶劳工的计划。他对劳工的原则是“用最低费用达到最高限度的剥削”。

赛斯·英夸特：他于1938年加入奥地利纳粹党。他对德国吞并奥地利起过特殊作用，曾任德国驻奥总督、不管部部长、驻荷占领区头目等职。

马丁·鲍曼：他于1925年加入纳粹党。1933—1941年，他是希特勒助理公署参谋长，此后接任纳粹党书记处书记职务。1943年起，他为希特勒秘书并日益成其亲信。他在缉捕期间下落不明，其律师申明其已死亡，但当时尚无确凿证据，法庭对他进行缺席审判。

罗伯特·莱伊：他于曾负责德国劳动战线和纳粹党组织工作，制定过使用外国奴隶劳工提案。在押至纽伦堡监狱后，他于10月25日利用禁闭室厕所的水管上吊自杀身亡。

古斯塔夫·克虏伯·冯·博伦·哈尔巴赫：他是德国克虏伯公司总经理，在第一次世界大战、第二次世界大战中曾生产大量军火武器。法庭虽对他提出起诉，但在1945年11月5日决定暂不审讯，理由是“被告身体和精神状况不佳”。法院宣布对他案情的审理将推迟到他“身体和精神状态允许之时”进行。

鲁道夫·赫斯：他于1920年加入纳粹党。1923年，他与希特勒一起被捕并在狱中协助希特勒写《我的奋斗》一书，后任希特勒助理及心腹。他曾系国防委员会成员及纳粹党书记处负责人，积极参与策划侵略战争。1939年，他被希特勒指定为继戈林之后第二继承人。他在1941年5月1日突然只身驾机飞往英国，此后一直被囚禁在英国。开审之前，他被引渡至纽伦堡。狱医认定他患有“时间性歇斯底里健忘症”，但“并非完全不清醒”，故依法受审。

埃里希·雷德尔：他于1935年任海军总司令，四年后擢升海军特级上将，为德国国防委员会成员。1943年，他请求只留任海军名义总监。他曾参与策划和指挥一系列侵略战争，尤其是海战，对潜艇战更负有不可推卸的责任。

瓦尔特·冯克：他于1933年起任德国政府新闻总署、宣传部负责人等。1939年，他为德国经济部长和战争经济全权委员、德国国家银行总裁。他曾参与迫害犹太人活动，全力进行战争经济准备并对占领区进行经济榨取。

耶马尔·沙赫特：他于1923—1930年任德国货币委员会委员和国家银行总裁。1933年，他又被希特勒任命为国家银行总裁、德国经济部长、战争经济全权委员、不管部部长等。他是纳粹上台的积极支持者。他通过种种手段为希特勒筹集资金，后因与戈林等发生矛盾而失宠。1944年，他曾被秘密警察逮捕。

弗兰茨·冯·巴本：他于1932年曾为德国总理。1933年，他被任命为希特勒内阁副总理。1938—1943年，他先后为驻奥地利、土耳其使节，曾积极帮助希特勒组阁。他1934年发表过斥责纳粹党的演说，故在“清洗罗姆”事件中被监禁，不久获释。他曾支持奥地利纳粹分子活动，参与过吞并奥地利的准备工作。

康斯坦丁·冯·牛赖特：他是职业外交官，在1930—1932年任德国驻英国大使，在1932—1938年任外长，后曾任不管部部长、国防委员会委员、德驻波希米亚—摩拉维亚保护长官等。他曾参加炮制慕尼黑阴谋和镇压捷克斯洛伐克人民。

巴尔杜·冯·席腊赫：他于1925年加入纳粹党，1929年为民族社会主义全国青年指导人，1933年后为全德青年领导人，1940年被任命为驻维也纳总督。他曾把各青年组织统一到希特勒青年团内，向青年灌输纳粹思想并对之进行军事训练，使青年成为党卫军补充来源。

阿尔伯特·施佩尔：他于1932年加入纳粹党，两年后成为希特勒的建筑师和亲信，1942年后担任托特组织负责人，德国军备、军需及军火部部长，德国国会议员。

卡尔·邓尼茨：他自1936年任德国潜水艇舰队司令，1942年成为海军上将，次年接替雷德尔任海军总司令。希特勒在自杀前的遗嘱中指定他从1945年5月1日起为德国国家元首。他曾参与训练和发展德潜艇队，积极策划和参与海上侵略战争。

汉斯·弗里切：他从1932年就是经常公开露面的广播评论员，主持政治时事节目，1933年加入纳粹党，1938年成为宣传部国内新闻司司长，后任广播司司长。他执行戈培尔指示，每日制定和发布新闻宣传口径，为纳粹活动制造舆论并进行煽惑。

除了24名战犯外，起诉书还对下列集团或组织提出了起诉：

纳粹党政治领袖集团：它是以希特勒为首组成的纳粹党组织机构，实际管理由全国总部领袖（先为赫斯，后为鲍曼）担任。该集团成员包括领袖（希特勒），全国总部领导人，大区领导人及办事处成员，县领导人及办事处成员，地方分部、支部和小组领导人。该组织为纳粹党夺取国家政权、控制帝国起中坚作用。它大肆进行蛊惑宣传，监视人民政治态度，还致力于使占领区日耳曼化并迫害犹太人。

秘密警察和保安勤务处：保安勤务处原为党卫队情报机构，自1936年6月成为纳粹党情报机构并与秘密警察合并一体。秘密警察和保安勤务处原由海德里希后由卡尔腾布鲁纳负责。它通过监狱、集中营等手段凶残对付一切纳粹的反对者，干下了大量逮捕、迫害、屠杀和灭绝无辜人民的暴行。

德国纳粹党党卫队：德国纳粹党党卫队原系希特勒从冲锋队选出用以自

卫的“精锐部分”，最初仅200余人，希姆莱任领袖，到1933年发展到2.5万人，1945年达58万人。党卫队分两部分：一为调遣部队，必要时可编入国防军；二为髑髅队，控制集中营。队员当时被“誉”为“具有高度组织纪律的中坚分子”，有着“看到千万具尸体也无动于衷的无情精神”。党卫队用各种残酷手段杀人，包括搞杀人试验。

德国纳粹党冲锋队：罗姆1921年为实现纳粹党政治目的而建立。冲锋队曾参加希特勒的啤酒馆暴动，起到“党的臂膀”作用，1933年发展到250万人，在1934年6月30日的“清洗”中遭到极大削弱，降到纳粹附庸部队地位。

德国内阁：包括1933年1月30日以后的普通内阁成员、德国内阁国防委员会成员和秘密内阁成员，总数为48人。其成员分管各政府部门。1933年后，内阁有权发布新的法律。希特勒曾宣布在对外政策问题上要取得秘密内阁会议的咨询。

参谋部和国防军最高统帅部：成员为三军最高司令部高级军官，约有130名，希特勒为最高统帅。这伙人策划指挥了一系列侵略战争，使数百万无辜人民蒙受战争的灾难和痛苦。

对战犯以及犯罪集团或者组织进行起诉后，纽伦堡欧洲国际军事法庭1945年11月起，进行了错综复杂、旷日持久的审案工作。

2. 这次正义审判经得起历史考验

到1946年3月，纽伦堡欧洲国际军事法庭进入公审时期。战犯以及犯罪集团或者组织正式接受了历史的审判。

这是一场艰苦的面对面的舌战。法庭成为同德国法西斯战犯最后较量的战场。四国检察官分别对被告们做出详尽的控诉。法庭共进行公开审判403次，多次传讯每一名被告，请200多位证人出庭作证，请143人提供调查记录，还允许22名德国律师为被告进行辩护，同时接受了律师们提交法庭的30万条书面证明材料。最后，在1946年3月8日至6月26日准予被告行使答辩权。

在审讯过程中，法庭充分体现公正、人道、民主精神，彰显法律尊严。审讯始终是一场激烈的唇枪舌剑。因为要在法庭上彻底战胜纳粹被告，并从法律的角度定下历史的铁案，就必须让被告在大量确凿的人证物证面前理屈词穷，从根本上而不是只表面上服罪。这种较量并不亚于在枪林弹雨的战场上交锋。一些顽固的被告竟当庭宣扬悖谬的纳粹理论为法西斯开脱罪责，法庭理所当然地进行了有力驳斥。

辩护方面（包括某些律师）反复提出“无法规定者不罚”的理由，一再抗辩说追溯既往地运用法律是不允许的，也就是说，在他们谋划和发动侵略战争时，还不存在禁止密谋和进行侵略战争的法律规定，因而不能给他们定罪。检察方面义正词严地指出，这恰恰说明法西斯分子从来就无视国际法。法庭列举了海牙、凡尔赛、洛迦诺、凯洛格—白里安等一系列国际条约的具体条文，来说明德国法西斯对奥地利、捷克斯洛伐克、波兰、丹麦、挪威、比利时、荷兰、卢森堡、法国、英国、南斯拉夫、希腊、苏联及美国的战争从根本上违背了国际法规，是赤裸裸的侵略战争。而侵略战争历来就属刑事犯罪。

被告还提出“你亦同样”的论调，企图通过诬蔑对方也犯有同样的“罪行”，而洗白自己的罪行。他们制造“双方都违法”的谬论，以“合理”地追究对方的法律责任，达到“双方均不追究”的目的，实质是为自己开脱。法庭戳穿被告们玩弄的“相互抵销法”，指出他们妄图把自己的侵略行径同盟国、受难人民反侵略战争和反法西斯抵抗运动混为一谈，是只许侵略者挑衅而不许受害者做正义还击的强盗逻辑。

被告们还试图以“执行命令”为自己辩解，有军衔者尤其把这点奉若至宝。这是自我洗白的托词，犯罪已无法抵赖，但不承认是罪犯，因为自己只是执行者，法律责任只能由发布命令的人来承担。按照这种逻辑，最后就只需对希特勒一人治罪，希特勒既已身亡，因而被告们都可逃脱法网了。法庭有力地引证：即使在最富有盲目服从传统的德国，即使在元首国家时期，德国军事刑法第 47 条仍然规定：就是下属人员，假如他知道上级命令以违反民法或军法的犯罪行为为目的时，再执行这道命令也应受到惩罚。这一论据使被告们无以对答。最后，法庭斩钉截铁地裁断：“执行上级命令不属减刑之列！”

被告戈林在诡辩中表现最为狡黠、蛮横。他准备与法庭对抗到底，公然声称不承认法庭的职权，还在下面暗搞攻守同盟，破坏审讯。对这样顽固的罪犯，法庭和监狱管理人员与之进行了针锋相对的斗争。

经过9个月艰苦斗争，法庭基本上达到预期的目的。1946年8月31日，法庭给各被告以最后辩护发言的机会，并宣布休庭一个月，对案情加以缜密分析及研究最后判决。

1946年9月30日，纽伦堡欧洲国际军事法庭宣读了长达250页的判决书，判刑情况如下：

判处被告共22名（其中一人缺席）：被告戈林、里宾特洛甫、罗森堡、凯特尔、施特莱歇尔、约德尔、绍克尔、弗兰克、弗利克、卡尔腾布鲁纳、赛斯·英夸特、鲍曼（缺席）12人判处绞刑；被告赫斯、冯克、雷德尔3人判处无期徒刑；被告席腊赫、施佩尔2人判处20年徒刑；被告牛赖特判处15年徒刑；被告邓尼茨判处10年徒刑；被告巴本、沙赫特、弗里切被宣判无罪，予以释放。

以下各组织被宣判为犯罪组织：德国政治领袖集团、秘密警察和保安勤务处、党卫队。

宣判完毕后，法院附加一则说明：凡有上诉者，可在4天之内向管制委员会呈递“宽恕请求书”。

之后，庭长又宣布苏联方面的不同意见。苏联法官、司法少将伊·特·尼基钦科认为，不宣告德国内阁、参谋本部及国防军最高统帅部为犯罪组织，判处被告赫斯无期徒刑，宣告被告沙赫特、巴本、弗里切无罪而予以释放是不正确的，没有根据的。伊·特·尼基钦科在长达30页的意见书中详尽阐述了理由，列举了上述三组织的累累罪行，认定其均为犯罪组织；同时，一一摆出四名被告的材料说明均属罪大恶极，认为应将赫斯判处死刑，另外三名被告均应定罪，不该释放。

1946年10月1日下午，纽伦堡法庭正式闭庭。

从退庭之后到行刑之前，被告里宾特洛甫、弗兰克、赛斯·英夸特、席腊赫、施佩尔、邓尼茨6人先后上诉，要求减刑。戈林上诉要求改绞刑为枪决。

以上请求均被驳回，法庭一律维持原判。

整个审讯期间，世界公众密切注视着纽伦堡的动向。对德国首要战犯判刑的消息使全世界大快人心。而苏联法官所持的不同意见也在民众中得到强烈共鸣。判决公布于世后，人们纷纷谴责法庭对巴本、沙赫特、弗里切3名被告过度宽恕。法国、美国、英国、奥地利、挪威等国进步报刊先后载文，“对释放战犯表示惊愕”“遗憾”。柏林10万名工人举行罢工，抗议开释战犯。德国统一社会党领导人皮克和格罗提渥发表联合声明，要求对纳粹罪犯严加惩处。值得注意的是，“三被告在得知获释时没有任何人比他们本人更觉吃惊”，他们甚至不敢离狱。沙赫特供认：“余深惧德国民众……实觉无处容身”，要求暂时“准予留狱”。当然，也有极少数人指责“纽伦堡是胜利者的法庭”“违背了法律不溯既往的原则”，甚至反对通过设立国际法庭的方式惩处战犯。

1946年10月16日是死刑犯处以极刑的日子。凌晨1点11分，里宾特洛甫第一个被套上绞索，2点左右，10名死囚先后在绞架上结束了罪恶的生命。罪首戈林在临刑前两小时吞服氰化钾毙命，鲍曼“需追捕归案后处死”，余犯皆投入狱中服刑。

纽伦堡审判是一次公正的、经得起历史考验的审判。第二次世界大战是人类历史上一场空前的浩劫，5000万无辜人民惨遭屠戮，广袤的和平土地落得满目疮痍，甚至化为焦土。法庭对这一惨绝人寰罪恶的主要肇事者加以惩处，是在伸张正义，符合人民的意愿。同时，对战犯的惩治也是世界反法西斯斗争的重大胜利，巩固了第二次世界大战的成果。纽伦堡所审理的是历史上规模最大、案情最复杂、犯罪事实最令人发指的大案。而审讯和定案又是严格依靠证据进行的。司法人员能严肃、缜密、客观地依法审案、定审，也为国与国际联盟共同制裁侵略者提供了先例。纽伦堡审判揭开了国际法史上新的一页。在人类历史上，这是第一次给予侵略战争的密谋者、组织者、执行者以公开公正的处分，它表明：破坏和平和违反人道从法学的观点上是构成犯罪的。

纽伦堡审判对德国人民也是有益的教育，因为“德国人民通过纽伦堡审判第一次认识到在他的名义下对手无寸铁者、犹太人、病人、被绑架和被拘捕者所犯下的罪行”。当然，纽伦堡法庭不宣布德国内阁、最高统帅部和参谋本部为犯罪组织，释放沙赫特、巴本和弗里切3名被告显然是不妥的。

3. 东京审判并不是以所有战犯为对象

日本法西斯给中国、东南亚、美国、英国等各国人民造成了空前深重的灾难。日本法西斯侵略者令人发指的罪行，使受害各国人民和支持正义的人们从大战初期起就主张，战后应严厉惩处战争罪犯，不能像以前那样，仅仅惩办违反战时国际法规的战犯，而且要惩办对战争本身负有罪责的人，即对准备、发动、进行侵略战争的人，追究其作为战犯的责任。

1942 年 8 月，美国总统罗斯福根据对欧亚侵略者的调查，主张要在实际进行犯罪活动的国家内进行审判。1943 年 10 月，美国、英国、中国、荷兰、澳大利亚等国设立战争罪犯调查委员会。

1943 年 11 月 20 日在莫斯科发表的苏联、美国、英国三国外长关于德国暴行的宣言指出：凡是应该对暴行和罪行负责或者曾经同意进行暴行和罪行的德国军官、人员和纳粹党员，将被押解回他们犯下罪恶行为的国家，以便按照这些被解放的国家和将在这些国家建立的自由政府的法律加以审判和惩处。

1945 年 8 月 8 日，苏联、美国、英国、法国根据上述莫斯科宣言，在伦敦签订《关于控诉和惩处欧洲的轴心国主要战犯的协定》及其附件《欧洲国际军事法庭宪章》。欧洲国际军事法庭从 1945 年 11 月 10 日在纽伦堡开庭，到 1946 年 10 月 1 日结束。

战争罪犯调查委员会表示，日本战犯也应受到与德国战犯同样的处理。1945 年 7 月 26 日，中国、美国、英国三国《促令日本投降之波茨坦公告》第 10 项规定：吾人无意奴役日本民族或消灭其国家，但对于战犯罪人，包括虐待吾人俘虏者在内，将处以法律之严厉制裁。

1945 年 12 月 16 日至 26 日，在莫斯科召开的苏联、美国、英国三国外长会议决定（中国也同意），驻日盟军统师应采取一切必要措施，以实现日本的投降条件，占领并管制日本；它必须实施《波茨坦公告》的条件，包括惩办日本战犯。

经盟国授权，驻日盟军最高统帅麦克阿瑟于 1946 年 1 月 19 日颁布《特别通告》及《远东国际军事法庭宪章》（同年 4 月 26 日修正）。设立东京法庭的根据，是 1943 年 12 月 1 日的《开罗宣言》、1945 年 7 月 26 日的《波茨坦公告》、1945 年 9 月 2 日在美军军舰“密苏里”号上签署的日本投降书和 1945 年 12 月 26 日的莫斯科会议决定。

《远东国际军事法庭宪章》共 5 章 17 条，规定了任务、组成、诉讼程序及其管辖权。其内容与《欧洲国际军事法庭宪章》大同小异。美国迫于战后初期世界民主舆论的压力，同时为了适当打击日本竞争者，在进行一系列民主改革的同时，不得不同意进行东京审判。但是，东京审判无论开始还是结束的时间都比较晚，由于战后国际形势的发展，这种时间上的差异也就使东京审判及其结果更多地反映了美帝国主义的要求。随着时间的推移，美国包庇日本战犯的意图变得越来越明显，甚至反映在法庭的一些程序和技术性问题上。

东京审判并不是以所有战犯为对象的，而只是审理和惩办主要的甲级战犯，其他较次要的战犯由被侵略国设庭审理和处置。

宪章第 5 条规定，法庭有权审理三种犯罪：

（甲）破坏和平罪，即计划、准备、发动或实行被宣告的或未被宣告的侵略战争，或参加为达成上述任何行为的共同计划或阴谋；

（乙）战争犯罪，即违反战争法规和惯例的行为；

（丙）违反人道罪，即在战争发生前或战争进行中，对任何平民之谋杀、灭绝、奴化、放逐，及其他非人道行为，或因政治或种族关系，为执行或关涉本法庭管辖范围内之任何罪行而为之迫害，不问其是否违反所在国之国内法。凡参与策动，或执行任何犯上述罪行的共同计划或同谋之领袖、组织者、教唆犯及共犯，对任何人在执行此项计划中所为之一切行为均应负责。

主要战犯称为甲级战犯，因为破坏和平罪属甲类，这种罪行是由侵略国最高负责人所犯。

宪章第 2 条规定，东京法庭应由盟军最高统帅从日本投降书签署国及印度、菲律宾提出的人员中任命 6～11 名法官组成。

纽伦堡法庭的组成及有关事项都是根据完全平等选举和表决的原则，而东京法庭的法官和检察官却不经选举，而是由盟军最高统帅即麦克阿瑟任命。这种做法从组织程序上保证了美国意图的贯彻。

1946 年 2 月 18 日，麦克阿瑟任命澳大利亚的韦伯为首席法官，另外还任命 10 名法官（中国、苏联、美国、英国、法国、荷兰、菲律宾、加拿大、新西兰、印度）。被任命的首席检察官是美国律师约瑟夫·B. 基南，其他30名检察官大都来自上述诸国。

宪章第9条丙款规定，为对被告进行公正审理，各被告有权为自己选择辩护人，但法庭可随时不承认本人选择的辩护人。日本方面的辩护人有鹈泽总明等28人，美国方面有柯尔曼等22人。

不难看出，相比纽伦堡国际军事法庭，远东国际军事法庭更多地充满"美国因素"。而这些"美国因素"的存在必然导致远东国际军事法庭审判时的民主性和公正性受损，必然导致部分受害国无法完全伸张正义。

4. 未真正伸张正义只因"美国因素"

1945年9月11日，日本前首相东条英机等39名战犯被捕；11月19日，宣布逮捕小矶国昭等11名战犯；12月2日，宣布逮捕平沼骐一郎、广田弘毅等59名战犯；12月6日，逮捕近卫文麿、木户幸一等9名战犯。其中，除旧有意义的战争罪犯之外，还包括对战争本身负有责任的人。

在准备审判时，苏联曾建议，组织和发动侵略战争的财阀头目如鲇川、岩崎、中岛、藤原、池田等也应与东条英机同时受审。但是，这个建议被首席检察官基南否决，那些人被捕后又很快被释放。在美国包庇下，日本财阀头目得以免于受审。

对发动侵华战争和屠杀中国人民的战犯，如派遣军总司令西尾寿造、畑俊六，华北方面军司令多田骏等，到1945年年底才被捕，冈村宁次则逍遥法外。

用中国俘虏进行生物武器试验的日本战犯也受到美国包庇。据参与东京审判的荷兰法官伯纳德·列凌克透露，这种试验杀死了2000名中国人。有关人犯战后逃回日本，被捕后送往美国。美国人答应，只忠实地说出他们通过自己的犯罪行为所得到的全部知识，就不予起诉，美国人"遵守诺言"；但是，苏联审讯了犯有这类罪行的日本罪犯，并把起诉书送到东京。实际上，东京审判的首席检察官知道此事，但在法庭上根本不予追究。因为此事涉及美苏，身为美国人的首席检察官只可能做出偏向美国的决定。

关于国家元首应对发动侵略负刑事责任问题，第一次世界大战后对前德皇威廉二世的处理，至少从形式上已有了先例。第二次世界大战后，《欧洲国际军事法庭宪章》第7条规定：被告之官职地位，无论系国家之元首或政府各部之负责官吏，均不得为免除责任或减轻刑罚之理由。而《远东国际军事法庭宪章》中相应的第6条却回避国家元首的责任问题。该第2条措辞改为：被告无论何时期内之官职地位，被告按政府指示或上级官员指示而行动的情况，均不得使其免除对被控所犯任何罪行之责任。同是关于被告责任问题，东京法庭宪章第6条与纽伦堡法庭宪章第7条不同，恰恰删除了“国家元首”字样，这绝非偶然，而是反映美国的利益需要。

1946年4月29日，即审判开始前4天，远东国际军事法庭对东条英机等28名甲级战犯正式起诉。法庭就设在原日本陆军省即所谓的军部，庭长室就设在东条英机原来的办公室里。

5月3日，法庭在军部会议厅召开第一次公开会议，开始审理。由于中国法官梅汝璈的据理力争，法官座次除首席法官外，按日本投降书各受降国的签字顺序美国、中国、英国、苏联、加拿大、法国……排定。审理采用英美法律，分立证和辩论两个阶段，手续烦琐，迁延时日。

5月3日至4日，首席检察官宣读长达42页的起诉书。

起诉书指出，从1928年1月1日至1945年9月2日，日本的对内对外政策“被犯罪的军阀所控制和指导。这种政策是重大的世界纠纷和侵略战争的原因，同时也是爱好和平各国人民的利益和日本人民本身的利益遭受重大损失的原因”。

起诉书列举出55项罪状。其中，第1项罪状称：控告全体被告，在1928年1月1日至1945年9月2日这一期间，以领导者、组织者、教唆者或同谋者的资格，参与共同计划或阴谋，欲为日本取得对东亚、太平洋、印度洋以及其接壤各国或邻近岛屿之军事、政治、经济的控制地位，为达到此目的，使日本单独或与其他国家合作，对任何一个或一个以上之反对此项目的国家从事侵略战争。

第27项罪状是“对中国实行侵略罪状”。第55项罪状称：应其官职应负有采取适当方法确实遵守及防止违反战争法规和惯例之法律上的义务，而竟完全漠视和蔑视其法律上的义务。检察官根据以上各项罪状追究被告的个人责任。被告中罪状最少的也有25项，最多的达54项。

在5月6日，当时在法庭受审的全体被告27人竟都声辩自己“无罪”。

东条英机竟说：“对一切诉因，我声明无罪。”

审理期间共开庭818次，法官内部会议131次，有419位证人出庭作证，779位证人提供供述书和宣誓口供，受理证据4336份，英文审判记录48412页。整个审判长达两年半之久，耗资750万美元。到1948年4月16日，法庭宣布休会，以做出判决。

从1948年11月4日开始，宣读长达1231页的判决书，到12日才读完。

判决书由三部分组成。第一部分：法庭的设立和审理；法庭职责（甲，法庭的管辖权；乙，对俘虏的战争犯罪的责任；丙，起诉书）；日本的义务和权利。第二部分：军部控制日本、准备战争；日本对中国的侵略；日本对苏联的侵略；太平洋战争；违反战争法规的犯罪（暴行）。第三部分：起诉书中罪状的认定；判决。判决书肯定日本的内外政策在受审查的时期（1928—1945年）内都是旨在准备和发动侵略战争。

被告最初是28人，但前外交大臣松冈洋右和前海军大将永野修身病死，为日本侵略炮制理论根据的大川昭明因发狂而中止受审，结果只对25人进行了审判和判决。其中，东条英机、广田弘毅、土肥原贤二、板垣征四郎、木村岳太郎、松井石根、武滕章7人被判处绞刑；荒木贞夫、桥本欣五郎、畑俊六、平沼骐一部、星野直树、贺屋兴宣、木户幸一、小矶国昭、南次郎、冈敬纯、大岛浩、佐藤贤子、嶋田繁太郎、白鸟敏夫、梅津美治郎、铃木贞一16人被判处无期徒刑；东乡茂德被判处20年有期徒刑；重光葵被判处7年有期徒刑。

由于美国的操纵和包庇，判决书对有些战犯的判词太轻，对有些史实解释失当。

例如，松井石根1937年任华中方面军司令，统率上海派遣军和第十军。他在1937年12月13日统军占领南京，指挥日军犯下震惊世界的“南京大屠杀”暴行，被杀害的中国人达30万以上。日军在南京疯狂烧杀掳掠，手段无所不用其极。但是，判决书却对松井石根在第27项罪状“对中国实行侵略战争”上“判决为无罪”，狡辩说“1937年和1938年时他在中国的军事职务，就其本身论，不能认为与实行侵略战争有关”。

又如，重光葵除在苏联、英国等国任大使时的反动活动外，还在1931—1932年任驻中国公使，1942—1943年任驻汪精卫伪政府大使时期，为策应日本军事侵略，进行了大量罪恶活动。由于在审判期间，美国国务院和英国外交部提供文件为他开脱，判决书说他的活动“未超过职务的正当范围”“不是阴谋分子之一员”“并未实行侵略战争”等，因而仅判7年徒刑。1948年11月12日，苏联《消息报》曾载文批评，指出这种判决本身就是袒护。

此外，判决书认为，日本与德国共谋破坏和平的罪行还缺乏证据，那只是两国总参谋部中个别人员的私人图谋，与日本政府无干涉。判决书极力强调日本军部在实行侵略计划方面的罪行，减轻日本政府和垄断资本家的责任。

远东国际军事法庭充满“美国因素”，在其审批中包藏着私心，有意偏袒日本，虽然审判了部分日本法西斯分子，但并未真正做到伸张正义，而是处处维护美国的利益。这也是后来日本人远远不及德国人反省战争深刻的重要原因之一。

1948年11月12日，远东国际军事法庭宣告结束，第二次世界大战彻底结束。